Onur Erdur

SCHULE DES SÜDENS

Die kolonialen Wurzeln der französischen Theorie

»Sich selbst fremd werden, seiner Sprache und seiner Nation: ist das nicht das Eigentümliche des Philosophen und der Philosophie, ihr ›Stil‹, das, was man philosophisches Kauderwelsch nennt?«

Gilles Deleuze, Félix Guattari, *Was ist Philosophie?*

»Von den Dingen anders berichten heißt, andere Dinge zu berichten.«

Pierre Bourdieu, *Algerische Skizzen*

Inhalt

Einleitung: Im Süden der Theorie

Algier, 1955: Er hätte seinen Militärdienst einfach irgendwo in der französischen Provinz absitzen können. Stattdessen begibt sich der junge Philosoph Pierre Bourdieu auf ein Schiff, das ihn nach Algerien bringt. Was er in dem Kriegsland sieht, erschüttert ihn: eine von den Franzosen in Lager gesperrte, entwurzelte algerische Gesellschaft. Seine eigene Situation und Präsenz vor Ort empfindet er als ein moralisches Problem, als »Ursünde des Intellektuellen aus dem Lande der Kolonialherren«.[1] Er beschließt, nach dem Wehrdienst im Land zu bleiben, will inmitten des Algerienkriegs etwas Nützliches tun und beginnt mit soziologischen Forschungen, um Zeugnis von der ihn umgebenden Ungerechtigkeit abzulegen. Die algerischen Erfahrungen werden Bourdieus gesamtes wissenschaftliches Werk prägen. In Algerien keimt seine berühmte Theorie des Habitus auf.

Paris, 1957: Im Gegensatz zu den meisten Linksintellektuellen seiner Generation, die den algerischen Unabhängigkeitskampf unterstützen, entzieht sich der in Algerien geborene Albert Camus mittlerweile der deutlichen Parteinahme. Sein vermittelndes Eintreten für ein friedliches Zusammenleben von Franzosen und Algeriern wurde zuvor als liberal verunglimpft. Eingespannt zwischen dem Kolonialismus der Rechten, dem Antikolonialismus der Linken und dem Terror des FLN, entscheidet er sich bewusst fürs Schweigen. In Schweden, zwei Tage nach der Verleihung des Literaturnobelpreises, wird Camus bei einem Treffen mit Studierenden wegen dieses Schweigens zur Rede gestellt. Im Eifer des Gefechts antwortet er: »Ich habe den Terror immer verurteilt. Ich muß auch einen Terrorismus verurteilen, der, beispielsweise in den Straßen Algiers, blind wütet und eines Tages auch meine Mutter oder meine Familie treffen kann. Ich glaube an die Gerechtigkeit, aber bevor ich die Gerechtigkeit verteidige, werde ich meine Mutter verteidigen.«[2] Man wird Camus, dem Moralisten, diese Sätze lange nicht verzeihen.

Tunis, 1968: Seit zwei Jahren lebt Michel Foucault nun schon in dem malerischen Küstendörfchen Sidi Bou Saïd. Es ist ein magischer Ort für ihn. Auf einem seiner Strandspaziergänge kommt ihm die lang ersehnte Definition des Diskursbegriffs, später auch die Idee von »den anderen Räumen«. Tunesien scheint generell eine inspirierende Kulisse zu sein: Bei einem seiner früheren Aufenthalte kam Foucault am Strand von Djerba (im *Club Méditerranée*) auf den berühmten Satz aus *Die Ordnung der Dinge*, »daß der Mensch verschwindet wie am Meeresufer ein Gesicht im Sand«.[3] Foucault lehrt Philosophie an der Universität von Tunis, ist aber vor allem mit sich selbst beschäftigt. Er nimmt sich vor, jeden Tag etwas sportlicher und sonnengebräunter zu werden. Gegenüber der *Presse de Tunisie* sagt er: »Ich bin wegen des mythischen Bildes gekommen, das alle Europäer sich gerade von Tunesien machen: Sonne, Meer, die große Trockenheit Afrikas.«[4] Zu den neokolonialen Lebensbedingungen in dem seit rund zehn Jahren unabhängigen Land und überhaupt zur blutigen französischen Kolonialherrschaft in Nordafrika wird sich Foucault zeit seines Lebens nicht ein einziges Mal äußern.

Die drei Szenen könnten unterschiedlicher nicht sein. Sie handeln von drei Intellektuellen, die an drei verschiedenen Orten und in drei unterschiedlichen Lebenslagen je eigene Erfahrungen sammelten und Entscheidungen trafen. Bei all den Unterschieden sind den Szenen aber bestimmte Dinge gemeinsam, denen im Folgenden mein Interesse gilt. Im Mittelpunkt steht die persönliche Konfrontation französischer Intellektueller mit kolonialen Räumen und Situationen. Was für Bourdieu, Camus und Foucault gilt, gilt auch für viele weitere führende französische Philosophen und Intellektuelle der zweiten Hälfte des 20. Jahrhunderts: Sie weisen alle einen »kolonialen Hintergrund« auf. Viele unter ihnen stammen direkt aus französischen Kolonien: So sind neben Camus beispielsweise Louis Althusser,

Hélène Cixous, Jacques Derrida und Jacques Rancière in Algerien geboren, während Marguerite Duras in Französisch-Indochina zur Welt kam und Alain Badiou in Marokko. Andere wiederum hielten sich im Laufe ihres Lebens längere Zeit und aus unterschiedlichsten Gründen in den Kolonien oder deren Nachfolgestaaten auf – darunter etwa Roland Barthes in Marokko, Bruno Latour in der Elfenbeinküste sowie Étienne Balibar, Simone de Beauvoir oder Jean-François Lyotard in Algerien. Man könnte dieser Liste mühelos weitere prominente Namen und Orte hinzufügen. Der Grundtenor bliebe derselbe: Der Kolonialismus war für sie alle eine unbestreitbare biographische Realität. Die Frage ist nur, warum dieses doch sehr erstaunliche koloniale Setting des französischen Denkens so lange unbeachtet blieb.

Dieses Buch ist eine Erkundungsreise in den Süden der französischen Theorie. Fast alle Protagonisten verbanden mit ihren Aufenthalten in den Kolonien und Postkolonien befreiende wie auch traumatische Schlüsselereignisse, die ihre persönlichen Lebenswege, ihre politischen Einstellungen und ihre theoretischen Werke maßgeblich bestimmten. Um das Ausmaß dieser Prägungen zu ermessen, gilt es, ihnen zu den konkreten Schauplätzen der Geschichte zu folgen – in die koloniale Zeit, in den Algerienkrieg, in die ehemaligen Protektorate Marokko und Tunesien, ins unabhängige Algerien, aber auch immer wieder zurück nach Paris, in die Metropole des Empires und der Intellektuellen.[5] Es bedarf einer Spurensuche: Wie kamen die Intellektuellen in diese kolonialen Situationen? Was trieb sie an? Wie verhielten sie sich dort? Und vor allem: Wie schlugen sich die räumlichen Erfahrungen des Kolonialen in ihren wissenschaftlichen Werken und theoretischen Konzeptionen nieder? Mich interessiert die Frage nach dem Konnex von Erfahrung und Theorie: Wie lässt sich das menschlich Erfahrene so nah an das Geistig-Theoretische heranrücken, dass man das eine in das andere hinübergleiten sieht? Wie entsteht Theorie? Wie keine andere Strömung des 20. Jahrhunderts bildete gerade die französische Theorie einen Denkstil aus, der gegen die Identität und für die Differenz, gegen das Zentrum und für die Peripherie, gegen das Hegemoniale und fürs Minoritäre eintrat. Dieses Buch verfolgt, wie dieser Denkstil nicht etwa in Pariser Bibliotheken, sondern am Strand von Tunis und in den Straßen Algiers entstanden ist.

Darüber hinaus geht es mir um die in den drei Szenen aufblitzenden Fragen der Moral und der Gerechtigkeit, um die Verantwortung von Intellektuellen in Zeiten des Kolonialismus. Wir haben es mit klassischen Versuchsanordnungen intellektueller Selbstprofilierung und moralischer Prüfung zu tun. Spätestens seit Émile Zola sind Intellektuelle stets Exponenten von Moral, auch in ruhigen Zeiten. Was geschieht aber mit ihren öffentlichen Überzeugungen, wenn sie mit der kolonialen Wirklichkeit konfrontiert werden? Ganz gleich, ob die Intellektuellen die Begegnungen suchten oder nicht, ob sie sich in den Kolonien oder in der Metropole aufhielten, ob sie sofort oder erst dreißig Jahre später Stellung bezogen, ob sie der Generation »Sartre« oder der Generation »Foucault« angehörten – sie alle waren auf die eine oder andere Art mit der moralischen Frage konfrontiert, wie sie sich zum politischen und kulturellen Unrecht des Kolonialismus verhalten sollten, wo sie doch zugleich Repräsentanten des französischen Staats, des Militärs, des Bildungssystems oder der europäischen Kolonialbevölkerung waren. Dieses Motiv des kolonialen Dilemmas zieht sich wie ein roter Faden durch die Auseinandersetzungen der Intellektuellen. Manche schritten zur Tat, manche rangen mit sich, andere schwiegen lieber, aber sie alle versuchten, eine Haltung zu finden. Wenn man so will, dann sind ihre je spezifischen Umgangsweisen mit der kolonialen Frage nichts anderes als Variationen auf dieses eine Leitmotiv von Schuld und Sühne. Wie sie im Einzelnen damit umgingen und was daraus folgte – auch darum geht es in diesem Buch. Man könnte von einer Tugendlehre des Geistes im Angesicht des kolonialen Unrechts sprechen.

Um die Grundannahmen und Thesen dieses Buches klar zu benennen: Ich bin der Überzeugung, dass die Entstehung von Theorien (und generell das Abenteuer des Denkens) untrennbar verbunden ist mit der erlebten Erfahrung ihrer Urheberinnen und Urheber. Damit will ich nicht sagen, dass Theorie und Denken auf biographische Lebensgeschichten reduzierbar seien oder dass Denkerinnen und Denker mechanisch durch soziale und politische Umstände determiniert wären. Aber klar ist auch: Theorie entsteht nicht in einem abstrakten und luftleeren Raum, sondern immer in lokalen, historischen und individuell erfassten sozialen Kontexten. Als Zeugen und Akteure ihrer Zeit erfassen und gestalten Intellektuelle die sie umgebende Welt, aber genauso stark sind sie in die Geschichte ihrer Gesellschaften involviert und werden dabei von dieser durchdrungen. Das Besondere an ihnen (das, was sie in meinen Augen zu interessanten Objekten macht) hat weniger mit der vermeintlichen Einzigartigkeit ihrer Lebensgeschichten und Erfahrungen zu tun, sondern mehr mit der Art und Weise, wie sie diese erlebten Erfahrungen aufgreifen, wie sie ihre Vergangenheit und ihre soziale Umwelt interpretieren und wie sie diese Interpretationen schließlich in ihre theoretischen und politischen Projekte einbauen.[6]

Für die französischen Intellektuellen der zweiten Hälfte des 20. Jahrhunderts bestand ein nicht unbeträchtlicher Teil ihrer historischen Lebensrealität in der Erfahrung der Dekolonisierung. Allgemein versteht man unter Dekolonisierung die globalen Entkopplungen und formalen Unabhängigkeiten europäischer Kolonien seit dem Ende des Zweiten Weltkriegs. Für Frankreich war die Dekolonisierung gar der längste Konflikt im 20. Jahrhundert: ein zäher und blutiger historischer Prozess, in dessen Verlauf das Land einen Großteil seiner Kolonien (vier Fünftel der Territorien) verlor, sich in zermürbende und letztlich erfolglose Kriege (Indochina, Algerien) verwickelte und in eine tiefe Staatskrise geriet, die 1958 das Ende der Vierten Republik besiegelte und noch bis zur algerischen Unabhängigkeit im Jahr 1962 bürgerkriegsähnliche Zustände mit sich brachte.[7] Mit dem Niedergang des Kolonialreichs zerbrach auch das jahrhundertealte universalistische Kulturmodell von der »Zivilisierungsmission«: die im französischen

Republikanismus seit der Französischen Revolution sehr mächtige politische Idee, dass Frankreich beauftragt sei, die unterworfenen indigenen Bevölkerungen zu erziehen und zu zivilisieren, indem es westliche Institutionen, Werte und Kultur in die weite Welt exportiert und so den Fortschritt der Menschheit voranbringt – eine Ideologie, die bis 1962 auch von weiten Teilen der politischen und intellektuellen Linken mitgeprägt und unterstützt worden ist.[8]

Die Anfänge der französischen Theorie fallen genau in diese Epoche der Dekolonisierung. Ihre Blüte erfährt sie unmittelbar in der Zeit nach dem Ende des Algerienkriegs. In der Philosophie – etwa bei Foucault, Derrida, Deleuze und Lyotard – war dies ein Moment, bei dem die Gewissheiten einer traditionellen (manche würden sagen: westlichen) Vernunft ins Wanken gerieten und ihre inneren Widersprüche (manche würden sagen: Differenzen) offen zu Tage traten. Sie hinterfragten traditionelle Vorstellungen von Identität, Macht, Wissen und Sprache ebenso, wie sie die kulturellen Hegemonieansprüche der *Grande Nation* zurückwiesen. Der Gestus dieses kritischen Denkens war stets antihegemonial, sei es in Gestalt eines Poststrukturalismus, der alteingesessene Selbstverständlichkeiten wie die Idee der stabilen Sinnhaftigkeit der Welt attackierte und dafür die Vielschichtigkeit, Kontingenz und Subversion von Sinn betonte, sei es in Gestalt einer Postmoderne, die den Niedergang der großen Erzählungen, der politischen Fortschrittsideologien und der allgemein verbindlichen Werte diagnostizierte und die Moderne verabschieden wollte.

Ich behaupte, dass einige dieser theoretischen Innovationen mit dem Versuch zusammenhingen, den Zusammenbruch einer bestimmten politischen und kulturellen Ordnung in der französischen Gesellschaft zu reflektieren und zu begreifen. Um diesen Zusammenhang zu beleuchten und historisch zu überprüfen, ist es notwendig, einen Blick zurück zu den Anfängen der französischen Theorie zu werfen – dorthin, wo sich in den 1950er- und 1960er-Jahren, also mitten im Algerienkrieg und in der Phase der Dekolonisierung, biographische Schicksale, politisches Bewusstsein und theoretische Fragestellungen wechselseitig formierten. In diesem kollektiven Erfahrungsraum bildete sich eine koloniale Formatierung des Denkens heraus, die theorie- und generationenübergreifend wirksam war. Sie prägte Poststrukturalisten und Postmodernisten ebenso wie Dekonstruktivisten und Marxisten bis tief in die Begriffs- und Theoriebildung. In seiner schlichtesten Fassung lautet mein Argument, dass zentrale Schlagwörter und Werke der französischen Theorie ohne die kolonialen Grenz- und Differenzerfahrungen ihrer Protagonisten nicht zu verstehen sind.

Die Kapitel dieses Buches wollen diese These jeweils untermauern: Die kolonialen Wurzeln der französischen Theorie werden entlang von Einzelessays erschlossen, in denen jeweils eine Person, ein Ort und ein theoretisches Kristallisationsmoment der kolonialen Situation im Mittelpunkt stehen. Dabei habe ich diejenigen Akteure ausgewählt und in der Darstellung hervorgehoben, die paradigmatisch für eine bestimmte intellektuelle Haltung stehen und dabei ein spezifisches Themenfeld emblematisch abdecken. Der geographische Schwerpunkt liegt aufgrund der historischen Umstände und der biographischen Bezüge (mit einigen Ausnahmen) auf Algerien. Die Kapitel bieten nicht nur Porträts von Intellektuellen in kolonialen Kontexten, sondern durch die Kontextualisierung auch Einblicke in die Geschichte der französischen Kolonialherrschaft. Dass die Kapitel für sich stehen und unabhängig voneinander gelesen werden können, hat ihren Hauptgrund in der Überzeugung, dass die Unterschiede zwischen den kolonialen und postkolonialen Settings, zwischen den einzelnen Theorien, zwischen den Orten sowie zwischen den Zeiten viel zu groß sind, um in einer homogenisierenden Erzählung aufgehen zu können. Ich denke, es macht einen Unterschied, wenn die einen mit einer kolonialen, die anderen mit einer gerade so eben postkolonialen Situation konfrontiert sind – oder wenn das algerische Setting für die jüdisch-deutsche Emigrantentochter Hélène Cixous ein völlig anderes ist als für, sagen wir, Jacques Rancière, der als Kind von Algerienfranzosen (*pieds-noirs*) zwar in Algier geboren wird, aber in Paris aufwächst. Die Lebensläufe und Theorien der Protagonisten besitzen ihre eigene Gestalt und ihren eigenen Schwung – dies gilt es zu würdigen.

Gleichwohl gibt es in diesem weiten Feld der intellektuellen Lebenswege auch Gemeinsamkeiten und Ähnlichkeiten, die ich nicht verschweigen will, weil sie eine lockere Orientierung beim Lesen bieten können. Die Kapitel lassen sich in vier Paare mit besonderen Merkmalen und Schwerpunkten gliedern: In den beiden ersten Kapiteln stehen mit Pierre Bourdieu (1930–2002) und Jean-François Lyotard (1924–1998) zwei Figuren im Vordergrund, die sich beide bereits in den 1950er-Jahren in Algerien aufhielten. Sie machten dort zu einem frühen Zeitpunkt ihres Lebens Erfahrungen, die ihre spätere Karriere, ihre politischen Einstellungen und ihre Theorien unmittelbar bestimmten. In Kapitel drei und vier folgen wir Roland Barthes (1915–1980) und Michel Foucault (1926–1984) nach Marokko beziehungsweise Tunesien. Die ehemaligen französischen Protektorate boten für die beiden engen Freunde einen Schauplatz für hedonistische Lebensentwürfe, erotische Abenteuer und neue kreative Ideen. Die Kapitel fünf und sechs widmen sich Jacques Derrida (1930–2004) und Hélène Cixous (1937–), den in Algerien geborenen Stars der Dekonstruktion mit jüdischen Wurzeln. Beide verbanden mit ihrem Aufwachsen im kolonialen Algerien zwiespältige bis traumatische Erfahrungen, die sich in ihre Identität, aber auch in ihre Art des Philosophierens und Schreibens einbrannten. Die Kapitel sieben und acht widmen sich mit Étienne Balibar (1942–) und Jacques Rancière (1940–) zwei jüngeren Vertretern der französischen Theorie. Beide fanden als Pariser Studenten im Protest gegen den Algerienkrieg ihr politisches Erwachen (Balibar brach danach ins unabhängige Algerien auf). Ihre jeweiligen politischen Philosophien nahmen zwar erst deutlich später Gestalt an, speisten sich aber beide aus den Vorkommnissen im und nach dem Algerienkrieg.

Diese acht Hauptprotagonisten – sieben Männer und eine Frau – zählen zu den führenden Köpfen der französischen Theorie. Auch wenn sie teilweise sehr unterschiedliche und konfligierende Denkansätze (Strukturalismus, Poststrukturalismus, Dekonstruktion, Postmoderne) verfolgten und in unterschiedlichen Disziplinen (Soziologie, Philosophie, Geschichte, Literaturwissenschaft) tätig waren, so teilten sie alle eine Grundausbildung in Philosophie und einen leidenschaftlichen Hang zum theoretischen Denken. Ihre Unnachgiebigkeit in theoretischen Fragen und ihre Zugehörigkeit zur Generation der *French Theory* machen sie zu bevorzugten Objekten der Untersuchung. Durch den Fokus auf diese Theorie-Generation ergibt sich in anderer Hinsicht aber auch eine Eingrenzung: Andere Denkerinnen und Denker wie Jean-Paul Sartre, Simone de Beauvoir, Albert Camus, Frantz Fanon, Germaine Tillion oder Raymond Aron kommen zwar auch zu Wort oder tauchen ab und zu auf, aber ihnen ist kein eigenes Kapitel gewidmet.

Die Blütezeit der französischen Theorie scheint heute vorbei zu sein. Nachdem sie in der zweiten Hälfte des 20. Jahrhunderts in Gestalt von Strukturalismus, Poststrukturalismus, Dekonstruktion und Postmoderne Weltgeltung beanspruchen durfte, fällt sie heute immer mehr in Ungnade. Eine Hauptkritik, vornehmlich aus postkolonialer Richtung, lautet, dass sie das ursprünglich von ihr selbst aufgeworfene Problem des Eurozentrismus nie wirklich überwunden habe und dass dabei Fragen des Kolonialismus kaum bis gar keine Rolle gespielt hätten. Die französischen Philosophen hätten zwar theoretisch von Identität, Differenz und Alterität gesprochen, aber das reale Unrecht schlichtweg übersehen oder die antirassistischen Bewegungen bequem ignoriert.[9] In dieser Kritik ist ein Stück weit der Vorwurf von den weißen, ignoranten Kolonialfranzosen enthalten. Das mag teilweise zutreffen, teilweise aber auch überhaupt nicht. Ich teile viele dieser Positionen nicht, weil sie zu simplifizierend sind und einer historischen Prüfung nicht standhalten, werde sie aber an ausgewählten Stellen – dort, wo die Kritik aufkommt und auf die jeweilige Person gerichtet ist – diskutieren.

Eine ganz andere Form der Kritik erlebt die französische Theorie hingegen in den Feuilletons und den politischen Debatten der Gegenwart. Dort wird seit geraumer Zeit von rechts wie von links der Vorwurf erhoben, dass sie ideologisch verantwortlich sei für gegenwärtige Phänomene wie »Cancel Culture«, »Wokeness« oder »Identitätspolitik«. Die Hauptvertreter der *French Theory* wie Derrida oder Foucault seien am Dogmatismus der Identitätspolitik schuld, weil sie Ideen und Konzepte lanciert hätten, die im weiteren Verlauf von »woken« Aktivistinnen und Aktivisten aus dem Umfeld von Postkolonialismus, Gender Studies, Queer Theory und kritischer Rassismusforschung für die Durchsetzung von Sprech- und Denkverboten benutzt würden.[10] Diese Kritik ist in meinen Augen abwegig und verzerrend, aber politisch sehr wirkmächtig. Ihr widmet sich ein gesondertes Kapitel am Ende des Buches.

Noch eine letzte Bemerkung zur Aktualität: In den Kapiteln dieses Buches werden in einem allgemeinen Maßstab Themen verhandelt, die uns auch heute (wieder) beschäftigen: Fragen der nationalen, kulturellen und sprachlichen Identität (und ihrer Aneignung) ebenso wie Fragen des Kolonialismus, des Rassismus, des Exotismus und des Sexismus. Insofern bieten sie in positiver wie in kritischer Hinsicht ein historisches Anschauungsmaterial, aber auch ein Orientierungswissen für heutige Problemkonstellationen, so etwa, wenn man sich bewusst macht, dass einige der Strukturen und Ereignisse, die während der Kolonialzeit oder im Algerienkrieg auftraten, längst nicht abgegolten sind, sondern jahrzehntelang in einer Art kolonialer Amnesie verdrängt wurden und weiterhin große Bereiche der französischen Gesellschaft und Politik prägen – vom Kolonialrevisionismus der extremen Rechten über die Ignoranz gegenüber den Missständen in den Banlieues bis hin zur Polizeigewalt gegenüber den Nachfahren von Einwanderern aus den Kolonien.[11]

Doch Aktualität wird nicht bloß durch das Aufdecken von Genealogien und Latenzen gewonnen. Gerade die oben erwähnte Tugendlehre des Geistes hält für den Dialog mit der Gegenwart die wohl entscheidendere Frage bereit: Was lässt sich im Guten wie im Schlechten aus den kolonialen Erfahrungen der französischen Intellektuellen lernen? Sie reisten und schrieben sehr viel, untersuchten unablässig ihre eigene Rolle als Intellektuelle in der kolonialen Gesellschaft, dachten über die korrumpierende Wirkung des Kolonialismus nach, über den Zerfall der Werte, den Verlust politischer Legimitation und die Grenzen des Eurozentrismus. Auch wenn manche dies stärker als andere taten, so ist in der Dynamik ihrer Auseinandersetzungen mit dem Kolonialen bei allen ein moralischer Anspruch wahrnehmbar: nicht blind zu sein gegenüber bestehendem Unrecht, gegenüber dem Leid und den Opfern, die der Kolonialismus gekostet hat, und zugleich einen nüchternen Kurs zu finden, auf dem diese historische Erfahrung in theoretische und politische Bahnen gelenkt wird. Ich denke nicht, dass sie dadurch gleich automatisch Vorbilder für die Gegenwart darstellen und einen moralischen Kompass bieten können – dafür sind manche ihrer Reaktionen, blinden Flecke, Verstrickungen und Männerphantasien zu problematisch, und ich werde auf den nächsten Seiten (dort, wo es mir notwendig erscheint) auch nicht mit Kritik sparen. Nichtsdestotrotz vertrete ich den Standpunkt, dass die französischen Intellektuellen in ihren Auseinandersetzungen mit dem Kolonialismus zu theoretischen Erkenntnissen und politischen Positionen kamen, die es wert sind, dokumentiert und erzählt zu werden. Sie vermitteln uns heute ein Verständnis dessen, was es heißt, in Zeiten des kolonialen Unrechts zu philosophieren.

PIERRE BOURDIEU

1. Ein algerischer Bildungsroman
Pierre Bourdieu

Es gibt im Leben junger Menschen jene besonderen, nicht enden wollenden Sommer, die einen für ein ganzes Leben prägen und begleiten. Einen dieser Sommer, den des Jahres 1958, hält die französische Schriftstellerin und Nobelpreisträgerin Annie Ernaux in ihrem Buch *Erinnerung eines Mädchens* fest: »Es war ein Sommer ohne meteorologische Besonderheiten, der Sommer von Charles de Gaulles Rückkehr, des neuen Francs und der neuen Republik, Pelé wurde Weltmeister, Charly Gaul gewann die Tour de France und Dalida sang *Mon histoire, c'est l'histoire d'un amour.*«[1] Ernaux erzählt von ihrem Aufenthalt in einer Ferienkolonie und von dem Mädchen, das sie damals gewesen ist. Von ihrer ersten sexuellen Begegnung, von Freiheit und Lust, von Ohnmacht und Scham, und im gleichen Atemzug von ihrer Wahrnehmung des politischen Geschehens. In ihre Erinnerungen an das Jahr 1958 flicht sie auch den Algerienkrieg ein: »Im Sommer wurden auch Tausende von Rekruten nach Algerien geschickt, um die staatliche Ordnung wiederherzustellen, oft waren sie zum ersten Mal von zu Hause weg. Sie schrieben Dutzende Briefe, in denen sie von der Hitze erzählten, dem Djebel, den Douars und dem Analphabetismus der Araber, die nach hundert Jahren Besatzung immer noch kein Französisch sprachen. Sie schickten Fotos von sich in kurzen Hosen, lachend, mit Freunden, in einer trockenen, felsigen Landschaft. Sie sahen aus wie Pfadfinder auf Expedition, man hätte meinen können, sie wären im Urlaub.«[2]

Für viele französische Soldaten mochte sich der Aufenthalt in Algerien tatsächlich wie ein exotischer Urlaub in kurzen Hosen angefühlt haben. So bezeichnete etwa der ehemalige französische Staatspräsident Jacques Chirac seine Jahre als Unterleutnant in Algerien als »die aufregendste Zeit in meinem Leben«.[3] Aufregend war diese Zeit bestimmt, aber Chirac umschiffte mit dieser Aussage aus dem Jahr 1978 im großen Stil die Umstände seines Aufenthalts. In Algerien fand von 1954 bis 1962 nämlich einer der blutigsten Dekolonisationskriege des 20. Jahrhunderts statt. Schätzungen zufolge starben dabei mehr als eine Million Menschen. Für Frankreich war das nordafrikanische Land mehr als eine Kolonie. Algerien war mit seinen rund eine Million europäischen Siedlern die Fortsetzung der Republik auf der anderen Seite des Mittelmeers. »L'Algérie, c'est la France«, lautete das Motto des damaligen Innenministers François Mitterrand. Die algerische Unabhängigkeitsbewegung, angeführt vom Front de libération nationale (FLN), sollte daher mit allen Mitteln unterdrückt werden: Zwangsumsiedlungen, Folterungen, Vergewaltigungen und Massenexekutionen waren an der Tagesordnung. Von den Terroranschlägen des FLN und den Gewaltexzessen der französischen Armee bekam man in Frankreich indessen nur wenig mit. Das lag auch an der euphemistischen Sprachregelung des Staates, den Einsatz der Armee als »Maßnahme zur Aufrechterhaltung der öffentlichen Ordnung« zu bezeichnen. So blieb der bewaffnete Konflikt auch viele Jahre nach seinem Ende als ein »Krieg ohne Namen« in Erinnerung. Dabei leisteten zwischen 1954 und 1962 insgesamt mehr als zwei Millionen junge Franzosen ihren Wehrdienst in Algerien. Eine halbe Million Soldaten wurde mobilisiert, Zehntausende von ihnen starben im Kampf.[4]

Auch der junge Pierre Bourdieu gehörte zu den Wehrdienstleistenden mit Algerienerfahrung. Als er 1955 einberufen wurde, war er 25 Jahre alt und hatte sein Philosophiestudium gerade erst beendet. Der Einsatz in Algerien hinterließ bei ihm tiefe Spuren. Was Bourdieu in dem Kriegsland sah, erschütterte ihn so sehr, dass er nach seinem Militärdienst beschloss, im Land zu bleiben. Er wollte verstehen, was hier vor sich ging; herausfinden, welche Auswirkungen Kolonialismus und Krieg auf die algerische Gesellschaft hatten; erproben, was es hieß, sich politisch zu engagieren und sich nützlich zu machen. Sicherlich suchte Bourdieu hier auch Wege, sich auf die eine oder andere Weise zu entfalten. Am Ende des insgesamt fünfjährigen Aufenthalts war aus dem Philosophen ein Soziologe geworden, der Ideen und Material für ein ganzes Forscherleben im Gepäck hatte – und ein politischer Intellektueller, der es sich fortan zur Aufgabe machte, das erworbene soziologische Wissen über die Gesellschaft, in der er lebte, wieder zurück in die Gesellschaft zu tragen.

Als Bourdieu, inzwischen einer der weltweit bedeutendsten Soziologen, in einem der letzten Interviews vor seinem Tod 2002 gefragt wurde, welche Rolle der Algerienaufenthalt in seinem persönlichen und intellektuellen Lebensweg gespielt habe, antwortete er, dass Algerien es ihm ermöglicht habe, »mich selbst zu akzeptieren«.[5] Das waren selbst für Bourdieu erstaunliche Worte. Bis dahin hatte er zwar nie einen Hehl aus seiner Zeit in Algerien gemacht und seine Affinität zum Land keineswegs verschwiegen, aber auch nie so klar das konkrete persönliche Ausmaß seiner algerischen Prägung offengelegt – das tat er erst in den letzten zwei Jahren seines Lebens, allen voran in dem posthum erschienenen Buch *Ein soziologischer Selbstversuch*.[6] Was hatte es mit diesen Worten genau auf sich? Liegt hier womöglich ein Schlüssel zum Verständnis von Leben und Werk des Soziologen verborgen, ein Schlüssel, der letztlich auch erklären würde, wie die persönlichen Erfahrungen der Algerienkriegszeit mit der Entwicklung seiner Theorien zusammenhingen?

Der Soldat in der Bibliothek

Bourdieu hätte eigentlich einen großen Bogen um den Krieg machen können. Gelegenheiten dazu hatte es für ihn genug gegeben. Als frischer Absolvent der renommierten Pariser Elitehochschule École normale supérieure (ENS) hatte er das Privileg, die Reserveoffiziersschule zu besuchen. Der damals obligatorische und ganze zwei Jahre dauernde Wehrdienst wäre so vergleichsweise ruhig vonstattengegangen: Ein Einsatz in Algerien war für die ENS-Absolventen mit

Aussicht auf klassische Hochschulkarrieren nämlich nicht zwingend. Bourdieu hätte sogar die Möglichkeit gehabt, in aller Ruhe seine bei dem Philosophen Georges Canguilhem begonnene Doktorarbeit über die »Zeitstrukturen der affektiven Erfahrung« fortzusetzen. Er lehnte den Besuch der Offiziersschule aber ab, weil er »den Gedanken nicht ertragen konnte, anders zu sein als die einfachen Soldaten«.[7] Zusammen mit den anderen Offiziersanwärtern das privilegierte Leben des Akademikers auszukosten, während die einfachen Soldaten, oftmals Bauern- und Arbeitersöhne ohne höheren Bildungsabschluss, nach Algerien geschickt wurden – das passte dem selbst aus bescheidenen Verhältnissen stammenden Bourdieu nicht ins Konzept. Die ausgeprägte Sensibilität für die feinen sozialen Unterschiede – ein Kennzeichen seines späteren wissenschaftlichen Werks – war ihm von Beginn an eigen. Man kann den Jungen aus dem pyrenäischen Bauerndorf holen, aber nicht das pyrenäische Bauerndorf aus dem Jungen.

Es war aber natürlich nicht allein das »heimliche Schuldgefühl, den Müßiggang junger Bürgersöhne geteilt zu haben«, das Bourdieu nach Algerien trieb, sondern vor allem seine ablehnende Haltung gegenüber dem Kolonialkrieg.[8] Anfangs, während der dreimonatigen Grundausbildung in Chartres, rief diese Ablehnung zwar den Unmut seiner Vorgesetzten hervor. Die disziplinarischen Maßnahmen blieben jedoch relativ harmlos: So musste Bourdieu jeden Morgen beim Aufruf seines Namens aus der Reihe treten, um vor versammelter Truppe den *Express* ausgehändigt zu bekommen, eine Zeitschrift, die damals für eine progressive Algerienpolitik stand und die Bourdieu etwas unbedarft abonniert hatte. Ernsthafte Konsequenzen erwuchsen ihm erst bei der nächsten Station, dem psychologischen Dienst des Heeres in Versailles. Dort kam es zu heftigen Auseinandersetzungen mit den hochrangigen Offizieren, die ihn allesamt zu einem französischen Algerien bekehren wollten. Doch Bourdieu war beratungsresistent. Mehr noch: Er bezweifelte die Legitimität der französischen Präsenz in Algerien, soweit dies einem Wehrdienstleistenden innerhalb des

Militärs überhaupt möglich war. Es genügte aber, um zu einem Einsatz in Algerien verdonnert zu werden – eine bittere Ironie, wenn man bedenkt, dass hier ein Kriegsgegner in einen »Krieg ohne Namen« geschickt wurde.

Wusste Bourdieu, was ihm alles bevorstand, als er im Oktober 1955 das Militärschiff nach Algerien bestieg? Spätestens auf der Überfahrt musste ihm klar geworden sein, mit welcher Weltsicht er in Algerien konfrontiert werden würde und dass er mit seiner Haltung zumindest unter den Soldaten nicht viel erreichen würde. Er versuchte zwar noch, politisch Einfluss auf sie zu nehmen, indem er ihnen den Aufstand gegen die absurde »Befriedung« predigte und so die Augen öffnen wollte. Doch das ganze Reden war vergeblich. Die Kameraden waren alles andere als aufgeschlossen gegenüber seinen politischen Ansichten. Außerdem war ihnen suspekt, dass dieser Philosoph im Gegensatz zu anderen Akademikern an Bord keine Offiziersuniform trug. Lieber ließen sich die Rekruten von den älteren Kameraden Geschichten aus dem letzten (verlorenen) Krieg in Indochina erzählen und erklären, welche militärischen Fehler dieses Mal auf keinen Fall passieren dürften. Zur Einstimmung auf den Einsatz gehörte es auch, die gängigen, für den Feind bestimmten Schimpfwörter auszutauschen. Noch bevor sie auch nur einen Fuß auf algerischen Boden setzten, hatten die Rekruten bereits das ganze Alltagsvokabular des Rassismus übernommen.[9]

Bourdieus erster Einsatzort lag im hundertfünfzig Kilometer westlich von Algier gelegenen Chéliff-Tal, wo er beim Bodenpersonal einer Luftwaffeneinheit eingesetzt wurde. Sein Regiment musste hauptsächlich Flugstützpunkte und andere strategische Einrichtungen wie Sprengstofflager bewachen. Die niederen Aufgaben seines Dienstgrads und die nächtelangen Wachgänge waren so mühsam, dass Bourdieu sein selbst gewähltes Schicksal nur schwer ertragen konnte und um Versetzung bat. Nach sechs Monaten wurde er im Frühjahr 1956 in das Generalgouvernement nach Algier versetzt – dank des Wohlwollens von Colonel Docourneau, einem Oberst, der aus Bourdieus Heimatregion Béarn stammte. Bourdieus Eltern hatten ihn über Mitglieder seiner im Nachbardorf wohnenden Familie kontaktiert. Docourneau leitete im Generalgouvernement den Nachrichten- und Dokumentationsdienst, und Bourdieu durfte dort fortan die Pflichten einer Schreibkraft erfüllen: Briefe tippen und Berichte verfassen.

Dem Dienst an der Waffe zu entkommen, indem man sich in Algerien um zivile Jobs als Koch, Chauffeur, Lehrer oder Schreibkraft bemühte – das war unter den wehrdienstleistenden Intellektuellen in Bourdieus Generation ein häufig gewählter Ausweg. Jacques Derrida etwa konnte die Einberufung in sein Geburtsland zwar nicht verhindern, wählte aber mit der Anstellung als Lehrer in einer Provinzschule das kleinere Übel.[10] Doch das Glück, nicht direkt an bewaffneten Kriegshandlungen beteiligt zu sein oder Verantwortung für Gewaltakte übernehmen zu müssen, ersparte diesen Intellektuellen weder das schlechte Gewissen noch die Schuldfrage. Obwohl sie größtenteils gegen den Krieg waren, dienten sie doch als Militärangehörige dem Kolonialregime. Bourdieu empfand diese Lage, in der die eigenen politischen Überzeugungen mit denen der Staats- und Armeedisziplin in Konflikt gerieten, als ein moralisches Dilemma, ja sogar als »die Ursünde des Intellektuellen aus dem Lande der Kolonialherren«.[11]

Solche Empfindungen kamen nicht von ungefähr, befand Bourdieu sich doch nach seiner Versetzung plötzlich im Zentrum der kolonialen Staatsmacht. Das Generalgouvernement war ein hochpolitischer Ort, eine Mischung aus ziviler Kolonialverwaltung und militärischem Hauptquartier. Der Gouverneur von Algier war oberster Repräsentant Frankreichs in Algerien, wurde per Erlass aus Paris ernannt und verfügte über ausgedehnte Vollmachten, vor allem, nachdem die Regierung unter der Führung des sozialistischen Premiers Guy Mollet im Dezember 1955 das Zusammentreten des algerischen Parlaments unterband. Mit der Ausrufung des Kriegsrechts bestimmte dann das französische Militär das Geschehen im Generalgouvernement, unter

Billigung der damaligen Gouverneure Robert Lacoste und Jacques Soustelle. Letzterer war ein besonders interessanter Fall: Ursprünglich ein hochangesehener und für seine moderate Haltung bekannter Ethnologe, wurde Soustelle als Gouverneur im Laufe des Kriegs zu einem beinharten Kriegstreiber und offenen Sympathisanten der algerienfranzösischen Faschisten. Das Generalgouvernement war unter Soustelle aber auch ein Zentrum des geistigen Lebens in Algerien. Hier gingen Spitzenbeamte, Wissenschaftler und Intellektuelle ein und aus. Zudem verfügte es über eine der bestausgestatteten Bibliotheken des Landes, was viel über den Stellenwert von Wissen und Bildung für die Kolonialpolitik verrät.

Hier, in der Bibliothek des Generalgouvernements, fand Bourdieu seinen persönlichen Ausweg aus der verzwickten Lage, zumindest eine Möglichkeit, wie er sich trotz seiner Verstrickung in die »koloniale Situation« »nützlich machen« konnte.[12] Die Arbeit im Nachrichten- und Dokumentationsdienst nahm ihn nicht sehr in Anspruch, sodass er die meiste Zeit seines restlichen Militärdienstes (von Frühjahr 1956 bis Herbst 1957) in der Bibliothek verbrachte. Er wollte die algerische Gesellschaft verstehen und las dafür vor allem ethnologische Literatur. Was er vorfand, war jedoch getränkt von kolonialen und rassistischen Klischees. Den Werken fehlte jede Grundlage für ein wirkliches Verständnis der Gesellschaft und ihrer Funktionsweisen. Diese Lücke wollte der ehrgeizige sechsundzwanzigjährige Philosoph ohne soziologische Ausbildung nun in einem staatsbürgerlichen »Akt der politischen Erziehung« schließen.[13] Er hatte dabei vor allem die vielen Franzosen im Mutterland im Sinn, die – egal, ob sie links oder rechts, gegen oder für den Krieg waren – Algerien nur schlecht kannten, aber trotzdem nicht mit raschen Urteilen zögerten. Da auch vielen Algeriern, die durch das französische Schulsystem gegangen waren, eine profunde Kenntnis der gesellschaftlichen Strukturen ihres Landes fehlte, brauchte es in Bourdieus Augen ein kleines landeskundliches Buch, das die Geschichte und Gesellschaft Algeriens und vor allem die dort lebenden Menschen vorstellen sollte.

Sociologie de l'Algérie erschien im Jahr 1958, kurz nach dem Ende von Bourdieus Militärdienst – als Soldat war an eine Publikation nicht zu denken.[14] Das Buch, Bourdieus erste Monographie, wurde von den Pariser *Presses universitaires de France* in die renommierte und eigentlich für bereits etablierte Wissenschaftler reservierte Enzyklopädie-Reihe *Que sais-je?* aufgenommen, die sich an ein größeres Publikum richtete. Entsprechend seiner Hauptmotivation, den Franzosen das Land und die Leute näherzubringen, ist das Buch wie ein Kaleidoskop der Gesellschaft aufgebaut: Von den sechs Kapiteln sind die ersten drei den traditionalen Gesellschaften (Kabylen, Chaouia, Mozabiten) gewidmet, eines befasst sich mit der arabisch sprechenden Bevölkerung, ein weiteres diskutiert die kulturellen und ökonomischen Gemeinsamkeiten dieser vier Gruppen, während das letzte Kapitel die französisch-europäische Kolonialgesellschaft behandelt.

Das Buch war eine Provokation. Allein die Komposition der einzelnen Bevölkerungsgruppen zu einer Soziologie Algeriens stellte einen Tabubruch dar. Wer bis dahin soziologisch von einer algerischen Gesellschaft sprach, meinte damit eigentlich immer die französisch-europäische Siedlerbevölkerung. Die traditionalen Gesellschaften und die arabische Bevölkerung wurden als »unterentwickelte« beziehungsweise »fremde« Gruppen systematisch vom modernen soziologischen Gesellschaftsverständnis ausgeschlossen. Sie waren, wenn überhaupt, im Sinne einer disziplinären Arbeitsteilung Gegenstand von ethnologischen bzw. orientalistischen Studien. Indem Bourdieu seine Landeskunde nonchalant eine Soziologie Algeriens nannte und sämtliche Bevölkerungsgruppen miteinschloss, setzte er damit als Geste bereits die Daseinsberechtigung einer algerischen Gesellschaft voraus, in der Kolonisatoren und Kolonisierte unter einem Oberbegriff zusammenkamen und auch zusammen untersucht werden konnten. In dieses kleine, staatsbürgerlich-aufklärerische Buch, das sich in der Hochphase des Krieges jeglicher direkter politischer Urteile enthielt, konnte Bourdieu so einige brisante soziologische Diagnosen der französischen Kolonialherrschaft in Algerien einschmuggeln, die er in späteren Werken erst ausbuchstabierte: dass die ursprüngliche Lebensweise der Kabylen zerstört werde; dass die kapitalistische Kolonialwirtschaft die Ökonomie der autochthonen Bevölkerung aushöhle; dass die Kolonialgesellschaft wie ein auf Herkunft basierendes Kastensystem funktioniere und die kolonisierten Subjekte erst zu Fremden mache, die sich dann weiter entfremdeten; dass der Krieg eine eigenständige und wertvolle Zivilisation zerstöre.[15]

Den Tabubruch mit all den kleinen Spitzen gegen die Funktionsweise des Kolonialismus bekam Bourdieu auch direkt zu spüren. Vor allem die in Algerien ansässige Clique der Kolonialethnologen sah im Erscheinen des Buches einen Affront. In einem Brief an den Historiker André Nouschi, einen der wenigen mit ihm befreundeten französischen Wissenschaftler in Algerien, schrieb Bourdieu kurz nach der Veröffentlichung, dass er sich »noch nie so isoliert gefühlt habe wie derzeit« und dass »das Büchlein« – sein »Opus minimum«, wie er zu sagen pflegte – durchaus etwas damit zu tun habe. Man schaue ihn in Algier mit einer Mischung aus Mitleid und Aggressivität an, wobei Letztere überwiege. Bourdieu hatte die Kolonialclique gegen sich aufgebracht. Sie betrachtete den jungen ENS-Philosophen und Kriegsgegner abschätzig »als einen Knirps aus dem Mutterland, der meine, er hätte was zu Algerien zu sagen«. Bourdieu selbst hatte sich wohl auch mehr Erfolg in wissenschaftlichen Fachkreisen erhofft, gab aber im Brief enttäuscht zu, dass er mit seinem Büchlein die schlechte Strategie eines Outsiders gewählt habe, »so weit, daß ich hin und wieder denke, dass alles, was ich geschrieben habe, vollkommen wertlos ist und ich in der Zeit lieber hätte schlafen sollen«. Dass das Buch auch wissenschaftliche Schwächen aufwies, sah Bourdieu selbst. Es war fast ausschließlich auf Grundlage von Bibliothekslektüre entstanden und blieb nicht konsequent im angedachten soziologischen Beschreibungsmodus.[16] »Trotz aller Schnitzer« habe er, so Bourdieus Selbstvergewisserung gegenüber Nouschi, »das Gefühl, etwas Nützliches geleistet zu haben«.[17]

Überspannte Libido

Für Bourdieu gab es aber noch genug Nützliches zu tun. Was zunächst als kleine publizistische Episode gedacht war, gewann plötzlich einen ganz neuen Schwung. Anstatt, wie ursprünglich geplant, nach Beendigung des Militärdienstes Algerien rasch wieder gen Frankreich zu verlassen und dort die liegengebliebene philosophische Doktorarbeit mitsamt der in Aussicht gestellten Hochschulkarriere wiederaufzunehmen, hatte Bourdieu noch vor der Veröffentlichung von *Sociologie de l'Algérie* beschlossen, im Land zu bleiben und seine ethnologischen und soziologischen Studien fortzusetzen. Im Herbst 1957 hatte er eine Stelle als Assistent für Philosophie und Soziologie an der Universität von Algier angenommen. Er war nun nicht mehr ein unfreiwilliger Wehrdienstleistender in Algerien, sondern ein aus freien Stücken dort lebender und forschender Universitätsdozent.

Die Universität Algier war zur damaligen Zeit mit einigen wenigen Ausnahmen ein Sammelbecken für reaktionäre und faschistische Bewegungen, von den Studierenden bis hin zu den Professoren.[18] Im Gegensatz zu den Universitäten im Mutterland war sie eher ein Abbild des lokalen kolonialen Systems, mit eigenen Hierarchien und Berufungspraktiken. Die Universität war regelrecht in der Hand weniger Familiendynastien, die untereinander die Macht aufteilten. Diese professorale Kolonialclique bestand auch noch passenderweise aus Arabisten und Orientalisten. Als Experten für die Region betrieben sie die regionalspezifischen Disziplinen (Ethnologie, Sprachen, Kulturen) als reine Kolonialwissenschaft und argumentierten dabei unverhohlen rassistisch. Daher überrascht es kaum, dass der Gegenwind, von dem Bourdieu in den Briefen an André Nouschi anlässlich der Veröffentlichung seines Bändchens berichtete, vor allem aus der Universität Algier kam. Viele der hier tätigen Wissenschaftler waren patriotische Algerienfranzosen, die abweichende Meinungen nicht duldeten. Nicht wenige von ihnen wurden im Laufe des Krieges sogar zu Unterstützern der Organisation de l'armée secrète (OAS), einer paramilitärischen

Untergrundbewegung, die sich ab 1958 mit Terrorakten gegen de Gaulles Algerienpolitik auflehnte und für den Erhalt des kolonialen Status quo kämpfte.

Bourdieu hatte sich mit seiner neuen Universitätsstelle jedenfalls keinen ruhigen Arbeitsplatz ausgesucht. An der Universität herrschte ein aufgeheiztes Klima der Einschüchterung und Gewalt, vor allem von Seiten der rechten Studenten. Fast alle in Frankreich zur nationalistischen Rechten gehörenden Politiker, Organisationen und Gruppen hatten während des Krieges ihr Lager in Algier aufgeschlagen und dabei enge Verbindungen ins studentische Milieu geknüpft – darunter auch der spätere Gründer des Front National Jean-Marie Le Pen.[19] Wer an der Universität anders dachte und dies offen zeigte, geriet schnell ins Visier der Rechtsextremen. So wurde der Historiker André Mandouze aus »Sicherheitsgründen« von der Universität entlassen, nachdem ihn rechtsextreme Studenten wegen seines Eintretens für die algerische Unabhängigkeit lynchen wollten.[20] Die höchsten Wellen schlug der Fall des Mathematikers Maurice Audin: Der kommunistische Aktivist und FLN-Unterstützer wurde 1957 während der »Schlacht von Algier« von Fallschirmjägern verhaftet und zu Tode gefoltert.[21] Auf Bourdieu wurde an der Universität auf andere Art Druck ausgeübt: Ihm wurde oft nahegelegt, andere Themen zu behandeln oder einfach den Mund zu halten. Auch Bourdieu wusste, dass er den Autoritäten und Rechten ein Dorn im Auge war. Kurz nach dem Militärputsch im Mai 1958 informierte ihn einer seiner Studenten, dass er auf der »roten Liste« der Putschisten stand, auf der Liste der unerwünschten Personen, die »neutralisiert« werden sollten.[22]

Nicht weniger riskant waren die ausgedehnten Reisen, die Bourdieu während der Universitätsferien in entlegene und teilweise auch umkämpfte Gebiete Algeriens unternahm. Diese Erkundungen bildeten den hauptsächlichen Grund seines verlängerten Aufenthalts. Bourdieu hoffte, seine bisherige Arbeit mit mehr empirischen Daten aus erster Hand untermauern, also im besten Sinne mehr Feldforschung betreiben zu können. Dazu passte es gut, dass er mittlerweile auch für die algerische Außenstelle des französischen Statistikamts INSÉE tätig war. Der Leiter dieser teilweise unabhängigen Forschungseinheit, der Soziologe Alain Darbel, segnete Bourdieus Recherchen offiziell ab. Die in Auftrag gegebenen Untersuchungen waren in erster Linie statistische Erhebungen und Analysen der algerisch-muslimischen Landbevölkerung. Zusammen mit einem Team von Mitarbeitern des INSÉE fuhr Bourdieu durch die algerische Provinz, um Fragebögen und Kartenmaterial zu erstellen, Stichproben zu erheben, Geburtenzahlen zu kontrollieren, Schulen und Sozialeinrichtungen auszuwerten oder Konsumstudien anzufertigen. Die neuen Einblicke waren bestürzend: Rund ein Viertel der muslimischen Landbevölkerung war im Zuge der französischen Umsiedlungsprogramme gewaltsam in neu geschaffene Dörfer und Siedlungen gebracht worden. Bourdieu entdeckte eine in Lager gesperrte, entwurzelte und verarmte algerische Gesellschaft.

Soweit die Arbeit für die Statistikbehörde es erlaubte, widmete sich Bourdieu, da er auf gewisse Weise schon vor Ort war, parallel seinen ethnographischen Interessen. Er führte Interviews mit kabylischen Bauern und Stammesführern, zeichnete heimlich Marktgespräche auf, notierte lokale Sprachmerkmale und Verhaltenscodes, dokumentierte Rituale und Verwandtschaftsverhältnisse, fertigte Skizzen von charakteristischen Häusern an und machte vor allem eine Menge Fotografien von Landschaften, Personen und Objekten – am Ende seines Aufenthalts waren es rund dreitausend Bilder, die er mit seiner in der DDR erworbenen Zeiss-Kamera geschossen hatte.[23]

Bourdieu stürzte sich regelrecht in die Arbeit, wollte so viel wie möglich »im Feld« sein und wünschte sich, all die Geschehnisse, deren

Oben: Aïn Aghbel, Collo/Algerien, ca. 1960. Aufnahme von Pierre Bourdieu.

Unten: Aïn Aghbel, Collo/Algerien, ca. 1960. Aufnahme von Pierre Bourdieu. Das französische Militär pflegte die Dächer der Häuser anzuzünden, um die Bewohner zum Verlassen ihrer Häuser zu zwingen. Das Foto zeigt Bourdieus damaligen Assistenten Abdelmalek Sayad, wie er inmitten der Ruine Aufzeichnungen macht.

Pierre Bourdieu (links im Bild) während der Enquête in Aïn Aghbel, Collo/Algerien, 1960.

Zeuge er wurde, wie ein Schwamm aufzusaugen. Er tat dies mit einer leidenschaftlichen und rastlosen Hingabe, die mitunter ans Obsessive grenzte – die Arbeitstage während der Feldstudien begannen um sechs Uhr morgens und endeten in der Regel erst tief in der Nacht.[24] Bourdieu umschrieb seine damalige Verfassung als eine »etwas überspannte *libido sciendi*«. Die Lust des Wissens speiste sich aus zwei Quellen: aus der »Leidenschaft für alles, was dieses Land und seine Menschen« anging, und aus »dem heimlichen und ständigen Gefühl der Schuld und der Auflehnung angesichts so vielen Leidens und so großer Ungerechtigkeit«.[25] Leidenschaft, vielleicht sogar schon Identifikation mit Land und Leuten, gepaart mit Schuldgefühlen, Empörung und dem Bewusstsein, Rechenschaft ablegen zu müssen – das war die bemerkenswerte Gefühlsmischung, die dem Verlangen, mehr über Algerien in Erfahrung zu bringen, zugrunde lag.

Was für Motive es auch immer waren: Irgendeine moralische Reflexion setzte damals definitiv ein. Anders lässt es sich kaum erklären, wie Bourdieu 1959, also mitten in seinen algerischen Feldstudien, auf die Idee kam, einen existentialistisch angehauchten Text über Molière mit dem Titel »Tartuffe oder das Drama des Glaubens und der Unaufrichtigkeit« zu schreiben.[26] Bourdieus allererster Artikel ohne expliziten Algerienbezug thematisiert entlang einer der bekanntesten Figuren der französischen Literatur menschliche Scheinheiligkeit und daraus resultierende Gewissensfragen. Es handelt sich um eine kleine, moralphilosophische Übung. Man kann den Text, mit Blick auf den Ort seiner Entstehung, aber auch als intime Auseinandersetzung mit den moralischen Kosten verstehen, die Kolonialismus und Krieg in einem verursachen.

Diese Identifikations-, Schuld- und Moralfragen waren sicherlich wichtige Begleitumstände und auch Antriebsmomente für Bourdieus wissenschaftlichen Eifer. Eine Überbetonung der affektiven Strukturen läuft jedoch leicht Gefahr, weitere und weniger pathetische Rahmenbedingungen der wissenschaftlichen Wissensproduktion zu verdecken. Es gab auch anders gelagerte Gründe, andere Möglichkeitsbedingungen, über die Bourdieu damals wie später vergleichsweise wenig Auskunft gab. Dass sich etwa aus dem persönlichen, lustvollen und etwas fieberhaften Erkenntnisdrang in so kurzer Zeit tatsächlich auch ein empirisches sozialwissenschaftliches Wissen herausbildete, war jedenfalls nur möglich auf der Grundlage von Faktoren, die weniger mit Bourdieu selbst und seinem Affekthaushalt zu tun hatten als vielmehr mit dem wissenschaftlichen Kontext und der kolonialen Situation vor Ort.

Bourdieu fand sich – wie viele andere Wissenschaftler vor und nach ihm – in einer langen Tradition der kolonialen Wissensproduktion wieder. Die Kolonien spielten schon früh eine wichtige Rolle in der Formierungsgeschichte von Disziplinen wie der Ethnologie oder der Soziologie, die in ihren Anfängen als sogenannte Kolonialwissenschaften ihre Forschung oft freiwillig in den Dienst der imperialen

Kolonialverwaltungen stellten. Auch nachdem sich beide Disziplinen mit zunehmender wissenschaftlicher Autonomie von solchen staatlichen Inanspruchnahmen lösen konnten, blieben die Kolonialgebiete ein bevorzugtes Betätigungsfeld für die Sozialforschung. So arbeiteten zwischen 1945 und 1960 rund ein Drittel der französischen Soziologen in und zu den Kolonien. Vor allem Algerien bot wegen seiner Nähe und seines ambivalenten Status als Siedlerkolonie mit Zugehörigkeit zur Französischen Republik eine Art offenes gesellschaftliches Laboratorium für moderne Sozialforschung, sei es in ethnologischer Hinsicht oder im Sinne der staatlichen Entwicklungs- und Modernisierungsprojekte, die im Land von französischen Wissenschaftlern und Ingenieuren imaginiert und konzipiert wurden.[27]

Bourdieu konnte sich in Algerien auf eine Reihe von kolonialen Institutionen stützen: das Generalgouvernement, die Universität, das Statistikamt. Als Franzose mit allerlei sozialen Privilegien ausgestattet, fand er hier nahezu ideale Arbeitsbedingungen und Ressourcen vor, um sich im Schnelldurchlauf und relativ autonom in die beiden voraussetzungsreichen Disziplinen der Ethnologie und Soziologie einzuarbeiten – ein nicht zu unterschätzender Faktor, da er bloß in Philosophie ausgebildet war, also nicht nur akuten Nachholbedarf hatte, sondern diesen auch ohne viel Aufhebens und zusätzliches Studium in der Pariser Heimat decken konnte. Schließlich darf nicht vergessen werden, dass das wissenschaftliche Terrain, das sich für ihn als so üppig erwies und das seine intensiven Forschungsaktivitäten gewährleistete – gemeint sind die von ihm beobachteten und untersuchten Phänomene der Entwurzelung und Umsiedlung, aber auch die »fremde Kultur« der autochthonen Bevölkerung –, ausgerechnet mit den Mitteln imperialer Unterdrückung entstanden war. Auch wenn Bourdieu den Kolonialismus vehement zurückwies und dessen verheerende Folgen kritisierte, profitierte er doch wie viele Wissenschaftlerinnen und Wissenschaftler vor und nach ihm von der Existenz eines wissenschaftlichen Settings, das es ohne den Kolonialismus in dieser speziellen Form so nicht gegeben hätte. Die Verstrickung in koloniale Zusammenhänge war also keine rein politische oder moralische Angelegenheit, sondern auch eine epistemische. Seine Soziologie war und blieb in dieser Phase eine Wissenschaft unter kolonialen Vorzeichen.

Es war gleichzeitig auch eine Wissenschaft, die den schwierigen Bedingungen eines Befreiungskriegs entstammte. In Algerien herrschte wohlgemerkt nicht nur eine koloniale Situation vor, es herrschte auch ein Unabhängigkeitskrieg. Bourdieu ging durchaus ins Risiko und erregte mit seinen umtriebigen Forschungen zum einen die Aufmerksamkeit der Militär- und Sicherheitsbehörden, die ihm mit kleineren Verfolgungen, Befragungen und Spionageaktionen auflauerten. Zudem traf er bei seinen Ausflügen in verlassene und von der französischen Armee in Brand gesteckte Dörfer nicht selten auch auf schwer bewaffnete Algerier. So etwa in Tizi Ouzo, als er unter allen Umständen den Ritualen bei den kabylischen Bauern auf die Spur kommen wollte, während an den Straßen die Gerippe verkohlter Autos herumstanden, am Straßenrand algerische Soldaten saßen und im Hintergrund das Rattern von Maschinengewehren zu hören war.[28] Wenn die Kampfhandlungen zwischen der französischen Armee und den Kämpfern der algerischen Unabhängigkeitsbewegung zu stark wurden, suchte Bourdieu mit seinem Team oft Unterschlupf bei den Weißen Vätern, einem seit 1850 in Algerien ansässigen apostolischen Missionarsorden, der während des Kriegs von den Algeriern wegen seiner sozialen Ader geschätzt und geduldet wurde.[29] Es ist schwer zu sagen, von welchen Kriegsparteien das größte Risiko für ihn ausging. Am Ende war es aber der Terror der OAS, der den Ausschlag für seine Flucht aus Algerien gab. Nachdem sein Assistent Moulah Henine vor dessen Haus von der OAS erschossen wurde und er selbst von einem ranghohen französischen Offizier informiert wurde, dass auch er in Lebensgefahr sei, beschloss er, das Land zu verlassen und seine Rückkehr nach Frankreich vorzubereiten. Bourdieu verließ Algerien im Mai 1961 in einer Nacht-und-Nebel-Aktion. Eine Militärmaschine flog ihn sicher aus Algier raus.[30]

Rückkehr in den Béarn

Die Rückkehr nach Paris war unfreiwillig und abrupt, aber Bourdieu landete vergleichsweise weich auf französischem Boden. Er konnte auf einen persönlichen Kontakt zurückgreifen, der ihm in Paris die Türen öffnete: Raymond Aron, seines Zeichens Doyen der französischen Soziologie und einer der einflussreichsten politischen Intellektuellen des Landes. Die beiden hatten sich ausgerechnet in Algerien kennengelernt, als sich Aron in seiner Funktion als Generalinspekteur des nationalen Bildungswesens im Land aufhielt (er hatte die Aufgabe, bei den französischen Abiturprüfungen die Prüfungskommissionen zu leiten). In Frankreich verschaffte Aron Bourdieu eine Assistentenstelle, erst an der Sorbonne, dann in Lille. Er übernahm zudem die Betreuung seines neuen Dissertationsvorhabens im Fach Soziologie – eine in mehrerer Hinsicht folgenreiche Vereinbarung. Bourdieu schlug, die Philosophie hinter sich lassend, endgültig den Karriereweg des Soziologen ein, fand in Aron seinen entscheidenden Förderer und übernahm von diesem wenige Jahre später die Leitung des Centre de sociologie européenne.

Aron wiederum steuerte das Vorwort für die amerikanische Ausgabe von Bourdieus *Sociologie de l'Algérie* bei, das unter dem Titel *The Algerians* und mit der algerischen Nationalflagge auf dem Cover pünktlich zur Unabhängigkeit des Landes im Jahr 1962 erschien.[31] Aron, der ewige Antipode Sartres, verkörperte eigentlich das konservative Establishment Frankreichs. Allzu viele Sympathien mit antikolonialen Befreiungsbewegungen dürfte er nicht gehabt haben. In der Algerienfrage befürwortete er allerdings spätestens seit 1957 die Loslösung der Kolonie, und zwar vor allem aus dezidiert ökonomischen Gründen, wie er in seinem Buch *La tragédie algérienne* bekundete.[32] Auch im Vorwort zu Bourdieus Buch schrieb Aron, dass der Krieg eine zu große Hypothek für Frankreich geworden sei: »Fast acht Jahre lang lastete das Drama Algeriens auf den Franzosen. Wie eine Besessenheit, eine Schuld, aber auch wie eine Pflicht. Es hat den Sturz eines

Regimes herbeigeführt und eine Nation entzweit. Es hat den inneren Frieden gefährdet und im Mutterland ein Klima der Leidenschaft und des Verbrechens verbreitet.« Man müsse endlich eingestehen, so Aron weiter, dass die algerische Angelegenheit nicht länger eine »einfache Episode in einer historisch unaufhaltsamen Bewegung namens ›Dekolonisierung‹« darstelle, sondern vielmehr zu einem »tragischen Moment in der Geschichte Frankreichs« geworden sei. Aron empfahl Bourdieus Buch »all jenen, denen das Schicksal Frankreichs und des Westens am Herzen liegt und denen Algerien daher nicht gleichgültig sein kann«.[33]

Bourdieu war 1960 in ein krisengeschütteltes Frankreich zurückgekehrt, das immer mehr in einen bürgerkriegsähnlichen Zustand abzurutschen drohte und dabei von der Algerienfrage wie paralysiert schien. Seine Algerienexpertise verhalf ihm zu einem Alleinstellungsmerkmal unter den Pariser Intellektuellen. Viele von ihnen mochten als Kriegsgegner das große Wort geschwungen oder sich mit dem FLN solidarisiert haben – aber wer konnte schon von sich behaupten, nicht nur in Algerien gedient zu haben, sondern dort auch wissenschaftlich und politisch aktiv gewesen zu sein? Bei heimlichen Pariser Meetings von algerischen und französischen Intellektuellen, die bereits über das zukünftige Algerien nach der Unabhängigkeit räsonierten, fand Bourdieu unmittelbar Gehör.[34] Er verfügte in diesen Kreisen über ein beträchtliches »kulturelles Kapital«, um hier einen Ausdruck aus seiner eigenen soziologischen Theorie zu verwenden. Er wusste es aktiv einzusetzen: Die ersten Artikel zu Algerien konnte er in renommierten Zeitschriften wie *Esprit* und *Les Temps modernes* publizieren.[35] Es folgten mit *Travail et travailleurs en Algérie* und *Le Déracinement* gleich zwei größere, zusammen mit seinen Mitarbeitern verfasste Monographien.[36] Im Fokus dieser Texte standen hauptsächlich die Arbeits- und Lebensbedingungen der algerischen Bevölkerung im Lichte von Kolonialismus und Krieg.

Den aus einer relativ sicheren Entfernung heraus geführten Pariser Debatten über Algerien stand Bourdieu dabei mehr als skeptisch gegenüber. Der Grund hierfür: Viele Franzosen, aber auch viele der in Frankreich ansässigen Algerier kannten das Land auf der anderen Seite des Mittelmeers sehr schlecht, ihre politischen Urteile waren entsprechend wenig fundiert. Das galt in Bourdieus Augen selbst für die bekannten Wortführer der antikolonialen Linken wie Jean-Paul Sartre oder auch Frantz Fanon. Dass etwa Sartre in der algerischen Bauernschaft die einzig wahre revolutionäre Kraft des Landes erblickte, empfand Bourdieu, der durch seine Arbeit vor Ort einen Einblick in die tatsächlichen ökonomischen, sozialen und politischen Bedingungen der algerischen Bauern und Arbeiter gewonnen hatte, als »Realitätsverfälschung« – später nannte er Sartres Position sogar »komplett idiotisch«.[37] Die algerischen Bauern hatten, so Bourdieus Einschätzung, gewiss einen wichtigen Anteil an dem Kampf gehabt, aber eben nicht nur als Akteure, sondern auch als erste Opfer von Kolonialismus und Krieg. Sie hatten aufgrund der früheren Enteignungen und Plünderungen und, in neuerer Zeit, aufgrund des Krieges und der Umsiedlungen so außergewöhnlich tiefgehende Veränderungen durchgemacht, dass sie zwar eine explosive Kraft bildeten, aber eben auch eine verzweifelte Masse, die für die widersprüchlichsten politischen Ziele zur Verfügung stehen konnte. Mit anderen Worten: Die algerischen Bauern waren – selbst in Gestalt eines in die Städte abgewanderten Proletariats – sehr weit entfernt von dem revolutionären Bild, das Intellektuelle und Aktivisten in Paris von ihnen zeichneten. Ihnen ein »revolutionäres Bewusstsein« zu unterstellen war in diesem spezifischen Kontext für Bourdieu geradezu verantwortungslos.

Diese Situationsanalyse bewog Bourdieu zu einer zurückhaltenden Einschätzung der damaligen algerischen Führung und ihrer revolutionären Ziele. Die im Exil agierende »Provisorische Regierung der Algerischen Republik« sah im Kampf für die algerische Unabhängigkeit eine linke Revolution am Werk – das unabhängige Algerien sollte entsprechend in ein sozialistisches Musterland verwandelt werden. Die Parolen von Sartre und Fanon waren da willkommen. Bourdieu behielt mit seiner Einschätzung am Ende recht. Die gewünschte Revolution der Bauern und Proletarier blieb in Algier unter dem autoritären FLN-Regime bekanntlich aus.[38]

Diese frühen Interventionen in politische Diskussionen sind kaum zu überschätzen. Sie prägten Bourdieus Verständnis von der Rolle der Wissenschaft und sein Selbstverständnis als politischer Intellektueller. Doch sie blieben in diesen hochproduktiven frühen 1960er-Jahren keineswegs das einzige Betätigungsfeld. In exakt dieselbe Phase fiel auch eine Episode, die Bourdieus Algerienaufenthalt und seinen intellektuellen Werdegang in einem etwas anderen Licht erscheinen lässt. Die in Algerien unternommenen Forschungen führten ihn nämlich in eine biographisch-wissenschaftliche Konstellation mit kuriosen Zügen hinein: Eine der ersten Anlaufstellen, die Bourdieu nach seiner erfolgreichen Wiedereingliederung in den französischen Wissenschaftsbetrieb ansteuerte, war ausgerechnet der Béarn, seine Heimatregion in den Pyrenäen. Dort, im Dorf seiner Eltern und seiner Kindheit, legte er längere Forschungsaufenthalte ein. Er wollte sich, nach den ersten autodidaktischen Schritten in Ethnologie, nun an einer Soziologie des ländlichen Raumes versuchen.

Im Mittelpunkt standen Feldforschungen zu bäuerlichen Produktionsweisen und Reproduktionsstrategien im vorindustriellen Frankreich. So ging es darum, zu verstehen, warum die ältesten Söhne aus Bauernfamilien unverheiratet blieben, obwohl die dörfliche Gesellschaft für ihr verbissenes Festhalten am Erstgeburtsrecht bekannt war. Doch das ganze Projekt war von Beginn an unmittelbar mit Bourdieus parallel laufenden Verarbeitungen seiner Forschungsergebnisse zu den kabylischen Bauern in Algerien verbunden. Es hatte einen zutiefst selbstreflexiven Charakter: Bourdieu hatte sich bereits in Algerien während seiner Interviews mit kabylischen Informanten oft seiner jugendlichen Alltagserfahrungen mit den Bauern aus dem Béarn bedient und immer wieder Bezüge zwischen den beiden unterschiedlichen, aber in Bourdieus Augen teilweise auch sehr ähnlichen Gruppen hergestellt. Im Béarn galt es nun für Bourdieu, die Forschung und ein Stück weit auch die Einübung in die Soziologie fortzusetzen, um im Sinne der Wissenschaftlichkeit eine subjektive Erfahrung zu objektivieren, die ihm in Algerien als bewusster oder eben unbewusster Bezugsrahmen gedient hatte. Bourdieu prüfte im Béarn also auch sein erworbenes Wissen über die kabylische Gesellschaft, und zwar in einer Umgebung, die ihm von Grund auf vertraut war.

Das Fremde im Eigenen nochmals zu betrachten war in diesem Fall keine ethnologische Floskel. Es bedeutete für Bourdieu, mit derselben Intensität und Hingabe wie in Algerien auch im heimischen Béarn Entwurzelungsprozesse, Verwandtschafts- und Geschlechterbeziehungen sowie Verhaltensdispositionen zu untersuchen. Das sollte ihm einerseits ermöglichen, das vorher Erkannte bewusster und ohne Rückfall in plumpen Ethnozentrismus oder Positivismus einzuordnen. Andererseits war damit der Anspruch verbunden, den ethnologischen Blick auch für hiesige französische Verhältnisse zu schärfen, für eine rurale Gemeinschaft, die fernab vom urbanen Leben existierte und im Zuge der fortschreitenden Modernisierung und Industrialisierung des Landes in Bourdieus Augen vom Verschwinden bedroht war.

Als Kontrastfolie diente ihm das bahnbrechende Meisterwerk *Traurige Tropen* des französischen Anthropologen Claude Lévi-Strauss.[39] In diesem 1955 erschienenen Buch, das zur Programmschrift des Strukturalismus avancierte, entzauberte Lévi-Strauss allzu exotistische Vorstellungen und Verklärungen des Westens vom kulturell Fremden. Sein Reisebericht über das Aussterben traditioneller Kulturen und Gesellschaften im brasilianischen Amazonasgebiet bot Lévi-Strauss dabei auch die Gelegenheit, vom ethnologischen Blick auf das Fremde ausgehend universelle Kulturvergleiche zu wagen, die Rolle der westlichen Zivilisationen zu bedenken und theoretische Reflexionen über das Verhältnis von subjektiver Erfahrung und objektiver Wissenschaft anzustellen. Bourdieu hingegen hatte im Béarn nichts Geringeres vor als »die *Traurigen Tropen* seitenverkehrt zu schreiben«.[40] Anstatt irgendwo in der Ferne allgemeinen erkenntnistheoretischen Überlegungen zum Verhältnis zwischen ethnologischem Beobachter und seinem Gegenstand nachzugehen, wollte Bourdieu herausfinden, was es heißt, wenn man etwas erforschen will, das man gut kennt, das aber im Verschwinden begriffen ist. Er widmete sich so gesehen den traurigen Bauern Frankreichs.

Bourdieu war bei diesem Projekt nicht allein. Ihm stand sein engster Mitarbeiter Abdelmalek Sayad zur Seite, den er aus Algerien kannte. Sayad, der aus einem Dorf in der Kabylei stammte, hatte bei Bourdieu an der Universität von Algier studiert und gehörte zum festen Mitarbeiterteam, das Bourdieu bei seinen ausgedehnten ethnologischen Feldforschungen in Algerien begleitete. Aus der anfänglichen Bekanntschaft und Zusammenarbeit wurde im Laufe der Jahre eine enge Freundschaft. Beide blickten auf eine ereignisreiche Zeit zurück: Sie waren in den entlegensten Gebieten Algeriens unterwegs gewesen, hatten bis tief in die Nächte hinein gearbeitet und unzählige Daten ausgewertet, vergleichsweise abenteuerliche Begegnungen in abgelegenen Dörfern erlebt, aber auch gemeinsame Freunde an den faschistischen Terror verloren.[41]

Als Bourdieu nun seinen »alten Bruder«, wie er Sayad in Briefen nannte, zu einem längeren Aufenthalt im Haus seiner Eltern einlud, um die Forschungen im Béarn zusammen fortzusetzen, hatte er neben der persönlichen Bindung auch ein kleines wissenschaftliches Experiment im Sinn.[42] Die leitende Idee dahinter war ebenso simpel wie unkonventionell: Während Sayad in der Kabylei oft als einheimischer Assistent fungierte und Bourdieu der fremde Ethnologe aus dem Land der Kolonialherren blieb, tauschten sie im Béarn bedarfsweise die Rollen: Sayad nahm die Rolle des fremden Ethnologen ein, während Bourdieu den gut unterrichteten, aber letztlich doch befangenen einheimischen Informanten spielte.

Zum Experiment gehörte, dass Sayad im Anschluss an den Aufenthalt in Südwestfrankreich ähnliche Studien in seinem kabylischen Heimatdorf Aghbala unternahm. Aus dem Austausch entstand eine Art feldübergreifende Ethnographie, die auf den jeweiligen

Heimatdörfern der beiden, Lasseube und Aghbala, basierte. Wie aus dem Briefwechsel der beiden Wissenschaftler hervorgeht, hatte diese zweifache Mobilisierung der eigenen Wurzeln und ihre Verquickung wohlgemerkt nicht das Ziel, etwaige kulturelle Unterschiede einzuebnen. Vielmehr wollten Bourdieu und Sayad, ausgehend von den anfänglich beobachteten Ähnlichkeiten, die Differenzen zwischen autochthonen Primärerfahrungen und ethnologischen Fremderfahrungen herausarbeiten. Die Briefe, die sie sich gegenseitig aus Frankreich und Algerien schrieben, machen deutlich, wie weit dieser Austausch persönlicher Erfahrungen in die weitere wissenschaftliche und theoretische Arbeit hineinragte, dabei aber auch jedes Mal wieder eingehend geprüft, eingehegt und kontrolliert wurde.[43]

Bourdieus Rückkehr in die Pyrenäen hatte nicht nur im wissenschaftlichen Sinne einen selbstreflexiven Charakter, sondern zweifellos auch in persönlicher Hinsicht. Sie wurde zu einem biographischen Ereignis: Den verstehenden Blick des Ethnologen, mit dem Bourdieu Algerien betrachtet hatte, wollte er auch auf sich selbst anwenden, auf die Menschen aus seiner Heimat, auf sein Elternhaus, den Habitus seines Vaters und seiner Mutter. All dies wollte er sich auf eine nüchtern-wissenschaftliche Weise wiederaneignen – auch, weil er sich mit dem Wegzug in die ferne Pariser Intellektuellenwelt immer mehr von seinem Herkunftsmilieu distanziert hatte. Die Studien hatten auf dieser persönlichen Ebene also mindestens eine zweifache Bedeutung: Sie sollten Bourdieu eine Art Aussöhnung mit den Dingen und Menschen seiner Heimat ermöglichen, aber gleichzeitig auch seine neu gewonnene Rolle des Wissenschaftlers befestigen oder zumindest nicht gefährden, was vor allem bedeutete, dass eine wissenschaftliche Haltung der Distanz und der Analyse einzunehmen war. Selbst noch in der Wiederaneignung der elterlichen Welt zeigte sich, dass Bourdieus akademische Haltung längst zu einer unhintergehbaren eigenen Lebensweise geworden war – eine nicht mehr abzulegende Schicht des Erlebten, die einen anderen Blick aufs eigene Leben evoziert. Emphatisch gesprochen: Man kriegt nicht nur das pyrenäische

Bauerndorf nicht aus dem Jungen – auch die Wissenschaft bekommt man nicht aus ihm heraus.

Der Versuch der Wiedererlangung einer verlorenen Welt, das schamhafte Gefühl des vollzogenen Klassenwechsels, die innere Zerrissenheit des entwurzelten Intellektuellen, letztlich auch das Verständnis von Wissenschaft als rettendes, emanzipatorisches und therapeutisches Mittel – von alldem ist jedoch in den seit 1962 sukzessive veröffentlichten Einzelstudien zum Niedergang der bäuerlichen Gesellschaft, die 2002 unter dem Titel *Junggesellenball* erstmals versammelt erschienen, fast nichts zu spüren.[44] Die Texte huldigen eher dem für Bourdieu so typischen nüchternen Wissenschaftsstil, sind gefüllt mit statistischen Analysen und enthalten keine expliziten biographischen Bezüge. Erst aus der zeitlichen Distanz heraus sprach Bourdieu offener über die aufgewühlte emotionale Atmosphäre, von der sein Heimatprojekt damals umgeben gewesen war, zunächst relativ trocken in einem eigens für *Junggesellenball* verfassten Vorwort, sodann mit besonderem Nachdruck im bereits erwähnten Buch *Ein soziologischer Selbstversuch* – beide Texte sind wohlgemerkt kurz vor Bourdieus Tod geschrieben und erst posthum veröffentlicht worden. Vor allem im letzten Text kommt Bourdieu unumwunden auf einen persönlichen Schuld- und Schamkomplex zu sprechen, der ihn damals beherrscht habe. Sein bekenntnishafter Bericht über die Geschichte seiner Forschung im Béarn ist durchzogen von einem Gefühl der Nostalgie, aber gleichzeitig auch getragen von einem Selbstverständnis, bei dem man es trotz »tiefer Betrübnis«, »einsamer Trauer« und »ungeheurer Leere« geschafft hat, ein Verhältnis zu sich selbst und zu seiner wissenschaftlichen Arbeit zu gewinnen.[45]

Die Béarn-Episode markiert im *Soziologischen Selbstversuch* nach den Erlebnissen in Algerien den erzählerischen Höhepunkt des gesamten autosoziobiographischen Textes. Nicht nur der Erzähltext, auch das erzählte Leben findet mit der späten Heimkehr in den Béarn seine Bestimmung. Das Ende des intellektuellen Bildungsromans scheint erreicht zu sein. Speziell Algerien bot auf dem Weg dorthin variable Bühnen: Kriegsschauplatz, Abenteuerraum, wissenschaftliches Experimentierfeld, Projektionsort und fast durchgehend Schauplatz eines Selbstfindungstrips. Wenn aber Algerien wirklich das war, was Bourdieu ermöglichte, sich selbst zu akzeptieren, wie er in dem eingangs erwähnten Interview betonte, dann musste der Béarn zwangsläufig jenen immer schon begehrten Sehnsuchtsort darstellen, den es aufzusuchen und wiederzufinden galt. Vielleicht hatte sich Bourdieu in Wahrheit in die Heimat begeben, als er nach Algerien aufbrach.

Die Geburt des Habitus

Der fast fünfjährige Aufenthalt in Algerien mochte mit der Rückkehr in die Heimat für Bourdieu einen sinnstiftenden und abschließenden Moment in der eigenen Autosoziobiographie gefunden haben. Doch mit dieser Heimkehr ist die algerische Geschichte von Bourdieu längst nicht zu Ende erzählt. Algerien blieb auch nach den Aufenthalten auf der anderen Seite des Mittelmeers und im Béarn für lange Zeit ein Referenzpunkt in seinem wissenschaftlichen Werk. Was dabei weniger bis fast gar nicht bekannt ist: Bourdieu kehrte im Jahrzehnt nach der Unabhängigkeit Algeriens, als das von den Faschisten ausgehende Sicherheitsrisiko keine Rolle mehr spielte, regelmäßig zu Forschungszwecken nach Algerien zurück.[46] In theoriegeschichtlicher Hinsicht wäre es daher ein Fehlschluss zu glauben, dass es allein mit den prägenden Erfahrungen und Selbsterkenntnissen eines jungen Intellektuellen im Wehrdienstalter getan wäre. Ganz im Gegenteil: Die von Bourdieu in Algerien gesammelten Beobachtungen und Ergebnisse waren üppig. Bourdieu hatte einen empirisch gesättigten Materialfundus vor sich ausgebreitet, aus dem er fortan ausgiebig schöpfen konnte und auf den er immer wieder zurückkam. Allen voran die ethnologischen Feldstudien zur kabylischen Gesellschaft erwiesen in der Folge ihr sozialwissenschaftliches und theoretisches

Potential. Die umfassende Werkbibliographie zeigt, wie intensiv Bourdieu in den 1960er-Jahren sein Material und die dabei entstehenden Texte ständig be- und umarbeitete, wie er dieselben Texte bis weit in die 1970er- und 1980er-Jahre jedes Mal aufs Neue wiederkäute und publizistisch bis zur Austauschbarkeit weiterverwertete und wie er im Laufe der Zeit die umfangreichen Untersuchungen zu einer entsprechend umfangreichen Theorie ausbaute.

Die Ergebnisse dieser Arbeit flossen direkt in spätere Hauptwerke ein, namentlich in *Entwurf einer Theorie der Praxis auf der ethnologischen Grundlage der kabylischen Gesellschaft* (1972), *Sozialer Sinn* (1980) oder *Männliche Herrschaft* (1998).[47] Wenn man sich bewusst macht, dass in diesen Büchern die für sein wissenschaftliches Werk einschlägigen theoretischen Konzepte wie »Habitus«, »Praxis« »Kapital«, »Feld« und »symbolische Herrschaft« erstmals grundlegend entwickelt wurden, dann wird deutlich: Bourdieus Sozialtheorie ist ohne diesen algerischen Entstehungs- und Verwertungskontext, ohne seine in Algerien gemachten Erfahrungen und empirischen Studien kaum zu denken. Das ist nicht so selbstverständlich, wie es den Anschein haben mag. In der internationalen Bourdieu-Rezeption war es nämlich lange Zeit Usus, die Inhalte der Theorie vom ethnologisch-algerischen Kontext zu entkoppeln und auf einer sozialwissenschaftlichen Ebene zu diskutieren, die Bezugspunkte und Anschauungskontexte in westlichen Gesellschaften zuließ. Das ethnologische Material, an dem Bourdieu seine Theorie entwickelte, schien dagegen weniger fesselnd zu sein und blieb im engeren Sinne Sache der Anthropologie. Für diese disziplinäre Arbeitsteilung gab und gibt es gute Gründe, doch lässt sich aus theoriegeschichtlicher Perspektive sagen: Algerien war zweifelsohne auch das Laboratorium für Bourdieus Theorie der sozialen Welt.

Die theoriegeschichtliche Bedeutung des Algerienaufenthalts lässt sich exemplarisch entlang des Habitus-Konzepts veranschaulichen, dem mit Abstand berühmtesten Begriff aus der Theorie-Box des Soziologen. Der Begriff selbst hat eine reiche philosophische und soziologische Tradition, die sich bis in die Antike zurückverfolgen lässt. Es ist aber Bourdieu, der dem Begriff seine heutige und bislang wirkungsvollste Prägung gab. Mit dem Konzept des »Habitus« ist zunächst generell die Idee verbunden, dass die Praktiken und Vorstellungen von Menschen auf einem System von dauerhaften und inkorporierten Verhaltensdispositionen beruhen. In den Habitus einer Person gehen zum Beispiel die in einer Gesellschaft wirksamen Denk- und Sichtweisen, die Wahrnehmungsschemata sowie die Prinzipien des Urteilens und Bewertens ein. Es handelt sich um eine Handlungsweise, die einerseits zutiefst gesellschaftlich bedingt und strukturiert ist, andererseits aufgrund ihres spontanen und unbewussten Praxismodus wiederum auch strukturierend wirkt, also gesellschaftliche Verhältnisse hervorbringt und zugleich reproduziert. »Habitus« bezeichnet – zumindest in seiner gängigsten Form – den Lebensstil, die Kleidung, den Geschmack, die Sprache oder die Haltung einer Person, wobei beim heutigen Gebrauch des Wortes die Pointe meistens darin besteht, dass diese habituellen Merkmale im selben Atemzug mit einer bestimmten sozialen Lage und Herkunft assoziiert werden. Für Bourdieu stellt sich in der Regel nämlich ein Koinzidenzverhältnis zwischen Habitus und sozialer Welt ein, bei dem die Strukturen des Habitus stets auf die objektiven Strukturen eines sozialen Feldes abgestimmt sind. Aus diesem Konnex von Habitus und Sozialstruktur erwächst auch die im *common sense* angelangte Auffassung, dass die soziale Herkunft, in der die Grundlagen des Habitus erworben werden, eine entscheidende Rolle im weiteren Lebenslauf eines Menschen spielt – eine wegweisende These, die Bourdieu in den 1960er-Jahren mit Untersuchungen zum verhärteten französischen Bildungssystem und dessen Reproduktionsmechanismen sozialer Ungleichheit untermauerte.[48]

So weit die Grundzüge des Konzepts. Wer beim Stichwort »Habitus« nun etwa an Klassengegensätze zwischen gutsituierten Pariser Diplomatensöhnen mit distinguiertem Musikgeschmack und Arbeiterkindern aus den Vororten mit weniger ausgeprägten Musikreferenzen denkt (um ein kleines Beispiel aus der berühmten Sozialstudie *Die feinen Unterschiede* zu nennen), liegt damit sicher richtig. Doch es gibt eine weniger bekannte algerische Vorgeschichte des Habitus-Konzepts. Bourdieu verwendete das Konzept nämlich das erste Mal nicht in Frankreich, sondern in Algerien. Allerdings war der Kontext ein anderer: Es ging ihm um ökonomische Verhaltensdispositionen bei den kabylischen Bauern. Bevor also die Rede von einem bürgerlichen, einem akademischen oder einem proletarischen Habitus à la française aufkam, erkundete Bourdieu einen bäuerlichen Habitus in der Kabylei.

Aber der Reihe nach. Wie kam Bourdieu auf die Idee zum Habitus? Am Anfang war es ein klassisches ethnographisches Setting, mit allen damit verbundenen problematischen Begrifflichkeiten, die der Blick auf fremde Lebensformen mit sich bringt: Bourdieu hatte während seiner ethnologischen Feldstudien beobachten können, wie bestimmte abgelegene Stammesgesellschaften in der Kabylei noch mehr oder minder intakte Traditionen einer vorkapitalistischen Ökonomie bewahrt hatten, der die Marktlogik völlig fremd war. So wurden gewöhnliche Tauschprozesse bei den kabylischen Bauern beispielsweise durch Strategien der Ehre geregelt, die der Logik von Gabe und Gegengabe gehorchten: Man verkaufte keine Milch oder Butter, sondern ließ diese vielmehr Nachbarn zugutekommen, verbunden mit der Erwartungshaltung, an anderer Stelle und zu anderer Zeit auf dieselbe Weise vom Solidarprinzip zu profitieren. Es wurde in der Regel auch nicht in der Öffentlichkeit gehandelt. Beziehungen, die auf ihre rein wirtschaftliche Dimension reduziert waren, wurden eher als feindselig wahrgenommen und konnten sich nur zwischen Fremden auf dem entfernt gelegenen Markt ergeben, während der größte Teil des Tauschs ohnehin zwischen Verwandten und Nachbarn im Dorf stattfand.[49]

Bourdieu machte in diesem Zusammenhang eine weitere und folgenreiche Beobachtung: Weite Teile der kabylischen Bevölkerung konnten das von den Franzosen forcierte kapitalistische Wirtschaftssystem nicht einfach anstandslos übernehmen, sie hatten enorme Schwierigkeiten bei der Anpassung an die veränderten wirtschaftlichen und sozialen Bedingungen. Bourdieu stellte fest, dass diese ökonomischen Akteure schlichtweg nicht »über die uns selbst völlig vertrauten beziehungsweise selbstverständlich, natürlich und universell erscheinenden und von der ökonomischen Ordnung stillschweigend vorausgesetzten Verhaltensdispositionen verfügten«.[50] Er sprach diesen Akteuren keineswegs eine ökonomische Logik und Rationalität ab, doch war Letztere in seinen Augen anders beschaffen, mit der Folge, dass die Koexistenz mit der kapitalistischen Ordnung nicht ohne Weiteres gegeben schien. In der Kabylei war Ende der 1950er-Jahre ein gesellschaftliches Experiment im Gange, das Bourdieu hautnah miterlebte: Es prallten, beschleunigt durch Krieg und Umsiedlungen, zwei sehr unterschiedliche Typen von Wirtschaftssystemen mit zwei völlig konträren Anforderungen aufeinander, die sonst durch einen Zeitraum von mehreren Hundert Jahren voneinander getrennt gewesen wären. Es war, wie Bourdieu 1959 schrieb, ein »Zusammenstoß der Zivilisationen« – eine Formulierung, die an Samuel P. Huntingtons *Clash of Civilizations* aus dem Jahr 1996 erinnert, aber herzlich wenig mit den Thesen des amerikanischen Politikwissenschaftlers zu tun hat.[51]

Bourdieu leitete aus seinen Beobachtungen vom sogenannten »Zusammenstoß« zwei zentrale Erkenntnisse ab. Die erste war allgemeiner Natur: Die beobachtete Diskrepanz zwischen den in einer vorkapitalistischen Ökonomie geformten Einstellungen und dem oft durch Kolonialisierung aufgezwungenen ökonomischen Kosmos führte Bourdieu zu Bewusstsein, »daß der Zugang zu den elementaren ökonomischen Verhaltensweisen (Lohnarbeit, Sparen, Kredit, Geburtenplanung etc.) sich keineswegs von selbst versteht und daß der ›rational‹ genannte ökonomische Akteur das Produkt ganz besonderer historischer Umstände ist«.[52] In dieser Hinsicht hat jedes Wirtschaftssystem, auch das kapitalistische mit seinem modernen Verständnis von rationalem Handeln, bestimmte soziale Voraussetzungen.

Sein Funktionieren ist an die Existenz eines gegebenen Systems von Institutionen, Dispositionen und Wahrnehmungen der sozialen Welt gebunden. Dieser Befund erinnert nicht von ungefähr an die Arbeiten des Soziologen Max Weber, der mit seinen Studien zur modernen Wirtschaftsgesinnung, namentlich *Die protestantische Ethik und der Geist des Kapitalismus*, eine wichtige Inspirationsquelle für Bourdieu wurde.[53] Viele der von Bourdieu für die Kabylei verwendeten Begrifflichkeiten wie die kategoriale Unterscheidung von vorkapitalistischer und kapitalistischer Rationalität gehen auf Weber zurück. In Algerien wurde Bourdieu zum bekennenden Weberianer, wodurch er sich später den Vorwurf einhandelte, den Dualismus von traditionellen Gesellschaften einerseits und modernen andererseits und somit auch den Dualismus von Orient und Okzident unreflektiert zu reproduzieren.[54]

Die zweite Erkenntnis bezog Bourdieu konkret auf die Situation der kabylischen Bauern. Für sie hatte der Zusammenprall der ökonomischen Welten mit ihren je eigenen Verhaltensregeln verheerende Folgen. Sie befanden sich laut Bourdieu in einem zerstörerischen inneren Konflikt zwischen dem sozialen Zwang, ihr Verhalten an den Kapitalismus anzupassen, und der Unmöglichkeit, dies auch mit Gewinn zu tun, da viele unter ihnen im selben Moment zu Vertretern eines aus Arbeitslosen und Kleinhändlern bestehenden »Subproletariats« geworden waren. Bourdieu hatte dabei keineswegs die Gesamtheit der kabylischen Bauern im Visier (es gab durchaus Akteure mit erfolgreichen Anpassungsleistungen), sondern speziell diejenigen Bauern, die, ihres Bodens enteignet, ihre Dörfer verlassen mussten, entweder in die größeren Städte oder in die rund tausend im Land verstreuten urbanisierten Umsiedlungslager zogen und dort ein aussichtsloses, dysfunktionales Dasein fristeten. Unter diesen entwurzelten Menschen faszinierte ihn besonders die Figur des »entbäuerlichten Bauern«: Schon kein Bauer mehr, aber noch längst nicht zum Städter geworden, befand sich dieser »Mann zwischen zwei Welten« in einem pathologischen Zustand des permanenten Übergangs ohne das glückliche Ende der sozialen Angliederung – einerseits zu der Erkenntnis verdammt, dass die Welt, die er zuvor als natürlich und unanfechtbar betrachtet hatte, bloß kontingent war, andererseits unfähig, sich einen halbwegs stabilen Platz in der Gesellschaft zu verschaffen oder wenigstens erfolgreich zwischen den zwei Welten zu navigieren.[55] Die Umsiedlungslager produzierten entfremdete Subjekte oder, wie Bourdieu und Sayad 1964 formulierten, »eine neue Art von Männern, die selbstzerstörerisch alle Gegensätze in sich tragen und sich nur negativ definieren lassen durch das, was sie nicht mehr und noch nicht sind: entbäuerlichte Bauern«.[56] Man muss sich Bourdieus »entbäuerlichten Bauern« als eine tragische Figur vorstellen.

Bei all der Tragik blieb für Bourdieu ein wissenschaftliches Problem bestehen: Ließe sich die Diskrepanz zwischen den ökonomischen Dispositionen eines bestimmten Individuums und der Welt, in der es agieren soll, auch in »positiven« Begriffen ausdrücken (»positiv« im Sinne von erklärungskräftig und nicht negativ oder marxistisch als Entfremdung gedacht)? Das war die Problemlage, auf die Bourdieu damals zu antworten versuchte. Und genau hier, in diesem speziellen Forschungskontext, tauchte zum ersten Mal die Rede vom Habitus auf. Den Begriff verwendete Bourdieu vor allem, um die soziale Stellung und die Gefühlslage des *paysan empaysanné* näher zu bestimmen. Eine der frühesten Verwendungen findet sich im Aufsatz »Entwurzelte Bauern«, den Bourdieu 1964 zusammen mit Sayad verfasste. Dort heißt es: »Der entwurzelte Bauer, für den die Umgebung, in der er geboren wurde, die einzig vertraute Umgebung ist und dessen ganzer *körperlicher Habitus* dem Raum ›angepasst‹ ist, in dem er sich gewöhnlich bewegt, ist zutiefst in seinem Wesen getroffen, so tief, dass er seine Verzweiflung gar nicht in Worte fassen, geschweige denn Gründe dafür angeben kann.«[57] In diesem Satz wird zum einen die Dramatik greifbar, mit der Bourdieu den entwurzelten Bauern (leidend, hilflos, sprachlos) beschrieb. Dabei wird der Habitus besonders dann gut sichtbar, wenn er gerade nicht Teil des Selbstverständlichen ist, wenn er eine Pathologie oder ein Stigma darstellt, wenn er fehl am Platz ist oder auseinanderklafft – Bourdieu sprach in späteren Jahren diesbezüglich von einem »gespaltenen Habitus«.[58] Zum anderen wird in dem Satz deutlich, dass Bourdieu den Habitus von Beginn an stets als eine einverleibte, also inkorporierte Struktur auffasste, die meistens unbewusst und ohne Sprache funktioniert. Für ihn vermochte »die Sprache des Körpers«, also etwa die Art zu sehen, zu gehen oder den Kopf zu halten, »zweifellos besser als jedes Wort« eine Abweichung im Habitus ausdrücken, wie es in *Le déracinement* heißt.[59] Es galt, die körperlichen Handlungen genauestens zu studieren, also etwa detailliert zu beschreiben, wie verloren die kabylischen Männer in den Straßen des Lagers oder in den für sie neuen städtischen Cafés wirkten, oder dass sie mit den neuen Begrüßungsformen wie dem Händedruck nicht zurechtkamen, weil dieser im Ehrenkodex ihrer alten Stammesgesellschaften nicht vorgesehen war. Der Habitus hatte in diesem speziellen Verwendungskontext einen relativ einseitig gestrickten Bedeutungskern: Er war »Leib gewordene Geschichte«, also eine gesellschaftlich determinierte und »gemachte« Praxis, aber dadurch auch eine Praxis, die träge, automatisiert und nicht wandelbar schien. Von den spontanen, kreativen und anpassungsfähigen Merkmalen, die den Habitus ebenfalls stark kennzeichnen und dabei dessen Wandelbarkeit (Habituswechsel) anzeigen, war zu diesem Zeitpunkt in Bourdieus Forschung nicht die Rede.[60]

In den frühen Schriften zu Algerien aus dem Jahr 1964 blieb der Habitus-Begriff in einem aus heutiger Sicht auffallenden Maße theoretisch unterbestimmt. Um dauerhafte Handlungsdispositionen im konzeptionellen Sinne zu kennzeichnen, sprach Bourdieu im Anschluss an Max Weber damals noch zumeist von »Ethos«.[61] Wirklich systematisch – unter Berücksichtigung der Arbeiten von Norbert Elias und Marcel Mauss – benutzte er den Begriff erstmals 1967 in seiner Übersetzung und Veröffentlichung einer Arbeit des Kunsthistorikers Erwin Panofsky sowie in seinem 1968 erschienenen Methoden-Handbuch *Soziologie als Beruf*.[62] Es vergingen weitere vier Jahre, bis Bourdieu 1972 in *Entwurf einer Theorie der Praxis* den Habitus-Begriff auch entlang des ethnologischen Materials zur kabylischen Gesellschaft theoretisch weiterentwickelte und ausformulierte. Bourdieu selbst weist auf diese theoretische Latenzphase hin, wenn er zu Beginn des Buches anmerkt, dass dem zweiten theoretischen Teil »Aufzeichnungen aus den Jahren 1960 bis 1965 zugrunde liegen«.[63] In dem ersten Kapitel dieses zweiten Teils mit dem Titel »Struktur, Habitus, Praxis« wird der Habitus prominent als neue Kategorie präsentiert, die den klassischen soziologischen Gegensatz von Struktur und Praxis zu überwinden trachtet, begleitet von der oft zitierten Definition, derzufolge Habitusformen »Systeme dauerhafter Dispositionen [sind], strukturierte Strukturen, die geeignet sind, als strukturierende Strukturen zu wirken«.[64] Das Habitus-Kapitel von 1972 war zweifellos ein Meilenstein in Bourdieus Sozialtheorie. Man sollte jedoch nicht vergessen, dass in den späten 1970er- und 1980er-Jahren zahlreiche Differenzierungen und Modifizierungen des Konzepts erfolgten. Bis aus den ersten Beobachtungen über die entwurzelten kabylischen Bauern in den algerischen Umsiedlungslagern eine belastbare Theorie der Praxis mit Anschlussmöglichkeit für weitere sozialwissenschaftliche Forschung wurde, sollten noch viele einzelne Theorie-Schritte erforderlich sein.

Was zeigt diese Theoriegeschichte des Habitus-Konzepts? Zunächst das Offensichtliche: Algerien war in diesem Fall tatsächlich das Laboratorium der Theorie. In der kriegsgebeutelten französischen Kolonie wurde Bourdieu erstmals auf die körperlichen Facetten von Verhaltensdispositionen aufmerksam. Hier, in diesem spezifischen lokalen Kontext, kam die Frage nach dem Zusammenhang von Habitus und Sozialstruktur auf. Hier, in diesem besonderen Raum weit weg von Paris, wurde an einem theoretischen Konzept geschmiedet, das vielleicht noch nicht vollendet war, das aber mit Sicherheit erste erkennbare Merkmale und Formen sowie seinen Bedeutungskern zu erkennen gab. Ist die gesamte Theorie also damit auch in Algerien entstanden, entsprungen oder gar geboren? Die späteren Theoriebildungsprozesse, denen das Konzept unterworfen war, zeigen, dass die These von der algerischen Gründungsszene als Ursprung der Theorie nur mit Vorsicht zu genießen ist. Die ideengeschichtliche Erzählung von Geburt und Herkunft einer Theorie fußt oft auf einer teleologischen Ursprungslogik, die das historische Gewordensein und die Kontingenz von einstmals gefassten Gedanken und ihren Weiterentwicklungen mehr vernebelt als beleuchtet. Das Kontingente am Geschichtlichen gilt auch für die Genese und Geltung theoretischer Gedankengebäude: Es hätte vieles auch anders laufen können.

Es ist historisch adäquater, die Geschichte des Habitus-Konzepts als eine Art transkulturelle Verflechtung und Wanderung von Theorie aufzufassen. Beim Begriff des Habitus handelt es sich um ein traditionelles Konzept aus der europäischen Philosophie und Soziologie, das sich in Algerien durch Bourdieus ethnologische Anwendung im Grunde auch aktualisiert, um dann im Europa der 1970er- und 1980er-Jahre zu einem der einflussreichsten Konzepte in den modernen Geistes- und Sozialwissenschaften zu werden. Ein Habitus kann auf jede Person oder Personengruppe bezogen werden, auf kabylische wie auf pyrenäische Bauern, auf die französische Bourgeoisie wie auch auf das deutsche Arbeitermilieu – das macht die anhaltende Stärke des Konzepts aus. In Erinnerung sollte bleiben, dass es namenlose kabylische Bauern in algerischen Umsiedlungslagern waren, die ihren Habitus bereits hatten, bevor er als theoretisches Konzept »entdeckt« wurde. Sie haben ihren Anteil an der Theorie.

JEAN-FRANÇOIS LYOTARD

2. Hoffnungslose Widersprüchlichkeit
Jean-François Lyotard

Kaum ein Name ist so eng mit der Postmoderne verbunden wie der von Jean-François Lyotard. Der 1924 in Paris geborene Philosoph schrieb 1979 mit *Das postmoderne Wissen* das emblematische Buch jener Theorieströmung, die die intellektuellen Debatten der 1980er- und 1990er-Jahre maßgeblich bestimmte.[1] Es war ursprünglich als schnöde Auftragsarbeit für den Universitätsrat der Regierung von Québec in Kanada gedacht, Lyotard sollte einen »Bericht über die Lage des Wissens in den höchstentwickelten Gesellschaften« verfassen. Er lieferte damit jedoch nichts weniger als das Stichwort zur geistigen Situation der Zeit, das viele Anhänger und Kritiker dazu bewegte, ihre Gegenwart fast wie besessen als *postmodern* zu bezeichnen. Lyotard katapultierte es in der Folge an die vorderste Front der Kulturkämpfe zwischen Modernen und Postmodernen – ein Schicksal, das ihn zu einem führenden Vertreter der französischen Theorie und schließlich weltberühmt machen sollte, das ihn aber auch lange hadern ließ, weil es ihn auf dieses eine Buch reduzierte, andere postmoderne Schriften wie etwa sein philosophisches Hauptwerk *Der Widerstreit* überschattete und ihn nicht zuletzt zum bevorzugten Punchingball der regelmäßig auftauchenden Postmoderne-Kritiker machte.[2]

Es gab neben dieser postmodernen Seite von Lyotard aber auch eine andere, eine im wahrsten Sinne des Wortes »algerische« Seite. Lyotard trat nämlich erst relativ spät als philosophischer Autor in Erscheinung. Als sein erstes größeres Buch *Discours, figure* 1971 erschien, war er sechsundvierzig Jahre alt, beim Postmoderne-Buch dann schon Mitte fünfzig.[3] Bevor Lyotard zum Aushängeschild der Postmoderne wurde, vom Ende der großen Erzählungen zu erzählen begann und zum Lachen, zum Intensitätsdenken und zum Patchwork der Minderheiten aufforderte, war er jahrzehntelang als Gymnasiallehrer und als linker politischer Aktivist tätig. Bei beiden Betätigungen spielte Algerien eine herausragende Rolle. Schon sehr früh, zu Beginn der 1950er-Jahre, trieb es ihn als Lehrer dorthin. In Constantine (und nicht in Paris) war es, wo er Marx für sich entdeckte, gewerkschaftlich aktiv wurde und sich politisch radikalisierte. Hier sah Lyotard auch früher als viele andere das koloniale Unrecht, das der algerischen Bevölkerung widerfuhr, was ihn dazu brachte, sich fortan für die Sache der Unterdrückten einzusetzen. Als 1954 der Algerienkrieg ausbrach, engagierte sich Lyotard – mittlerweile zurück in Frankreich – aktiv für die algerische Unabhängigkeitsbewegung (FLN) und schrieb nebenbei anonym brillante Analysen zur politischen Lage. Die besondere Affinität zu Algerien hielt er auch nach dem Krieg und zeit seines Lebens aufrecht – bis hin zum Bürgerkrieg in den 1990er-Jahren, als das Land unter dem Terror von Islamismus und Militärdiktatur zu versinken drohte.[4]

Diese nur wenig bekannten algerischen Episoden aus Lyotards Leben sind unbedingt erzählenswert und könnten für sich stehen – auf die Spanne seiner gesamten Biographie gesehen drängt sich jedoch zugleich die Frage auf, ob der »algerische« Lyotard der 1950er-Jahre nicht auch etwas mit dem »postmodernen« Lyotard und dessen philosophischen Arbeiten der 1970er- und 1980er-Jahre zu tun hat. Welche Spuren hat die Zeit in Algerien im philosophischen Werk hinterlassen? Gibt es tieferliegende Verbindungen zwischen Lyotards algerischen Erfahrungen und seinen philosophischen Theorien?

Erwachen in Constantine

Folgt man der ersten Spur, gelangt man nach Constantine. Hier, im tiefen Osten Algeriens, trat Lyotard im Oktober 1950 eine Stelle als Lehrer an, nachdem er sein Philosophiestudium an der Pariser Sorbonne beendet hatte. Zwei Jahre unterrichtete er am Lycée d'Aumale (einem Jungengymnasium) die Jugend von Constantine in Philosophie. Die Versetzung ambitionierter Pariser Hochschulabsolventen in entlegene Provinzschulen war nicht unüblich im französischen Bildungssystem. Wer eine Karriere im Höheren Schulwesen vorbereitete und sein intellektuelles Leben vom Staat finanziert haben wollte, hatte wohl oder übel solche republikanischen Zwischenstopps einzulegen. Dass die Wahl aber aufs weit entfernte Algerien fiel, hatte Lyotard durchaus aus freien Stücken entschieden und über die ausschlaggebenden Gründe einen Mantel des Schweigens gelegt. Auch diese Wahl war damals nur bedingt außergewöhnlich. Constantine war in der Kolonialzeit die Hauptstadt eines gleichnamigen französischen Departements – die Franzosen hatten 1848 das nördliche Algerien in die drei Departements Algier, Oran und Constantine unterteilt und ihr Hauptsiedlungsgebiet damit zumindest verwaltungstechnisch zu einem festen Bestandteil der Republik gemacht.

Lyotard verließ Frankreich damit also nicht so wirklich. Dennoch traf er in einer Stadt ein, die in der Imaginationswelt des französischen Kolonialreichs seit der Eroberung Algeriens im Jahr 1830 einen besonders exotischen Platz einnahm. Constantine zog aufgrund seiner bis in die Antike zurückgehenden Geschichte und seiner spektakulären Lage – die Altstadt thront auf einem hohen, mächtigen Felsen und ist umgeben von bis zu über 100 Meter tiefen schwindelerregenden Schluchten – immer wieder Reisende aus Europa in ihren Bann. Gustave Flaubert nannte Constantine »das Schönste«, was er auf seiner Nordafrika-Reise gesehen habe. Guy de Maupassant berichtete entzückt in orientalistischer Manier von der »prachtvollen Schönheit« der Frauen im jüdischen Viertel mit ihren frei sichtbaren Schultern und Armen. Alexandre Dumas hatte wiederum nur Kopfschütteln übrig für die »arabischen Gassen« in der Altstadt. Und den in Algerien geborenen Albert Camus ließ die Stadt der Felsen und Schluchten an das spanische Toledo denken, was beachtenswert ist, weil sich hier ein durchaus ortskundiger Algerienfranzose um eine europäische Referenz bemühte.[5]

Auch Lyotard ließ sich von der Schönheit Constantines verzaubern. Wie viele andere vor und nach ihm konnte er sich ebenso wenig verkneifen, eine exotische Bildwelt aufzurufen. Rückblickend schrieb er davon, wie ihm beim Gedanken an Constantine sofort die fremden »Gerüche und Blicke« und »das scharfe Licht an den Hängen und an den unverwechselbaren Felsen« in den Sinn kamen. Lyotard pflegte oft zu betonen, dass sein affektives Verhältnis zur Stadt das eines »Liebhabers« und einer »Geliebten« sei – man kann sich leicht vorstellen, wer in diesem Liebesverhältnis welchen Part zu übernehmen hatte.[6]

Die leidenschaftliche Schwärmerei für Constantine bedeutete aber nicht, dass Lyotard die Augen vor der kolonialen Situation verschloss, die ihn ringsum umgab. Das wäre auch schwierig gewesen, denn spätestens seit dem blutigen 8. Mai 1945, als in Sétif und anderen algerischen Städten bei Demonstrationen für mehr Selbstbestimmung Zehntausende durch französische Truppen und Kolonialisten getötet wurden, brodelte es in Algerien.[7] Der Algerienkrieg begann erst im November 1954, aber in dem Massaker von Sétif hatte er einen seiner Vorboten. Auch in Constantine kam es in der Folgezeit zu Ausschreitungen und blutigen Polizeiaktionen. Lyotard war Zeuge dieser Gewaltausbrüche. Und er erkannte frühzeitig, dass es einen fundamentalen Unterschied machte, ob man zur »europäischen« oder zur »muslimischen« Bevölkerungsgruppe gehörte (die damals üblichen Begriffe, um die Kolonisatoren von den Kolonisierten zu unterscheiden) und dass diese Unterscheidung feine, aber existentielle Nuancen im algerischen Alltag

Ansicht von Constantine/Algerien, ca. 1930er-Jahre.

mit sich brachte. So musste Lyotard mitansehen, wie Spezialkräfte der französischen Polizei nach einem Gewerkschaftstreffen seine algerischen Kameraden brutal an die Wand drückten und durchsuchten, ihn selbst aber, den Verantwortlichen der lokalen Lehrergewerkschaft, in Ruhe ließen.[8] Es waren solche Erfahrungen, die Lyotard die »Unermesslichkeit des Unrechts« vor Augen führten, mit der das Kolonialregime die algerische Bevölkerung behandelte, dieses »gedemütigte, beleidigte, sich selbst verbotene Volk«.[9] Lyotard brachte diese Politik der Gegensätze später folgendermaßen auf den Punkt: »Das ganze Alltagsleben fast aller Muslime wird von einer Handvoll

Kolonisten übernommen und zermahlen; es ist eine totalitäre Gesellschaft, in der die Ausbeutung den Terror voraussetzt. [...] Der Polizist, der knüppelt und foltert, ist Europäer, der Chef oder Vorarbeiter ist Europäer, der Beamte ist Europäer, der Lehrer ist Europäer; die Verachtung ist europäisch, das Elend dagegen ›arabisch‹.«[10]

Das ganze Ausmaß der kolonialen Ungerechtigkeit gegenüber der algerischen Bevölkerung zeigte sich in der Schule, dem Mittelpunkt von Lyotards Tätigkeit.[11] Die öffentliche Schule – in Frankreich ohnehin ein traditioneller Ort, wo die Ideale der Republik vermittelt und gelebt werden – war gerade in Algerien eine der herausragenden staatlichen Institutionen, an denen die Kolonialmacht ihre Anwesenheit und Legitimität manifestierte. Die Besatzungsherrschaft Algeriens wie auch die gesamte französische Kolonialexpansion wurde im großen Maßstab mit der *mission civilisatrice* legitimiert: Man sei bloß hier, um den »Indigenen« im Dienst von Höherem und Universellem die französische Zivilisation und Kultur beizubringen. Im Namen der republikanischen Fortschrittsideale von Freiheit, Gleichheit und Brüderlichkeit galt es, die unkultivierten Untertanen des Empire zu französischen Subjekten zu erziehen.

In der Schule zeichnete sich für Lyotard die ganze Doppelbödigkeit dieser kolonialen Ideologie ab: »Hier versuchte die Französische Republik mit allen Mitteln einigen jungen Algeriern eine geliehene Kultur anzudichten, während ihre eigene, die Kultur ihres Volkes – ihre Sprache, ihr Raum, ihre Zeit – seit einem Jahrhundert französischer Besatzung verwüstet wurde und immer noch wird.«[12] In Wirklichkeit war es noch gravierender: In Lyotards Philosophieklasse wie auch im Lycée d'Aumale und anderen Schulen des kolonialen Algerien waren die Schüler nämlich in überwältigender Mehrheit europäischer Herkunft. Die Präsenz vereinzelter algerischer Schüler konnte nicht darüber hinwegtäuschen, dass die algerische Bevölkerung trotz der postulierten Zivilisierungsmission nicht in den Genuss des französischen Bildungsauftrags kam, ganz im Gegenteil: Sie wurde sogar systematisch ausgeschlossen. Die Analphabetenrate unter der

Jean-François Lyotard (1. Reihe, sitzend, 4. von links) inmitten seiner Philosophie-Klasse am Lycée d'Aumale, Constantine/ Algerien, Schuljahr 1950/51.

algerischen Jugend lag in den 1950er-Jahren höher als in der Zeit um 1830, als die französische Kolonisierung Algeriens begann. Wer damals solche die intellektuelle Bequemlichkeit des kolonialen Establishments erschütternden Tatsachen aussprach und dafür auch wissenschaftliche Nachweise erbrachte, wurde von den Kolonialisten gehasst – wie etwa der Historiker Marcel Emérit, der genau dafür von rechtsextremen Studierenden symbolisch *(in effigie)* gehängt wurde.[13]

Der zentrale Befund von Lyotards postmoderner Theorie lautet, dass die großen legitimierenden Erzählungen der Moderne ihre Glaubwürdigkeit verloren hätten. Die universalen Diskurse, die großen Versprechungen und Ideologien über den Fortschritt, das Wissen, die Geschichte, die Emanzipation seien am Ende – wie aufgebrauchte Batterien. Aus diesem Befund ergibt sich in *Das postmoderne Wissen* auch Lyotards Minimaldefinition der Postmoderne: »Die Skepsis gegenüber den Metaerzählungen«, die Lyotard gegen Ende der 1970er-Jahre vor allem in den Fortschrittsideologien der Wissenschaften oder des Marxismus ausmacht.[14] Die Problematik als solche – das beunruhigende Bewusstsein einer Zeit des Niedergangs der politischen Ideologien und der allgemein verbindlichen Werte – war ihm jedoch schon in den 1950er-Jahren im kolonialen Algerien begegnet, und zwar im Gymnasium von Constantine. In dieser Institution, wo das universalisierende Emanzipationsversprechen der französischen Kultur und Republik ganz augenscheinlich seine lang anerkannte Glaubwürdigkeit verlor und ein ganz anderes Gesicht zeigte, machte Lyotard seine allererste persönliche Desillusionierungserfahrung mit Legitimitätsdiskursen. Denn auch die französische Zivilisierungsmission war eine Metaerzählung der Moderne, die sich im Sinne der Aufklärung im großen Stil auf die Wissenschaft stützte und sendungsbewusst den Fortschritt der ganzen Menschheit propagierte – bis sie im Zuge der Dekolonisierung ihre Wirkung einbüßte. Die Konfrontation mit dieser Doppelmoral an der Schule und der sich dahinter auftürmenden kolonialrassistischen Ideologie legte den Grundstein für die spätere postmoderne Skepsis des Philosophen.

»Ich verdanke Constantine einfach mein ganzes Erwachen«, schrieb Lyotard einmal im Rückblick auf seine zwei Algerienjahre. Der Name Algeriens bezeichnete in den 1950er-Jahren für ihn »nicht nur eine Frage der revolutionären Politik, sondern auch eine der Schuld«.[15] Man muss mit derartigen retrospektiven Selbstbeschreibungen wie immer vorsichtig sein. Allzu oft neigen die eigenen Bewertungen von in jungen Jahren gemachten Erfahrungen zu Vereinfachungen oder Verklärungen. Dazu sind sie beeinflusst von Ereignissen und Dingen, die zwischen der erinnerten Zeit und dem Zeitpunkt des Erinnerns geschehen. Lyotard ist hier kein Einzelfall: Das Motiv der Schuld ebenso wie die Behauptung einer zum Erwachen führenden Erfahrung in der Fremde findet sich bei vielen französischen Intellektuellen – seien es die Schuldgefühle eines Pierre Bourdieu angesichts des kolonialen Unrechts oder die erotisch aufgeladenen ästhetischen Erweckungserlebnisse eines Roland Barthes in Marokko. Im Fall von Lyotard kann man vergleichsweise gesichert behaupten, dass die Rede vom Erwachen kein retrospektives Lippenbekenntnis war und von ihm nicht ohne Grundlage geführt wurde. Als Lyotard 1952 zusammen mit seiner Ehefrau und seinen zwei Töchtern nach Frankreich zurückkehrte (auch aus Angst, dass seine Familie aufgrund seiner wachsenden Unterstützung der algerischen Befreiungsbewegung zum Ziel von Repressalien werden könnte), war er zu einem anderen Menschen geworden. In Constantine hatte er sich radikal politisiert und dabei den ganzen Kosmos linker revolutionärer Praxis (von der theoretischen Marx-Lektüre über die gewerkschaftliche Arbeit bis hin zum antikolonialen Engagement) für sich entdeckt.

Er nahm auch eine grundlegende philosophische Erkenntnis mit nach Frankreich: das Bewusstsein für die Brüchigkeit der im Alltag so natürlich erscheinenden Ideologien, Erzählungen und Werte der französischen Nation und die Bereitschaft, das darin liegende hegemoniale Denken herauszufordern und in Frage zu stellen. Von »Postmoderne« war hier noch nicht wörtlich die Rede. Der Problemdruck lag woanders: Eines der ersten Dinge, die Lyotard nach der Rückkehr in Angriff nahm, war es, Kontakt zu den Netzwerken herzustellen, die die algerischen Separatisten unterstützten.

Clandestino

Die zweite Spur, die die algerischen Jahre in Lyotards Werk hinterlassen haben, lässt sich unmittelbar in die Zeit des Algerienkriegs zurückverfolgen. Im Vergleich zu vielen anderen französischen Intellektuellen, die ihre Standpunkte zur Algerienfrage mit allerlei Petitionen und Statements vertraten, zeichnete sich Lyotards Engagement während des Algerienkriegs durch einen militanten Aktivismus in der Klandestinität aus. Seit Constantine ein leidenschaftlicher Unterstützer der algerischen Unabhängigkeitsbewegung, schloss sich Lyotard zu Beginn des Kriegs einer Gruppe von Franzosen an, die dem FLN in Frankreich auch praktische Hilfe leistete. Als »Kofferträger« bzw. »Jeanson-Netzwerk« (benannt nach ihrem Anführer Francis Jeanson) ist diese Gruppe in die Geschichtsbücher eingegangen und hat Legendenstatus.[16] Kofferträger – das waren Personen unterschiedlichster Couleur, die Koffer voller Geld und Propagandamaterial über die Grenzen schmuggelten, Unterkünfte für Verantwortliche des FLN besorgten, Pässe fälschten und teilweise sogar Waffenhandel betrieben. Der Geldtransport war die zentrale Tätigkeit des Netzwerks. Der FLN hatte in Frankreich unter den algerischen Immigranten eine Art Revolutionssteuer für seinen Kampf gegen den französischen Staat erhoben. Bei rund vierhunderttausend Algeriern wuchs die

Geldkollekte schnell zu einer beträchtlichen Summe. Damit das gesammelte Geld sicher ins Ausland (hauptsächlich in die Schweiz) gelangte, brauchte es Franzosen, die unbehelligter mit den Geldkoffern reisen konnten als die damals unter Generalverdacht stehenden Algerier.

Das Kofferträger-Dasein stellte für Franzosen, die gegen das Kolonialregime waren, neben dem Griff zur Waffe die widerständigste und riskanteste Praxis dar. Die Gefahr, vom Geheimdienst verhaftet zu werden, war groß. FLN-Hilfe galt als Hochverrat und wurde mit bis zu zehn Jahren Haft bestraft. Auch Lyotard ging Wagnisse ein. So versteckte er Algerier bei sich, was mitunter zu skurrilen Situationen im Hause Lyotard führte. Beim Versteckspielen entdeckten Lyotards Töchter in der hintersten Ecke eines begehbaren Wandschranks einen Algerier, den ihr Vater dort wiederum verborgen hatte, nachdem er ein unerwartetes Klopfen an der Tür gehört hatte.[17] In Lyotards Fall ist diese ganze Klandestinität auch deswegen bemerkenswert, weil er nach seiner Rückkehr aus Algerien und bis 1959 ausgerechnet an einer der prestigeträchtigsten Militärschulen Frankreichs unterrichtete. Während er eine feindliche terroristische Untergrundbewegung unterstützte, klärte er gleichzeitig die zukünftige Offizierselite des Landes in philosophischen Fragen auf.[18]

Klandestin war auch Lyotards politische Arbeit an der publizistischen Front. Unter dem Pseudonym »François Laborde« schrieb Lyotard insgesamt zwölf lange Artikel zum Algerienkrieg in der Zeitschrift *Socialisme ou Barbarie*. Lyotard war mit seiner Ehefrau Andrée 1954 zur gleichnamigen Gruppe um Claude Lefort und Cornelius Castoriadis gestoßen. Die 1949 gegründete Organisation stand in einer linksradikalen Tradition und war vornehmlich mit Stalinismus-Kritik beschäftigt – sie gehörte mit ihrem unorthodoxen Marxismus auch zu den politischen und intellektuellen Vorbereitern der studentischen Protestbewegung von '68. Für die Gruppe war die UdSSR ein staatskapitalistisches System, das auf Ausbeutung zielte und eine neue herrschende Klasse hervorbrachte: die Bürokratie. Mit dem Eintritt von

Antikolonialisten wie Lyotard und dem sich verschärfenden Algerienkonflikt verschob sich der Fokus von *Socialisme ou Barbarie* mehr auf koloniale Fragen. 1955 von der Gruppe mit der Rubrik »Algerien« beauftragt, widmete Lyotard als Sonderberichterstatter alle seine Artikel diesem neuen Thema.

Lyotards Artikel lesen sich wie lange Situationsanalysen, das heißt, sie sind geprägt von dem Bedürfnis, die zeitgenössische Situation in ihren Tiefenstrukturen zu verstehen und den Krieg auch theoretisch zu begreifen. Lyotard schreibt ausgehend und entlang von tagesaktuellen Ereignissen und Diskussionen, also im Rhythmus der Aktualität, begnügt sich aber nicht mit schnellen, damals bei den Linken häufig zu beobachtenden moralisch-emotionalen Einlassungen, sondern geht einen Schritt weiter: Er möchte verstehen, wie es zum kolonialen Ausbeutungssystem, zur Tragödie des algerischen Volkes kommen konnte und warum die Erlangung der nationalen Unabhängigkeit so schmerzhaft vonstattengeht. Dafür nimmt er eine minutiöse Dechiffrierung der verschiedenen Akteure (Regierungen, Staat, Parteien, Revolutionäre, Konterrevolutionäre), ihren Interaktionen, Strategien und Leidenschaften vor und verschont niemanden mit Kritik. Die Artikel drehen sich ebenso um Algerien wie um Frankreich, de Gaulle, die Arbeiter oder die zögerliche Haltung der Linken. Es sind Besichtigungen einer Gesellschaft im bürgerkriegsähnlichen Zustand. Analysen, die ihr theoretisches Rüstzeug von (aus heutiger Sicht) überholten (und teilweise sich widersprechenden) marxistischen Konzeptionen aus dem Kosmos des Dialektischen Materialismus beziehen (wo es von Großkapitalisten, Kleinbürgern, Arbeitern und Bauern wimmelt), aber von einem frischen und scharfen Blick auf die französisch-algerischen Verhältnisse zeugen.

Acht Jahre lang schrieb Lyotard die Chronik Algeriens. Unter seinen Genossen entbrannten heftige Diskussionen, ob *Socialisme ou Barbarie* die algerische Revolution überhaupt unterstützen solle. Die Gruppe lehnte politische und gewerkschaftliche Organisationen grundsätzlich ab, da diese in ihren Augen der freien Entwicklung von

Volkserhebungen und Arbeiterräten im Wege stünden. Sie war deswegen auch reserviert gegenüber der algerischen Nationalbewegung, die sich zwar revolutionär gab, aber nichts Arbeiterhaftes hatte. Im Gegenteil: Der politische Organisationsmodus des FLN wies in ihren Augen einen offen bürgerlich-bürokratischen Charakter auf. Lyotard teilte diese Einschätzung – als »Kofferträger« kannte er bereits die militärisch-hierarchischen Strukturen des französischen Ablegers des FLN – und er machte das Bürokratische immer mehr zum Hauptgegenstand seiner Analysen. Die Frage, wie die »nationale Bourgeoisie« Algeriens mit den bürokratischen Dimensionen des FLN umging, wurde in Lyotards Artikeln zum entscheidenden Faktor für die politische Zukunft des Landes – eine Frage, die übrigens Frantz Fanon in *Die Verdammten dieser Erde* ebenfalls umtrieb, wo er auf fast hundert Seiten in leiser Vorahnung die zu erwartenden Schwierigkeiten der neuen afrikanischen Nationalstaaten thematisierte und dabei die nationalen bürgerlichen Eliten als das schwächelnde Glied ausmachte – eine Analyse, die sich nach der Unabhängigkeit Algeriens tatsächlich bewahrheitete.[19] In der unmittelbaren Gegenwart des Krieges war für die Mitglieder von *Socialisme ou Barbarie* aber die grundlegende Frage drängender, ob sie die algerische Befreiungsfront nun unterstützen sollten oder nicht.

Im Laufe des Algerienkriegs kam Lyotard zu dem Schluss, dass sich die einzige möglicherweise richtige Position in dieser Angelegenheit durch eine »hoffnungslose Widersprüchlichkeit« auszeichnete.[20] Zunächst die klare Haltung, dass die Algerier das Recht, ja sogar die Pflicht hätten, Freiheit zu erlangen und als eine freie Gesellschaft auf gleicher Stufe mit anderen anerkannt zu werden. So heißt es bei Lyotard in einem Artikel von 1956: »Wir in Frankreich können daher nichts anderes tun, als diesen Kampf in seinen extremen Konsequenzen zu unterstützen. Im Gegensatz zur Mehrheit der ›Linken‹ geht es uns in keiner Weise um die Erhaltung der ›französischen Präsenz im Maghreb‹. Wir sind bedingungslos gegen jeden Imperialismus, auch den französischen. Wir sind bedingungslos gegen jeden

Terror.«[21] Nichtsdestoweniger – und hier meldet sich die erwähnte Widersprüchlichkeit – bot dieser Kampf keinerlei Aussicht darauf, auch nur eines der Prinzipien der Arbeiterdemokratie durchzusetzen, unweigerlich würde er eine neue Klassengesellschaft unter der Kontrolle einer bürokratischen Militärführung hervorbringen: »Unter diesen Bedingungen scheint die Zunahme an Konflikten unausweichlich; Konflikte zwischen privilegierten Fraktionen, die sich zum Spiegelbild der imperialistischen Gier machen werden; Konflikte zwischen den neuen Herren und den Ausgebeuteten, zu denen alle gehören werden, die mit der herrschenden Politik unzufrieden sind.«[22] Mit anderen Worten: Es gab ein nicht geringes Unbehagen, den zukünftigen Ausbeutern bei der Machtübernahme zu helfen.

Man ist versucht, dieses Unbehagen als Nebensächlichkeit abzutun. Das Schicksal der Algerier hing freilich nicht von den Befindlichkeiten einer linken Splittergruppe ab. Für Letztere wiederum nahm der Widerspruch geradezu existentielle Bedeutung an, über den mit Verve diskutiert wurde und an dem die Gruppe letztlich zerbrach. Im Grunde wurde die klassische Frage nach der Vereinbarkeit von Theorie und Praxis verhandelt: Wie kann man sich einer praktischen Sache (»algerische Befreiung«/»Freiheit«) verschreiben, die man aus einer theoretischen Perspektive (»Klassenkampf«) eigentlich ablehnen und sogar bekämpfen müsste? Lyotard verkörperte wie kein anderer diese vordergründige Unvereinbarkeit: Mit einem Fuß ein heimlicher »Kofferträger«, mit dem anderen ein skeptischer Analyst. Lyotard lebte mit dieser Ambivalenz und hielt es nicht für notwendig, seine Diagnose der Praxis anzupassen. Er kam immer mehr zu der Einsicht, dass die algerische Befreiung nicht mehr die erhoffte Lösung sozialer Ungerechtigkeiten und Aporien bringen konnte. Vielmehr war sie deren Verschiebung in andere Formen, und zwar vor allem in die widersprüchliche Lage, die er als militanter Aktivist erlebte.[23]

Lyotard kam später immer wieder auf diese Erfahrung der hoffnungslosen Widersprüchlichkeit zurück. Interessanterweise taucht sie nicht nur in autobiographischen Schriften, sondern auch in den Texten zur Postmoderne auf. Es lohnt sich, genau hinzusehen, wo und zu welchem Zweck Lyotard seine Schlüsselerfahrung aus der Zeit des Algerienkriegs platziert. In den *Heidnischen Unterweisungen* von 1977 zieht er sie zum Beispiel heran, um seine in der Zwischenzeit erfolgte Desillusionierung von allzu starren marxistischen Universalerzählungen wie der von der Revolution, der Befreiung und der Geschichte auszudrücken. Das kann man getrost auch als eine retrospektive Rechtfertigung der eigenen Position einstufen: »Daß man hier, während des Algerienkriegs, für die FLN Partei ergreifen und zugleich die bürokratisch-militärischen Machtstrukturen analysieren und kritisieren konnte, die sie nach der Unabhängigkeit errichtete, klingt nur inkonsistent, solange man an eine Universalerzählung glaubt.«[24] Die Universalerzählung, um die es hier geht, ist die von der Revolution aus marxistischer Sicht. Man war überzeugt, dass die Geschichte überall auf der Welt im Gleichschritt zur Erlösung fortschreiten würde, so auch im Fall der algerischen Revolution. Die Pointe hier ist: Lyotard hatte während des Krieges selbst noch an diese Universalerzählung geglaubt. Davon hat er sich fünfzehn Jahre später, im Wissen um die weitere Geschichte Algeriens und die ausgebliebene Pariser 68er-Revolution, verabschiedet. Das Jahr 1977 fiel in Frankreich in die Hochzeit des Anti-Marxismus, die Abgesänge auf Marx mehrten sich. Die große Erzählung von der linken Revolution hatte ihre Überzeugungskraft verloren. Der Marxismus geriet selbst unter Ideologieverdacht und wurde für totalitäre Verbrechen verantwortlich gemacht. Mit dem Verschwinden der großen marxistischen Alternative hielt gewiss auch die Postmoderne Einzug. Aber man sollte nicht vergessen, dass das postmoderne Unternehmen in erster Linie gerade auch eine selbstkritische Abrechnung mit den revolutionären Verheißungen und Erlösungsversprechen des Marxismus war.

In *Regeln und Paradoxa* aus dem Jahr 1981 wird die Schlüsselerfahrung dann zu einem beispielhaften Anschauungsobjekt postmoderner Reflexion über das Verhältnis von Wahrheit und Moral. Im Anschluss an die Beschreibung seines damaligen Falls macht Lyotard hier das Prinzip der Widersprüchlichkeit zu einer allgemeinen Regel in politischen Angelegenheiten: »Wir machten eine konkrete Erfahrung von Politik, wie wir es alle Tage tun: es gibt zwei Familien von Sätzen, die eine gehorcht der Regel des Wahren und des Falschen, die andere der Regel des Gerechten und Ungerechten. Diese beiden Familien sind unabhängig voneinander, es ist nicht möglich, sie ineinander zu übersetzen.«[25] Mit anderen Worten: Die Unterstützung für den FLN folgte in Lyotards Augen der Regel des Gerechten, während die kritische Analyse des Befreiungskampfs dem System der Wahrheit folgte. Sein Aktivismus während des Algerienkriegs lehrte ihn: Moralisch richtig handeln und gleichzeitig der Wahrheit zu folgen – beides zusammen konnte es nicht geben.

Ein weiterer Bezug auf die hoffnungslose Widersprüchlichkeit zwischen Moral und Analyse ist schließlich im Text »Le nom d'Algérie« zu finden. Es handelt sich dabei um das Vorwort zu *La guerre des Algériens*, der 1989 veröffentlichten Sammlung von Lyotards politischen Artikeln aus der Zeit des Algerienkriegs. Das Vorwort bietet viele interessante Einblicke – etwa der wehmütige Ton, den Lyotard in seiner Erinnerung an die algerischen Jahre anschlägt, aber auch die peinliche Berührtheit, mit der sich der postmoderne Denker hier an seinen marxistischen Jargon aus früheren Tagen erinnert, und wie er trotzdem versucht, seinen alten linksradikalen Positionen die Treue zu halten. Was aber in diesem Zusammenhang besonders auffällt, ist sein Versuch, die Retrospektive seiner alten politischen Essays zum Algerienkrieg in sein eigenes in der Zwischenzeit gewandeltes philosophisches Diskursgebäude einzufügen, was mehr schlecht als recht funktioniert. Die algerische

Ambivalenz wird kurzerhand zu einem »inneren unauflösbaren Widerstreit« erklärt.[26]

Wenn Lyotard im spezifisch algerischen Fall nämlich vom »Widerstreit« spricht, dann versucht er offensichtlich eine theoretische Kontinuität zu späteren Arbeiten herzustellen, allen voran zu seinem gleichnamigen Hauptwerk *Der Widerstreit*. Dort geht es weniger um politische Kämpfe als vielmehr um die Aporien zwischen Diskursen, Sprachen und Sprachspielen, um Inkommensurabilität. Streng genommen bezeichnet der Widerstreit »einen Konfliktfall zwischen (wenigstens) zwei Parteien, der nicht angemessen entschieden werden kann, da eine auf beide Argumentationen anwendbare Urteilsregel fehlt. Die Legitimität der einen Argumentation schlösse nicht auch ein, daß die andere nicht legitim ist. Wendet man jedoch dieselbe Urteilsregel auf beide zugleich an, um ihren Widerstreit gleichsam als Rechtsstreit zu schlichten, so fügt man einer von ihnen Unrecht zu (einer von ihnen zumindest, und allen beiden, wenn keine diese Regel gelten läßt).«[27]

So interessant diese Überlegungen für sich sind, die Tragweite dieser Sätze wie auch des gesamten Werks lassen sich nur vor dem Hintergrund der postmodernen Ausgangsproblematik verstehen, wonach der Rekurs auf die großen Erzählungen ausgeschlossen sei. Denn wenn der große Legitimations- und Urteilsrahmen fehlt (wenn es also auch keine gemeinsamen Regeln gibt), dann können auch Konfliktfälle zwischen Gruppeninteressen und -sprachen deshalb nicht mehr im Rahmen eines übergreifenden Metadiskurses geschlichtet werden. Es ist sinnlos, Wahrheit oder Gerechtigkeit in einem universellen Diskurs suchen zu wollen. Die Frage, die sich Lyotard in *Der Widerstreit* stellt, ist also eine, die erst im Nachgang seiner postmodernen Zeitdiagnose ihre Brisanz gewinnt: Wie kann man, wenn alles in unserer Postmoderne relativ ist, noch ein Urteil in Fragen der Wahrheit und Gerechtigkeit abgeben? Wie sind Gerechtigkeit und Ethik in einer Atmosphäre des Singulären noch möglich?

Lyotards philosophisches Projekt ist der Versuch, eine Antwort auf diese Fragen zu finden. Es ist der ernsthafte Versuch, gerade das

Abgleiten in postmoderne Beliebigkeit zu verhindern und nach neuen Idiomen zu suchen; der Versuch, die durch Widerstreit blockierten Positionen in neue Formen des Argumentierens und Verstehens zu übersetzen. Das geht für Lyotard aber nur noch in einem Patchwork der Sprachspiele, in der Erzählung kleiner Geschichten oder eben als Analyse von Einzelfällen, als eine Art, von Fall zu Fall zu entscheiden. Der *Widerstreit* ist im Grunde genommen eine Ansammlung von Fallbeispielen: Lyotard prüft unzählige Momente des Widerspruchs und sucht nach ungleichartigen Diskursarten, die diese Fälle verursachen.

Um zum algerischen Kontext zurückzukehren: Genau dieser Grundproblematik des Widerstreits war Lyotard nun auch während des Algerienkriegs begegnet: »Zwei verschiedene Diskursgenres (spekulative Idee der Freiheit und materialistische Dialektik des Klassenkampfes) verbanden sich mit demselben Geschehen, ohne daß man hätte eindeutig entscheiden und entweder sagen können: ›Wir machen uns nicht zu euren Helfershelfern‹ oder aber: ›ihr seid das Salz der Erde‹.«[28] Lyotards Ambition ist hier offensichtlich: Die Ambivalenz führt nicht mehr zu Hoffnungslosigkeit und Verwirrung wie noch zu Zeiten des Algerienkriegs. Lyotard nutzt diese Ambivalenz nunmehr, um zu zeigen, dass seine damalige Analyse offen für unterschiedliche Argumentationssysteme und Sprachspiele war und dass er, indem er beide Themen ansprach, beiden Positionen erlaubte, sich zu bewähren.[29] Auch wenn er in seiner Retrospektive andeutet, dass er sich seiner widersprüchlichen Haltung gegenüber der nationalen Bourgeoisie Algeriens in den früheren Aufsätzen bewusst sei, bleibt die philosophische Deutung dieser ehemaligen Spannung als »Widerstreit« bei näherer Betrachtung eine Übertreibung, da sich die Positionen ja nicht unbedingt ausschließen. Lyotards Idee, auf Biegen und Brechen auch noch die alten marxistischen und antikolonialen Positionen in seine postmoderne Philosophie des Widerstreits einzubauen, bleibt letztlich fadenscheinig. In seiner Schlüsselerfahrung mag etwas Ambivalentes enthalten gewesen sein, aber es war streng genommen nicht der postmoderne Modus der Inkommensurabilität.

Vielleicht muss man diese terminologische Unstimmigkeit nicht so streng auslegen und Lyotards Versuch des Zurechtbiegens auch nicht als sein letztes Wort nehmen. Wenn man einmal von diesen auf das eigene Lebenswerk bezogenen Selbstbeschreibungen absieht und auch den engen Rahmen des Textes verlässt, dann erweist sich die Deutung der Algerienkriegszeit im Modus des Widerstreits als eine gar nicht uninteressante Chance. Man müsste den Begriff bloß mehr als Denkfigur verstehen und den Maßstab der Betrachtung auf die gesamte französisch-algerische Kolonialgeschichte erweitern. Dann eröffnen sich neue Perspektiven auf alte Geschichten: Man denke vor allem an die permanente Widersprüchlichkeit und Scheinheiligkeit, die die französische Kolonialmacht durch ihre Präsenz, ihre Sprechweisen und Handlungen herstellte – so etwa, wenn sie »L'Algérie, c'est la France« als Parole ausgab; wenn sie einen blutigen Krieg führte, ohne diesen je direkt beim Namen zu nennen; wenn sie lautstark vom Zivilisierungsauftrag gegenüber der algerischen Bevölkerung sprach, aber doch eigentlich das Gegenteil tat, nämlich die Autochthonen überhaupt erst zu Fremden, Ungebildeten und Namenlosen machte; wenn sie alle ihre Bürger zu Franzosen deklarierte, aber gleichzeitig, wie im *Code de l'indigénat* von 1875 geschehen, zwischen »französischen Staatsbürgern europäischen Ursprungs« (*citoyens*) und »französischen Eingeborenen in den Kolonien« (*sujets*) unterschied. Es wäre ein Irrtum zu glauben, dass solche Verrenkungen des französischen Kolonialismus bloße Sprachmanöver geblieben seien. Sie waren real. Sie wirkten sich aus auf die juristischen, sozialen und ökonomischen Kriterien, mit denen die koloniale Realität definiert wurde. Vielleicht ist der ganze französisch-algerische Konfliktfall ein außer Kontrolle geratener Widerstreit. Einer, der sich von dem Moment an als unlösbar erwies und dann auch blutig enden musste, als sich das klägliche Scheitern des kolonialen Emanzipationsversprechens ankündigte.[30]

Lyotard schrieb 1954, die höchste Aufgabe der Philosophie sei es, »die Geschichte, in der wir uns alle engagieren, zu verstehen«.[31] Konnte er damals schon ahnen, dass der zeitgleich beginnende Algerienkrieg und der Zusammenbruch der französischen Kolonien das zeitgenössische Terrain bilden sollten, auf dem dieses philosophische Verständnis der Geschichte unter anderem ermöglicht wurde und entstehen konnte? Seine frühen marxistischen wie auch seine späteren postmodernen Theorien sind jedenfalls eindeutige Versuche, diese »koloniale Geschichte« zu verstehen und dabei sowohl die damit verbundenen persönlichen Erfahrungen als auch die gesellschaftlichen Entwicklungen um ihn herum gedanklich zu erfassen. In dieser historischen Linie ist die postmoderne Philosophie von Lyotard auch ein Teil des kolonialen Vermächtnisses.

Lyotards postmoderne Reflexionen scheinen damit auf den ersten Blick auch unverkennbar einem vergangenen Zeithorizont anzugehören. Sie erstrecken sich im Großen und Ganzen von den späten 1970er- bis in die frühen 1990er-Jahre und reichen – zumindest was die prägenden historischen Schlüsselerfahrungen betrifft – sogar bis in die Zeit des Kolonialismus und des Algerienkriegs zurück. Auch bei den Hauptbezugsthemen der postmodernen Kritik (die Fortschrittsideologien der Aufklärung, des Marxismus und der Wissenschaft) lässt das alte zwanzigste Jahrhundert aus der Ferne grüßen. Schließlich darf nicht vergessen werden, dass sich ein Großteil postmoderner Kritik aus dem Frust über die nicht eingelösten marxistischen Versprechen der Revolution und über den Zerfall des politischen Anspruchs der 68er speiste.

Bei näherer Betrachtung ist uns diese Vergangenheit aber nicht so fern, wie es den Anschein hat. Gerade der Grundgedanke von Lyotards *Der Widerstreit* – die Frage nach dem Umgang mit der Inkommensurabilität von Gruppendiskursen in einer Atmosphäre des Singulären – ist aktueller denn je. In der heutigen mit ständigen unversöhnlichen Meinungsverschiedenheiten und Debatten beschäftigten Gesellschaft, die die Artikulation von Meinungen und Ressentiments in bisher ungekannten sozialen und medialen Ausmaßen kapitalisiert, mutet Lyotards philosophisches Projekt wie ein unverhofft willkommener Rückruf aus den Achtzigern an. Nicht unbedingt, weil Lyotard die gegenwärtigen Themen auf prophetische Weise antizipiert hätte und sie uns näherbringen oder erklären würde, sondern mehr, weil er die diskursiven und damit auch Realität erzeugenden Strukturen von Meinungsverschiedenheiten in den Blick nimmt und dabei einen ethisch reflektierten Umgang mit den Paradoxien und Ambivalenzen der postmodern verfassten Gesellschaften sucht.

Gerade in dieser Frage nach dem »richtigen« Umgang liegt ein bislang entweder übersehenes oder wieder vergessenes Potential von Lyotards Werk. Lernen ließe sich dabei, dass es weder darum gehen kann, die gesellschaftlichen und diskursiven Widersprüche im Namen einer übergeordneten Sache oder Wahrheit aufzulösen – das wäre modern –, noch darum, unvereinbare Positionen als naturgegebene dichotomische Dinge stehen zu lassen – das wäre eine moralische Bankrotterklärung, weil diese Unvereinbarkeiten meistens mit der Produktion von Unrecht verbunden sind. Der Aufklärungsgewinn besteht vielmehr in der Sichtbarmachung und Reflexion dieser Paradoxien und Ambivalenzen, letztlich in dem, was Lyotard »Legitimation durch Paralogie« nennt. Es wäre hier aber ein Irrtum zu glauben, dass Lyotard deshalb einer postmodernen Moral huldigt, derzufolge Gerechtigkeit in einer Welt der Inkompatibilitäten unmöglich sei. Für ihn kann vielmehr jeder einzelne Fall des Widerstreits den Blick für allgemeine und wiederkehrende Probleme schärfen, im idealen Fall aber auch konkrete Lösungen vor Augen führen, deren Durchsetzung jenseits von vermeintlich übergreifenden Normen vonstattenginge.[32]

Aus Lyotards moralischen, politischen und theoretischen Widersprüchen während des Algerienkriegs lässt sich schließlich ein zweiter Lerneffekt hervorholen, der sich zunächst ganz abstrakt fassen lässt: dass man für eine Sache eintreten, aber gleichzeitig ihre theoretischen oder politischen Prämissen kritisieren kann beziehungsweise nicht vollständig und absolut mit allen Begleiterscheinungen der betreffenden Angelegenheit einverstanden sein muss. Diesen Gedanken kann man in seiner Allgemeinheit belassen, ihn schlicht und anspruchslos auslegen. Aber man kann ausgehend von diesem Gedanken auch neue Ansprüche eines angemessenen Umgangs mit Fragen der moralischen, politischen und theoretischen Integrität formulieren und eine neue Moral der politischen Urteile erkunden – was sich heute in Zeiten einer gewandelten Form und Praxis des politischen Moralismus geradezu anbietet.

ROLAND
BARTHES

3. Marokkanische Erleuchtung
Roland Barthes

Zu den faszinierendsten Merkwürdigkeiten der Kulturgeschichte Frankreichs gehört, dass viele seiner Geistesgrößen ihre entscheidenden Erweckungsmomente im sogenannten Orient erlebten. Eines der bekanntesten Beispiele hierfür ist der Schriftsteller Gustave Flaubert, der während seiner Ägyptenreise 1850 auf die Idee zum Roman *Madame Bovary* kam. Sein damaliger Reisebegleiter Maxime Du Camp hielt die entscheidende Szene wie folgt fest: »An den Grenzen von Unter-Nubien, auf dem Gipfel des Djebel Abusir, der über den zweiten Katarakt emporragt, während wir zusehen, wie der Nil gegen die Felsspitzen aus schwarzem Granit schlägt, stieß er [Flaubert] einen Schrei aus: ›Ich habe es! Heureka! Heureka! Ich werde sie Emma Bovary nennen‹; und mehrere Male wiederholte er, genoß er den Namen Bovary, wobei er das *o* sehr kurz aussprach.«[1] Über die Bedeutung dieser Anekdote sind sich die Biographen von Flaubert, wie der Übersetzer Traugott König anmerkt, weitgehend einig: Bis zu dieser Orientreise hatte Flaubert fünfzig kleinere literarische Werke verfasst und von diesen kein einziges veröffentlicht. Ausgerechnet nach dieser Reise begann er sofort mit der Niederschrift von *Madame Bovary*. Gerade in Ägypten fand er also, ohne dort zu schreiben (wenn man von seinen Reisenotizen und Briefen absieht), seinen unverwechselbaren Stil, und das so schlagartig, dass man den Eindruck einer plötzlichen literarischen Konversion hat.[2]

Auch der Zeichentheoretiker und Philosoph Roland Barthes hatte in seinem Leben einen solchen Augenblick in der Fremde, der scheinbar alles verändern sollte. In Barthes' Fall ist es eine marokkanische Erleuchtung, und sie lässt sich auf den Tag genau datieren: Es ist der

15. April 1978. Barthes verbringt seine Ferien bei seinem Bekannten Alain Benchaya in Casablanca – kurz zuvor hat er sein erstes Semester als frisch berufener Professor am renommierten Pariser Collège de France zum Abschluss gebracht. Barthes schildert den zunächst unauffälligen Samstag wie folgt: »Es ist ein drückender Nachmittag. Der Himmel ist bewölkt, es ist etwas kühl. Wir machen in einer Gruppe von Freunden, mit zwei Autos, einen Ausflug zu einem Ort namens La Cascade, der in einer schönen Talmulde etwas abseits der Straße nach Rabat liegt. Während des Ausflugs überkommt mich eine gewisse Traurigkeit, eine gewisse Langeweile, ununterbrochen dasselbe (seit einem Trauerfall vor kurzem), ein Überdruß, der sich auf alles erstreckt, was ich tue und denke.«[3] Von diesem Gemütszustand wird er seit dem Tod der Mutter im Jahr zuvor beherrscht und der Lebenslust beraubt.

Noch bei der Rückkehr in die leere Wohnung in Casablanca herrscht Tristesse. Barthes versucht sein Glück mit einer »Marinade« – so nennt er die Praxis des intensiven Nachdenkens, die er sich ausgerechnet bei Flaubert abgeschaut hat, der sich, immer, wenn beim Arbeiten der Tiefpunkt der Qual erreicht war, auf sein grünes samtenes Sofa neben dem Schreibtisch warf und im eigenen Saft auf die produktive Wiederaufnahme der Arbeit wartete.[4] Kaum hat Barthes seine Marinade im Bett begonnen, da taucht plötzlich eine Idee auf, die er als »eine Art literarische Bekehrung oder Bekehrung zur Literatur« bezeichnet: »Die Idee, in die Literatur, ins Schreiben einzutreten; zu schreiben, als hätte ich es noch nie getan, und nichts mehr tun als das.«[5]

Es ist die Vision einer literarischen Existenz, die hier aufscheint, die Erleuchtung des Schreibenwollens, der Wunsch nach dem Eintritt in eine Welt, in der das Schreiben die einzige authentische und begehrenswerte Lebensform darstellt. Das hat im Fall von Barthes eine gewisse Pointe, denn der Theoretiker hatte bis dato bereits eine Vielzahl an Büchern von durchaus literarischem Charakter verfasst, die ihren Autor in den Rang eines Literaten hievten. Aber schreiben, als hätte er es noch nie getan, und nichts anderes zu tun als das, bedeutet für Barthes in diesem speziellen Moment der Erleuchtung, einen entscheidenden Schritt weiterzugehen. Es geht ihm fortan nicht mehr darum, weiter Bücher über Literatur zu schreiben, sondern selbst Literatur zu produzieren; sich nicht mehr schamhaft dem Vorwurf des verhinderten Schriftstellers auszusetzen, sondern das immerfort bei anderen observierte und begehrte Schriftstellerleben auch für sich in vollem Umfang in Anspruch zu nehmen. Es bedeutet nicht zuletzt auch, den als mühsam erlebten Arbeitsalltag eines Professors hinter sich zu lassen – Barthes' erster Gedanke nach dem Aufleuchten seiner Idee besteht darin, »das Collège zu verlassen, um ein ungeteiltes Leben im Schreiben zu führen (denn die Vorlesung tritt oft in den Konflikt mit dem Schreiben)«.[6]

Der Wunsch nach Veränderung kommt bei Barthes nicht von ungefähr. Er fällt in eine lebensgeschichtlich fragile Phase. Zur Zäsur trägt das Bewusstsein bei, »daß von einem gewissen Alter an die Tage gezählt sind« und »daß von einem bestimmten Zeitpunkt an das, was man getan und geschrieben hat (die vergangenen Arbeiten und Praktiken), als ein immer wieder durchgekauter, dem Wiederholungszwang verfallener, bis zum Überdruß wiedergekäuter Brei erscheint«.[7] Das Gefühl von Unumkehrbarkeit und das Bewusstsein eigener Sterblichkeit, gepaart mit akademischem Frust über das bisher Getane – bei der Aussicht auf Fortsetzung eines solchen Zustands graut es ihm: »Was? Ich soll bis zu meinem Tod Artikel schreiben, Vorlesungen halten, Vorträge oder bestenfalls Bücher über variierende Themen verfassen?« So klingt die Horrorvorstellung eines erschöpften Professors in der Midlife Crisis.

Immerhin: Die Epiphanie weist den Weg hinaus aus dem »reglosen Festsitzen im Treibsand« der Wissenschaft. Es muss eine neue Schreibweise her. Eine, die die eigene Existenz in Schrift, in »Lebensschrift« überführt und so auch eine neue Seinsform hervorbringt. Wer sein Leben verändern will, muss auch anders schreiben. Was liegt da also für einen mit allen Wassern der Theorie gewaschenen Literaturkritiker näher, als einen Roman zu verfassen, der sich genau mit dieser Änderung und Überführung des Lebens in die Schrift befasst? Barthes gibt seinem neuen Romanprojekt den auf Dante anspielenden Titel *Vita Nova* und hofft, dass »sich jeder Moment meines Lebens von nun an diesem Großen Plan fügt«.[8]

Die Erlebnisse in Casablanca – vom melancholischen Anfall während des Ausflugs über den Augenblick der literarischen Konversion bis hin zur Idee eines autobiographischen Romanprojekts – sind von Barthes selbst beschrieben worden. Er kommt auf sie »als kleine persönliche Anekdote« in der ersten Sitzung seiner Vorlesung im Wintersemester 1978/1979 am Collège de France zu sprechen, die posthum unter dem Titel *Die Vorbereitung des Romans* publiziert wurde.[9] Barthes reagiert also auf den sehnsüchtigen Wunsch nach einem neuen Leben und Schreiben auf die ihm eigene Art und Weise, indem er nicht etwa, wie gedacht, das Collège de France verlässt, sondern die Arbeit am Romanprojekt und die Vorlesungstätigkeit in dasselbe Unternehmen einfließen lässt. Anstatt sogleich den Roman seines Lebens zu schreiben, hält er über zwei Studienjahre hinweg eine Vorlesung darüber, was es heißt, einen Roman zu schreiben. Die Vorlesungen werden dann eher zu einer allgemeinen Anatomie des kreativen Schreibens, bei der Barthes mit ständigem Blick auf Flaubert, Proust, Gide und Kafka die Entstehungsbedingungen von Schreibsituationen und literarischen Werken minutiös untersucht. Diese Art von Forschung verbindet er zwar mit der Reflexion über das eigene Schreiben, aber das ganze Unterfangen lässt im Laufe der Zeit völlig offen, ob parallel dazu tatsächlich noch ein richtiger Roman geschrieben wird oder ob sich der Wunsch nach einem neuen Leben nicht schon in diesem Kompromiss erschöpft. Was aus *Vita Nova* geworden wäre, wird man jedenfalls nicht mehr erfahren – Barthes wird zwei Tage nach Abschluss seiner Vorlesungen beim Überqueren der Rue des Écoles, direkt vor dem Collège de France, von einem Laster erfasst. Er stirbt im März 1980 an den Folgen dieses Verkehrsunfalls.

Die Vorbereitung des Romans hat seit seiner Veröffentlichung zahlreiche Leser und Leserinnen in seinen Bann gezogen. Die Geschichte eines Menschen, der schreiben will: Das verspricht Aufmerksamkeit. Vor allem der 15. April 1978 ist von den Barthes-Aficionados mit einer besonderen Faszination aufgenommen worden. Bis ins kleinste Detail wird Barthes' Heureka-Moment ausgeleuchtet und zur Blaupause von Schreibszenen entwickelt.[10] Marokko als der reale Schauplatz dieser gleißenden Epiphanie bleibt dabei aber erstaunlich blass. (Das ist auch deshalb erstaunlich, weil die Barthes-Philologie damit gegen eine zentrale Regel von Barthes' Anatomie des kreativen Schreibens verstößt, nämlich unbedingt alle zu einer Schreibszene gehörenden Dinge, auch den Ort, miteinzubeziehen.) Ist Casablanca also nur eine schöne Ferienkulisse? Nur ein verheißungsvoller Name? Wie im gleichnamigen Film die Bühne für eine Geschichte, die auch an einem anderen Ort hätte spielen können? Dass Barthes seine literarische Konversion ausgerechnet in Casablanca erlebt, ist entweder überhaupt nicht der Rede wert, oder es wird wie eine Selbstverständlichkeit behandelt – so als ob die Stadt in Nordafrika das natürliche Habitat von Pariser Intellektuellen sei, nach dem Motto »Letztens, in Casablanca …«. In beiden Fällen kommt so oder so eine gewisse Ignoranz zum Ausdruck. So wird, ob gewollt oder nicht, am Ende ein verzerrtes Bild von Barthes gemalt, genau wie es auch bei Erzählungen und Darstellungen anderer Protagonisten der französischen Theorie zu beobachten ist: Das Denken wird in einen kontextfreien und ahistorischen Raum verlegt. Der einzig greifbare Kontext ist allenfalls noch der Ort, an dem das Erlebte weitergedacht, aufgeschrieben, vorgetragen, publiziert und schließlich gefeiert wird: Paris.

Will man jedoch das Geheimnis dieser literarischen Konversion ein klein wenig entzaubern, sollte man sich viel stärker vergegenwärtigen, welche immense und vielfältige Rolle Marokko für Barthes spielte. Die Szene vom 15. April 1978 markierte nämlich bloß den Höhepunkt in einer langen Reihe von Erlebnissen und Begebenheiten, die den französischen Denker mit dem nordafrikanischen

Land verbanden. Barthes reiste seit den frühen 1960er-Jahren und bis zu seinem Tod jedes Jahr zwei bis drei Mal nach Marokko. In den meisten Fällen waren es kurze und ganz auf das Vergnügen ausgerichtete Reisen, bei denen sommerliche Erholung, rauschende Feste und sexuelle Begegnungen mit marokkanischen Männern im Vordergrund standen – etwa auch bei der 1963 gemeinsam mit Michel Foucault unternommenen Reise nach Marrakesch und Tanger, auf der sich beide wegen eines von ihnen gleichzeitig begehrten Jungen überwarfen.[11] Teilweise hatten die Aufenthalte auch einen professionelleren Hintergrund (im besten Falle verbanden sich persönliche und berufliche Interessen): Barthes hielt regelmäßig Seminare und Vorträge an marokkanischen Universitäten, pflegte langjährige Freundschaften zu Autoren wie Abdelkébir Khatibi oder Zaghloul Morsy.[12] In Marokko brachte er mit dem Balzac-Buch *S/Z* sowie dem Japan-Buch *Das Reich der Zeichen* zwei seiner berühmtesten Werke zum Abschluss.[13] Marokko war für Barthes also vieles: Ort der Erholung, des Vergnügens und der erotischen Abenteuer, aber auch ein Ort des Rückzugs, der Inspiration und der konzentrierten Arbeit. Es ist kein Zufall, dass Barthes seine literarische Konversion ausgerechnet in Marokko phantasierte.

Lust in Tanger, Frust in Rabat

Die Bedeutung Marokkos für Barthes lässt sich am besten mit einem Blick auf einen seiner längeren Aufenthalte im Land einfangen. Im September 1969 war Barthes auf eigenen Wunsch hin als Professor für französische Literatur an die Universität von Rabat versetzt worden. Derartige vom französischen Bildungsministerium organisierte Auslandsaufenthalte für Hochschuldozierende hatte er in der Vergangenheit öfters in Anspruch genommen. 1949 war er auf diese Weise nach Alexandria in Ägypten gelangt, wo er ein Jahr lang an einer französischen Schule unterrichtete. Auch seine vielen Japanreisen in den 1960er-Jahren, aus denen das *Das Reich der Zeichen* hervorging, gehören in diesen Kontext französischer Kultur- und Außenpolitik. Barthes liebte es zu reisen, und der französische Staat half ihm gerne bei diesem akademischen Tourismus.

Mit der Versetzung nach Rabat hatte es allerdings eine besondere Bewandtnis: Hier packte Barthes nicht so sehr die Lust auf etwas Neues, denn er kannte das Land ja bereits gut von seinen früheren Reisen. Der Auslöser war dieses Mal der unmittelbare Drang, Paris zu verlassen und damit auch den Frust zu vergessen, der sich im Zuge der Maiunruhen von 1968 bei ihm aufgestaut hatte. Seine anfängliche Sympathie mit den Protesten war nämlich längst verflogen – spätestens, nachdem sein Unterricht an der École pratique des hautes études davon beeinträchtigt wurde und er wegen der studentischen Streiks eine längere Pause einlegen musste. Während die Studierenden in Paris den Aufstand probten und damit die Weltöffentlichkeit in ihren Bann zogen, wollte Barthes nur schnell weg. Da sich eine erneute Japanreise nicht bewerkstelligen ließ, wählte Barthes noch im Juli das näher gelegene Marokko als Zufluchtsort. Bis zum Ende des Jahres 1968 hielt er sich vier Mal hier auf, vor allem in Tanger, das er mit Auto und Fähre erreichte. Während einem dieser Aufenthalte fiel auch die Entscheidung, für längere Zeit in Marokko zu leben und zu arbeiten. Die dafür notwendige offizielle Einladung von marokkanischer Seite erfolgte auf Betreiben des Schriftstellers Zaghloul Morsy, den Barthes von früheren Aufenthalten kannte. Anvisiert waren drei Jahre an der Universität von Rabat.[14]

Es wurden nie drei Jahre. Denn im Gegensatz zur Unbekümmertheit des Touristen Barthes, der ohne allzu viel Verantwortung und Verpflichtungen agieren konnte, entsprach die Lehrtätigkeit an der Universität von Rabat ganz und gar nicht den durch frühere Erfahrungen geweckten Erwartungen. Sein Rückzugsplan wurde mehr als durchkreuzt – denn als er im September 1969 endgültig Paris in Richtung Marokko verließ, fand er ein nicht minder aufgewühltes Land vor. Auch hier gab es große politische Unruhen und Studentenrevolten, die den Universitätsbetrieb lahmlegten und Barthes am Unterrichten hinderten. Die marokkanischen Studierenden lehnten sich mit ihren Streiks und Parolen nicht nur gegen die amtierende Regierung unter der Herrschaft von König Hassan II. auf. Sie prangerten auch die Präsenz Frankreichs an der Universität an, die in ihren Augen die Kultur der ehemaligen Kolonialmacht repräsentierte. Auch Barthes wurde zur Zielscheibe von Vorwürfen. Durch die Wahl eines relativ kanonischen Französischprogramms – Barthes hielt Vorlesungen zu Marcel Proust und Jules Verne – stieß er in Marokko all jene vor den Kopf, die das Studium der französischen Sprache vom bürgerlichen und kolonialen Ballast lösen wollten. Barthes hielt die Forderungen für »reaktionär« und machte sich mit dieser Bemerkung sicherlich keine Freunde.[15] Die politisierten marokkanischen Studierenden, ein autoritäres Regime im Visier und im Nacken, konnten zudem nicht viel mit Barthes' Loblied auf die Literatur als Mittel der Befreiung vom Subjekt anfangen. Für sie waren solche ästhetischen Argumente Ausdruck des französischen Kulturimperialismus und Barthes dessen Repräsentant. Noch im Februar 1970 – also bloß fünf Monate nach Antritt der Stelle – teilte ein entnervter Barthes dem Dekan der Fakultät mit, dass er seinen Dreijahresvertrag nicht erfüllen werde. Am Ende des Studienjahres 1969/1970 sollte Schluss sein.

Um die Gründe für diesen Rückzug ranken sich viele Geschichten.[16] Barthes kam selbst auf die Enttäuschung seines marokkanischen Aufenthalts zu sprechen, und zwar in »Das ständige Scheitern des Sprechens über das Geliebte«, seinem allerletzten Text. Im Mittelpunkt dieses Artikels steht eigentlich Stendhal und dessen gebrochenes Liebesverhältnis zu Italien. Aber Barthes projiziert in diese bei Stendhal beobachtete Beziehung zwischen Exotismus und Aneignung (und ihrem Scheitern) auch sich selbst hinein, und zwar ganz explizit. Mitten in der Stendhal-Analyse heißt es: »Italien ist das Land, in dem Stendhal, weder gänzlich ein Reisender (Tourist) noch gänzlich ein Einheimischer, lustvoll seine Verantwortung als *Staatsbürger* ablegt; wäre Stendhal italienischer Staatsbürger, er würde hier sterben: ›vergiftet durch Melancholie‹: als Mailänder im Herzen, aber nicht von Amts wegen, braucht er nur die brillanten Auswirkungen einer Zivilisation zu ernten, für die er nicht verantwortlich ist: Die Bequemlichkeit dieser verwickelten Dialektik habe ich an mir selbst erleben können: ich habe Marokko sehr geliebt. Ich war oft als Tourist dort und habe sogar recht lange Zeiten der Muße verbracht; ich kam also auf den Gedanken, mich ein Jahr als Professor dort aufzuhalten: die Märchenhaftigkeit verschwand; mit administrativen und beruflichen Problemen konfrontiert, in die undankbare Welt der Ursachen und Determinationen getaucht, verließ ich das Fest, um die Pflicht wiederzufinden.«[17]

Diese Sätze geben jedoch nur einen bewusst für die Öffentlichkeit ausgewählten Ausschnitt der Geschichte wieder. Barthes' Tagebücher und posthum erschienenen autobiographischen Texte hingegen werfen ein anderes und facettenreicheres Licht auf die Zeit in Marokko. Sie zeigen, dass er die unfreiwillig dazugewonnene Zeit mit der Niederschrift seiner Bücher, mit ausgiebigen Reisen und mit der Suche nach Sexpartnern ausfüllte. Und sie legen nahe, dass er auch noch als Professor in Rabat »das Fest«, von dem er sprach, eigentlich nie wirklich verließ. Ebenso wenig ließ er die »Bequemlichkeit dieser verwickelten Dialektik« hinter sich, die er bei sich und Stendhal auszumachen glaubte, wenn es darum ging, ohne staatsbürgerliche Rechenschaftspflicht »die brillanten Auswirkungen einer Zivilisation zu ernten«, für die man nicht verantwortlich sei. Schenkt man seinen Selbstzeugnissen Glauben, dann war ein Großteil seiner Bemühungen und Unternehmungen in Marokko in erster Linie erotischer Natur, dann war »die Jagd nach Beute«, die Barthes laut seiner Biographin Tiphaine Samoyault in Marokko unternahm, Teil dieser touristischen »Ernte« ohne Rechenschaftspflicht.[18] Marokko war der Ort, wo Barthes meinte, ungehindert seine Lust ausleben und ihr nachgehen zu dürfen.

Das zeigte sich bereits am ersten Tag seiner Ankunft im Land. Barthes hielt den Abend in Tanger, wo er sich allem Anschein nach lieber aufhielt als in Rabat, in seinem Tagebuch fest: »Samstag, 27. September 1969: Ankunft gegen 12:30 Uhr. Sonne, warmer Wind. Hotel, geschlafen, im kleinen Socco Zeitung gelesen. Entspannung. Erneut Gefallen an dieser Stadt, der gewählten Stadt. Der Himmel bedeckt sich, der Wind wächst zum Sturm an, es wird traurig. Der Haken hier: die absolute Einsamkeit, ausweglos. Kaffee auf der Place de France. Passagen. Kleinigkeiten gekauft (hier Kaufmanie). Zu Fuß zum Hotel hinunter. Geschlafen. Terrassenbar oben im Hotel: thematisch anziehend. Bei M. zauberhaft (fünf!). Kurz im Kleinen Socco vorbeigeschaut (nichts), leichtes Abendessen im Café de Paris. Isba, oder Kiki, und der unvermeidliche Abdulah. Blow up. Kiki, verrückt oder betrunken, geht mir auf die Nerven und beunruhigt mich; will mein ›Sklave‹ sein. Auf dem Festival, zuerst mit Abdulah, danach mit einem Ahmed d'Oudja im Schlepptau. Um 2 Uhr wieder hochgegangen, noch ein wenig Jules Verne gelesen.«[19]

Die Literaturwissenschaftlerin Samoyault, der der Verdienst zukommt, die erste umfassende Biographie von Barthes geschrieben zu haben, nimmt diese Tagebuchnotiz seltsamerweise zum Anlass, Barthes als einen zwischen Euphorie und Mutlosigkeit changierenden, aber irgendwie stets verzweifelten homosexuellen Reisenden zu zeichnen, der mit seiner Sexualität hadert und Todesdruck verspürt.[20] Zuallererst zeigt diese Tagebuchnotiz aber etwas ganz anderes und Banaleres, nämlich dass Barthes am *Cruisen* war, also vor allem ziellos herumspazierte und schwule Sexpartner suchte. In Marokko, wo diese Partner zuhauf verfügbar waren (meistens gegen Geld), verfiel Barthes dabei in einen regelrechten Rausch, dem er sich ungebremst hingab. Was wiederum keineswegs ausschloss, dass dabei auch die von Samoyault beschworenen melancholischen und nie zufriedenstellenden Gefühle aufkamen. Aber der Grundtenor bei Barthes blieb – gerade im Kontext schwuler Sexualität und Selbstermächtigung Ende der 1960er-Jahre – einer der sexuellen Befreiung und der sinnlichen Überschwänglichkeit, die er so in Frankreich nicht erlebte.

Von allen marokkanischen Städten bot Tanger damals die größten Freiheiten. Die »weiße Stadt« an der Straße von Gibraltar profitierte noch von ihrem ehemaligen Status als Internationale Zone. Nachdem Marokko 1912 zum französischen Protektorat erklärt wurde, blieb Tanger ein neutrales Gebiet, das von den europäischen Großmächten gemeinsam verwaltet werden sollte, was die Stadt auch ihrer außergewöhnlichen und geopolitisch wichtigen Lage am Rande des Mittelmeers und zwischen den Kontinenten Afrika und Europa verdankte. Von Diplomaten, Künstlern und Drogensüchtigen geschätzt, erlangte Tanger rasch den Ruf eines kosmopolitischen Ortes von Freiheit und Dekadenz. Hier wurde Haschisch auf der Straße geraucht, harte Drogen gab es in der Apotheke ohne Rezept. Die Polizei hielt sich zumindest bei den Europäern in vielen Dingen zurück. Bordelle für alles Mögliche wurden völlig unbehelligt betrieben. Kein Wunder also, dass den Besuchern aus dem Westen das Leben hier aufregender erschien. Ab den 1940er-Jahren und bis weit in die Zeit nach der Unabhängigkeit Marokkos (1956) zog die exotische Aura von Tanger besonders amerikanische Literaten und vor allem die Stars der Beat Generation an: Jack Kerouac, William Burroughs, Allen Ginsberg, Tennessee Williams, Truman Capote, Paul und Jane Bowles – sie alle suchten die Stadt für Inspiration und Entspannung auf, was meistens durch Drogeneinfluss und Bordellbesuche erleichtert wurde. Als Barthes Ende der Sechziger nach Tanger reiste, war die große Party der Beatniks allerdings schon vorbei. Längst dominierte ein anderer Typus des westlichen Touristen: Hippies kamen in Scharen in der Hafenstadt an (Barthes widmete den Hippies, die das Stadtbild stärker prägten als die Beatniks, sogar einen kurzen Essay).[21] Marokko war eines der beliebtesten Reiseziele für all die jungen Freiheitssuchenden, die eine Abwechslung zum klassischen Hippiepfad Richtung Indien benötigten, und Tanger wurde zu ihrem ersten Anlaufpunkt.

An Tanger faszinierte Barthes vor allem das bunte Personal der Stadt. Dazu zählten für ihn neben den marokkanischen Einwohnern und den Hippies auch die im Land hängengebliebenen Franzosen –

Barthes nannte sie »Strandgut der Protektoratszeit«.[22] All diese Figuren fanden Eingang in *Begebenheiten (Incidents)*, ein tagebuchähnliches Notizheft, das Barthes während seines Aufenthalts 1969/1970 verfasste.[23] Bei *Begebenheiten*, das schon druckfertig zur Veröffentlichung in der Zeitschrift *Tel Quel* bestimmt war, aber dann erst posthum erschien, handelt es sich nur auf den ersten Blick um eine lose Sammlung von Barthes' persönlichen marokkanischen Eindrücken und Begegnungen. Es stellt zur gleichen Zeit auch ein besonderes Schreibprojekt dar, eine im Schreiben unternommene Anstrengung, etwas unmittelbar Erlebtes oder Erblicktes in Prosa zu erfassen. Barthes verschränkt hier Lebens- und Schreibpraxis und versucht, einen sich aus dem intimen Tagebuch herleitenden Modus des Erzählerischen zu finden. Es ist daher auch kein Zufall, dass Barthes die *Begebenheiten* gerade nach seiner vermeintlichen marokkanischen Erleuchtung vom 15. April 1978 als eine wichtige Vorarbeit zu seinem Romanprojekt *Vita Nova* betrachtete und es dort integrieren wollte.

Ein Blick in das kleine Büchlein lässt erahnen, warum es Barthes zu Lebzeiten schwergefallen sein muss, den Text ohne weitere Rahmung zu veröffentlichen. Ein Großteil der Prosatexte erzählt nämlich von den offenbar unzähligen erotischen Begegnungen mit jungen marokkanischen Männern, oft in kurzen Szenen dargestellt. Hier einige Kostproben: »Mustafa hängt sehr an seiner Schirmmütze. ›Meine Schirmmütze, ich liebe sie.‹ Auch beim Liebemachen will er sie nicht absetzen.« »Amidou, Schüler der zweiten Klasse, künftiger Turnlehrer, den ich eines Sonntagmorgens im Dreck des Flohmarktes getroffen habe, arm und zutraulich, mit zu kurzem Regenmantel, ausgebleichten und zerfetzten Schuhen, mit seinen schönen marokkanischen Augen und seinen krausen Haaren, muß für morgen ›nachdenken‹, und zwar über ›das Komische bei Molière‹. Ich liebe die Ausdrücke von Amidou: *träumen* und *platzen* für *eine Erektion haben* und *einen Orgasmus erleben, genießen. Platzen* ist vegetabilisch, spritzend, zerstäubend, samenstreuend; *genießen* ist geistig-psychisch, narzißtisch, üppig, zusammenhaltend-verschlossen.« »Kleiner Lehrer aus Marrakesch:

›Ich mache alles, was Sie wollen‹, sagt er mit überströmender Herzlichkeit, Gutmütigkeit und komplizenhaftem Einverständnis in den Augen. Und das soll heißen: *Ich werde Sie ficken*, und nur das.«[24]

Die freizügigen Beschreibungen von Barthes (und bestimmt auch das schiere Ausmaß der homosexuellen Abenteuer) haben bei Erscheinen des Buches im Jahr 1987 in Frankreich, Marokko und anderswo für einigen Wirbel gesorgt – und auch zu Zurückweisungen geführt.[25] Am deutlichsten ist die Kritik seitdem vor allem aus dem Umfeld des Postkolonialismus formuliert worden.[26] Es sind hier im Wesentlichen drei Vorwürfe: Bei Barthes' Unternehmungen handle es sich erstens, trotz aller sexuellen Befreiung, um eine neokoloniale Ausbeutung, da die leichte Verfügbarkeit männlicher Körper in Marokko in einem historisch gewachsenen kolonialen Kontext funktionierte und Barthes offenkundig keine moralischen Bedenken hatte, seine finanzielle Überlegenheit im Rahmen der florierenden Armutsprostitution auszunutzen und in erotischen Lustgewinn zu transformieren. Selbst dort, wo es sich bei seinen Begegnungen nicht im strengen Sinne um sexuelle Dienstleistungen handle, bleibe die neokoloniale Asymmetrie am Werk. Zweitens lege Barthes in seinen Fragmenten eine herablassende Ausdrucksweise an den Tag, die Sexismus und Chauvinismus verkörpere und darüber hinaus eine fehlende Anerkennung und Repräsentation des Anderen zeige. Mit anderen Worten: Barthes versäume es, anderen Stimmen Gehör zu verschaffen. Das trifft insofern zu, als bei ihm die marokkanischen Figuren als Objekte der Begierde zwar Vornamen erhalten, aber entweder als dumm und naiv dargestellt werden oder konturlos und ohne Handlungsfähigkeit bleiben. Beide Kritiken kulminieren in einem dritten Vorwurf, dem Orientalismusverdacht: Barthes führe mit *Begebenheiten* einen westlichen Diskurs über den Orient weiter, der aus Stereotypen von verfügbaren Arabern und anderen exotischen Phantasien bestünde und keine erkennbaren Bezüge zur Geschichte und Gesellschaft des Landes herstelle. Barthes habe außerdem die arabische Kultur und vor allem ihre Sprache nicht zur Kenntnis genommen.[27] In dieser Lesart ist der sexuelle Orientalismus von Barthes eine reaktivierte Form von kolonialer Blindheit und Ignoranz.[28]

Neokoloniale Ausbeutung, Prostitution, Sexismus, Chauvinismus, Othering, Orientalismus – an der Triftigkeit dieser Kritikpunkte gibt es keinen Zweifel. Sie ermöglichen eine lange vernachlässigte Problematisierung von Barthes' Aufenthalt in Marokko und seinen entsprechenden Schriften. Oft genug war in diesem Zusammenhang vormals euphemistisch von »Reiseberichten« oder »Abenteuern« die Rede – die postkoloniale Kritik hat diese Sprechweise nunmehr erschwert. Manche Stimmen in der Barthes-Forschung sehen in dieser Entwicklung jedoch das neue Dogma der *Political Correctness* am Werk, das aus den angelsächsischen Universitäten, an denen die postkolonialen Studien ihre Heimat hätten, immer mehr nach Frankreich, aber auch nach Marokko herüberschwappe.[29] Ihr Einwand: Der postkoloniale Blick laufe mitunter Gefahr, Barthes allzu wörtlich zu nehmen und so die textuellen, ästhetischen und fiktionalen Dimensionen von *Begebenheiten* außer Acht zu lassen. Barthes, so heißt es etwa bei dem Literaturwissenschaftler und Barthes-Herausgeber Éric Marty, spreche in *Begebenheiten* weder über noch für Marokko und auch nicht über sich selbst, sondern »zitiere« vielmehr das Land ohne die übliche »hysterische Aneignung«.[30] In den Schriften von Barthes, so könnte man diese Position beschreiben, gelte es, die Verschränkung von selbstdarstellenden und fiktionalisierenden Elementen zu berücksichtigen, weil sie sich an einer Dezentrierung der Autorposition versuchen – nur so, nicht als quasi authentisches biographisches Fragment sollte man demnach Barthes, den Autor von »Der Tod des Autors«, lesen.[31] Es stimmt: In den späten sechziger Jahren hatte Barthes mit anderen zusammen im Lichte von Strukturalismus und Diskursanalyse nicht nur die Vorstellung einer Einheit des Subjekts verworfen, sondern auch bestritten, dass es möglich sei, im autobiographischen Sprechen und Schreiben ein wahres Bild seiner selbst zu zeichnen.[32] Selbst noch in den autobiographischen Schreibexperimenten von Barthes ist also ein Moment sowohl der eigenen Distanzierung von sich selbst als auch der Neutralität gegenüber den erzählten Dingen und Personen enthalten. Die Frage wäre hier dann aber immer noch, wie gut ihm die Umsetzung dieses literaturtheoretischen Programms bei *Begebenheiten* letzten Endes gelungen ist.

Wie lassen sich hier allzu vereinfachende moralische, politische und ästhetische Urteile vermeiden? Eine Möglichkeit bestünde darin, den postkolonialen Blick beizubehalten, aber genauer hinzusehen und zu differenzieren. In Rechnung stellen könnte man zum Beispiel, dass sich Barthes der Fallhöhe von allzu orientalistischen Phantasien und Mustern sicherlich bewusst war, dass er sie reflektierte und sie in die ästhetische Bearbeitung miteinbaute, indem er sie selbst zum Gegenstand seiner Auseinandersetzungen machte – davon zeugen viele seiner Schriften und Interviews zur kulturellen Ökonomie des Exotismus.[33] Barthes wusste auch, dass er mit seinen Aufenthalten in Marokko im Begriff war, eine lange Tradition der Orientreisen weiterzupflegen und in eine kompromittierende Rolle zu geraten. Die naive Unschuld und Herablassung, die andere Orientreisende vor ihm wie Stendhal, Flaubert, Loti und Gide gezeigt hatten, war jedoch für Barthes unmöglich geworden, moralisch wie sprachlich – ihn in denselben Topf zu werfen würde auch bedeuten, den historischen Unterschied zwischen einer kolonialen und postkolonialen Situation zu missachten. Man würde Barthes also nicht gerecht, wenn man ihn auf die Rolle des wollüstigen und ignoranten Intellektuellen aus dem Land der ehemaligen Kolonialherren reduzierte. Aus dem Umstand, dass er in Marokko vornehmlich junge Männer aufsuchte und sich in exotischen und sexuellen Phantasien erging, lässt sich jedenfalls nicht schließen, dass er auch kein allzu großes Problem mit dem Kolonialismus und der französischen Herrschaft in Nordafrika gehabt habe. Das Gegenteil war der Fall. Um das zu zeigen, ist es notwendig, den marokkanischen Schauplatz zu verlassen und einen Schritt zurück ins Paris der 1950er-Jahre zu gehen, wo Barthes während des Untergangs des französischen Kolonialreichs etwas andere Seiten zeigte.

Mythen des Kolonialismus

Barthes hatte sich bereits in den 1950er-Jahren ausgiebig und kritisch mit der Kolonialfrage beschäftigt. Zunächst als Augenzeuge in Alexandria, wo er sich mit der dort ansässigen französischen Kolonialclique herumschlagen musste. Dann als Zeitgenosse der großen Dekolonisierungen in Indochina und im Maghreb. Vor allem aber als ein brillanter Aufklärer und Kommentator eines tief in der französischen Gesellschaft verankerten kolonialen Gedankenguts. Besonders eindrücklich zeigt sich seine Kritik am Kolonialismus in den *Mythen des Alltags*, dem mit Abstand berühmtesten Werk von Barthes. Bei diesem 1957 erschienenen und schnell zum Kultklassiker avancierten Buch handelt es sich um eine Sammlung von insgesamt vierundfünfzig kleineren Artikeln, die Barthes zwischen 1954 und 1956 im Monatsrhythmus verfasste und in der Zeitschrift *Les Lettres nouvelles* veröffentlichte. Jeder dieser Essays enthält aus aktuellem Anlass entstandene Überlegungen zu ausgewählten Mythen des französischen Alltagslebens. Sie folgen alle dem groß angelegten Versuch einer Ideologie- und Sprachkritik der sogenannten Massenkultur, so wie sie sich in den Jahren des Wiederaufbaus und der *Trente Glorieuses* im Alltagsleben der Franzosen auszubreiten begann.

Die Mythen versteckten sich dabei in den unterschiedlichsten Phänomenen, sei es im Glücksversprechen der Waschmittelwerbung, im Sehnsuchtspotential von Pommes frites, in der Welt des Catchens oder in den göttlichen Qualitäten des Citroën DS. Barthes verfolgte mit seiner sarkastischen Gesellschaftsstudie dabei nicht so sehr das Ziel, die in diesen Phänomenen zum Ausdruck kommende Geschmacks- und Wertewelt des französischen Kleinbürgertums herabzusetzen, sondern vielmehr »en détail die Mystifikation deutlich zu machen, die die kleinbürgerliche Kultur in universelle Natur verwandelt«. Was man sich darunter genau vorstellen muss, wird in dem nach wie vor aktuell anmutenden Vorwort deutlich: »Ausgangspunkt dieser Überlegungen war zumeist ein Unbehagen an der ›Natürlichkeit‹, die von der Presse, von der Kunst, vom gesunden Menschenverstand ständig einer Wirklichkeit zugesprochen wird, die – auch wenn es unsere ist, in der wir leben – eine durchaus geschichtliche Wirklichkeit ist. Kurz, ich litt darunter, daß in der Erzählung unserer Gegenwart ständig Natur und Geschichte miteinander vertauscht werden, und ich wollte dem ideologischen Mißbrauch auf die Spur kommen, der sich nach meinem Gefühl in der dekorativen Darstellung des *Selbstverständlichen* verbirgt.«[34]

Wenn von den Mythen des Alltags die Rede ist, dann sind die einschlägigsten Nationalheiligtümer und Stereotype der französischen Kultur schnell zur Hand – Haute Cuisine, Tour de France, das Beefsteak. Was beim Blick in die vollständige französische Ausgabe der *Mythologies* aber wirklich überrascht, ist der hohe Anteil an Texten, in denen sich Barthes mit den zeitgenössischen Mystifizierungen des französischen Kolonialismus beschäftigt. Thematisiert werden etwa rassistische Afrika-Klischees in Boulevardzeitungen oder der farbenfrohe Exotismus eines Dokumentarfilms über Indonesien ebenso wie die kolonialen Dimensionen des Weinanbaus oder die Doppelmoral der französischen Kolonialarmee bei der Einberufung von Rekruten. Dass diese greifbare Präsenz des Kolonialen zumindest für weite Teile der deutschen Leserschaft verblüffend sein mag, hat in diesem Fall auch einen editionsgeschichtlichen Hintergrund.[35] So sind in den deutschen Ausgaben, die bis vor wenigen Jahren stets in gekürzten Fassungen erschienen, viele der kolonialismusbezogenen Artikel der Kürzung zum Opfer gefallen, was einen entscheidenden Effekt auf die deutschsprachige Rezeption von Barthes hatte, weil die kolonialen Referenzen darin in der Folge jahrzehntelang übersehen wurden.

Dabei ist es bei näherer Betrachtung eigentlich ganz naheliegend, dass das Buch so viele thematische Bezüge zum Kolonialismus besitzt. Das verdankt sich zunächst einer historischen Koinzidenz. Denn die zwischen 1954 und 1956 entstandenen Artikel von Barthes fielen unmittelbar in die turbulenteste Zeit der französischen Dekolonisierung: Im November 1954 verlor Frankreich die entscheidende Schlacht von Diên Biên Phu und damit Indochina (die heutigen Länder Vietnam, Laos und Kambodscha). 1956 erlangten die Protektorate Marokko und Tunesien ihre Unabhängigkeit. Und der 1954 beginnende Konflikt in Algerien entwickelte sich genau in den zwei besagten Jahren erst zu einem richtigen Krieg, der allerdings nie öffentlich diese Bezeichnung erhielt – eine Verschleierungstaktik, die Barthes ebenfalls in seine *Mythologies* aufnahm. Die öffentlich virulente Kolonialfrage der 1950er-Jahre passte auch konzeptionell gut in das von Barthes in Angriff genommene Projekt der Entmystifizierung. Denn der Kolonialismus vereinte genau jene kollektiven Überzeugungen und Meinungen in sich, die von der französischen Gesellschaft unhinterfragt als normal und selbstverständlich angenommen wurden. Es schien nur konsequent zu sein, die massentaugliche Sprache, Kultur und Ideologie im Alltagsleben gerade entlang von Kolonialdiskursen zu dechiffrieren.

Ein anschauliches Beispiel hierfür bietet der Artikel »Afrikanische Grammatik«, der »das offizielle Vokabular der Afrikapolitik« thematisiert.[36] Barthes untersucht darin anhand von Schlüsselwörtern, wie die französische Politik das Verhältnis Frankreichs zu Afrika und den dortigen Kolonien und Protektoraten sprachlich bestimmt. Als Quelle dienen ihm in der Presse getätigte Aussagen französischer Amts- und Würdenträger. Die Diskurszitate sind vor allem dem Kontext der französisch-marokkanischen Beziehungen entnommen, weshalb der Artikel in seiner ursprünglichen Zeitschriftenfassung von 1955 auch »grammaire marocaine« hieß, bevor er in der französischen Buchausgabe die Erweiterung auf den afrikanischen Kontinent erhielt.[37] In den frühen deutschen Buchfassungen tauchte »Afrikanische Grammatik« nicht auf. Dabei handelt es sich um einen wichtigen Text innerhalb der *Mythen des Alltags*. Fast keinem anderen Artikel räumt Barthes darin so viel Platz ein wie diesem. Als Zeichentheoretiker interessiert ihn vor allem die Art und Weise, wie und mit welcher Funktion im politischen Diskurs über Afrika gesprochen wird. Das verwendete Vokabular habe, so Barthes, keinen Informations-, sondern einen Einschüchterungswert. Es handle sich um eine »kosmetische Schreibweise«, die eine zynische Realität mit einer vornehmen Moral absichern möchte und die darauf abziele, »die Tatsachen unter sprachlichem Geräusch zu verdecken«.[38]

Um diesen Vorgang der Verschleierung einer zutiefst kolonialen Wirklichkeit aufzudecken, entschlüsselt Barthes die hinter den Sätzen verborgene Ideologie, das Phrasenhafte bestimmter Begriffe wie »Krieg«, »Bevölkerung«, »Mission« oder »Schicksal«. »Krieg« zum Beispiel zielt laut Barthes darauf ab, die Sache selbst zu leugnen, indem man sie entweder so selten wie möglich erwähnt oder von ihrem Gegenteil, von »Befriedung« spricht. »Bevölkerung« wiederum sei ein Lieblingswort des bürgerlichen Vokabulars, das als Gegengift zum allzu politisierten Begriff der »Klasse« diene. Hervorgehoben werde der Begriff im Allgemeinen durch seinen Plural: »die *muselmanischen Bevölkerungen*, was zwangsläufig einen Reifeunterschied zwischen der Einheit des Mutterlandes und der Vielheit der Kolonisierten andeutet. Frankreich *versammelt* unter sich, was von Natur aus unterschiedlich und zahlreich ist.«[39] Dass gerade Substantive im Sprachgebrauch der Politik dominieren, hat für Barthes einen Grund. Die Kodifizierung der offiziellen Sprache und ihre Substantivierung gehen Hand in Hand. Der Mythos, so heißt es bei Barthes, »ist zutiefst nominal, insofern gerade die Nomination die erste Technik der Verdeckung ist«. Barthes bezeichnet diese Substantive im grammatikalischen Sinne als *assiette notoire*, womit gemeint ist, dass die Substanz des Nomens schon immer als bekannt vorgesetzt wird. »Wir befinden uns hier im Herzen der Mythenbildung: Weil *die* Mission Frankreichs, *die* Zerrissenheit des marokkanischen Volkes oder *das* Schicksal Algeriens grammatisch als Postulate eingeführt werden (eine Eigenschaft, die ihnen allgemein durch die Verwendung des bestimmten Artikels verliehen wird), können wir sie diskursiv nicht in Frage stellen […]. Die Setzung als *notorisch* ist die erste Form der Naturalisierung.«[40]

Auch im Mythos »Wein und Milch« tritt Barthes dem scheinbar Selbstverständlichen kritisch und mit einer ordentlichen Portion

Sarkasmus entgegen. In diesem Artikel beschreibt er zunächst, inwiefern das Weintrinken als ureigenes Gut der französischen Nation zur Staatsräson gehöre, wie es als Teil der Folklore eine kollektive Pflicht des Dazugehörens bündle und noch die kleinsten Zeremonien des Alltags schmücke. Umso eindringlicher erinnert er gegen Ende des Artikels seine Leserinnen und Leser daran, dass der Wein als »liebenswerter Mythos« dennoch nicht »unschuldig« sei. Es handle sich nämlich um ein Produkt von kapitalistischer Ausbeutung und vor allem kolonialer Enteignung. In den 1950er-Jahren stammte ein Großteil des französischen *Vin ordinaire* aus Algerien. Wer in Frankreich Tafelwein trank, hatte es meistens mit einem algerischen Produkt zu tun. Der in großem Maßstab von Franzosen betriebene Weinanbau (Wein machte vier Fünftel des algerischen Exports aus) basierte auf massiven Bodenenteignungen der algerischen Landbevölkerung, die auf diesen Feldern Getreide für den lokalen Markt angebaut hatte. Man stahl also nicht nur Land: Indem man dort Weinstöcke pflanzte, beraubte man die algerische Bevölkerung einer ihrer Hauptnahrungsressourcen und produzierte noch dazu ein Getränk, das von den Algeriern nur wenig konsumiert wurde. »Der Weinbau der großen algerischen Siedler«, so Barthes, zwinge »dem Moslem auf dem Boden, den man ihm weggenommen hat, eine Kultur auf, mit der er nichts zu tun hat, er, dem es an Brot fehlt«.[41] In der Realität und Mythologie des französischen Weins war also ein gutes Stück Kolonialgeschichte enthalten – und Barthes legte diesen im Alltag oft verdeckten kolonialen Kontext mit nur wenigen Sätzen frei.

Der Kolonialismus ist allgegenwärtig in den *Mythologies*. Viele seiner Artikel enthalten explizite antikolonialistische Stellungnahmen. Sie denunzieren die repressive Ideologie der kolonialen Diskurse, demontieren die scheinheilige Rhetorik der französischen Politik und prangern die koloniale Formatierung der bestehenden gesellschaftlichen Verhältnisse an. Selbst in dem theoretischen Abschnitt »Der Mythos heute«, den Barthes seinen vierundfünfzig Etüden als separaten zweiten Teil des Buchs hinzufügt und in dem er ein umfassendes zeichentheoretisches Programm vorlegt, lassen sich Auseinandersetzungen mit der kolonialen Bilder- und Mythenwelt der 1950er-Jahre finden. So beschreibt Barthes hier an einer Stelle, die speziell den »rechten Mythos« behandelt, welche fundamentale Rolle der Exotismus als ideologisches Hilfsmittel bei der Konstruktion von und Identifizierung mit nationalen Mythen spielt. Der Exotismus ist ein Schlüsselphänomen in Barthes' Mythenanalyse. Seine soziale Funktion besteht darin, die Verlusterfahrung des Empire zu kompensieren, die koloniale und rassistische Unterdrückung zu kaschieren, jede geschichtliche Situierung zu leugnen und dem Fremden letztlich seine Geschichte zu rauben. »Der Kleinbürger ist ein Mensch, der unfähig ist, sich den Anderen (das Andere) vorzustellen«, heißt es dort unmissverständlich. Im Exotismus werde, so Barthes weiter, »der Andere zum reinen Objekt, zum Spektakel, zur Kuriosität« und »an den äußersten Rand der Menschheit versetzt«.[42]

Die wohl eindrücklichste Reflexion von Barthes über Frankreichs Verhältnis zu seinem kolonialen Imperium befindet sich ebenfalls im Theorie-Abschnitt. Es ist die berühmte strukturalistische Bildanalyse eines Titelcovers der französischen Boulevardgazette *Paris Match*, das einen salutierenden schwarzen Jungen in Soldatenuniform zeigt. An diesem Bild illustriert Barthes nicht nur seine Thesen zum Mythos als semiologisches System, sondern auch seine spezielle Herangehensweise als Mythologe des Alltags. Barthes ist nämlich sehr darauf bedacht, zunächst die alltägliche Beiläufigkeit der Szene zu betonen, wenn er schreibt, dass ihm das besagte Heft der *Paris Match* beim Friseur gereicht wird. Den ideologischen Gehalt des Bildes beschreibt er dann wie folgt: »Doch naiv oder nicht, ich sehe wohl, was es mir bedeutet: daß Frankreich ein großes Imperium ist, daß seine Söhne, ungeachtet der Hautfarbe, treu unter seiner Fahne dienen und daß es keine bessere Antwort auf die Gegner eines angeblichen Kolonialismus gibt als den Eifer, mit dem dieser Schwarze seinen angeblichen Unterdrückern dient.«[43] Im Bild des vor der französischen Fahne salutierenden schwarzen Jungen existiert der Mythos demnach von dem Moment an, da Frankreich als Imperium als etwas »Natürliches« erscheint. Gleichzeitig ist diese lockere Bildbeschreibung bereits ein wichtiger Teil der einsetzenden Entmystifizierung, wie Samoyault betont: »Sobald das Bild als Alibi für den Kolonialismus erkannt bzw. enthüllt wird, zerstört es sich selbst. Die Methode ist äußerst wirkungsvoll, da sie in einem einzigen Vorgang beide Diskurse darstellt und dem Leser das Gefühl gibt, am Aufklärungsprozess beteiligt zu sein.«[44] In dieser spielerischen Aufklärung liegt auch der politische Kern des ganzen Mythologie-Projekts. Es geht Barthes um Bewusstmachung, Enthüllung und um den Zeichensturm, die Semioklastik. Der Kolonialismus mochte nur schwer zu schlagen und bei weitem kein Mythos sein, aber er war definitiv eine riesige Mythenmaschine, die es zu knacken und zu zerstören galt.

Auf den letzten Seiten seines Buches schreibt Barthes allerdings auch über die Grenzen der mythologischen Arbeit und verliert »noch ein paar Worte über den Mythologen selbst«. Barthes ist in dieser Passage sehr darum bemüht, den Mythologen als eine außerhalb der Gesellschaft stehende Figur darzustellen, die »zur Metasprache verurteilt« ist. Gleichzeitig lässt er erkennen, dass diese exzentrische Position ihre Grenzen habe. Ständig laufe der Mythologe Gefahr, entweder »immer exzessiv vom Realen zu sprechen« oder »das Reale, das er zu schützen behauptet, zum Verschwinden zu bringen«: »Der Wein ist *objektiv* gut, und gleichzeitig ist die Güte des Weins ein Mythos. Darin liegt die Aporie.« Der Mythologe versucht zwar, »so gut er kann«, aus der Aporie herauszukommen, aber letztlich bleibt auch er ein Gefangener der ihn umgebenden Gesellschaft und Mythenwelt. Er wird sich zwangsläufig weiterhin dabei ertappen, wie er den »objektiv guten Wein« genießt, die Boulevardzeitschrift beim Friseur liest oder vom nächsten Urlaub in der Ferne träumt.[45]

Als Barthes 1956 diese Zeilen für die Buchveröffentlichung von *Mythen des Alltags* schrieb, war Marokko noch ein relativ unbekanntes Land für ihn. Erst in den frühen 1960er-Jahren entdeckte er es für sich und lernte es lieben. Es wurde ein Ort der Erholung, der Freuden und schließlich auch der bestmögliche Schauplatz, um sich zum Romancier zu phantasieren. Aber war Marokko nicht auch ein exotischer und fast schon mythischer Ort, an dem für Barthes der und das Andere mitunter zum »reinen Objekt, zum Spektakel, zur Kuriosität« wurde? Unterschied sich Barthes' affektives Verhältnis zum Land tatsächlich so stark von jenen Attributen des Kleinbürgertums und dessen attestierter Unfähigkeit, sich den Anderen vorzustellen? Ob Barthes mit seinem antikolonialistischen Mythologie-Projekt dem Vorwurf des Exotismus, den er sich in Marokko einhandelt, tatsächlich entgeht, sei jedenfalls dahingestellt. Es bleibt weiterhin eine gewisse Dissonanz bestehen zwischen seinen kritischen Einwürfen der 1950er-Jahre und seinen Marokko-Aufenthalten und -Texten der 1960er- und 1970er-Jahre. Eine Dissonanz, die sich nicht komplett auflösen lässt durch Hinweise auf die zwei unterschiedlichen historischen Kontexte oder auf die allzu menschlichen Widersprüche im Leben und Werk eines Intellektuellen. Was jedoch auch zu beachten ist: Den Vorarbeiten und Textfragmenten wie etwa *Begebenheiten* nach zu urteilen, kann man mit einiger Wahrscheinlichkeit sagen, dass es Barthes in seinem autobiographischen Romanprojekt *Vita Nova* unter anderem genau um die Erzählung dieser marokkanischen Episoden mit all ihren inhärenten Widersprüchen gehen sollte. Es blieb nur bei der Erleuchtung.

MICHEИ FOUCAULT

4. Genießen und schweigen
Michel Foucault

Wenige Kilometer nördlich von Tunis befindet sich ein Küstendörfchen mit dem wohlklingenden Namen Sidi Bou Saïd. Es thront auf dem Felsen von Karthago, der sich an der nordwestlichen Spitze des Golfs von Tunis erhebt und einen weiten Blick aufs Mittelmeer bietet. Der Ort besteht aus wenigen winkligen Gassen, von denen die meisten steil hinunter an den Strand und an den Hafen führen. Sidi Bou Saïd ist bekannt für seine im kubischen Stil gebauten weißen Villen mit blauen Fenstern und Türen. Man wähnt sich bei diesem Anblick in Andalusien oder auf den Kykladen, und das nicht ohne Grund: 1912 ließ sich hier ein britisch-französischer Baron nieder, der das Dorf im andalusisch-griechischen Stilmix restaurieren ließ. Ursprünglich ein Pilgerdorf aus der osmanischen Zeit, wurde Sidi Bou Saïd zu einer Künstlerkolonie für Maler wie Paul Klee und August Macke, später auch ein beliebtes Domizil für die französische Kolonialelite, die sich während des Protektorats (1881–1956) im Land aufhielt. Auch nach Tunesiens Unabhängigkeit im Jahr 1956 behielt es seinen exklusiven Charakter – vor allem die im Land weiterhin ansässigen Auslandsfranzosen ließen es sich hier gut gehen. Noch heute ist Sidi Bou Saïd ein mondäner Badeort für Sommerfrischler und Tagesausflügler aus Tunis und anderswo. Wer durch seine Gassen geht, bekommt leicht den Eindruck, dass den alten Platz der Kolonialherren nun reiche Tunesier und westliche Touristen eingenommen haben.

Der Philosoph Michel Foucault lebte zwei Jahre in Sidi Bou Saïd. Von 1966 bis 1968 bewohnte er nacheinander drei dieser weiß-blauen Villen, die den Blick freigeben auf das weite Meer – er habe »ein direktes, absolutes, von Zivilisation freies Verhältnis zum Meer«

gesucht, schrieb er nach Paris.[1] Es waren keine unbedeutenden Jahre in Foucaults Leben: 1966 war sein Buch *Die Ordnung der Dinge* erschienen, das ihn schlagartig berühmt gemacht und in den Olymp der Pariser Star-Intellektuellen gehoben hatte. In Tunesien konnte er den Medienrummel, der um ihn gemacht wurde, aus der Distanz genießen: Er hatte an der Universität von Tunis erstmals in seiner Karriere eine Stelle als Philosophieprofessor angenommen (davor war er im Fach Psychologie angestellt). Hier in Sidi Bou Saïd begann und beendete Foucault die Arbeit an *Die Archäologie des Wissens.* Von hier aus verfolgte er schließlich auch den Pariser Mai 68.

Sidi Bou Saïd bot Foucault aber auch die Kulisse für zahlreiche mehr oder weniger extravagante Selbstbeschäftigungen. Sein Lebensgefährte Daniel Defert erinnert sich, dass Foucault hier einen neuen Lebensstil entwickelte: »Er eiferte Nietzsche nach und nahm sich vor, jeden Tag etwas griechischer, sportlicher, sonnengebräunter, asketischer zu werden.«[2] Zu diesem neuen Lebensstil gehörte neben täglichen Strandspaziergängen und nacktem Sonnenbaden auch das Ritual, jeden Morgen den Schädel zu rasieren – der berühmte Foucault-Look, den man seither von so vielen Fotografien kennt, entstand also hier. Foucault erklärte diesen Entschluss damit, dass dieses Ritual ihn davon befreie, sich Gedanken über Haarausfall zu machen.[3] Wenn man der Biographie von David Macey Glauben schenken darf, dann stand Foucault in Sidi Bou Saïd eine reiche Palette an Vergnügungen zur Verfügung: vom heimischen Cannabis, dem Kif, das einfach zu beschaffen und von guter Qualität war, über hochprozentigen Alkohol, den Foucault maßvoller als sonst konsumierte, bis hin zu den leicht arrangierbaren sexuellen Begegnungen mit jungen tunesischen Männern. Das Vergnügen, so Macey, sei für Foucault nicht mehr länger eine Frage von Frivolität oder potentieller Selbstzerstörung gewesen. Es wurde zum Teil einer disziplinierten Ästhetik der Existenz.[4] In anderen Worten: Genuss ohne Reue.

Müssen wir uns Foucault in Tunesien also als einen glücklichen Menschen vorstellen? Das suggerieren jedenfalls die zahlreichen

Weggefährten und Biographen des französischen Philosophen. Sie berichten fast alle von einem lange Zeit psychisch instabilen und mit sich selbst hadernden Foucault, der nach langjährigen Aufenthalten im kühlen europäischen Norden (Warschau, Uppsala, Hamburg) und in der tiefen französischen Provinz (Clermont-Ferrand) endlich die Wonnen des Südens und des Lebens für sich entdeckt.

Die wohl eindrücklichste Beschreibung von Foucaults Geisteszustand während seiner Jahre in Sidi Bou Saïd stammt von Jean Daniel, dem Gründer der französischen Wochenzeitschrift *Le Nouvel Observateur*, der Foucault hier kennenlernte: »In diesem Dorf, in dem er glücklich war, kannte jedermann ihn wegen seiner Gewohnheit, vom frühen Morgen an vor den Fenstern seiner Villa, die auf die Bucht hinausführten, zu arbeiten, und wegen seiner Versessenheit darauf, im Sonnenlicht zu lieben und zu leben. Er war auf höchst diskrete Weise homosexuell. Ohne die Gerüchte der kleinen Taugenichtse im

Blick vom Palast Dar Zarrouk, Sidi Bou Saïd/Tunesien.

Dorf hätte es niemand vermutet. In jedem Fall hätte es für niemanden in dieser freien Gesellschaft etwas geändert. Bei jeder meiner Reisen holte ich ihn zu einem Spaziergang ab, den er lang, rasch und nervös liebte. Er bat mich in ein Zimmer, das sorgfältig kühl und dunkel gehalten wurde und in dessen Hintergrund er eine Art großer, erhöhter Platte hatte, auf die er die Matte legte, die ihm als Bett diente, eine Matte, die er, wie die Araber und die Japaner, tagsüber zusammenrollte. Sein Mönchsschädel, dieses berühmte mandarinhafte Lachen, das ihm buchstäblich durchs Gesicht schnitt, sein vernichtender Blick, selbst wenn er zärtlich sein wollte, sein ebenso aufmerksames wie zeremonielles Verhalten – all das deutete für mich damals auf eine innere Auseinandersetzung zwischen einer heftigen Versuchung zur Wollust und dem offensichtlichen Willen, diese Versuchung einzudämmen und sie in eine Methode der Askese oder eine konzeptionelle Übung umzuwandeln. Ich gehörte später zu denen, die nicht überrascht waren von seinem Wunsch, eine Philosophie der verschiedenen Geschichten der Sexualität zu schreiben.«[5]

Foucault lieferte dem Bild eines sonnenhungrigen Glückssuchers, der wie nebenbei politisch wird, selbst gehörig Vorschub, als er im Interview mit der tunesischen Tageszeitung *La Presse de Tunisie* im April 1967 das einzige Mal öffentlich Auskunft über die Beweggründe seines Aufenthalts im Land gab. Auf die Frage, was er über Tunesien denke, antwortete er: »Ich bin wegen des mythischen Bildes gekommen, das alle Europäer sich gerade von Tunesien machen: Sonne, Meer, die große Trockenheit Afrikas, kurz, ich habe eine Oase des Friedens ohne Askese gesucht.« Das muss man sicherlich auch als ein selbstironisches Spiel mit Exotismus auffassen. Ob er sein persönliches Theben wirklich gefunden hatte, ließ er jedenfalls offen – er beendete die begonnene Rede von der Suchbewegung mit der Pointe, dass er überraschenderweise »tunesische Studenten mit ernster Leidenschaft und unstillbarem Wissensdurst« gefunden habe, was etwas abgedroschen klang, aber vielleicht auch eine höfliche Art war, auf die Situation der revoltierenden Studierenden in Tunis aufmerksam zu machen.[6]

Das tunesische Blatt hingegen erhoffte sich von dem Philosophen mehr über die allerletzte Neuheit aus Paris zu erfahren, den Strukturalismus. Kurz vor Foucaults Abreise war es zum Eklat mit Jean-Paul Sartre gekommen, der Foucault als »Bollwerk der Bourgeoisie« bezeichnet und ihn damit an die vorderste Front der Diskussionen um den Strukturalismus gehievt hatte.[7] Der gab sich nun alle Mühe, seine Rolle im Streit herunterzuspielen. Als der Interviewer in ihm einen »Hohepriester des Strukturalismus« sehen wollte, erwiderte Foucault, er sei »allenfalls der Chorknabe«: »Sagen wir, ich habe die Schelle geläutet, die Gläubigen knien nieder, die Ungläubigen sind in Geschrei ausgebrochen. Aber die Messe hat schon vor langer Zeit begonnen. Das wahre Mysterium habe ich nicht vollzogen. Ich bin nur ein unschuldiger Beobachter in weißem Chorhemd, so sehe ich die Dinge.«[8] Foucaults bescheidenes Auftreten hat die Zeitung wohl nur teilweise überzeugt. Sie beschrieb ihn im Aufmacher als jemanden, der im gut geschnittenen beigen Anzug und mit schwarzer Aktentasche »wie ein junger Staatsbeamter« aussah, der »eine glänzende Zukunft vor sich« habe.[9]

Foucaults Interview mit *La Presse de Tunisie* blieb die einzige öffentliche Stellungnahme zu Tunesien während seines gesamten Aufenthalts. Diese geringe Ausbeute ist erstaunlich, wenn man bedenkt, dass Foucault hier immerhin zwei Jahre lebte und sich in diesem Zeitraum sonst nicht zu schade war, zahlreiche Interviews zu allen möglichen Themen zu geben. Auch später sollte er sich (mit einer kleinen Ausnahme, auf die ich später zurückkomme) nicht weiter zu Tunesien äußern, ebenso wenig zu den neokolonialen Lebensbedingungen seines Aufenthalts, geschweige denn zur blutigen Geschichte der französischen Kolonialherrschaft in Nordafrika. Das Thema des Kolonialismus wie auch des Neokolonialismus bleibt eine eklatante Leerstelle in Foucaults Werk.

In diesem Schweigen liegt das eigentliche Problem begraben. Es ist nicht weiter überraschend, wenn die zwei Spuren, die Foucault im Interview legte – sein exotisches Bild von Tunesien und seine

Begeisterung für die tunesischen Studierenden – so prominent in den Biographien und Erzählungen auftauchen und in Ermangelung anderer Hinweise ausgeschlachtet werden. Problematisch ist vielmehr, dass das Schweigen als solches unhinterfragt übernommen wird; dass die historische Auseinandersetzung mit den neokolonial gefärbten Umständen von Foucaults Aufenthalt so radikal ausbleibt; dass nicht nach den Implikationen für sein Denken gefragt wird. Warum haben es die zahlreichen Foucault-Aficionados versäumt, Foucaults Schweigen und damit auch die sensible Frage des Kolonialismus zu thematisieren? Lag es an den eigenen kolonialen Klischees und Phantasien, in denen Tunesien wie ein verlängerter Arm von Südfrankreich erscheint? Am allgemeinen blinden kolonialen Fleck in der französischen Gesellschaft, der unter anderem dafür sorgt, dass weiterhin bestehende Machtasymmetrien zwischen der alten Kolonialmacht und dem unabhängig gewordenen Staat nicht gesehen werden? Oder passte die Figur des neokolonialen Dandys einfach nicht so recht ins Bild vom Starphilosophen? Über das Schweigen lässt sich zugegebenermaßen nur schwer sprechen. Es aber zu unterschlagen ist in diesem Fall mehr als fahrlässig.

Einsatzpunkte, an denen sich Foucaults Lebens- und Arbeitsumstände in Tunesien etwas weniger weichgespült und deutlich unvoreingenommener betrachten lassen, gibt es eigentlich zur Genüge. Das fängt bereits mit den Umständen seiner Entscheidung für Tunis an. Der Wunsch, erneut ins Ausland zu gehen, kam nur auf, weil die lang ersehnte Stelle an der Pariser Sorbonne ausblieb – Foucaults Briefen aus Tunesien lässt sich übrigens entnehmen, dass er dort viel Zeit damit verbrachte, an der ins Stocken geratenen Karriere in Paris zu basteln.[10] Und eigentlich wollte Foucault viel lieber in den Kongo. Er hatte seinen Kontakt im Außenministerium, Jean Sirinelli, gebeten, ihm einen Posten an der Universität von Kinshasa zu verschaffen. Sirinelli, ein Freund aus alten ENS-Zeiten und im Ministerium Leiter der Abteilung für Unterrichtswesen im Ausland, riet Foucault eindringlich davon ab. Grund dafür waren einerseits Sicherheitsbedenken

(Mobutu hatte sich vor kurzem sehr blutig an die Macht geputscht), andererseits die Sorge, dass Foucault dort etwas fehl am Platz gewesen wäre, da die Universität noch immer in der Hand von belgischen Professoren aus der jüngsten Kolonialzeit war.[11] Erst nach der endgültigen Aufgabe des Kinshasa-Plans entschied sich Foucault für eine Bewerbung auf die frei werdende Stelle als Philosophieprofessor an der Universität von Tunis, die ihm von einigen dort vormals tätigen französischen Philosophen empfohlen wurde.[12] Foucault kannte das Land und Nordafrika von früheren Besuchen und Vergnügungsreisen, die er wahlweise mit Daniel Defert und Roland Barthes unternommen hatte.[13] Tunesien schien auch eine pragmatische Lösung zu sein: relativ nah zu Frankreich und doch fern genug.

Ob Kinshasa oder Tunis – Hauptsache Afrika? Allzu exotisch dürfte das Leben für Foucault in Sidi Bou Saïd nicht gewesen sein. In dem Küstendörfchen hatte sich eine *expatriate community* von Franzosen gebildet, die abseits von Tunis ein bohemienhaftes Leben führten. Man war unter sich und man blieb es auch. Dazu passt, dass fast alle nennenswerten Bekanntschaften, die Foucault in Sidi Bou Saïd machte, entweder an der Universität von Tunis tätige französische Wissenschaftler oder aber Pariser Intellektuelle auf Reisen waren. Jean Daniel beschreibt dieses Milieu als eine »freie Gesellschaft«, in der die Konsumgewohnheiten und sexuellen Orientierungen eines Einzelnen niemanden kümmerten – man müsste hinzufügen, dass sich diese Freiheit allein auf die Europäer beschränkte.[14] Foucault konnte seinen neuen Lebensstil, der nicht nur den kontrollierten Genuss von Feigen und Minztee, sondern auch die freie Verfügbarkeit von Sex und Drogen beinhaltete, also auch dank dieses Privilegs und vielleicht auch nur in diesem besonderen Milieu entwickeln.

Der neue Lebensstil nahm mitunter karikaturhafte Züge eines schlechten französischen Kolonialfilms an – etwa, wenn sich Foucault ein weißes Cabriolet, einen Peugeot 404, zulegte, um schnell nach Tunis rasen zu können; wenn der Soziologe Jean Duvignaud Foucault an Ostern 1968 zu Hause antraf, wie dieser inmitten einer Horde tunesischer Kinder in Ruhe Feuerbach las; wenn die Publizistin Catherine von Bülow bei einem Strandspaziergang in Foucault »die verblüffende Gestalt eines Europäers, der ganz in Weiß gekleidet war«, wahrnahm; wenn bei einem der regelmäßigen Abendessen im französischen Bekanntenkreis über »den Islam« geredet wurde, Foucault dazu schwieg und ihm anschließend, auf den Abend angesprochen, nichts anderes einfiel, als über die »Archäologie des Abendessens« zu sinnieren, womit er mehr das häusliche Interieur seiner Gastgeber und weniger die stereotypen Vorstellungen der anwesenden Tischgesellschaft meinte.[15]

Auch an der Universität von Tunis bewegte sich Foucault innerhalb einer französischen Blase. Er war Teil des französischen Lehrkörpers, deren Mitglieder sämtlich von der Regierung in Paris entsandt wurden, doppelte Gehälter bezogen und im Rahmen eines Bildungsabkommens zwischen Tunesien und Frankreich tätig waren. Foucault unterrichtete vor allem in Philosophie und Kunstgeschichte, darunter Kurse zu Descartes, Nietzsche, Husserl und zur Kunstgeschichte der Renaissance. Er hielt auch öffentliche Vorträge, etwa zu »Der Mensch im modernen abendländischen Denken«, »Wahnsinn und Gesellschaft« oder »Die Malerei von Manet«, die teilweise im *Club Tahar Hadad* stattfanden, einem Kulturzentrum, dessen Publikum aus Studierenden und der frankophonen Bildungselite Tunesiens bestand. An den einzelnen Titeln dieser Veranstaltungen, die durchaus gut besucht waren, lässt sich bereits erahnen, dass Foucault in Tunis ein klassisches Repertoire des westlichen Denkens ablieferte.

Michel Foucault in Tunesien.

Vielen Studierenden galt Foucault im Laufe der Zeit dann auch »als zu westlich, um die Tunesier zu verstehen«.[16]

Müsste man hier Maßstäbe der interkulturellen Kompetenz anlegen, so würde Foucault wahrscheinlich durchfallen. Nach allem, was sich rekonstruieren lässt, muss man vermuten, dass er sich wenig für Land und Leute interessierte. Er lernte weder die arabische Sprache, noch knüpfte er nennenswerte Kontakte zu Tunesiern – wenn man einmal von den namenlos bleibenden Sexpartnern absieht und auch von Jalila Hafsia, der Leiterin des *Club Tahar Hadad*, die sich hoffnungslos in Foucault verliebte, wie sie später gestand.[17] Das Einzige, was Foucault über Tunesien zu sagen wusste, war ausgerechnet eine europäische Referenz: »Ein Land, das von der Geschichte gesegnet ist und, weil es Hannibal und den Heiligen Augustinus hervorgebracht hat, das ewige Leben verdient«, sagte er zu Hafsia beim Besuch der Ruinen von Karthago, der berühmten archäologischen Ausgrabungsstätte in der Bucht von Tunis.[18] Immerhin: Foucault reiste ausgiebig. Was ihn jedoch spätestens nach Gustave Flaubert sehr verdächtig machte. Der Schriftsteller, selbst ein passionierter Orientreisender, hat in seinem *Wörterbuch der Gemeinplätze* eine spöttische, aber treffende Definition für einen Orientalisten parat: »Jemand, der viel gereist ist.«[19]

Der Theoretiker des Club Méd

Eine intensive Selbstbeschäftigung in exklusivem Milieu, gepaart mit einem Desinteresse gegenüber der tunesischen Kultur und Geschichte – das sind zwei Faktoren, die zunächst wenig Anlass zur Hoffnung geben, dass der Aufenthalt in dem fremden Land Spuren in Foucaults Werk hinterließ. Wurde sein Denken überhaupt beeinflusst durch die tunesische Umgebung? Was man mit Sicherheit sagen kann, ist, dass Sidi Bou Saïd komfortable Arbeitsbedingungen bot. Und eine imposante Kulisse für intellektuelle Schlüsselerfahrungen abgab. So lässt sich zumindest die überschwängliche Nachricht verstehen, die

Foucault am 16. Dezember 1966 nach Paris an Defert schickte: »Ich habe gestern, heute morgen, in diesem Augenblick die Definition des Diskurses gefunden, die ich seit Jahren brauche.«[20] Die Szene passt – genau wie Barthes' marokkanische Epiphanie von 1978 – bestens in die Anekdotensammlung »Europäische Intellektuelle und ihre Heureka-Momente im Orient«. Aber gibt es jenseits dieser im Fall von Foucault nur wenig aufschlussreichen Szene Stellen in seinem Werk, an denen sich eine wie auch immer geartete tunesische Erfahrung in Theorie niederschlägt?

In *Die Archäologie des Wissens*, das Foucault in Sidi Bou Saïd schrieb, finden sich jedenfalls keine expliziten Tunesien-Bezüge. In dem Buch Auseinandersetzungen mit dem Ort seines Entstehens zu erwarten wäre aber auch etwas zu viel verlangt. Denn bei der *Archäologie* handelt es sich um ein Methodenbuch, in dem grundsätzliche Fragen wie »Was ist ein Diskurs?« oder »Was ist eine Aussage?« diskutiert werden. Aussagen zu Tunesien wären hier fehl am Platz. Der Text liest sich eher wie ein groß angelegter Versuch, sich über das bisherige Werk, das bis dahin vor allem aus *Wahnsinn und Gesellschaft*, *Die Geburt der Klinik* und *Die Ordnung der Dinge* bestand, methodologische Klarheit zu verschaffen und gleichzeitig der wachsenden Leserschaft und vielleicht auch sich selbst einen Hauch von Systematik zu liefern. Hier entwickelt Foucault sein Verständnis von Konzepten wie Diskursanalyse, Archäologie oder Wissensgeschichte, die in der Folge eine bemerkenswerte Karriere in den Geistes- und Sozialwissenschaften machten.

Dass ein so bedeutendes Buch der westlichen akademischen Welt in Nordafrika geschrieben wurde, merkt man ihm also nicht an. Weiß man jedoch von Foucaults Lebensstil in Sidi Bou Saïd, dann sticht gerade der Kontrast zwischen den strengen, farblosen Sätzen der *Archäologie* und der zumindest für Foucault üppigen, farbenfrohen Umgebung ins Auge. In puncto Begehren herrscht rigorose Arbeitsteilung: Die Lust am Körper und an den Vergnügungen des Lebens, die Foucault in Sidi Bou Saïd entdeckt, scheint keine neue Lust am

Text entfacht zu haben. Die Arbeit am Text wird für Foucault weitaus stärker als in den vorhergehenden Büchern Teil der asketischen Strenge. Während man zum Beispiel in den Texten von Foucaults damaligem Lieblingsautor Nietzsche den Engadin förmlich riechen und sehen kann, ist alles Sinnliche und Räumliche in der *Archäologie* geradezu aus dem Text verbannt – es lebt allenfalls in Form von räumlichen Metaphern weiter, von denen es im Buch nur so wimmelt. Dasselbe Verbannungsprinzip gilt auch für viele ideologische Formen des Subjektiv-Persönlichen und der Autorschaft, die Foucault mit subjektkritischer Programmatik attackiert – etwa, wenn er am Ende der Einleitung seine Verweigerungshaltung mit folgenden berühmt gewordenen Worten ausdrückt: »Man frage mich nicht, wer ich bin, und man sage mir nicht, ich solle der gleiche bleiben: das ist eine Moral des Personenstandes; sie beherrscht unsere Papiere. Sie soll uns frei lassen, wenn es sich darum handelt, zu schreiben.«[21]

In die Zeit des Tunesienaufenthalts fällt auch Foucaults berühmter Vortrag zu den »Heterotopien«, der einen klaren Einschlag seines Entstehungsorts aufweist. Es ist bezeichnenderweise eine Auseinandersetzung mit Räumen, innerhalb derer Foucaults persönliche Erfahrung der tunesischen Umgebung sowie ihr Niederschlag in Theorie am sichtbarsten werden. Foucault hält den Vortrag zuerst im Dezember 1966 für den Radiosender *France Culture* und dann ein zweites Mal in leicht abgewandelter Form vor Pariser Architekten im März 1967.[22] Unter »Heterotopien« versteht Foucault »Gegenorte« bzw. »andere Räume«, in denen all die realen Orte, die man in der Kultur finden kann, zugleich repräsentiert, in Frage gestellt und ins Gegenteil verkehrt werden.[23] Beispiele von solchen Gegenräumen sind für ihn Gärten, Friedhöfe, Kinos, Motels, Irrenanstalten, Gefängnisse, Schiffe, aber auch die »skandinavische Sauna« und das »muslimische Hammam«.[24] Ihre eigentliche Funktion ist die Infragestellung aller anderen Räume. Entweder sie schaffen eine Illusion, die die gesamte übrige Realität als Illusion entlarvt (Foucaults Referenz: das Bordell), oder sie erzeugen einen anderen realen Raum, der im Gegensatz zur wirren Unordnung unseres Raumes eine vollkommene Ordnung aufmacht – die Referenz hier bilden für Foucault die meisten europäischen Kolonien.[25]

Tunesien kommt in diesem Vortrag ins Spiel, als Foucault die Feriendörfer des *Club Méditerranée* in die Liste der Gegenräume aufnimmt. Der *Club Méd* ist der Inbegriff für die in den 1950er- und 1960er-Jahren aufkommenden exklusiven Ferienclubs, in denen sich die Idee vom vollkommenen Urlaub auf unheimliche Weise mit Phantasien und Versatzstücken der Kolonialzeit verbindet – vergleichbar mit dem in der Bundesrepublik bekannteren *Robinson Club*. Im tunesischen Djerba entstand eines der ersten dieser Feriendörfer. Foucault kannte die Anlage in Djerba von seinen früheren Reisen in den Süden des Landes, als Defert in Sfax seinen Zivildienst absolvierte. Im Vortrag erwähnt er die »Strohhütten von Djerba«, aber nicht, wie heute zu erwarten wäre, als neokoloniale Imaginationsorte, sondern als Beispiel für »zeitweilige Heterotopien«, in denen »ein Fest mit der Zeit« gefeiert werde: »Ich denke da vor allem an die wunderbaren polynesischen Dörfer an den Küsten des Mittelmeers, die den Bewohnern unserer Städte drei kurze Wochen ständiger ursprünglicher Nacktheit bieten.« Seine Deutung dieser polynesischen Dörfer fällt knapp und ironisch aus, enthält aber auch ein Fünkchen Faszination: »Es geht hier darum, Zeit auszulöschen, um zur Nacktheit und Unschuld des Sündenfalls zurückzukehren.«[26]

War Sidi Bou Saïd für Foucault nicht auch eine zeitweilige Heterotopie, in der er ein Fest mit der Zeit und mit dem Körper feierte? Nur eben nicht drei Wochen, sondern ganze zwei Jahre lang? Eine gelebte Heterotopie, bei der die helle Heiterkeit des Dorfes eine Alternative zum Lärm und Rummel der Metropole bot?[27] Ein künstliches Paradies, in dem die utopischen Phantasien vom eigenen vollkommenen Körper für gewisse Zeit verwirklicht zu sein schienen? Vieles spricht dafür. Auch das Thema eines zweiten Radiovortrags, den Foucault zwei Wochen später für *France Culture* hielt, zeugt davon. Es geht darin um den »utopischen Körper« – und wenn Foucault hier davon spricht, dass er sich mit seinem Körper »an den Strand legen und in der Sonne schmelzen könnte«, dann lässt sich mit wenig Vorstellungsvermögen auch ein gewisser Einschlag von seinen Strandszenen in Sidi Bou Saïd erkennen.[28]

Man braucht die Begrifflichkeiten und Inhalte der zwei Radiovorträge aber gar nicht überzustrapazieren, um zu erkennen, dass Foucault in Tunesien im großen Stil auf der Suche nach ausgefallenen oder »zivilisationsfreien« Räumen war.[29] Die Umgebung bot dafür auch reichlich Gelegenheiten: An Weihnachten 1966 unternahm er eine Reise in den Tassili n'Ajjer, ein Gebirgsplateau in der südalgerischen Sahara, wo er tagelang mit Eseln und Kamelen campte.[30] In der Leere, Stille und Grenzenlosigkeit dieser Landschaft kam er auf den Gedanken, dass die Wüste der einzige Ort auf der Welt sei, der nicht kulturell überformt ist – eine durchaus strittige Ansicht, aber trotzdem

Strand und Ferienanlage des Club Méditerranée im »polynesischen Strohhütten-Stil«, Djerba/Tunesien, späte 1950er-Jahre.

eine, die eine lebenslange Faszination für Wüsten mit sich brachte.[31] Foucault konnte diese Grenzerfahrung nochmals wiederholen, als er 1975 in Kalifornien auf Einladung von zwei amerikanischen Studenten einen Kurztrip ins Death Valley machte – dieses Mal allerdings mit einer Portion LSD im Gepäck. Foucaults Drogentrips in Kalifornien sind mittlerweile gut dokumentiert und werden oft mit dem sensationsheischenden Hinweis versehen, dass sie großen Einfluss auf sein Denken hatten.[32] Im selben Atemzug wird auch gerne betont, wie Foucault und Konsorten unter dem Label *French Theory* das intellektuelle Leben der USA transformierten.[33]

Im Fall von Tunesien verhält es sich ein wenig anders: Müsste man die intellektuellen Austauschbeziehungen zwischen Frankreich und Tunesien, die sich in Foucaults Schaffen widerspiegeln, im Modus eines Import-Export-Geschäfts bestimmen, würde die Bilanz für Tunesien negativ ausfallen. Das lässt sich gut an den Vorträgen ablesen: Während Foucault in Tunis ausschließlich zu klassischen Themen der abendländischen Kultur referiert, mit denen die Tunesier nur wenig anfangen können, hält er in Paris seine stark von Tunesien inspirierten Vorträge über Räume und Körper im nationalen Kulturradio und vor begeisterten Architekten. Foucault exportiert (wie ein später Nachfahre der kolonialen Zivilisierungsmission) französische Kultur nach Nordafrika und importiert Erfahrungen mit »anderen« Räumen nach Westeuropa. Das wäre noch halbwegs in Ordnung. Das eigentlich Erstaunliche und fast schon Skandalöse ist, dass seither die tunesischen Inspirationsquellen nicht mehr in Rechnung gestellt werden. Sämtliche Spuren, die auf Foucaults dortigen Aufenthalt verweisen, sind in der schriftlichen Fassung des Radiovortrags von 1967, die Foucault anfertigt und dann erst 1984 kurz vor seinem Tod auf Bitte von Berliner Architekten zur Veröffentlichung freigibt, gelöscht.[34] Von den Strohhütten in Djerba und dem *Club Méd* ist dort nichts mehr zu lesen. Foucault spricht an besagten Stellen nur noch »von unserer westlichen Kultur«.[35] Der Text mit dem neuen Titel »Von anderen Räumen« begeisterte seit seiner Veröffentlichung theorieaffine

Architekten und Designer auf der ganzen Welt – Tunesien als kulturgeschichtlicher Ort der Urheberschaft profitierte so gesehen aber kaum davon. Die neokolonialen Dimensionen von Foucaults Analyse des Raumes bleiben damit im Dunkeln. Man sollte solche kleinen ideengeschichtlichen Fälle, in denen gedankliche Spuren verwischt werden und intellektuelles Eigentum zentralisiert wird, gut im Blick behalten. Auch sie sind Teil der größeren Debatten rund um die epistemische Gewalt des Kolonialismus, die Anerkennung des kolonialen Erbes und die Bedeutung von immateriellen Kulturgütern. Die Ideengeschichte ist übersät mit diesen Fällen epistemischen Unrechts.

Der Vortrag über die anderen Räume bleibt das einzige Dokument, in dem die tunesische Erfahrung auch philosophisch eine Rolle spielt und direkt in Theorie verarbeitet wird. Davon abgesehen herrscht diesbezüglich eine große Leere in Foucaults wissenschaftlichem Werk. Weder in den späteren Monographien noch in den vierbändigen gesammelten Schriften finden sich Hinweise, die auf eine weitere Beschäftigung mit Tunesien schließen lassen. Der intellektuelle Ertrag hält sich also in Grenzen. Verglichen mit Ländern wie den USA, Japan oder Iran, in denen sich Foucault kürzer aufhielt und wo er sich aber nicht scheute, Zeitdiagnosen und Kulturanalysen von sich zu geben, ist das eine geringe Ausbeute.[36] Nimmt man hinzu, dass Foucault sich auch sonst nicht gerade üppig zu Fragen des Kolonialismus und Neokolonialismus äußerte, fällt das Fazit zur Theoriegeschichte der tunesischen Episode dürftig aus.

Tunesischer Frühling

Vielleicht ist der geringe philosophische Ertrag von Foucaults Aufenthalt in Tunesien auch ein Grund, warum seine Biographen und Interpreten beim Thema Politik um eine Art von Ausgleich bemüht sind und ihn als einen politischen Vorzeige-Aktivisten für die Sache der Tunesier porträtieren. Tunesien wird bei Didier Eribon wie bei David

Macey kurzerhand zum zufälligen Schauplatz einer umfassenden politischen Transformation. Das Narrativ dieser »politischen Feuertaufe« geht so:[37] Bis 1966 ist Foucault ein unpolitischer Akademiker, der sich mit öffentlichen Stellungnahmen extrem zurückhält. In Tunesien findet er eine unerträgliche politische Situation vor, setzt sich für seine Studierenden ein und schlüpft in die (auf ihn wartende) Rolle des engagierten Intellektuellen. Bei der Rückkehr nach Paris im Herbst 1968 ist Foucault ein verwandelter Mann: Er unterschreibt Petitionen, demonstriert, schreit in Megaphone und agitiert. Zu dieser Geschichte passt dann auch der neue ikonische Look: rasierter Schädel und weißer Rollkragenpullover. Es ist fast schon zu schön, um wahr zu sein.

Richtig ist, dass sich Foucault an der Universität von Tunis in einem aufgeheizten politischen Klima aufhielt. Fast die gesamte Dauer seiner Anstellung vor Ort war geprägt von studentischen Protesten und Unruhen, die sich von Juni 1967 bis Juni 1968 vor allem gegen das Regime von Präsident Habib Bourguiba richteten. Bourguiba, erster Staatspräsident der 1957 ins Leben gerufenen Republik und bekannt für seinen autoritären Führungsstil, unterdrückte die Agitationen und Streiks der Studierenden mit Gewalt. Die Polizei drang regelmäßig in die Universität ein, knüppelte Studierende nieder, verletzte mehrere von ihnen und warf sie mit langen Haftstrafen ins Gefängnis.[38] Foucault blieb davon nicht unberührt. Zusammen mit anderen französischen Mitgliedern des Lehrkörpers protestierte er gegen diese Verhaftungen und Folterungen. Dem Engagement waren aber klare Grenzen gesetzt. So galt für Foucault wie für alle französischen Lehrenden die in ihren Verträgen festgelegte Pflicht zur Nichteinmischung im Ausland. Als es im Juni 1967 darum ging, wie weit die Solidarität mit den Studierenden gehen sollte, berief sich das Gros des Lehrkörpers auf diese Klausel – und Foucault hielt sich an diese Mehrheitsentscheidung, auch wenn er anderer Meinung war und vergeblich um mehr Unterstützung warb.[39] Außerdem war Foucaults Sympathie mit den Studierenden auch nicht uferlos. Das zeigte sich am Gewaltausbruch anlässlich des arabisch-israelischen Sechstagekriegs im Juni 1967, als proarabische Demonstrationen in antisemitische Ausschreitungen mit geschändeten Synagogen umschlugen. Foucault war schockiert über die »Pogromatmosphäre«, über den »Nationalismus und Rassismus«, für den die Studierenden aus »Linksradikalismus« die Hand hergegeben hätten, und er zeigte seinen Abscheu auch offen.[40]

Diese zwei Beispiele zeigen: Mit der Legende von der Politisierung sollte man es sich nicht zu einfach machen. Politische Feuertaufen sehen anders aus. In Foucaults Fall verhält es sich ambivalenter, als man denken möchte. Er war nicht gezielt nach Tunesien gekommen, um eine politische Erfahrung zu sammeln. Vielmehr rutschte er Stück für Stück und im Zuge der weltweiten Eruptionen gegen Ende der 1960er-Jahre in eine historische Situation hinein, die er in seiner vergleichsweise sicheren Stellung als französischer Professor aufmerksam beobachten und mit einer Reihe von kontrollierten Aktionen auf gesichertem Boden begleiten konnte. Foucaults Politisierung im Frühling 1967 hatte weniger mit Tunesien als vielmehr mit ihm selbst, seiner politischen Vergangenheit, seiner Rolle im intellektuellen Feld Frankreichs und allgemein mit französischen Verhältnissen zu tun: In Sidi Bou Saïd beschäftigte er sich viel mit dem ihm bis dahin oft unterstellten Vorwurf, seine Arbeit sei zu strukturalistisch und zu unpolitisch. Hier hatte er genug Abstand und Zeit, die politischen Dimensionen seines Denkens neu auszuleuchten. Zu diesem Neustart gehörte auch, dass er fehlende Literaturkenntnisse nachholte und die Schriften von Rosa Luxemburg, Leo Trotzki und den Black Panthers las. Von nicht zu unterschätzender Bedeutung waren nicht zuletzt die in Sidi Bou Saïd geschlossenen Freundschaften mit Jean Daniel und Catherine von Bülow, die ihm in den 1970er-Jahren eine offene Bühne im *Nouvel Observateur* bieten sollten. Kurzum, es war – wie so oft – eine ganze Reihe an Faktoren, die eine Politisierung befeuerten.

Eine zentrale Rolle bei Foucaults Erkundung des Politischen spielte sein Lebensgefährte Daniel Defert, der Tunesien gut kannte und

Foucault regelmäßig in Sidi Bou Saïd besuchte. Defert war ein politischer Aktivist und seit den Kolonialkriegen in Indochina und Algerien »aus ganzem Herzen« antikolonial.[41] Der 1937 geborene Philosoph und Soziologe war ein typischer Repräsentant der »Generation Algerienkrieg«, die sich gegen Ende der 1950er-Jahre im studentischen Milieu und im Zuge der gewaltsamen Antikriegsdemonstrationen politisch radikalisierte. Anfangs stark in der kommunistischen Studentengewerkschaft engagiert, kehrte Defert der Kommunistischen Partei wegen ihrer ambivalenten Haltung in der Algerienfrage 1960 den Rücken und schloss sich neulinken Gruppen an. Er stand auch in engem Kontakt mit algerischen Studenten und Aktivisten aus dem Umfeld der Unabhängigkeitsbewegung, unterstützte aber nie direkt den FLN.[42] Die antikoloniale Einstellung und eine gewisse Solidarität mit dem weiteren Schicksal der französischen Kolonien behielt Defert auch nach dem Krieg bei – davon zeugte sein Entschluss, nach dem Abschluss des Studiums 1964 einen Auslandszivildienst in einer Schule im südtunesischen Sfax zu absolvieren und dort Philosophie zu unterrichten.

Der Einfluss eines linken antikolonialen Aktivisten wie Defert verhinderte auch, dass Foucault in Tunesien ähnliche politische Einstellungen wie zu Zeiten des Algerienkriegs an den Tag legte. Wenn man den Erinnerungen von alten Freunden aus den 1950er-Jahren wie Maurice Pinguet Glauben schenken darf, dann hatte der Algerienkrieg Foucault nicht wirklich bewegt.[43] Er reagierte darauf eher mit Gleichgültigkeit – und mit einem Krankenattest, der ihn vom Militärdienst befreite.[44] Es wäre aber verfehlt, in dieser Haltung ein generelles Unpolitischsein zu sehen oder sie mit dem Hinweis zu begründen, dass Foucault die meiste Zeit des Kriegs im fernen Ausland als Kulturbotschafter verbrachte und dort nicht viel mitbekam. Die Wahrheit ist, dass Foucault durchaus klare politische Ansichten zum Krieg hatte. Sie passten nur nicht richtig in das linksintellektuelle Milieu der eingefleischten Kriegsgegner. Foucault war nämlich damals dem Gaullismus nicht abgeneigt und verkehrte oft mit hochrangigen Personen,

Rue de Vaugirard, Paris: Daniel Defert und Michel Foucault in der Wohnung von Foucault, Mitte der 1970er-Jahre.

die Charles de Gaulle sehr nahe standen und dessen Machtübernahme von 1958 vorbereiteten. Er selbst war, wie Barthes, der Überzeugung, de Gaulles Machtübernahme sei keineswegs ein faschistischer Putsch, der die französische Präsenz in Algerien aufrechterhalten werde, was damals die vorherrschende Meinung unter Linken war. Er glaubte vielmehr, dass darin eine historische Chance für Frankreich und auch für Algerien stecke (eine Meinung, die Barthes so wiederum nicht teilte).[45] Auch wenn Foucault mit dieser Auffassung im Nachhinein nicht ganz unrecht haben sollte (de Gaulle hielt bekanntlich nicht an Algerien fest und verhandelte heimlich), muss man gerade angesichts seines späteren Ruhms als radikaler Intellektueller fast schon von Glück sprechen, dass damals fast niemand seinen Namen kannte und auch niemand von ihm ein klares Engagement verlangte. Foucault sprach seine Ansichten zum Algerienkrieg nie öffentlich aus. Das kulturdiplomatische Parkett, auf dem Foucault in Warschau, Uppsala und Hamburg wandelte und das eine gewisse Zurückhaltung gebot, schützte ihn vor allzu extremen und umstrittenen Positionierungen.

Auch in Tunesien musste sich Foucault an eine Art Neutralitätsgebot halten, doch er reizte dieses Mal die Grenzen seiner vertraglich festgelegten Nichteinmischung deutlich aus – vor allem, nachdem im März 1968 die studentischen Proteste und die staatlichen Repressionen einen blutigen Höhepunkt erreicht hatten. Es waren immer Fälle, in denen er sich schützend vor seine Studierenden stellte: wenn er gegen ihre willkürlichen Verhaftungen protestierte, ihnen Unterschlupf gewährte, das Kopiergerät für Flugblätter versteckte, auf dem Rücksitz seines Peugeot untergetauchte Aktivisten durch die Gegend fuhr und für inhaftierte Studenten wie Ahmad Othmani vor Gericht aussagen und bei Ministern intervenieren wollte.[46]

Man sollte die Wirkung dieser Aktivitäten nicht überschätzen. Foucaults Interventionen waren meistens nicht von Erfolg gekrönt. Sie reichten aber aus, um die Aufmerksamkeit der Autoritäten zu erregen – bis zu dem Punkt, dass Foucault glaubte, von der Polizei überwacht zu werden und ein unerwünschter Gast im Land zu sein. Das wurde spätestens dann zu einer Gewissheit, als er eines frühen Morgens einen jungen tunesischen Studenten nach Hause fuhr, der bei ihm zuvor die Nacht verbracht hatte. Foucaults Auto geriet in eine Verkehrskontrolle, die sich als Hinterhalt entpuppte: Eine Gruppe von Männern in Zivil schlug Foucault brutal zusammen. Bis heute gehen die Meinungen auseinander, ob die Prügel eine Warnung vor weiterer politischer Einmischung oder eine Reaktion auf Foucaults homosexuelle Kontakte waren.[47] Klar ist, dass ihn der Vorfall dazu veranlasste, den Aufenthalt im Land vorzeitig zu beenden. Den Plan, in Sidi Bou Saïd ein Haus zu kaufen, gab er auf. Im Herbst 1968 nahm er das Schiff nach Marseille. Die zwei Jahre in Tunesien endeten abrupt.

Als Foucault nach Frankreich zurückkehrte, waren die Studentenproteste, die das Land im Mai in eine schwere politische Krise gestürzt hatten, bereits wieder vorbei. Er hatte die Pariser Maiereignisse mit Begeisterung und Sympathie verfolgt, aber abgesehen von einem Kurztrip war er nicht vor Ort und auch an keinen größeren politischen

Aktionen beteiligt gewesen. Dafür stieg er im Nachgang des Mai 68 umso engagierter ins politische Getümmel ein. Als er im Dezember 1968 die Stelle als Professor für Philosophie an der neu gegründeten linken Reformuniversität Vincennes annahm, war er von Beginn an mittendrin in den heftigen Auseinandersetzungen zwischen den Studierenden auf der einen Seite und der Regierung und der Polizei auf der anderen. Zur Überraschung von vielen Pariser Bekannten nahm Foucault mit Verve die bereits in Tunis erprobte Rolle des militanten Professors ein. Er kritisierte das staatliche Wissensmonopol, prangerte die Polizeigewalt an, protestierte an der Seite der Studierenden und wurde dabei schließlich selbst verhaftet. Der Unterschied zu Tunis: In Vincennes brachten ihn diese widerständigen Aktionen nicht in eine riskante Lage, sondern nur stärker ins öffentliche Rampenlicht. Das Bild von Foucault als radikaler Intellektueller, das seitdem so viele Generationen fasziniert, ist eng mit Vincennes (und weniger mit Tunis) verbunden.

Den Vorwurf, einen entscheidenden Moment in den Zeitläuften verpasst zu haben, wurde Foucault trotzdem nie richtig los. Große und kleine Ideologen der Revolution wie Herbert Marcuse oder Maurice Blanchot fragten gerne in tadelndem Ton, was Foucault eigentlich während der Pariser Barrikaden des Mai 68 gemacht habe. Auf solche Angriffe reagierte Foucault noch im Jahr 1978 im großen Interview mit Ducio Trombadori mit einer gewissen Bissigkeit: »Nun, ich war in Tunesien. Und ich muß hinzufügen, daß das eine wichtige Erfahrung war.« Bis zu diesem Zeitpunkt hatte Foucault nicht ein einziges Mal öffentlich über seine Erlebnisse in Tunesien gesprochen. Erst jetzt, im 10-Jahres-Rückblick auf den Mai 68, bekommt die tunesische Studentenrevolte vom März 1968 ihre volle Bedeutung als »eine wirkliche politische Erfahrung« für ihn. Foucault zeigt sich im Interview »tief beeindruckt von diesen Mädchen und diesen Jungen, die sich erheblichen Risiken aussetzten, wenn sie ein Flugblatt verfaßten, es verteilten oder zum Streik aufriefen«. In Tunesien habe er sich veranlasst gesehen, »den Studenten Unterstützung zu leisten, aus nächster

Nähe etwas ganz anderes kennenzulernen, etwas, das sich von all dem Brummen der Institutionen und der politischen Diskurse in Europa unterschied«. Foucault räumt der tunesischen Jugendrevolte den Charakter eines existentiellen Aktes voller moralischer Energie und Authentizität ein, der ihn überwältigt habe: »Ich mußte in die politische Debatte eintreten. Nicht im Mai 68 in Frankreich, sondern im März 68 in einem Land der Dritten Welt.«[48]

Einmal in Fahrt, setzt Foucault im Interview unaufgefordert zu einem aufschlussreichen Vergleich an: »Als ich im November-Dezember 1968 nach Frankreich zurückkehrte, war ich eher überrascht, erstaunt und sogar enttäuscht, gemessen an dem, was ich in Tunesien erlebt hatte. Wie gewaltsam, wie leidenschaftlich die Kämpfe auch geführt worden sein mögen, sie hatten doch niemals denselben Preis, kosteten niemals dieselben Opfer. Es gibt keinen Vergleich zwischen den Barrikaden des Quartier Latin und dem realen Risiko, wie in Tunesien, fünfzehn Jahre Gefängnis zu bekommen.«[49] Es mag zweifellos stimmen, dass tunesische Studierende mehr riskierten als ihre französischen Counterparts. Aber in Foucaults Sätzen ist auch ein Stück Selbstrechtfertigung und *self-fashioning* enthalten. Die Nicht-Beteiligung am Pariser Mai 68 mit dem Hinweis auf den tunesischen März 68 zu beantworten ist eine Sache, die eigene Abwesenheit im Pariser Mai 68 mit einem vermeintlich gefährlicheren Aufenthalt in einem Land der »Dritten Welt« zu schmücken eine andere.

Postkolonialer Vatermord

Klassikern wird oft die Eigenschaft zugeschrieben, dass sie immer wieder von neuem die Gegenwart ansprechen und erhellen. In dieser Hinsicht wird Michel Foucault seinem Klassikerstatus mehr als gerecht. Der bereits 1984 an den Folgen von AIDS gestorbene Philosoph hat für viele globale Zusammenhänge der letzten Jahre die passenden Stichwörter geliefert. Neben Themen wie Neoliberalismus und

Migration zeigte sich dies besonders zu Beginn der Corona-Pandemie, als manche sich angesichts der staatlichen Maßnahmen zur Eindämmung und Bekämpfung der Pandemie auf Foucault, den »Denker der Infektion«, stürzten und, in der Hoffnung, die Pandemie besser begreifen zu können, dessen Studien konsultierten.[50]

Bei einem anderen großen Thema der letzten Jahre, den weltweit geführten Debatten um das Erbe des Kolonialismus, muss Foucault allerdings passen. Sein Werk gibt dafür nur wenig her, der berühmte Werkzeugkasten bleibt unbenutzt. Dass Foucault auf diesem Gebiet weniger präsent ist, kann ihm freilich nur vorwerfen, wer allzu hohe Erwartungen an die prophetischen Fähigkeiten und die moralische Integrität von Intellektuellen hat und wer Philosophie nur noch als eine besonders anspruchsvolle Form moralischen Engagements wahrnimmt. Der Vorwurf wird jedoch ernsthaft und schon seit längerem erhoben, und zwar besonders aus dem Umfeld der postkolonialen Studien – dort also, wo Foucault als Theorielieferant eine bedeutende Rolle spielte. Hier nahm man ihm die Abwesenheit einer Auseinandersetzung mit Kolonialismus und *race* schon früh übel.[51] In der Folge kamen weitere Facetten von Foucault auf den Prüfstand: sein Eurozentrismus, sein privilegierter Status als weißer männlicher Intellektueller sowie sein angebliches Augenverschließen vor den großen antirassistischen Bewegungen und dem Apartheid-Regime in Südafrika.[52] Wohlgemerkt stammte und stammt diese Kritik ausgerechnet von Autorinnen und Autoren, die ihre postkolonialen Theorien vorher stark an Foucaults Denken ausgerichtet hatten. Oft ist das, was man sehr gut kennt und schätzt, auch das, was man am ehesten und am schärfsten einer Kritik unterwirft.

Foucault und die *Postcolonial Studies* – das ist auch die Geschichte einer innigen theoriegeleiteten Rezeption, die aus politisch-moralischen Gründen in einem intellektuellen Vatermord gipfelt. Das beste Beispiel hierfür ist der Fall von Edward Said. Der amerikanisch-palästinensische Literaturwissenschaftler hatte sich in seinem 1978 erschienenen Buch *Orientalism* auf raffinierte Weise des

Diskursbegriffs von Foucault bedient, um zu zeigen, wie die traditionellen westlichen Sprech- und Wahrnehmungsweisen des Orients durchsetzt sind mit europäischen Überlegenheitsphantasien und verschiedenen Formen von Rassismus, Sexismus, Imperialismus und Chauvinismus.[53] *Orientalism* wurde zum Gründungsbuch der postkolonialen Studien und machte seinen Verfasser schlagartig berühmt.

Said lernte wenig später Foucault auch persönlich kennen, als er im Januar 1979 von Jean-Paul Sartre und Simone de Beauvoir nach Paris zu einem Meeting über »Frieden im Nahen Osten« eingeladen wurde und das Treffen »aus Sicherheitsgründen«, wie es hieß, kurzerhand in die Wohnung von Foucault verlegt wurde.[54] Zur großen Enttäuschung von Said, einem Fürsprecher der palästinensischen Sache im Nahostkonflikt, machte sein französisches Theorie-Idol bei diesem Meeting unmissverständlich klar, dass er hier bloß spontan die eigenen Räumlichkeiten zur Verfügung stelle und nichts Inhaltliches zur Gesprächsrunde beitragen wolle. Foucault machte keinen Hehl aus seiner bedingungslosen proisraelischen Haltung und verschwand nach kurzer Zeit zu seiner täglichen Runde in der Bibliothèque nationale.

Die Szene ist überliefert von Said, der die Erinnerung an dieses Treffen im Jahr 2000 in der *London Review of Books* festhielt. Sein Bericht liest sich wie die retrospektive Abrechnung eines Enttäuschten mit den geistigen Idolen der Vergangenheit. Alles dreht sich hier um einen einzigen Problemkomplex: ob hinter der dürftigen Unterstützung für die Palästinenser auf Seiten von Sartre, Beauvoir und Foucault nicht ein »grundsätzliches mangelndes Mitgefühl für die arabische Sache« stecke, das »kulturell oder vielleicht religiös« geprägt sei und auch andere Themen im Nahen Osten betreffe. Saids Bericht ist gespickt mit komischen und teilweise auch bösen Beschreibungen von französischen Intellektuellen und ihren orientalischen Phantasien – darunter eine eingebildete Simone de Beauvoir im Turban, die ihre anstehende Reise in den Iran kaum erwarten kann, um dort gegen den Tschador zu demonstrieren. Oder Foucault, der noch beeindruckt von seiner jüngsten Iran-Reise erzählt, wie er mit einer Perücke verkleidet durch Teheran lief und die Islamische Revolution »sehr aufregend, sehr seltsam, verrückt« fand. Der Rückblick von Said enthält auch allerlei Anspielungen, wie etwa die, dass Foucault nicht wegen seiner politischen Haltung, sondern wegen seiner »homosexuellen Aktivitäten mit Studenten« aus Tunesien rausgeworfen worden sei.[55] Saids Beschreibung folgt immer demselben Argumentationsmuster: Intellektuelle wie Beauvoir und Foucault werden als geistig anregende, aber moralisch und politisch enttäuschende Gestalten gezeichnet, die den Verdacht des Orientalismus auf sich ziehen. Damit erscheinen sie als würdige Nachfolger jener französischen Schriftsteller wie Gérard de Nerval oder Gustave Flaubert, denen Said in seinem Buch *Orientalism* unter anderen nachgegangen ist.

Lässt sich der Orientalismus-Verdacht auch auf Foucaults Aufenthalt in Tunesien beziehen? Man muss in der Kritik an Foucault nicht so weit gehen wie Said und andere Vertreter des Postkolonialismus, um zu erkennen, dass auch die tunesische Episode durchaus Elemente einer orientalistischen Disposition aufweist. Anders lässt sich die von Foucault dort an den Tag gelegte Mischung aus Hedonismus und Ignoranz, aus Kitsch und Aneignung, aus Befreiung und Ausbeutung kaum begreifen – es sei denn, man findet die Geschichte vom weißen Mann, der in ein exotisches Land reist und dort seine sexuellen und ästhetischen Phantasien auf einen Schlag erfüllt sieht, gänzlich unproblematisch. Foucault verkörpert in Tunesien haargenau den klassischen Typus des männlichen europäischen Intellektuellen, der sich in einem erkennbar neokolonialen Kontext befindet, diese Situation in vollen Zügen auskostet, von ihr profitiert und keinen Grund sieht, diesen Umstand anders als schweigend zu genießen.

Wo wäre hier der Stein des Anstoßes? Es ist nicht so sehr der Aufenthalt an sich, ebenso wenig Foucaults Begierden, Motive, Erfahrungen und Handlungen. Problematisch ist Foucaults verblüffende Fähigkeit, die neokolonialen Dimensionen auszublenden: die Macht zu haben, die eigene Verwicklung in einen Kontext, der durch klare Machtasymmetrien aus Kolonialzeiten geprägt ist, nicht zu sehen beziehungsweise nicht als störend zu empfinden; das Privileg zu haben, relativ unbehelligt in Tunesien durch die Gegend zu reisen und selbst permanent zu markieren, indem man etwa von »anderen Räumen« spricht, um am Ende doch noch im *Club Méd* zu landen. Das alles wirkt umso heikler, je mehr man sich vergegenwärtigt, wie stark sich gerade Foucault in seinen Schriften und politischen Positionen für die Ausgeschlossenen, Unterdrückten und an den Rand Gedrängten der Gesellschaft (etwa Gefangene, Irre und Kranke) einsetzte. In dem Gespräch »Die Intellektuellen und die Macht« strich Foucault 1972 zusammen mit Gilles Deleuze den vielleicht wichtigsten politischen Beitrag poststrukturalistischer Theorie heraus: dass Intellektuelle versuchen müssen, den Diskurs des/der Anderen der Gesellschaft zu enthüllen und zu erkennen.[56] Die Verdammten dieser Erde, die kolonisierten oder frisch dekolonisierten Subjekte des »globalen Südens«, waren damit nicht gemeint. Sie schienen Foucaults Enthüllungsansprüchen nicht zu genügen und blieben stumm.[57]

Foucaults Schweigen lässt sich als neokoloniales Privileg auslegen. Kann man ihm aber auch etwas abgewinnen? Kann das Schweigen nicht auch als ein gewissenhaftes Verhalten ausgelegt werden? Man sollte diese Möglichkeit wenigstens in Betracht ziehen. Ohne allzu stark der biographischen Spekulation zu verfallen, kann man davon ausgehen, dass sich Foucault – ähnlich wie Barthes – einiger Fallstricke des abendländischen Orientalismus durchaus bewusst war. Er hatte bereits in *Wahnsinn und Gesellschaft* die verhängnisvolle historische Grenzziehung zwischen »Orient« und »Abendland« selbst thematisiert und damit Bausteine für eine Theorie des Orientalismus im Sinne von Said geliefert: »Der Orient ist für das Abendland all das, was es selbst nicht ist, obwohl es im Orient das suchen muß, was seine ursprüngliche Wahrheit darstellt.«[58] Foucault wusste auch, dass er sich in Tunesien in eine lange Tradition von Europäern einreihte, die vor allem nach Nordafrika reisten, um die freie Verfügbarkeit von arabischen Männern zu nutzen; und ihm konnte schon damals nicht entgangen sein, dass sinnliche und allzu überschwängliche Äußerungen und Verbalisierungen von Europäern in Bezug auf das fremde Land die stereotypen Bilder des Orients nur noch weiter zementieren. Es gab für Foucault also ausreichend gute Gründe, während seines Aufenthalts in Tunesien und darüber hinaus auf weitere Verstrickungen zu verzichten und sich vor allem nicht öffentlich dazu zu äußern. Sich nach Manier der französischen Orientreisenden wie André Gide, Julien Gracq oder eben auch Roland Barthes zu kompromittieren, indem man seine sexuellen Abenteuer, intellektuellen Grenzerfahrungen und politischen Ansichten über Nordafrika für die Nachwelt festhält, schien jedenfalls nie eine Option für Foucault gewesen zu sein (auch wenn er in Sidi Bou Saïd auf Empfehlung von Barthes tatsächlich Gide und Gracq las). In diesem Licht betrachtet erscheint Foucaults Schweigen vielleicht mehr als Tugend denn als Laster.

Diese Zurückhaltung sollte trotzdem nicht mit einer widerständigen Praxis verwechselt werden. Auch verglichen mit anderen Philosophen und ihrem Umgang mit den eigenen postkolonialen Situationen bekleckert sich Foucault nicht gerade mit Ruhm. Erinnert sei hier an Pierre Bourdieu, der auch nach dem Algerienkrieg die Bande zu Land und Leuten aufrechterhielt und die dort gemachten Erfahrungen und Beobachtungen in sein wissenschaftliches und politisches Werk einfließen ließ; an Étienne Balibar, der nach der algerischen Unabhängigkeit nach Algier aufbrach, um am revolutionären und akademischen Wiederaufbau teilzunehmen; schließlich und vor allem an Roland Barthes, der in Nordafrika zwar wie Foucault primär Vergnügen und Inspiration suchte, es aber nicht an antikolonialem Engagement und an der Reflexion und Artikulation der eigenen Position mangeln ließ. Das ist bei allen Ähnlichkeiten zwischen den zwei Freunden der größte Unterschied in ihren jeweiligen orientalistischen Settings: Barthes schwieg nicht. Der Fairness halber muss man aber auch sagen: Die Grenzen zwischen antikolonialem Engagement und kolonialer Verwicklung sind bei Bourdieu, Balibar und Barthes ebenfalls nie klar markiert – ebenso wie es meistens nur Nuancen sind, die darüber entscheiden, ob eine Position moralisch noch vertretbar ist.

In diesem Spannungsfeld muss auch für Foucaults tunesische Episode ein gebührender Platz reserviert bleiben.

Der Frankfurter Schule um Theodor W. Adorno und Max Horkheimer sagt man nach, sie habe im »Grand Hotel Abgrund« residiert – das Bonmot stammt von dem marxistischen Philosophen Georg Lukács, der den Frankfurtern vorwarf, sie hätten sich in der kritischen Betrachtung der gesellschaftlichen Verhältnisse und Katastrophen allzu bequem in der großbürgerlichen Welt von gestern eingerichtet, anstatt ein aktivistisches Leben zu führen.[59] Man mag von dem Vorwurf halten, was man will, aber das Bild vom Anblick des Abgrunds aus sicherem Abstand benennt eindrücklich die für Intellektuelle grundsätzliche Spannung zwischen theoretischer Einsicht und Lebenswirklichkeit, zwischen dem Privileg des distanzierten Denkens und der unterdrückten Menschheit, für die sie denken. Ein ähnliches Bild könnte man auch für Foucault und einen weiten Teil der führenden französischen Intelligenz mit ihren kolonialen Dilemmata zwischen Einsicht und Lebenswirklichkeit wählen. Lebten Adorno und Horkheimer im »Grand Hotel Abgrund«, so residierten Foucault und Barthes zusammen mit dem Rest der Reisegruppe im »Club Méditerranée«.

JACQUES
DERRIDA

5. Unbehagen an der Identität
Jacques Derrida

Wer sich auf die Suche nach den kolonialen Spuren in Jacques Derridas Leben und Werk begibt, wird schnell fündig. Der 1930 in El Biar, einem Vorort von Algier, geborene Philosoph hat diese Spuren gegen Ende seines Lebens selbst ausgelegt – zunächst zaghaft und versteckt in einigen Texten, dann explizit und umso eindrücklicher in der Dokumentation *Derrida, anderswo* aus dem Jahr 1999.[1] Die ägyptische Filmemacherin Safaa Fathy begleitet Derrida darin an die unterschiedlichsten Orte, darunter auch nach Algerien. Es ist eine Rückkehr in die längst verlassene Heimat. Gleich nach der Eingangsszene, die den Philosophen inmitten einer trockenen Savannenlandschaft zeigt, sieht man Derrida, wie er den Hang einer imposanten Steilküste emporsteigt, sein sonnengebräuntes Gesicht in die Kamera hält und dann den Blick auf das weite Meer richtet. Während man den Möwen beim Flug übers Wasser zuschaut, spricht Derrida über sein Schreiben: »Ich habe in einem ganz bestimmten Zusammenhang einmal gesagt, mein Schreiben sei das Suchen nach einer Identität. Aber mich interessierte eigentlich eher das, was eine Identität unmöglich macht, also der Verlust, das Fehlen einer Identität.«[2]

Was diese Identität unter anderem ausmachen könnte, wird spätestens in der anschließenden Filmsequenz deutlich, bei der Derrida durch die eleganten Räume des Pariser Palais de la Porte Dorée schlendert. Inmitten dieses ehemaligen Kolonialmuseums der Franzosen fühlt er sich, während er an afrikanischen Skulpturen vorbeigeht, daran erinnert, dass er selbst so etwas wie ein Kolonialprodukt sei: »Ganz gleich, was ich sage oder was mir geschieht – ich bin ein Teil einer bestimmten Geschichte der französischen Kolonien. Auf gewisse

Weise hat alles, was ich mache, schreibe und zu denken versuche, eine gewisse Affinität zur Postkolonialität.«[3]

Diese Sätze wirken wie eine große Einladung, in das Werk des Philosophen einzutauchen und darin der behaupteten Verwandtschaft seines Denkens mit kolonialen und postkolonialen Verhältnissen nachzugehen. Aber sie sind gleichzeitig auch sehr erstaunlich. Bis zum Zeitpunkt dieser Filmaufnahmen hatte sich Derrida in der Öffentlichkeit nämlich kaum bis gar nicht zu seiner algerischen Herkunft, den kolonialen Hintergründen seines Heranwachsens, geschweige denn seines Denkens geäußert. Das Verblüffendste dabei ist: Kein einziges seiner unzähligen Bücher aus der Hauptphase seines Schaffens zwischen 1966 und 1989, darunter etwa die großen Werke *Grammatologie*, *Die Schrift und die Differenz* sowie *Die Stimme und das Phänomen*, enthält auch nur die leisesten Andeutungen zu Algerien oder zum Kolonialismus.[4] Selbst als Derrida später über diese Bezüge sprach, war er noch stolz darauf zu behaupten, dass man in keinem seiner vergangenen Werke jemals erkennen könne, dass er Algerienfranzose sei.[5] Wenn es um die Preisgabe persönlicher Details ging, war mit Widerstand von Seiten Derridas zu rechnen. (Er hielt es in biographischen Dingen lange Zeit mit dem Satz seines Lieblingsphilosophen Heidegger, der in einer Vorlesung über Aristoteles von dessen Leben einzig und allein mitteilen wollte, dass Aristoteles geboren wurde, lebte und starb.) Die eigene Biographie und die algerische Herkunft waren ein selbstauferlegtes Tabu.

Erst gegen Ende der 1980er-Jahre begann Derrida, versuchsweise einzelne Versatzstücke der eigenen Lebensgeschichte öffentlich zu machen. Die biographische Wende brachte zwei seiner bekanntesten und schönsten Texte hervor: *Zirkumfession* und *Die Einsprachigkeit des Anderen*.[6] Beim ersten Text handelt es sich um eine zwischen Januar 1989 und April 1990 verfasste und in 59 kurze Abschnitte (entsprechend den Lebensjahren) gegliederte Quasi-Autobiographie, die Derrida anlässlich seiner im Sterben liegenden Mutter als eine Art schriftlich aufgezeichnete Totenwache verfasste. Gleichzeitig ist es der an Augustinus angelehnte Versuch, sich im Stil des Bekenntnisses (*confession*) mit der eigenen Beschneidung (*circoncision*) auseinanderzusetzen und dabei Erinnerungen an die frühe Kindheit in Algerien wachzurufen. In *Die Einsprachigkeit des Anderen* stellt Derrida vor dem Hintergrund seiner Erfahrungen als Angehöriger der jüdisch-französisch-maghrebinischen Minderheit Algeriens in aller Radikalität die Frage nach der muttersprachlichen Identität, und zwar so virtuos, dass Debatten wie die um Multikulturalismus, nationale Identität, Staatsbürgerschaft oder Frankophonie mitdekonstruiert werden. Der sehr persönliche Text – zuerst 1992 in den USA als Vortrag gehalten, dann 1996 publiziert – ist eine Mischung aus Memoiren, Dialogen, Erzählungen, Theorien und politischen Stellungnahmen. *Zirkumfession* und *Die Einsprachigkeit des Anderen* stellen beide gewiss keine Autobiographien im klassischen Sinne dar. Aber sie läuteten nichtsdestotrotz eine bis zu Derridas Tod währende Phase ein, in der der Philosoph oft, gerne und bisweilen etwas obsessiv von sich selbst sprach und schrieb.

Seit der Veröffentlichung dieser zwei Bücher sind die zahlreichen Derrida-Interpreten schwer damit beschäftigt, die in den Texten aufscheinende biographische Wende zu erklären und sie mit dem geläufigen Bild des subjektkritischen Philosophen in Einklang zu bringen. Derrida gilt immerhin als Denker einer größeren französischen Theorieströmung, die doch herzlich wenig von solcherlei Biographismen hielt und im Gestus eines theoretischen Antihumanismus den Tod des Autors beziehungsweise des Subjekts ausgerufen hatte. War Derrida, der Erfinder der Dekonstruktion, nicht gerade angetreten, all jene mit einem souveränen Subjekt in Verbindung gebrachten Kategorien und Logiken wie Identität, Sinn, Sprache, Vernunft, Herkunft oder Ursprung zu zertrümmern? Warum sprach Derrida nun plötzlich so frei und ausgiebig von sich in der ersten Person, von seiner Herkunft und Lebensgeschichte als jüdischer Algerienfranzose, von seinen frühen Prägungen und Wunden im kolonialen Algerien? Um das zu beantworten, wurden ebenso vielfältige wie plausible Gründe angeführt, die alle auf den historischen Kontext der frühen 1990er-Jahre verweisen. Neben dem Hinweis oder eher der Vermutung, dass Derridas im Sterben liegende Mutter beim mittlerweile fast Sechzigjährigen autobiographische Reflexe und affektive Erinnerungsschübe ausgelöst habe, gibt es größere zeithistorische Erklärungskontexte: So fiel Derridas Beschäftigung mit Algerien in eine Zeit, in der in Frankreich zum ersten Mal überhaupt nach rund dreißig Jahren Kriegsende eine allmähliche öffentliche Erinnerung und Aufarbeitung des Algerienkriegs, der dort verübten Gräueltaten sowie der Kolonialvergangenheit insgesamt einsetzte, wenn auch nur zögerlich und in Ansätzen. Zur selben Zeit versank Algerien zudem in einem blutigen Bürgerkrieg, der islamistischen Terror sowie repressive staatliche Gegenmaßnahmen hervorrief. Auch dieser in Frankreich genau verfolgte Konflikt löste bei Derrida emotionale Reaktionen aus. Algerien würde für ihn auch in naher Zukunft kein ruhiger Ort der Rückkehr sein.

Schließlich ist noch ein theoriegeschichtlicher Hintergrund anzuführen, der mehr mit Derridas Rolle als weltweit gefeierter Starintellektueller und mit dem Aufstieg der postkolonialen Theorie an den angelsächsischen Universitäten zu tun hat. In den Reihen der französischen Poststrukturalisten stand Derrida mit seiner Philosophie der Dekonstruktion wie kein Zweiter für die fundamentale Infragestellung metaphysischer Gewissheiten einer westlichen und hegemonialen Vernunft. Damit repräsentierte Derrida nicht nur Kernanliegen der gesamten französischen Theorieströmung. Er galt auch als wesentlicher Inspirator für Arbeiten im Feld der postkolonialen Theorie, die im Geiste der Dekonstruktion die kanonischen Texte der europäischen Kultur- und Wissensgeschichte auf Momente epistemischer Gewalt und auf implizite Hierarchisierungen überprüften. Aber gerade auf der Seite des Postkolonialismus mehrten sich in den 1990er-Jahren Stimmen, die von Derrida nunmehr genau wissen wollten, wie er eigentlich zu den brisanten Fragen der Kolonialität und Postkolonialität stand. Dass Derrida das eigene Lebenswerk nun explizit in engen

Bezug zur Postkolonialität stellte und dabei seine Herkunft aus dem kolonialen Algerien beleuchtete, muss daher auch als ein nachträglicher Versuch ausgelegt werden, eine Antwort auf die drängenden Fragen des Postkolonialismus zu geben beziehungsweise dessen kritische Fraktion zufriedenzustellen.

Ein bestimmter Aspekt geht bei diesen Erklärungsversuchen gänzlich unter: Derridas jahrzehntelanges Schweigen. Warum schwieg Derrida so lange? Was hatte ihn daran gehindert, über »sein« Algerien zu sprechen und zu schreiben? Die Fragen sind schwieriger zu beantworten, weil man bei ihrer Erörterung im Dunkel des Nichtgesagten tappt und Gefahr läuft, das Schweigen zu psychologisieren. Um dieses Schweigen zu verstehen, bedarf es eines vertieften Blicks in das frühe biographische Material von den 1940er- bis in die frühen 1960er-Jahre – das wurde bisher mit einigen wenigen Ausnahmen sträflich vernachlässigt, in der Derrida-Forschung dominiert der Fokus auf die Zeit nach 1966.[7] Dabei sind gerade hier mit Derridas Erfahrungen von Rassismus, Antisemitismus und Kolonialismus wie auch mit seinen Erlebnissen während des Algerienkriegs genügend Anhaltspunkte angelegt, die Licht auf die Gründe seines Schweigens und ebenso auf die Wurzeln seines Denkens werfen.

Das Erdbeben

Die Sache mit der Identität fängt, wie so oft, auch bei Derrida bereits beim Namen an. Denn Derrida hieß eigentlich gar nicht Jacques. Diesen vielleicht klassischsten aller französischen Vornamen nahm der Philosoph erst zu Beginn der 1960er-Jahre in Paris an, als er im Begriff stand, seine ersten Veröffentlichungen mit einem Autorennamen zu versehen – also im Alter von immerhin dreißig Jahren. Derrida kam als Jackie auf die Welt, benannt nach dem amerikanischen Kinderstar Jackie Coogan aus dem Charlie-Chaplin-Film *The Kid*, den seine filmbegeisterten Eltern in einem der zahlreichen Kinos von Algier gesehen hatten. Bei der Beschneidung erhielt er zusätzlich den jüdischen Vornamen Élie, der aber nie standesamtlich eingetragen wurde und bei der endgültigen Namensänderung 1962 wegfiel. Allein entlang dieser kleinen Namensgeschichte lassen sich bereits zwei große Lebensthemen von Derrida festmachen: die Anpassung eines in Algerien geborenen jungen Mannes an eine bürgerliche französische Nationalkultur und, damit verbunden, das Verblassen, nicht selten sogar die Verheimlichung der jüdisch-algerischen Identität.[8]

Derridas Vorfahren waren sephardische Juden aus Spanien, die während der Inquisition, also lange vor der französischen Kolonisierung Algeriens im Jahr 1830, ins Land eingewandert waren. Derrida wuchs in einer assimilierten jüdischen Familie auf, in der nicht mehr Ladino, Hebräisch und Arabisch wie in den Generationen vorher, sondern einzig Französisch gesprochen wurde. In *Die Einsprachigkeit des Anderen* schrieb er später dazu: »Ich habe nur eine Sprache, und die ist nicht die meinige / die gehört nicht mir.«[9] Auch die Religion spielte im Alltag der Derridas keine zentrale Rolle mehr. Das hatte sehr viel mit dem Crémieux-Dekret von 1870 zu tun, einem Gesetz, das die damals rund 35.000 algerischen Juden schlagartig zu französischen Staatsbürgern machte und für eine vergleichsweise schnelle Transformation und Assimilierung an die französische Kultur sorgte. Die Staatsbürgerschaft stellte die algerischen Juden rechtlich mit der europäischen Siedlerbevölkerung gleich und befreite sie auch vom diskriminierenden Status als »Indigene«, der für die algerisch-muslimische Bevölkerung weiterhin galt. Ihren Platz in der Kolonialgesellschaft Algeriens hatten die algerischen Juden trotz ihrer Integration in die Republik damit aber nur halb gesichert. Die Situation blieb kompliziert: Sie waren weiterhin, wenn nicht mehr denn je, mit dem Antisemitismus der Algerienfranzosen konfrontiert. Vor allem nach der Dreyfus-Affäre von 1897 kam es in Algerien zu heftigen antisemitischen Pogromen. Hinzu kam nun das Misstrauen der benachteiligten arabisch-muslimischen Bevölkerung. Die Juden Algeriens gehörten weder ganz zur französischen Kolonialschicht noch zur

Gruppe der unterdrückten kolonisierten Subjekte, passten also nicht in das vorherrschende zweiteilige soziale Raster von Kolonisatoren und Kolonisierten. Wer wie Derrida in den 1930er-Jahren als Jude in der algerischen Gesellschaft aufwuchs, befand sich daher in einer äußerst brisanten sozialen Position: nicht nur eingezwängt zwischen zwei Formen des gruppenbezogenen Hasses, sondern auch ständig in Gefahr, zwischen die Fronten einer explosiven kolonialen Situation zu geraten, die man selbst eigentlich gar nicht zu verantworten hatte.[10]

Das entscheidende Erlebnis in Derridas Jugend, das eine von ihm selbst attestierte »Störung der Identität« verursachte und eine tiefe, nie wirklich heilende Wunde hinterließ, war das »Erdbeben« von 1940.[11] So nannte Derrida die plötzliche Aberkennung der französischen Staatsbürgerschaft für die Juden Algeriens von Seiten des faschistischen Vichy-Regimes. Das Perfide an der Rücknahme – nach nur sechzig Jahren – des Crémieux-Dekrets war, dass der während des Zweiten Weltkriegs mit den Nazis kollaborierende Pétain-Staat diese Maßnahme in Algerien ganz ohne Zutun der Deutschen, sondern auf Betreiben von hier ansässigen antisemitischen Algerienfranzosen entschieden hatte. Algerien wurde im Gegensatz zum französischen Mutterland nie von den Deutschen besetzt und bekam während des Krieges keinen einzigen deutschen Soldaten zu Gesicht. Der Entzug der Staatsbürgerschaft bedeutete für den jungen Jackie den Ausschluss als Franzose und eine rund zwei Jahre währende Staatenlosigkeit. In den Klassenzimmern Algeriens machte sich zudem ein staatlich unterstützter Antisemitismus breit, der Parolen wie etwa »Die französische Kultur ist nicht für kleine Juden gemacht« salonfähig machte.[12] Aufgrund einer strengen Quotierung für jüdische Schüler wurde Derrida am ersten Schultag des Jahres 1942 des Lycée Ben Aknoun verwiesen und nach Hause geschickt – für Derrida ein erschütternder Moment.

Doch das war keineswegs das Ende des »Erdbebens«: Denn Derrida konnte sich mit der jüdischen Ersatzschule, die von den bereits 1940 ihrer öffentlichen Ämter enthobenen jüdischen Lehrern auf die Beine gestellt wurde, auch nicht so recht abfinden. Das plötzliche Zurückgeworfen-Sein auf das Jüdische, auf eine kollektive homogene jüdische Identität und Gemeinschaft, die er in dieser Form und Intensität davor gar nicht gekannt hatte, empfand Derrida als reflexhafte »Herden-Identifizierung«, wie er es im Rückblick ausdrückte.[13] Dazu passt Derridas Erinnerung, dass er das Wort »Jude« zuallererst in der französischen Schule Anfang der 1940er-Jahre gehört habe, und zwar zunächst als Beleidigung von französischen Mitschülern, später dann auch als Selbstbezeichnung. Derrida ertrug die Atmosphäre an der jüdischen Schule jedenfalls nur schwer und blieb ihr ein ganzes Jahr lang heimlich fern. Der Zwölfjährige schwänzte die Schule, aber er schwänzte damit auf gewisse Weise auch das Jüdischsein.[14]

Derrida sah sich also mit einem doppelten Identitätsproblem konfrontiert: einerseits der Verlust der französischen Identität und der Ausschluss aus ihrer kulturellen Gemeinschaft, andererseits die Unlust auf ein alternatives und von außen oktroyiertes Identitätskonstrukt. Das eine ist die traumatische Wunde des Antisemitismus, das andere der prinzipielle Widerwille eines Verwundeten gegenüber kollektiven Identitäten und Zugehörigkeiten, was nicht dasselbe ist. Beide Erfahrungen zusammengenommen ergaben aber eine tief verankerte Unzufriedenheit, ein Unbehagen, das Derrida ein Leben lang für die Erfahrung von Gemeinschaft ungeeignet machte. Er blieb fortan unfähig, irgendeine Form von Zugehörigkeit zu genießen: »Immer wenn mich eine Zugehörigkeit umschreibt, […] schreit jemand oder etwas ›Vorsicht, eine Falle, du bist gefangen! Flüchte! Befreie dich!‹«[15]

Derrida bezog sich im Laufe seines Lebens mehrfach auf das »Erdbeben« seiner Jugend und die daraus resultierende allergische Empfindlichkeit gegenüber Zugehörigkeiten – allen voran in den bereits erwähnten autobiographischen Texten *Circonfession* und *Die Einsprachigkeit des Anderen.* Die Erlebnisse aus den frühen 1940er-Jahren markieren darin Bruchstellen eines beschädigten Lebens. Aber sie scheinen für Derrida mehr als eine bloße biographische Jugenderfahrung zu sein: Sie verweisen auch auf seine später einsetzende und ungeheuer produktive philosophische Beschäftigung mit der Großkategorie »Identität«, oder besser mit der Frage, wie sich, angesichts des Verlusts und des Unmöglichwerdens von Identität, bestimmte Elemente des Selbst und des Ich dennoch oder eben anders denken lassen. So besteht einer der zentralen Drehpunkte in Derridas philosophischem Schaffen darin, im Herzen des Selbst und des Subjekts so etwas wie Heterogenität oder ein Anderes zu denken, also Differenz in der Identität walten zu lassen. Angesichts dessen empfiehlt es sich, nochmals genauer in dieses philosophische Projekt zu schauen und zu fragen, welche größeren Linien hier zwischen biographischer Erfahrung und philosophischem Werk zu ziehen wären.

Für manche Beobachter und Interpreten von Derridas Werk stellen dessen an der französischen und jüdischen Schule gemachten Erfahrungen die »Urszene« seines gesamten philosophischen Denkens der Dekonstruktion dar.[16] Diese Richtung schlägt beispielsweise Geoffrey Bennington ein, wenn er in seinem zusammen mit Derrida verfassten Porträt des Philosophen die Zäsur von 1942 auf folgende Weise deutet: »Ich denke, daß das gesamte Werk J.D.s von diesem Unbehagen an der Zugehörigkeit, man könnte fast schon sagen: an der Identifikation befallen ist – und die Dekonstruktion des Eigen(tlich)en scheint mir das Denken dieses Unbehagens selbst, das denkende Unbehagen zu sein.«[17] Man muss mit solchen Interpretationen, die ohne weitere Erklärung eine Kausalität zwischen Biographie und Theorie suggerieren, vorsichtig sein – vor allem, wenn der hier betroffene Derrida an der Deutung von Leben und Werk unmittelbar beteiligt ist und dabei nur noch zustimmend nicken muss. Die Sache wird dann nochmals um einiges komplizierter, wenn man sich vergegenwärtigt, dass mit der Rede von der Urszene eine rhetorische Figur des Ursprungs bemüht wird, die Derrida in seinem Werk eigentlich mit aller Macht zerlegen wollte. Insofern werden hier die von Derrida selbst aufgestellten Prinzipien gehörig strapaziert.

Dennoch trifft Bennington einen wichtigen Punkt, der nicht von der Hand zu weisen ist, aber eben einer Erklärung bedarf. Diese könnte folgendermaßen aussehen: In Derridas Unbehagen an der

Zugehörigkeit kommt eine Haltung zum Ausdruck, die zunächst als eine philosophische Lebensmaxime präsentiert wird, im Kern aber bereits die Handschrift der Dekonstruktion trägt. Nichts in der Welt ist selbstverständlich und stabil, nicht einmal das Selbst, und schon gar nicht Gruppen- und Sprachzugehörigkeiten. Daher ist man besser beraten, diese Kategorien zu hinterfragen, bevor man von ihnen, wie im Fall von Derrida geschehen, unentwegt und verhängnisvoll »umschrieben« wird.

Von hier aus ist es dann aber tatsächlich nicht mehr weit zum großen und zugegeben immer auch etwas nebulösen Projekt der Dekonstruktion, die im engeren philosophischen Sinne erst einmal nichts anderes ist als eine Denk- und Lesepraxis, die unaufhörlich das scheinbar Selbstverständliche, das vermeintlich Naturgegebene, das Eigene und das Andere, hinterfragt.[18] Die Dekonstruktion stellt in einem erweiterten Sinne zwar auch ein Verfahren dar, das sich primär an kanonischen Texten abarbeitet und in letzter Konsequenz die Sprache selbst zu unterlaufen versucht. Lässt man dies ausnahmsweise einmal außer Acht und bleibt auf der philosophischen Ebene, so wird deutlich, dass Derrida mit der Dekonstruktion des Eigenen und Anderen auch weitere binäre Gegenüberstellungen der abendländischen Metaphysik in Frage stellt, sei es die Opposition von Wahrheit und Mythos, von Zentrum und Peripherie, von Mehrheit und Minderheit oder von Leben und Tod. All diese hegemonialen, sinn- und identitätsstiftenden Ordnungen der westlichen Kultur unterwirft er dem Prinzip der Differenz. Derrida ist ein Denker der Unterschiede.

Dekonstruktion wird in dieser Lesart zu einer Form der kulturellen und intellektuellen Dekolonisierung von Philosophie. Sie eröffnet andere Denkräume, bestimmt Verhältnisse neu und reflektiert die Bedingungen des eigenen Nachdenkens. Das erklärt dann vielleicht auch, warum Bennington in Einklang mit Derrida trotz des Anspruchs auf Traditionszersetzung die Figur der Urszene bemüht. Die eigenen Prinzipien zu strapazieren ist nämlich so gesehen elementarer

Bestandteil des dekonstruktiven Verfahrens, das in diesem Fall darauf zielt, mit der und gegen die Vorstellung des Ursprungs so vorzugehen, dass am vorläufigen, aber eben niemals vollständig abschließbaren Ende des Denkprozesses wenigstens »Prothesen des Ursprungs« sichtbar werden. Bezeichnenderweise lautet der vollständige Titel von Derridas Buch dann auch *Die Einsprachigkeit des Anderen oder die Prothese des Ursprungs.*

Was lässt sich bei dieser jüdisch-algerischen Genealogie von Derridas Dekonstruktion festhalten? Man muss vielleicht nicht so weit gehen und behaupten, dass Derrida, bevor er zum Erfinder der Dekonstruktion und zum Denker der Unterschiede avancierte, in den 1940er-Jahren selbst »dekonstruiert« wurde; dass »er die *différance* lange vor dem Konzept lebte«; oder dass die frühen Erlebnisse unabdinglich für die zeitversetzte Entwicklung eines ganzen Theoriegebäudes waren.[19] Wer weiß schon, ob die Dekonstruktion nicht auch ohne das »Erdbeben« von 1940 entstanden wäre? Die algerische Genealogie erklärt nicht alles. Am ehesten macht sie jedoch verständlich, wie stark Derridas Leben und Werk von diesem Verweis auf ein Anderes namens Algerien geprägt ist und dass sich dabei die persönliche Erfahrung der Identitätszumutung und die philosophische Produktion von Differenz keineswegs ausschließen, sondern vielmehr berühren. Im besten Falle rückt diese Genealogie das menschlich Erfahrene so nah an das Theoretische heran, dass man beides besser verstehen kann.

Verwerfungslinien

Die jüdisch-französische Verwerfungslinie blieb nicht die einzige Zerreißprobe in Derridas algerischer Jugend. Nachdem er 1943 in das Gymnasium von Algier zurückgekehrt war (in der Zwischenzeit waren die Alliierten mit Charles de Gaulle im Schlepptau in Algerien gelandet), machten sich dort weitere, ganz anders gelagerte

Verwerfungslinien bemerkbar, die nicht weniger Bedeutung für ihn gewinnen sollten. In *Die Einsprachigkeit des Anderen* nannte Derrida zwei weitere Trennungen, die die »Gemeinschaft« der Algerienfranzosen und damit explizit auch seine eigene Identitätsbildung bestimmten – übrigens fast immer »desintegrierende«, »dissoziative« oder »neurotische« Trennungen, wie Derrida im Vokabular der Psychologie nicht müde wurde zu betonen.[20] Die eine Trennungslinie verlief zwischen Algerienfranzosen und Algeriern, die andere zwischen den Algerienfranzosen der Kolonie und den Franzosen der Metropole. Beide Linien waren nicht einfach so gegeben, sondern ethnisch und kulturell kodifiziert. In der Lebenswelt von Derrida waren sie vor allem als »schulische Sache« erfahrbar – keine Maßnahme oder Entscheidung, sondern mehr ein pädagogisches Dispositiv, das in der und durch die Sprache vermittelt war.[21]

Die erste Erfahrung betraf die fast vollständige Abwesenheit algerischer Schüler. Während es in der Grundschule noch eine moderate Anzahl an Algeriern gab, waren diese an der Schwelle zum Gymnasium fast alle verschwunden. Auf gewisse Weise könnte der oben zitierte Satz aus den Vichy-Jahren »Die französische Kultur ist nicht für kleine Juden gemacht« auch auf den Kontext der algerischen Kinder erweitert werden: Die französische Kultur war offenkundig auch nicht »für kleine Araber gemacht«. Diese Form von Diskriminierung spiegelte sich in dem Stellenwert des Arabischen wider, das in der Schule wie eine Fremdsprache behandelt wurde – vom Berberischen ganz zu schweigen. Angesichts von damals rund sieben Millionen arabisch sprechenden Menschen in Algerien kam das einem kulturellen Verbot gleich.

Die Situation an den Schulen stand dabei nur in einem scheinbaren Kontrast zum Alltag. Für Derrida war das Arabische in seiner Kindheit zwar mehr als eine weit entfernte Fremdsprache, schon eher eine »Sprache des Nachbarn«, weil er mit seiner Familie am Rande eines arabischen Viertels wohnte und daher die Sprache wahrscheinlich oft genug im Alltag vernahm.[22] Doch selbst diese geographische

Nähe bedeutete nicht viel. Es gab subtile wie auch weniger subtile Grenzen, die Derrida von den arabischen Nachbarskindern sowie deren Sprache trennten. So dürfte etwa die Tätigkeit des Vaters – er war Weinhändler – den Derridas nicht wirklich viel Kontakt zu muslimischen Familien beschert haben. Und spätestens nachts wurden die tagsüber durchaus passierbaren Grenzen zwischen den europäischen und arabischen Vierteln zu beinahe unüberschreitbaren Schwellen der Segregation.

Diese soziogeographische und städtebauliche Gestalt der kolonialen Welt hat Frantz Fanon auf den ersten Seiten von *Die Verdammten dieser Erde* eindrucksvoll beschrieben. Für ihn war die koloniale Welt eine in Abteile getrennte, zweigeteilte Welt, bestehend aus voneinander getrennten Zonen für Kolonialherren und Kolonisierte. Auf der einen Seite die europäischen Neubausiedlungen aus Stein und Eisen, asphaltierte und erleuchtete Straßen; auf der anderen Seite die in schlechtem Ruf stehenden Medinas und Kasbahs, jene ausgehungerten Armenviertel, in die man laut Fanon »irgendwie« hineingeboren wird und in denen man letztlich auch an »irgendwas« stirbt.[23] Die Trennungslinie wurde dabei oft durch Kasernen und Polizeiposten markiert. Der junge Derrida gehörte zu denjenigen, die diese Grenze hautnah erlebten. Allerdings konnte er dies von der komfortableren Seite aus tun.

Die Marginalisierung der in Algerien gesprochenen nichtfranzösischen Sprachen – der Prozess, bei dem das Arabische und das Berberische zu geschwächten, unterschlagenen und damit zu den allerfremdesten Sprachen wurden – ging einher mit einer Aufwertung des Französischen. Die koloniale Politik zielte auf ein französisches Algerien, in dem die algerische Bevölkerung von ihren jeweiligen eigenen Sprachen und Kulturen abgeschnitten wurde. Für diese Politik, die koloniale Macht ohne Anwendung physischer Gewalt ausübte, fand Derrida deutliche Worte: »Jede Kultur ist ursprünglich kolonial. Jede Kultur wird durch die einseitige Auferlegung irgendeiner ›Politik‹ der Sprache eingesetzt. Die Herrschaft beginnt mit der Macht zu benennen, seine Benennungen aufzuerlegen und zu rechtfertigen. [...] Die Einsprachigkeit des Anderen wäre zunächst diese Souveränität, dieses Gesetz, das zweifellos von anderswoher gekommen ist, aber auch und zunächst die Sprache selbst des Gesetzes und das Gesetz als Sprache. [...] Die vom anderen auferlegte Einsprachigkeit funktioniert, indem sie auf diesem Grund Fuß faßt und zwar hier durch eine Souveränität, die im Wesen immer kolonialistisch ist und die dahin tendiert – unterdrückt oder nicht –, die Sprachen auf das Eine, das heißt die Hegemonie des Homogenen zu reduzieren.«[24]

Das hegemoniale Gesetz einer homogenen, von »woanders« herkommenden französischen Kultur und Sprache galt auch für die Algerienfranzosen – die Verwerfungslinie zwischen Siedlerkolonie und Metropole. Verglichen mit dem Schicksal der kolonisierten algerischen Bevölkerung wirkte sich diese Verwerfung wohlgemerkt in einer deutlich abgestuften Form aus, aber man darf dennoch nicht vergessen, dass sich auch die Algerienfranzosen in einer speziellen Situation gegenüber dem »Mutterland« auf der anderen Seite des Mittelmeers befanden. Die sogenannten *pieds-noirs* standen trotz gegenseitiger Zugehörigkeitsbekundungen von offizieller Seite in einer sozial wie kulturell asymmetrischen Beziehung. Frankreich stellte auch für die Algerienfranzosen ein zentralisiertes und hegemoniales Bezugssystem dar, an dem man sich zu orientieren hatte und das einem auferlegt wurde.

Auch diese Verwerfungslinie zeigte sich für Derrida nirgendwo deutlicher als in der Schule, wo zum Beispiel die Geschichte und Geographie Frankreichs in allen Einzelheiten und mit hohem ideologischem Eifer unterrichtet wurde, während »kein Wort über Algerien, kein einziges Wort über seine Geschichte und Geographie« fiel. Besonders eindrücklich ist hier Derridas Beschreibung, wie er und seine Schulkameraden »mit geschlossenen Augen den Küstenverlauf der Bretagne und die Mündung der Garonne zeichnen konnten«, ohne diese Gegenden je gesehen zu haben oder irgendwann zu Gesicht zu bekommen; wie sie »die Landeshauptstädte aller französischen

Departements, die allerkleinsten Nebenflüsse der Seine, der Rhone, der Loire oder der Garonne von der Quelle bis zur Mündung kennen, ja eigentlich auswendig hersagen« mussten, während die Städte und Flüsse Algeriens buchstäblich weiße Flecken auf der Landkarte blieben.[25] Frankreich (die Metropole, das Mutterland, das Hexagon, das europäische Festland usw.) war die Referenz Nummer eins und blieb doch gleichzeitig ein fabelhaftes »Anderswo«, in das man einzutauchen hatte – ein Ort, der sehr weit und sehr nah, nicht wirklich fremd (denn man wusste ja so viel von ihm), sondern eher fremdartig, phantastisch, phantomartig und gespenstisch war. »Im Grunde genommen frage ich mich«, so Derrida, »ob nicht eine meiner ersten und imposantesten Figuren des Gespenstischen Frankreich war, das heißt alles, was diesen Namen trug.«[26]

Das Eintauchen in dieses Anderswo begann unweigerlich mit der Sprache. Im Französischunterricht, wo reines Französisch unterrichtet und der markante algerische Akzent unterdrückt und abtrainiert wurde, wo man laut Derrida nur dann wahrhaftig in die französische Literatur eintreten konnte, indem man seinen Akzent verlor, entzündete sich für ihn die ganze dissoziative Enkulturation auf besondere Weise: »Für alle war das Französische angeblich eine Muttersprache, deren Quelle, deren Normen, deren Regeln, deren Gesetze jedoch woanders angesiedelt waren.«[27] Die einzige Sprache, die der junge Jackie besaß – oder besser gesagt: die ihn besaß –, war nicht seine eigene, sondern die Sprache der Kolonisatoren.

Doch es war genau die Sprache, in die er eben eintauchte und die er sehr schnell zu lieben lernte. In einem Interview, das Derrida kurz vor seinem Tod 2004 mit Jean Birnbaum führte, brachte er sein in *Die Einsprachigkeit des Anderen* dargelegtes intimes Verhältnis zur französischen Sprache nochmals auf den Punkt: »Wenn ich diese Sprache liebe, wie ich mein Leben liebe – und manchmal sogar mehr, als dieser oder jener gebürtige Franzose sie liebt –, dann vermutlich deshalb, weil ich sie wie ein Fremder liebe, der aufgenommen wurde und der sich diese Sprache als die ihm einzig mögliche angeeignet hat.«[28] Im selben Interview wird auch deutlich, welche weitreichenden Folgen diese spezifische Erfahrung der Sprachaneignung für Derridas philosophischen und literarischen Umgang mit Sprache und Schrift hatte: »Und so wie ich das Leben – und mein Leben – liebe, so liebe ich auch das, was mich ausgemacht hat und dessen Element eben die Sprache ist, diese französische Sprache, die die einzige Sprache ist, die man mich zu pflegen lehrte, auch die einzige, für die ich mich als mehr oder weniger verantwortlich bezeichnen kann. Das ist der Grund, warum es in meinem Schreiben eine, ich würde nicht gerade sagen perverse, aber doch etwas gewaltsame Art und Weise gibt, mit dieser Sprache umzugehen. Aus Liebe. Die Liebe im allgemeinen verläuft über die Liebe zur Sprache, die weder nationalistisch noch konservativ ist, aber Beweise (*preuves*) verlangt. Und Prüfungen *(épreuves)*. Man kann nicht alles Beliebige mit der Sprache machen, sie existiert vor uns, sie überlebt uns. [...] In der Geschichte der französischen Sprache Spuren zu hinterlassen, das ist es, was mich interessiert.«[29]

Algier–Paris, und wieder zurück

Derrida verließ Algerien 1949 in der Hoffnung, sein ungeliebtes Leben hinter sich zu lassen. Auf die Idee, sein Glück in Paris und dort ausgerechnet in der Kaderschmiede der École normale supérieure zu suchen, kam der inzwischen Philosophiebegeisterte, als er zufällig auf *Radio Alger* in einer Sendung über mögliche Berufsziele von einem Ausbildungsprogramm hörte, das die besten Schüler des Landes in Philosophie aufnahm und sie auf eine steile Karriere im Hochschulwesen vorzubereiten versprach.[30] Das seit Jahrhunderten geltende, ungeschriebene und deswegen vielleicht umso mächtigere Gesetz der französischen Intellektuellenwelt, das den Auszug aus der Provinz in die Metropole fordert, galt damit auch für den jungen Derrida. Allerdings mit einer – man möchte sagen: kolonialen – Besonderheit, denn

Jacques Derrida in Algier, 1949.

zwischen der algerischen Provinz und der französischen Hauptstadt lag das Mittelmeer, für Derrida »ein symbolisch unendlicher Raum, ein Schlund für alle Schüler der französischen Schulen in Algerien«. Derrida überquerte (auf dem Weg ins Pariser Internat) diesen »Abgrund« erst mit neunzehn Jahren zum ersten Mal mit Leib und Seele, und zwar durch eine Schiffspassage auf der *Ville d'Alger*. Die Überfahrt von Algier nach Marseille dauerte damals einen ganzen Tag. Es ist eine Ironie der Geschichte, dass Derrida – der zukünftige sensible Theoretiker der Grenzüberschreitungen – bei seiner ersten Reise ins sogenannte Mutterland, »beim ersten Übersetzen meines Lebens«, vierundzwanzig Stunden Seekrankheit und Brechen erlitt.[31]

In Paris besuchte er zunächst drei Jahre die Philosophie-Vorbereitungsklassen am Lycée Louis-le-Grand, um nach drei Anläufen 1952 schließlich an der ENS aufgenommen zu werden – eine Institution, die ihn mit einigen Unterbrechungen insgesamt dreißig Jahre lang als Student und dann als Lehrer beherbergen sollte. Für Derrida begann dort mit persönlichen Mentoren wie Louis Althusser und Michel Foucault eine intellektuell überaus anregende Zeit, aber insgesamt auch eine schwierige Phase der Depressionen und Zusammenbrüche.[32] In seinem Unwohlsein war allerdings schon früh ein gutes Stück dekonstruktiven Geistes enthalten, wie sich in einem Brief Derridas an einen alten Schulfreund zeigt: »Ich bin zu nichts gut als die Welt zu zerlegen und wieder zusammenzusetzen (nur gelingt mir letzteres immer weniger).«[33] Wem das Zusammensetzen immer weniger gelingt, kann nur noch aufs Zerlegen setzen.

Von Algerien wollte Derrida während seines Studiums nicht mehr viel wissen. Er kehrte nur noch in den langen Sommerferien dorthin zurück, um der Familie seine Pflichtbesuche abzustatten. Meistens nahm er die beschwerliche Reise nach Algerien mit dem Schiff auf sich, manchmal aber auch mit kleinen Transportflugzeugen, in denen er als halbblinder Passagier unbequem auf einer Bank zwischen Gemüsekisten sitzen musste.[34] Derrida kam bei seinen Besuchen immer mehr zu der Überzeugung, dass ihn die algerische Umgebung am Arbeiten hindere, trotz oder gerade wegen ihrer Schönheit. Er hielt es diesbezüglich offenkundig mit seinem algerienfranzösischen Zeitgenossen Camus und dessen Bonmot über Algerien aus *Die Hochzeit des Lichts*: »In gewissem Sinne, aber nur in einem gewissen Sinne, ist das Leben hier zu schön, um auf den Gedanken zu kommen, zu lesen oder überhaupt zu denken.«[35]

Die algerische Realität holte ihn rasch wieder ein, als im Jahr 1954 der Unabhängigkeitskrieg losbrach und die Algerienfrage auch in Paris zu einem täglichen Politikum wurde. Die große Mehrheit der Studierenden an der ENS waren glühende Anhänger der Kommunistischen Partei Frankreichs und als solche grundsätzlich antikolonial eingestellt. Auch Derrida war gegen die koloniale Unterdrückungspolitik des französischen Staates, aber mit dem Dogmatismus der Möchtegern-Stalinisten an der ENS wollte er nichts zu tun haben – ein weiterer Widerwille gegen Zugehörigkeiten. Stattdessen gründete er zusammen mit seinen engsten Freunden Lucien Bianco und Pierre Bourdieu an der ENS eine Sektion des »Aktionskomitees von Intellektuellen für die Verteidigung der Bürgerrechte«, in dem sich undogmatische Linke sammelten.[36] Insgesamt legte Derrida während des Algerienkriegs aber keinen übertriebenen politischen Eifer an den Tag. Im Vergleich zu anderen Kommilitonen, die, mit einem unheimlichen Sendungsbewusstsein ausgestattet, auf der richtigen Seite der Geschichte zu stehen glaubten, waren Derridas persönlicher Machthunger und Profilierungswille begrenzt. Seinem Gefährten Bianco erklärte er: »Wenn das Schicksal mir die Möglichkeit gäbe, die Rolle Lenins zu spielen, könnte es gut sein, dass ich darauf verzichten würde.«[37]

Algier, Anfang 1959.
Von links nach rechts: Marie-Louise und Lucien Bianco (mit ihrer Tochter Sylvie), Marguerite Derrida, Pierre Bourdieu und Jacques Derrida.

Das Schicksal hielt eine andere Rolle für Derrida bereit. Er wurde 1957 nach Beendigung seines Studiums in den Militärdienst eingezogen und musste, auf dem Höhepunkt des Krieges, ausgerechnet nach Algerien. Die Einberufung nach Algerien war damals nicht unüblich (neben dem gleichaltrigen Bourdieu absolvierte auch Bianco dort seinen Wehrdienst), hatte in Derridas Fall aber eine besondere Note, denn hier kehrte jemand zwangsweise in seine Heimat zurück. Was unter anderem bedeutete, dass Derrida sich nun mit dem Gedanken plagen musste, womöglich irgendwann die Waffe gegen seine ehemaligen Nachbarn richten zu müssen. Nach der Grundausbildung bekam Derrida jedoch dank familiärer Verbindungen eine Stelle als Lehrer von Soldatenkindern in Koléa, einer Kleinstadt nicht weit von Algier. Die Anstellung als einfacher Soldat in Zivil war unter den gegebenen Umständen eine Rettung. Sie gestattete Derrida auch regelmäßige Treffen mit Bourdieu in Algier, der nach seinem Militärdienst an der dortigen Universität eine Stelle angenommen hatte und im Land geblieben war. Es war für Derrida und seine Ehefrau Marguerite gleichwohl eine entbehrungsreiche Zeit. Nachts war der Krieg nicht zu überhören, und auch sonst konnten sie vor Gewalt und Gräueln kaum die Augen verschließen. So wurden sie beide eines Abends Zeugen, wie französische Soldaten, nachdem sie einen Führer des FLN exekutiert hatten, ein Seil um dessen Hals banden, ihn mit einem Jeep in die Kasbah schleiften und die Leiche dann vor einer Moschee ablegten, weil sie glaubten, damit die Algerier beeindrucken zu können.[38] Die Derridas lebten zwei Jahre lang isoliert in einem soldatischen Milieu, das in seinem Hass gegenüber den aufständischen Algeriern immer offener wurde für die in der Armee und besonders in Algerien grassierenden ultrarechten und faschistischen Tendenzen. Den Putsch vom 13. Mai 1958 – jener Staatsstreich französischer Militärs in Algier, der ganz Frankreich in eine schwere Krise stürzte, die Rückkehr de Gaulles ermöglichte und das Ende der Vierten Republik zur Folge hatte – erlebten die Derridas in der Kaserne von Koléa hautnah mit. Für den Soldaten Derrida war es dabei praktisch unmöglich, sich offen und kritisch zu äußern. Seine damalige Lieblingsparole »Der Faschismus wird nicht siegen« konnte Derrida nur heimlich von sich geben.[39]

Bruchpunkt 1961/62

Wo Derrida bei der algerischen Frage genau stand, zeigte sich gut bei der Auseinandersetzung mit Pierre Nora, seinem ehemaligen

Mitschüler aus dem Lycée Louis-Le-Grand, der später zu den bedeutendsten Historikern und Publizisten Frankreichs zählen sollte. Anlass des Disputs war Noras im März 1961 erschienenes Buch *Les Français d'Algérie.*[40] Darin rechnete Nora, der zuvor zwei Jahre als Gymnasiallehrer im algerischen Oran tätig gewesen war, scharf mit den Algerienfranzosen ab und machte sie zu den Hauptverantwortlichen des blutigen Krieges. Zielscheibe seiner Polemik waren dabei aber weniger die algerienfranzösischen Ultras als vielmehr die als liberal verunglimpften Stimmen wie die Ethnologin Germaine Tillion und der kurz zuvor verstorbene Albert Camus, die beide für ein französisch-muslimisches Zusammenleben unter Gleichen eingetreten waren. Mit ihrem Plädoyer für Ausgleich unterstützten sie in Noras Augen aber die Fortsetzung der Kolonialherrschaft. Nora dagegen plädierte für eine sofortige Entkopplung Algeriens ohne Rücksicht auf die europäische Siedlerbevölkerung, für die er auch sonst nicht viel übrighatte. So sprach er den Algerienfranzosen etwa die französische Zugehörigkeit ab und machte sich über ihren Akzent lustig.

Derrida schrieb seinem ehemaligen Mitschüler daraufhin einen neunzehn Seiten langen Brief. Er stimmte darin zwar mit Nora überein, dass die Unabhängigkeit mittlerweile unausweichlich sei, fand aber dessen herablassenden Ton gegenüber den Algerienfranzosen deplatziert. Derrida fühlte sich hier vor allem als einer von ihnen angegriffen und reagierte entsprechend angriffslustig. So sah er bei Noras Schuldzuweisungen die wahren »Herren und Meister« über Algerien aus der Verantwortung genommen, nämlich »sämtliche Regierungen und die ganze Armee (das heißt das gesamte französische Volk, in dessen Namen sie handeln)«.[41] Besonders empörte er sich über Noras Zerrbild der »liberalen« Algerienfranzosen, denen er sich, ohne es explizit zu sagen, durchaus zurechnete. Derrida war sowohl gegen die kolonialistischen Partisanen eines französischen Algerien als auch gegen den Terror und die zukünftige Alleinherrschaft des FLN. Stattdessen sympathisierte er – hier auf einer Linie mit den auf Aussöhnung zielenden Positionen von Tillion und Camus, die er in dem Brief vehement verteidigte – mit einem dritten Weg, der alle Bevölkerungsgruppen stärker berücksichtigen sollte. Derrida wünschte sich wie Camus ein »französisch-muslimisches Algerien«, wobei sich im Brief an Nora nirgendwo ablesen lässt, wie dieses von Frankreich unabhängige Algerien konkret auszusehen hatte.[42] Sollte die Gruppe der Algerienfranzosen überhaupt irgendwelche Privilegien abgeben? Wie hätte der Ausgleich aussehen können? Welchen Gewinn hätten sich die Algerier von einer solchen Lösung erhoffen können? Darüber und überhaupt über die Belange der Algerier fiel in dem langen Brief kein Wort.

Nora, der als politischer Journalist schon damals sehr darauf bedacht war, Debatten loszutreten, schlug Derrida vor, die sich aus dem Briefwechsel entspinnende Diskussion zu veröffentlichen. Doch Derrida lehnte dankend ab: »Es kommt nicht in Frage – aus tausenderlei Gründen –, einen Artikel zu schreiben.«[43] Einer dieser Gründe war sicherlich die Sorge um seine Angehörigen in Algerien. Derrida wusste, was Personen in der Öffentlichkeit widerfuhr, die sich nicht vollständig von Algerien lossagen wollten. Das Schicksal von Camus aus dem Jahr 1957 war ihm noch in frischer Erinnerung. Im Gegensatz zu den meisten anderen Linksintellektuellen Frankreichs, die den algerischen Unabhängigkeitskampf unterstützten, hatte sich Camus im Laufe des Algerienkriegs immer mehr der deutlichen Parteinahme entzogen. Das ging so weit, dass sich der Schriftsteller – eingespannt zwischen dem Kolonialismus der Rechten, dem Antikolonialismus der Linken und dem Terror des FLN – irgendwann für vollkommenes Schweigen entschied. Als Camus in Schweden, zwei Tage nach der Verleihung des Literaturnobelpreises, bei einem Treffen mit Studierenden wegen seines Schweigens in der Algerienfrage nochmals zur Rede gestellt wurde, ließ er sich zu einer folgenreichen Antwort hinreißen: »Ich habe den Terror immer verurteilt. Ich muss auch einen Terrorismus verurteilen, der, beispielsweise in den Straßen Algiers, blind wütet und eines Tages auch meine Mutter oder meine Familie treffen kann. Ich glaube an die Gerechtigkeit, aber bevor ich die

Gerechtigkeit verteidige, werde ich meine Mutter verteidigen.«[44] Die Sätze lösten weltweit Empörung aus. Sie wurden dem Moralisten, der wie wenig andere für den Universalismus der Gerechtigkeit stand, lange nicht verziehen.

Derrida wusste also genau, was er zu verlieren hatte, wenn er seinen Standpunkt zur Algerienfrage öffentlich äußerte. Er hätte sich höchstens mit dem Gedanken anfreunden können, den langen Brief anonym (»von einem Freund aus Algier«) zu veröffentlichen, aber aus dieser Idee wurde nichts.[45] In einem weiteren Brief an seinen alten Schulkameraden, den Derrida wenige Wochen später im August 1961 aus El-Biar schickte, wo er seinen letzten algerischen Sommer verbrachte, bezog er sich erneut auf sein schwieriges Verhältnis zu Algerien: »Ich verbringe hier seltsame Ferien: zwischen ein wenig Arbeit […] und dem Glück des Meeres wälzt man den ganzen Tag lang, inmitten dieser merkwürdigen Gesellschaft, unvorstellbare Probleme. Und ich werde mir darüber klar, dass ich dieses Land immer mehr liebe, mit einer verrückten Liebe, die nicht das Gegenteil der Abneigung ist, die ich ihm so lange erklärt habe.«[46] In diesen Sätzen kommt eine ebenso existentielle wie dramatische Bewegung zum Ausdruck: Wo der Verlust einer anfänglich verleugneten Heimat droht, setzt ein affektiv besetztes Festhalten daran ein. Eine bittersüße Erkenntnis.

Derridas private Äußerungen zur Algerienfrage kamen erst Anfang der 2010er-Jahre ans Licht der Öffentlichkeit, als Pierre Nora Derridas Brief in die Neuausgabe seines Buches über die Algerienfranzosen aufnahm und Benoît Peeters den anschließenden Briefwechsel zwischen beiden in seiner Derrida-Biographie detailliert behandelte. Die posthumen Veröffentlichungen der Briefe brachten ein bis dahin unbekanntes Bild von Derrida zum Vorschein, das viele seiner postkolonialen Bewunderer enttäuschte und seine nicht weniger zahlreichen konservativen Kritiker überraschte. Ein Derrida, der Zuneigung zu einem französischen Algerien hegte, passte nicht so recht ins gängige Schema des postmodernen Dekonstruktivisten mit

Sympathie für den Postkolonialismus. Vom heutigen Standpunkt aus betrachtet kann man die Angelegenheit – auch dank eines besseren Überblicks des Gesamtwerks – etwas gelassener einordnen. So bestehen durchaus Kontinuitätslinien zwischen seinen Erfahrungen während des Algerienkriegs und den späteren politisch-philosophischen Schriften der 1990er-Jahre, in denen er die moralische Sensibilität seines politischen Denkens ausformulierte: die Aufmerksamkeit für Nuancen; die Weigerung, sich für eine Seite zu entscheiden; die Philosophie des Dazwischen; der gelegentliche Utopismus. Das sind alles Eigenschaften und Denkhaltungen, die Derrida ebenso bei seiner Auseinandersetzung mit der Israel-Palästina-Frage wie bei der Frage des Umgangs mit der Vergangenheit des Apartheid-Regimes in Südafrika an den Tag legte. Wo immer es ihm um die Gestaltung einer Politik der Vergebung ging, wirkte die algerische Wunde nach.[47]

Derridas Sorgen waren keineswegs unberechtigt. Bei seinem Aufenthalt in Algerien im Sommer 1961 ahnte er bereits, was auf seine Familie zukommen könnte. Lange bevor es im Juli 1962 zur Unabhängigkeit Algeriens kam, war für die Algerienfranzosen die Spannung schon zu spüren. Unbeeindruckt von den offiziellen Verlautbarungen der französischen Regierung, die bis zum Schluss von einem bedingungslosen Festhalten an Algerien sprach und im Geheimen mit dem FLN Verhandlungen über die Unabhängigkeit führte, stieg in der Familie Derrida wie bei vielen anderen der Druck, das Land rechtzeitig zu verlassen. Als es im Frühjahr 1962 zu größeren algerischen Ausschreitungen und Gewaltexzessen gegenüber der französischen Zivilbevölkerung kam – so wurde in diesen blutigen Wochen einem Nachbarn der Derridas auf offener Straße die Kehle durchgeschnitten –, entschloss sich Derridas Familie, das Haus in El-Biar aufzugeben, die Heimat zu verlassen und nach Frankreich zu fliehen.

Das Jahr 1962 markierte für Derrida in vielerlei Hinsicht eine tiefe Zäsur in seiner intellektuellen Biographie. Nach den Erfahrungen des Rassismus und Antisemitismus während seiner Schulzeit waren es dieses Mal eher »algerische« Wunden, die ihn prägen sollten. Mit dem Ende des Algerienkriegs und der anschließenden Unabhängigkeit hörte für Derrida das Algerien seiner Kindheit und Jugend auf zu existieren. Das Land schien für ihn verloren – er kehrte danach nur noch zwei Mal in sein Geburtsland zurück. Mit dem Jahr 1962 assoziierte er fortan und nicht ohne Pathos das Ende eines Lebensabschnitts: »Meine Adoleszenz dauerte bis zum 32. Lebensjahr.«[48] Gleichzeitig stellte 1962 einen Neubeginn dar: Die wissenschaftliche Karriere nahm in diesem Jahr Fahrt auf. Derrida veröffentlichte sein erstes Buch, einen langen Kommentar zu Husserls *Ursprung der Geometrie* – dass das Manuskript im Juli 1961 auf einem Papier der Universität von Algier mit dem Briefkopf »Faculté des Lettres, histoire de la colonisation« fertig geschrieben wurde, ist ein *plot twist*, den sich kein Romancier besser hätte ausdenken können.[49] Der Start als philosophischer Autor ging einher mit dem Namenswechsel zu Jacques. Nicht zuletzt begann in dieser Zeit auch Derridas persönliche »Unabhängigkeit von Algerien«, die er später als *Nostalgérie* bezeichnete – ein schillernder Ausdruck, der es ihm ermöglichen sollte, sehnsuchtsvoll vom verlorenen Land zu träumen, ohne es aber direkt explizit adressieren zu müssen (auch wenn er immer wieder gespenstisch davon eingeholt wurde).[50] Algerien erhielt so einen versteckten Platz in der Erinnerung, was weder mit Nostalgie noch mit einem tatsächlichen Rückkehrwunsch gleichzusetzen war. Die *Nostalgérie* erfüllte für Derrida sogar ein dem entgegengesetztes Bedürfnis, nämlich auf keinen Fall mehr über seine algerische Herkunft, seine dort gemachten persönlichen Erfahrungen oder sonstige mit Algerien verbundene politische Angelegenheiten zu sprechen. Dies alles verschwand für Jahrzehnte unter einem Mantel des Schweigens.

Irgendwann – deutlich später, etwa in den frühen 1990er-Jahren – wurde dieses befreite Sprechen möglich. Über die Frage, wie Derrida sein algerisches Hindernis überwand, gäbe es mindestens genauso viele Geschichten zu erzählen wie über sein Schweigen. Doch manchmal reicht auch eine einzelne Szene aus, um diese zurückeroberte Leichtigkeit des Sprechens zu veranschaulichen. Sie stammt aus dem eingangs bereits erwähnten Film *Derrida, anderswo*. Dort kann man Derrida dabei zusehen, wie er am Steuer seines Autos durch das Pariser Universitätsviertel fährt und an den jeweiligen Orten seines Schaffens ein paar Erinnerungen und Bemerkungen loswird. In einer Szene biegt er in die Rue d'Ulm ein, in der die École normale supérieure liegt. Aus dem Kassettenradio seines Autos hört man währenddessen die Klänge von Lili Labassi, einem algerischen Sänger und Violinisten mit jüdischen Wurzeln, der in der Mitte des 20. Jahrhunderts eine Art algerischer Django Reinhardt war und einen Mix aus arabisch-andalusischen Einflüssen spielte. Derrida reagiert auf die Szene nur mit einem einzigen lapidaren Satz: »Rue d'Ulm mit einem Soundtrack von Lili Labassi ist nicht schlecht, oder?!« Es ist ein Satz, der die Verbindung von zwei auf den ersten Blick nicht unmittelbar zusammenpassenden kulturellen Codes betonen möchte: einerseits die Einfahrt in das altehrwürdige Zentrum der akademischen Hochkultur Frankreichs, andererseits das Hören von arabischen Klängen eines jüdischen Musikers. Aber in diesem Satz scheint auch Derridas eigener Lebensweg zum Ausdruck kommen zu wollen: Es bis an die Spitze des intellektuellen Feldes geschafft zu haben und parallel dazu die Rückbesinnung auf die algerische Herkunft, auf die Musik und auf das, was ihn nostalgisch umtreibt. Diese Deutung kann man wie so vieles in dem Film und bei Derrida als bequemes *self-fashioning* eines arrivierten Intellektuellen auslegen, als spielerische Inszenierung des Einklangs von algerischer Authentizität und europäischer Philosophie. Aber dann sei wenigstens im Gegenzug die Frage gestattet: Welche anderen französischen Intellektuellen hätten dieses Spiel so überhaupt spielen können? Es gilt, Derrida auch als einen algerischen Denker in Erinnerung zu behalten.

HÉLÈNE
CIXOUS

6. Höllisches Paradies
Hélène Cixous

Bei Leben und Werk von Hélène Cixous sind die Superlative schnell zur Hand: Grande Dame des Poststrukturalismus, Ikone des Feminismus, Impulsgeberin eines weiblichen Schreibens, glamouröse Intellektuelle und »letzte Überlebende« der großen Theorie-Generation aus Frankreich.[1] Die 1937 in Algerien geborene Schriftstellerin und Philosophin hat ein derart umfangreiches und vielfältiges Werk geschaffen, dass es schwerfällt, es mit nur einem Label zu beschreiben. Cixous gilt als eine der führenden Theoretikerinnen des Feminismus und der Dekonstruktion, ist Hausdramaturgin von Ariane Mnouchkines Théâtre du Soleil, war Mitbegründerin der legendären Universität von Vincennes und dort mehr als dreißig Jahre lang Professorin. Von Haus aus Anglistin, hatte sie maßgeblich Anteil am Siegeszug der *French Theory* an den amerikanischen Universitäten, wo sie auch Gastprofessuren hatte. Nicht zu vergessen das literarische und essayistische Werk: Nach ihrem Debüt 1967 folgten rund siebzig Bücher, die vielfach mit Preisen ausgezeichnet und in zahlreiche Sprachen übersetzt wurden. In den letzten zwanzig Jahren erschienen allein bei ihrem französischen Verlag *Galilée* sechsunddreißig Bücher – also durchschnittlich fast zwei Bücher pro Jahr.

Weltweite Bekanntheit erlangte Cixous 1975 mit dem feministischen Manifest *Das Lachen der Medusa*. Dieser Schlüsseltext der feministischen Theorie ist auch heute noch ihr mit Abstand berühmtester Text: eine 40-seitige, vor Kraft und Ironie strotzende Performance, eine Streitschrift gegen das Patriarchat und zugleich eine in dieser Form bis dahin noch nie gesehene Aufforderung zu einem weiblichen Schreiben, wofür Cixous eigens den Ausdruck *écriture féminine* erfand. Schon die ersten Zeilen haben Legendenstatus erlangt: »Es ist unerläßlich, daß die Frau sich schreibt: daß die Frau von der Frau ausgehend schreibt und die Frauen zum Schreiben bringt, zum Schreiben, von dem sie unter Gewaltanwendung ferngehalten worden sind, wie sie es auch von ihren Körpern waren.« Auf derselben Seite: »Ich schreibe dieses als Frau auf die Frauen zu. Wenn ich ›die Frau‹ sage, spreche ich von der Frau in ihrem unvermeidlichen Ringen mit dem klassischen Mann; und von einer Frau, die ein universales Subjekt ist und die Frauen zu ihrem/n Sinn/en und ihrer Geschichte kommen lassen soll.« Und eine Seite später dann das ultimative *Empowerment*: »Schreib! Schrift ist für Dich, Du bist für Dich, Dein Körper ist Dein, nimm ihn. [...] Schreib, niemand soll Dich aufhalten, nichts soll Dich aufhalten.«[2]

Das Lachen der Medusa mischte bei seinem Erscheinen die feministische Szene Frankreichs kräftig auf. Für die einen wirkte die Aufforderung, ein weibliches Selbstbewusstsein im Schreiben zu verankern, wie der nächste avantgardistische Schritt innerhalb der Frauenbewegung; anderen kam ausgerechnet diese Verbindung von Weiblichkeit und Literatur vor wie ein Schritt zurück in Zeiten, die es gerade zu überwinden galt. Als Beitrag zur feministischen Debatte war der Text bereits 1975 zweifellos eine Provokation.[3] Viele Kritikerinnen sahen in Cixous' Abhandlung eine Idealisierung und Romantisierung des weiblichen Körpers am Werk, die zu einem Essentialismus des Weiblichen führe. Auch ihr unkonventionelles, mäanderndes Schreiben war ein Stein des Anstoßes: Vor lauter Wortspielen fehle es an einer konkreten politischen Perspektive und Handlungsanweisung, wie man die Lebensumstände der Frauen verbessern könnte. Noch heute sorgt *Das Lachen der Medusa* für gespaltene Reaktionen, was eher ein Zeichen dafür ist, dass der Text trotz der historischen Distanz nichts von seiner Anziehungskraft verloren hat. Medusas Ruf, dem Schreiben nachzugehen, scheint, auch wenn sich seitdem manches im feministischen Diskurs verändert hat, eine zeitlose Gültigkeit zu haben.

In Deutschland ist Cixous nur wenigen außerhalb von feministischen und poststrukturalistischen Zirkeln bekannt.[4] Lange Zeit konnte man *Das Lachen der Medusa* nur auf Französisch und Englisch lesen, was auch an den Übersetzungsschwierigkeiten gelegen haben könnte, aber dennoch erstaunt, wenn man sich vergegenwärtigt, dass in derselben Zeitspanne die meisten anderen zentralen und nicht weniger schwierigen Texte der französischen Theorie relativ zügig ins Deutsche übersetzt wurden. Seit einigen Jahren wird das Werk von Cixous dank des Passagen Verlags im deutschsprachigen Raum langsam wiederentdeckt. Zu lesen bekommt man so eine Autorin, die in ihren Büchern einen eigenen unverwechselbaren Stil zwischen Autobiographie, Literatur und Theorie entwickelt, den sie als »Autobiografiktion« bezeichnet: halb Autobiographie, halb Fiktion, und stets unterlegt mit einem Theorie-Mix aus Psychoanalyse, Feminismus, Dekonstruktion und Poststrukturalismus. Dabei gelingen ihr die Übergänge zwischen den Genres so instinktsicher, dass man manchmal nicht sicher weiß, ob es sich um eine Poesie der Philosophie oder um eine Philosophie der Poesie handelt – wahrscheinlich ist es beides.

Algerien spielt eine herausragende Rolle in Cixous' Werk und besonders in ihrem Projekt der »Autobiografiktion«. Cixous erzählt darin unablässig von ihrer Kindheit in Oran, von ihrer Familiengeschichte und ihrer jüdischen Herkunft, von den traumatischen Erfahrungen des Antisemitismus und den kolonialen Gewaltverhältnissen – und schließlich auch von ihrem Weggang in den 1950er-Jahren. Um ihrem durchaus ambivalenten Verhältnis zu Algerien eine eigene Sprache zu geben, hat Cixous sogar ein neues Wort kreiert: *Algériance*. Es handelt sich um ein Kofferwort aus den beiden Wörtern *Algérie* und *allégeance* (deutsch: Loyalität, Treue). Die *Algériance* bezeichnet für Cixous, ähnlich wie schon bei Derridas *Nostalgérie*, weniger einen konkreten Ort namens »Algerien« als vielmehr ein emotionales Treue- und Zugehörigkeitsverhältnis, das sich erst im Modus eines fortlaufenden Prozesses der Erinnerung einstellt: »Was ich ›meine Algériance‹ genannt habe, bezeichnet die von einem Netz aus ineinander verknoteten Widersprüchen durchzogene Region unter Hochspannung, in der ich mich befand, wenn ich mich Algerien zuwandte, an der Tür stehend, weder drinnen noch draußen, und die mir als Bühne diente, auf der sich die Schätze meiner Kindheit bewahren ließen.«[5]

Anders als etwa bei Barthes, Foucault oder Lyotard braucht man die kolonialen Wurzeln von Cixous' Denken nicht lange zu suchen. Cixous hat ihre algerische Herkunft selbst zum Thema gemacht. Mehr noch: Herkunft und Identität stehen am Ausgangspunkt ihres Unterfangens, das eigene Leben in Schrift zu gießen. Cixous betont, dass alles, was sie bewegt und beschäftigt, und damit ist auch ihr Schreiben gemeint, »bis zu den Toren von Oran« zurückverfolgt werden könne.[6] Ihr Versuch, ihre algerische Prägung zu akzentuieren, erinnert stark an Derrida, beide verband die algerisch-jüdische Herkunft und eine tiefe Freundschaft. Allerdings gibt es zwischen ihnen einen wichtigen Unterschied: Cixous setzte sich früher, intensiver und anders mit ihrer algerischen Vergangenheit auseinander. Umso mehr gilt es, hier ihre Lebensgeschichte und ihre Erinnerungen nachzuzeichnen und dabei mit einem Auge auf den Konnex von Biographie und Theorie und mit dem anderen auf die spezifischen Umstände von Cixous' früher Beschäftigung mit Algerien zu achten.

Die zwei Welten

Alles beginnt in Oran, dem Geburtsort von Cixous. Die zweitgrößte Stadt Algeriens liegt an der Westküste des Landes, nahe der marokkanischen Grenze. Die einzelnen Stadtviertel reihen sich an der Mittelmeerküste entlang wie Perlen auf einer Schnur und sind an beiden Enden von Steilfelsen begrenzt. Von einer dieser Klippen blickt die imposante Statue der Jungfrau Maria auf die Stadt hinab. Das Wahrzeichen der Stadt wurde, zusammen mit der Kathedrale Santa Cruz, von den Franzosen nach dem Ende der verheerenden Cholera-Epidemie von 1849 errichtet – jener Epidemie, die den aus Algerien stammenden Schriftsteller Albert Camus zu dessen weltberühmtem Roman *Die Pest* inspirierte. In ihm ist Oran Schauplatz einer Seuche, die mit toten Ratten beginnt und die Stadtbewohner erfasst, bis es zur Quarantäne und Abriegelung der Stadt mit all den damit verbundenen gesellschaftlichen Folgen kommt – menschliche Abgründe und Heldentaten inbegriffen. Camus' Klassiker aus dem Jahr 1947 erregte während der Corona-Pandemie erneut große Aufmerksamkeit. *Die Pest* versprach die Möglichkeit, sich lesend einen Reim auf das Geschehen zu machen, vielleicht auch einen Halt in der Literatur zu finden, und war schnell vergriffen.[7] Müsste man wetten, welche Stadt die größtenteils in den eigenen vier Wänden eingeschlossenen Leserinnen und Leser während der Pandemie am ehesten neu oder wieder kennenlernten, dann wäre Oran an vorderer Stelle.

Die Stadt selbst kommt im Roman – man ahnt es beim gewählten Thema – eher schlecht weg. Camus hatte auch im wahren Leben nur wenig für Oran übrig, wo er zu Beginn des Zweiten Weltkriegs lebte und wo erste Ideen zum Roman entstanden, dessen Handlung ursprünglich im Jahr 1941 spielen sollte, aber dann von Camus auf »194X« datiert wurde. Camus hatte der Stadt mit *Minotaurus* bereits 1939 ein kleines, wenn auch bitterböses Porträt gewidmet. Dort heißt es halb fasziniert, halb abgestoßen: »Die Straßen Orans sind dem Staub geweiht, den Steinen und der Hitze. Regen erzeugt eine wahre Sintflut und ein Meer von Schlamm. Doch bei Regen oder Sonne haben Auslagen und Läden das gleiche extravagante und absurde Aussehen. Der ganze schlechte Geschmack Europas und des Orients treffen hier zusammen.« Der Minotaurus war der griechischen Sage nach ein Mischwesen: halb Mensch, halb Stier, gefangen im Labyrinth. Wer Camus' Text vor diesem Hintergrund liest, möchte meinen, dass sein Autor schwer damit beschäftigt war, die Gegensätze der porträtierten Stadt zu bewältigen. Von der arabischen Bevölkerung in dieser multikulturellen Stadt ist bei Camus, wie üblich, kaum die Rede. Den kleineren, alltäglichen Vermischungen begegnet er mit beißender Ironie. So finde man etwa in den Geschäften von Oran »kunterbunt durcheinander Windhunde aus Marmor, Tänzerinnen mit Schwan, Dianen aus grünem Galalith, Diskuswerfer und Schnitter, alles, was als Geburtstags- oder Hochzeitsgeschenk gebraucht wird, dieser ganze Kitsch, der unaufhörlich von einem handelstüchtigen und zugleich spöttischen Geist auf unsere Kaminsimse gestellt wird.«[8]

Zu dem Zeitpunkt, als Camus diese Zeilen schrieb, befand sich an der Ecke der Place d'Armes, dem zentralen Platz der Stadt, ein Laden, der auch aus Camus' Beschreibungen hätte stammen können. In ihm wurden neben Tabakwaren und Postkarten auch Hüte und Militärdekorationen angeboten. Dieses Geschäft gehörte niemand Geringerem als dem Großvater von Hélène Cixous, Samuel Cixous, und hieß »Les deux mondes«. Warum ihr Großvater es »Die zwei Welten« genannt hatte, fand Cixous nie heraus. Doch auf sie übte dieser Name seit der Kindheit eine enorme Faszination aus, wie sie in zahlreichen Texten und Interviews bekräftigt hat.[9] Der Name evoziert für Cixous vieles: Er gibt Anlass, über die Hintergründe der großväterlichen Namensgebung zu spekulieren (»Könnten die ›zwei Welten‹ Afrika und Europa gewesen sein?«), wird zum Sinnbild für die eigenen Kindheitserlebnisse in Algerien (»In meiner Kindheit gab es sehr viele ›zwei Welten‹«) und bietet außerdem die Gelegenheit, die eigene Erinnerung mit einer persönlichen Lebenserkenntnis zu verknüpfen: »Alles, was ich weiß, ist, dass die Welt mehr als eine Welt ist. Seit ich laufen kann, weiß ich, dass die Welt aus zwei Welten besteht. Es gab zwei Welten plus zwei Welten plus zwei Welten.«[10] Cixous lässt diesen Gedanken wie eine kleine aus Oran stammende Lebensweisheit in puncto Vielfalt klingen, aber darin verbirgt sich ihre ganze Philo-

Das Geschäft »Les deux mondes« von Cixous' Großvater an der Place d'Armes in Oran/Algerien.

sophie der Differenz, besser gesagt: der Differenzen im Plural, liegt doch die Pointe hier nicht in der Affirmation einer Welt der Binarität, sondern in der Multiplikation und Verschiebung von Differenzen, seien diese geschlechtlicher, ethnischer, kolonialer, sprachlicher oder religiöser Natur.

Cixous' Rede von den zwei Welten speist sich im Kontext der in Algerien verbrachten Kindheit zunächst aus divergierenden Familiengeschichten. Die Geographie ihres Familiengedächtnisses hat Cixous einmal wie folgt beschrieben: »Ich stehe am Rand Nordafrikas. An seinem Strand. Zu meiner Linken, das heißt im Westen, befindet sich meine Familie väterlicherseits, die dem klassischen Weg der aus Spanien vertriebenen Juden nach Marokko folgte. Die Großeltern meines Vaters stammen aus Tétouan oder Tanger. Sie reisten auf dem Rücken von Eseln. Zweifellos folgten sie der französischen Armee, als Hausierer und Dolmetscher, und kamen so an den westlichen Rand Algeriens: Oran. Meine Heimatstadt. Eine sehr spanische Stadt. In der Familie meines Vaters wird Französisch und Spanisch gesprochen.«[11] Cixous erzählt hier zudem eine für die sephardischen Juden Algeriens typische Assimilationsgeschichte: Ab 1870 wird ihnen die französische Staatsbürgerschaft zugesprochen, der Großvater bewundert Frankreich, sieht in dem Land die Zukunft seiner Familie und der Juden insgesamt gut aufgehoben, weil es ihnen die Möglichkeit des sozialen Aufstiegs verspricht. Sein Sohn Georges, Hélènes Vater, ist da das beste Beispiel: Er ist kein praktizierender Jude, vielmehr Atheist, studiert Medizin in Algier und dann in Paris (Abschlüsse werden nur in der Metropole vergeben), um nach der Rückkehr nach Algerien, so die Hoffnung, eine Karriere als Arzt zu beginnen.

In der familiären Geographie gibt es für Cixous neben dem »Westen« auch einen »Norden«.[12] Es ist eine andere Welt: Die aschkenasische Familie mütterlicherseits stammt aus Mittel- und Osteuropa und ist über die Gebiete des Deutschen Reiches und der Habsburgermonarchie verstreut (nochmals zwei verschiedene Welten). Eve Klein, die Mutter von Hélène, ist im Elsass geboren, wächst aber in Osnabrück auf. Sie verlässt noch vor Hitlers Machtergreifung Deutschland, lernt Georges Cixous in Paris kennen und zieht mit ihm nach Algerien. Die zunächst in Osnabrück gebliebene Großmutter folgt ihnen dorthin 1938 mit weiteren Familienmitgliedern nach, was nur durch den glücklichen Umstand eines für Elsässer geltenden Rechts auf die französische Staatsbürgerschaft möglich wurde. Ihnen blieben, anders als jenen Familienangehörigen, die es nicht aus Europa herausschafften, Deportation und Tod in den nationalsozialistischen Konzentrationslagern erspart. Hélène Cixous wächst also in Oran in einer polyglotten Familie auf, in der neben Französisch, Spanisch und Hebräisch auch sehr viel Deutsch gesprochen wird, in der aber neben der Erfahrung von Vertreibung auch die des Holocaust präsent ist.

Hélène Cixous hat den deutschen Teil ihrer Familienbiographie erst spät in ihrem Leben schriftstellerisch verarbeitet. In drei beeindruckenden Büchern (*Eine deutsche Autobiographie*, *Osnabrück*, *Meine Homère ist tot …*) lässt sie dabei auch auf gewisse Weise ein Deutschland in Algerien aufscheinen.[13] So etwa, wenn sie sich an ihre Kindheitsbegegnungen mit jüdischen Flüchtlingen aus Deutschland, Österreich oder Ungarn erinnert, die im Transit auf dem Weg nach Amerika und anderswohin für kurze Zeit in Algerien landeten, in den Parks von Oran verloren auf den Bänken saßen und Deutsch miteinander sprachen.[14] Deutschland, das war für sie, verkörpert durch die Anwesenheit der Großmutter, »eine Mischung aus Nazismus und Familiensage«, die in Algerien und in der Imaginationswelt des jungen Mädchens fortlebte.[15] Diese Verbindung bringt Cixous in *Eine deutsche Autobiographie* mit einem für sie charakteristischen Wortspiel zum Ausdruck: »Jedes Mal wenn ich sagen will: Al – erheben sich meine beiden Länder, Algérie und Allemagne. Sie sind so unähnlich so verbunden, sie mischen sich in mich ein und verstehen sich nur durch ihre Erfahrungen des Leidens und des Hasses, über die die Liebe gesiegt hat.«[16]

Nicht nur die beiden Länder, auch Oran und Osnabrück führt Cixous auf diese Weise zusammen. Denn in beiden Städten tobt »ein fürchterlicher Kampf zwischen Gut und Böse«, womit Cixous »das Verhältnis zum Anderen« meint: »Für mich waren Oran und Osnabrück wie Zwillinge. Mit unterschiedlichen Rassismen, unterschiedlichen Arten von Antisemitismus.«[17] Auch Algerien war nämlich keineswegs frei von Vorurteilen und Ressentiments. Im Gegenteil, das Land gründete auf Rassismus. Es gab den Kolonialrassismus als vorherrschende und gegen die arabische Bevölkerung gerichtete Form. Es gab den Rassismus der Araber gegenüber den Juden und den Rassismus der Juden gegenüber den Arabern. Und nicht zuletzt gab es den Antisemitismus der Algerienfranzosen, der sich ab 1940 unter dem Vichy-Regime verstärkte.

Der Antisemitismus steht auch im Mittelpunkt einer Kindheitserfahrung, die Cixous Anfang der 1940er-Jahre in Oran erleben musste. Sie gehört in die Kategorie »Schlüsselereignisse« – Cixous selbst spricht sogar von einer »Urszene«.[18] Sie spielt an der Place d'Armes, also an dem Ort, an dem der Laden ihres Großvaters stand, und besteht eigentlich aus mehreren Ereignissen aus der Zeit um 1940. Zu Beginn des Zweiten Weltkriegs wird Cixous' Vater als Militärarzt in die französische Armee einberufen und in Tunesien stationiert. Mit der Ernennung zum Offizier gehen einige Privilegien für die Familie einher, etwa die Möglichkeit für die junge Hélène, Einlass in den sogenannten Cercle militaire zu erhalten, einen exklusiven Garten an der Place d'Armes, der für die Angehörigen der Offiziere reserviert ist. Mit seiner weitläufigen Anlage ist er für das Kind lange Zeit ein Sehnsuchtsort. Nach dem Einlass wird er jedoch schnell zum Schauplatz antisemitischer Anfeindungen. Das Kind wird dort als »Jüdin« beschimpft und bespuckt. Der paradiesische Garten entpuppt sich als Hölle der Ausgrenzung. Die dortigen Aufenthalte finden ohnehin bald ihr jähes Ende: Als die antijüdischen Vichy-Gesetze in Kraft treten, wird dem Vater im Rahmen des Berufsverbots für Juden die ärztliche Tätigkeit untersagt. Er wird aus der Armee geworfen, muss sein Arztschild abhängen und sich stattdessen notgedrungen zu niederen Arbeiten in der Fußpflege verdingen. Der Familie wird, wie allen algerischen Juden, im Oktober 1940 die französische Staatsbürgerschaft entzogen. Die Cixous werden zu Staatenlosen.

Hélène Cixous hat diese Geschichte vom Rauswurf aus dem Cercle militaire, die sie wohlgemerkt als Dreijährige (mehr oder weniger bewusst) erlebte, oft und auf sehr unterschiedliche Arten und Weisen erzählt. Die Geschichte taucht in literarischen wie in essayistischen Texten auf und zuletzt in einem langen autobiographischen Gespräch, das sie 2017 mit ihrem deutschen Verleger Peter Engelmann führte. Dort erhält ihr Kindheitserlebnis eine psychoanalytische Deutung: Beim Rauswurf aus dem Cercle militaire handle es sich, so

Cixous, um eine »historisch überdeterminierte Urszene«, um eine »Urzelle der psychischen Konfiguration«, in der »sich für mich alles verknüpft hat« und »einfach alles enthalten war«.[19] Der auf Sigmund Freud zurückgehende Ausdruck »Überdeterminierung« bezeichnet in seiner schlichtesten Fassung die Mehrfachdeterminierung und Bedeutungsvielfalt von psychischen Prozessen. So sind Träume wie auch neurotische Symptome insofern überdeterminiert, als sie meistens durch eine Mehrzahl voneinander unterscheidbarer (unbewusster) Wünsche und Motive geprägt und verursacht sind. In einer etwas freien Auslegung der Freud'schen Begrifflichkeit fand sich Cixous in der Szene vom Cercle militaire, wie sie sagt, »in einer ungeheuerlichen Überdeterminierung wieder, in der historische, politische, moralische, affektive Gegebenheiten wirksam waren«. Der Akt des Rauswurfs bildet einen Knotenpunkt, an dem sich all die persönlich-familiären Lebensfäden und all die großen historischen Zeitläufte miteinander verknüpfen. Auch Cixous' Rede von der »Urszene« entstammt direkt dem Vokabular der Psychoanalyse. Bei Freud bezeichnet sie ein schockierendes wie auch erregendes Erlebnis in der Kindheit (die reale oder phantasierte kindliche Beobachtung des elterlichen Geschlechtsverkehrs). Bei Cixous wird die Urszene wiederum zu einem traumatischen und zugleich identitätsbildenden Moment: Der Rauswurf aus dem Cercle militaire steht für

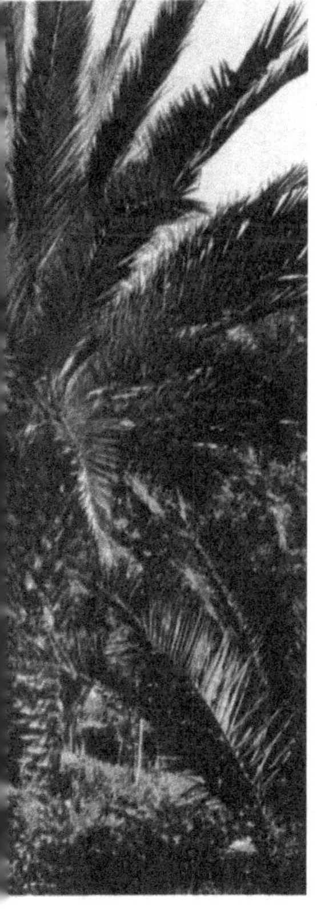

Palmenallee im Cercle militaire, Oran/Algerien, späte 1930er-Jahre.

Erniedrigung, Stigmatisierung und Entwurzelung, aber dadurch eben auch für einen entscheidenden Moment in der Entwicklung ihrer Persönlichkeit und ihres weiteren Lebens.

Nun ist der psychoanalytische Einschlag dieser Interpretation nicht überraschend. Für Cixous stellte die Psychoanalyse immer schon einen wichtigen Bezugspunkt dar. Es ist aber interessant zu sehen, dass Cixous über die relativ eng definierten Grenzen der psychoanalytischen Deutung hinausgeht und aus ihrer Urszene auch dezidiert ästhetische Schlüsse zieht. Sie gibt der Sache als Schriftstellerin und Philosophin jedenfalls eine besondere und keineswegs selbstverständliche Wendung, wenn sie behauptet, dass auch ihr ganzes Denken und Schreiben in der Erfahrung der Szene ihren »Ursprung« nehme. »Meine Urszene ist zu Philosophie geworden«, sagt Cixous im Gespräch mit Engelmann und lässt damit die volle Bedeutung der Szene für sie erkennen: Der Rauswurf aus dem Cercle militaire wird zum Auslöser und Gegenstand einer ständigen Reflexion, Verarbeitung und Erinnerung des Erfahrenen.[20]

Die Hypostasierung zur Urszene ist nicht nur eine nachträgliche Verklärung auf der Suche nach lebensgeschichtlicher Kohärenz. Ein Blick in die Texte, in denen der Topos des »cercle« mit seinen unterschiedlichen Bedeutungen wie »Kreis« oder »Einkesselung« (*encerclement*) auftaucht, bestätigt diesen Drang nach ästhetischer Verarbeitung. So lautet bereits der Eingangssatz ihres ersten fiktionalen Textes *Dedans*: »Ma maison est encerclée.«[21] Dieser Satz sei, wie sie später an anderer Stelle beschreibt, auf sie regelrecht »herabgestürzt«, als sie zu schreiben begonnen habe.[22] Was in dem preisgekrönten Roman aus dem Jahr 1969 noch etwas versteckt geschieht, wird in dem stärker essayistischen Text *Mon algériance* aus dem Jahr 1997 expliziter. Dort hebt Cixous ausgehend von der Beschreibung des Rauswurfs aus dem Cercle militaire, dem ja zunächst ein Eintritt vorausging, zu einer philosophischen Reflexion über die fatalen Wirkungsweisen von Inklusion und Exklusion an. An Paradoxien wie in dem Satz »drinnen zu sein, bedeutete auch, draußen zu sein«, von denen es in diesem Text viele ähnliche gibt, lässt sich ablesen, dass dieses Schreiben bei Cixous nie ohne eine gewisse Freude an Wortspielen geschieht, die manche als virtuose Methode der Dekonstruktion, andere wiederum als schwer zugängliche Literatur betrachten.[23]

Bei Cixous ist viel von ihren identitätsbildenden Faktoren die Rede, von den zurückliegenden Erfahrungen, Einflüssen und Kontexten. Genauso wichtig für sie ist jedoch die Frage, was aus diesem »Humus« an Erfahrungen und Erinnerungen zu machen sei. Nie bleibt es bei einer bloßen Abbildung oder gar Konservierung des Widerfahrenen. Immer geht es darum, die erlittenen Wunden zu verarbeiten und in Texte zu übersetzen, das Erlebte in Literatur und in Theorie zu transformieren. Es bleiben gewiss Bewältigungsversuche einer Entwurzelten, aber sie äußern sich nunmehr im Schreiben und in der Schrift, in einem Bereich, so Cixous, »auf dem gewissermaßen das Gegenteil des Ererbten entsteht, nämlich etwas Neues, Einzigartiges, das vom Ererbten gespeist neue Wirkungen hervorbringt.«[24] Aus ihren Welten verjagt worden zu sein, bewirkte, dass sich Cixous als Erstes sagte: »Die einzige Rettung liegt in der Schrift. Das war die einzige Welt, in der man bleiben konnte, ohne verjagt zu werden.«[25]

Oran, die Stadt, in der alles begann, war nach den Vorkommnissen der Vichy-Zeit jedenfalls keine dieser Welten, in denen man bleiben konnte. Nach dem Ende des Zweiten Weltkriegs beschloss Cixous' Vater, die Stadt Richtung Algier zu verlassen. Die Familie zog in die unmittelbare Nähe eines Armenviertels (Clos Salembier), in dem Zehntausende Algerier unter teils miserablen Bedingungen ohne Wasser und Strom lebten. Cixous nannte Clos Salembier, das am unteren Ende eines Hangs lag, auch den »Kessel der Verdammten«.[26] Es war einer jener Slums, die der angehende Soziologe Bourdieu gegen Ende der 1950er-Jahre mitten im Algerienkrieg aufsuchte, um die katastrophalen Lebensbedingungen der entwurzelten algerischen Bevölkerung zu erforschen.[27] Die Familie Cixous lebte zwar außerhalb der Siedlung, wurde aber von ihren arabischen Bewohnerinnen und Bewohnern geschätzt, da Cixous' Mutter dort als Hebamme tätig war. Cixous war ihrem Vater im Nachhinein (er starb 1948 an Tuberkulose) dankbar, dass er für sie eine neue Wohnstatt an den Rändern Algiers und der Gesellschaft gefunden hatte. Im Weltkrieg hatte sie gelernt, »dass man darauf gefasst sein muss, von einem Tag zum nächsten ins Nichts gestoßen zu werden«. In der neuen Umgebung lernte die jugendliche Hélène nun, dass das nicht nur für ihre Familie und die algerischen Juden galt, sondern in besonderem Maße auch für die von der französischen Kolonialmacht systematisch unterdrückte arabische Bevölkerung. Elendsviertel werden im Französischen oft *bidonvilles* genannt, was sich von dem Brauch ableitet, ausrangierte Kanister (*bidons*) als Baumaterial für die notdürftig erstellten Barackensiedlungen zu verwenden. In der Nähe eines dieser *bidonvilles* aufzuwachsen hieß für Cixous, »niemals zu vergessen, dass wir Verwandte derer waren, denen man den Kanister als Stadt und den Abgrund als Horizont verheißt«.[28]

Der zentrale Schicksalsort blieb für Cixous aber stets Oran. Ein vermeintliches Paradies, das unwiderruflich verloren schien, aber gerade deshalb auch nie vergessen wurde. Cixous behielt ihre Geburtsstadt auf literarische Weise in Erinnerung: Wenn die Schrift die einzige Welt bedeutet, in der man bleiben kann, ohne verjagt zu werden, dann konnte es in dieser Welt auch einen neuen Platz für Oran geben, wohlgemerkt inklusive all der aus den Verlusterfahrungen resultierenden Gefühle. So kann man zumindest die poetische Eröffnungsszene von *Mon algériance* deuten, in der Cixous ihre Kindheit in Oran wiederaufleben lässt: »In dem lächelnden, glücklichen kleinen Mädchen, das ich war, verbarg ich (vor den anderen und vor mir selbst) ein geheimes, unruhiges, klandestines kleines Mädchen, das genau wusste, dass es in Wahrheit anderswo geboren war. Das dunkle Gefühl, dort zufällig aufgetaucht zu sein, keinem Hier per Erbe oder Abkunft zu entstammen, die körperliche Empfindung, ein zarter Pilz, eine über Nacht aufgekeimte Spore zu sein, die nur mit hastigen, zarten Wurzeln an der Erde haftet. Ein anderes Gefühl im Schatten: die unerschütterliche Gewissheit, dass die ›Araber‹ die wahren Abkömmlinge dieses staubigen, duftenden Bodens waren. Aber wenn ich barfuß mit meinem

Bruder über die warmen Wege von Oran lief, dann spürte ich meine Körperpflanze von den gastlichen Handflächen der uralten Toten des Landes liebkost und der Sturm in meiner Seele legte sich.«[29] Passagen wie diese sind die Essenz von Cixous' Literatur. Sie machen das Hinabgleiten der Idylle in die Entwurzelung nahbar, und sie zeigen, wie das Schreiben Schmerz in Trost und Zerbrechlichkeit in Gewissheit verwandeln kann.

Aufbrüche

Zu den Gepflogenheiten der Dekonstruktion als Methode gehört, dass man eine gewisse Aversion gegenüber starren Festlegungen entwickelt und stattdessen lieber den Ambivalenzen und Differenzen nachgeht. Unentschiedenheit ist für Cixous ein hohes philosophisches Gut. Das gilt für Fragen der ethnischen Herkunft, der nationalen Identität oder der sexuellen Differenz genauso wie für die Deutung der eigenen Lebenswege.[30] So wird Cixous nicht müde zu betonen, dass sie nie wirklich aus Algerien abgereist sei, weil sie dort immer davon geträumt habe, eines Tages in Algerien anzukommen, während sie nie wirklich in Frankreich angekommen sei, da das Land ihr keine Ankunft ermöglicht habe.[31] Dieses »Dazwischen« im »unfertigen Anderswo« ist ein Grundzug ihrer *Algériance*: »Aus Algerien fortzugehen und nicht anzukommen, ist, ohne Kalkül, auch eine Art, nicht mit Algerien gebrochen zu haben. Ich habe mich immer gefreut, dass mir jegliche ›Ankunft‹ erspart geblieben ist.«[32]

Die reale Geschichte von Cixous' Aufbruch und Ankunft ist etwas profaner. Cixous verließ Algerien 1955 unmittelbar nach ihrem Schulabschluss in Richtung Paris. Mit Frankreich, besser gesagt: dem französischen Festland verband sie damals keine besondere Beziehung. Es war bloß die nächstgelegene Möglichkeit, Algerien zu entkommen. In Paris zu sein bedeutete für sie in erster Linie »Freiheit von Algerien« und in zweiter Linie die Chance, »eine imaginäre Nationalität zu adoptieren, nämlich die literarische Nationalität«.[33] Gemäß ihrer Devise, dass die Rettung in der Sprache zu suchen sei, studierte Cixous Anglistik an der Sorbonne, und zwar mit hohem Tempo: 1959 erhielt sie im Alter von 22 Jahren die *Agrégation*, die in Frankreich ebenso begehrte wie berüchtigte Zulassung für einen höheren Posten im Hochschulsystem.

Im Vergleich zu Algerien waren die ersten Jahre an der Universität für sie vor allem mit zwei Besonderheiten verknüpft: Auf der einen Seite empfand sie den Antisemitismus in Paris deutlich schwächer ausgeprägt als in Algier, was sie auch ein Stück weit von der »Verpflichtung zur jüdischen Identität« befreite. Auf der anderen Seite war sie in Paris, und dort vor allem an der Universität, mit einem Chauvinismus konfrontiert, den sie in dieser Form aus Algerien, wo sie in einem Umfeld von Frauen aufgewachsen war, nicht kannte. In Frankreich, so Cixous, habe sie »schlagartig gelernt, dass meine inakzeptable Wahrheit in dieser Welt in meinem Frausein bestand. Es herrschte unmittelbar Krieg. Ich spürte die Explosion, den Geruch der Misogynie.«[34]

Ein anderer Krieg, der zwischen der französischen Armee und der algerischen Befreiungsbewegung, war da schon längst ausgebrochen. Cixous hatte Algerien rechtzeitig verlassen können (der Algerienkrieg begann bereits im November 1954, spitzte sich jedoch erst gegen Ende des Jahres 1955 zu). Ihre Familie war dort geblieben. Der Bruder Pierre trat offen für die algerische Unabhängigkeit ein und kam so ins Visier der algerienfranzösischen Terrororganisation OAS. Als Pierre auf deren Todesliste landete, flüchtete er zu Hélène nach Frankreich. Nach der Unabhängigkeit Algeriens 1962 ging er wieder zurück, wurde aber dieses Mal wiederum von den neuen algerischen Behörden verhaftet, um ein zweites Mal nach Frankreich zu fliehen. Cixous' Mutter und Großmutter blieben nach der Unabhängigkeit bis Anfang der 1970er-Jahre in Algerien, was ungewöhnlich war. Die meisten algerischen Juden siedelten zusammen mit den anderen Algerienfranzosen spätestens 1962 nach Frankreich um.

In dieselbe Zeit zu Beginn der 1960er-Jahre fiel auch Cixous' Bekanntschaft mit Jacques Derrida – eine folgenreiche Begegnung, die sich zu einer engen Freundschaft und einem lebenslangen philosophischen Dialog entwickelte. Dieser Verbindung widmeten Cixous und Derrida später zahlreiche Texte, in denen sie ihr Gegenüber jeweils »H.C.« und »J.D.« nannten und durchblicken ließen, dass sie sich gegenseitig zum Schreiben »autorisierten«.[35] Eine bemerkenswerte Konstellation, die man in dieser Intensität nur selten in der Philosophiegeschichte antrifft. Noch bemerkenswerter wird es, wenn man sich vergegenwärtigt, dass die zwei zentralen Figuren der Dekonstruktion beide jüdisch-algerische Wurzeln besaßen.

Cixous und Derrida teilen auffallend viele biographische Gemeinsamkeiten: Auch Derrida war in Algerien in eine jüdische Familie geboren und dort in höchst fragilen kolonialen Verhältnissen aufgewachsen. Auch er erlebte während der Vichy-Jahre die Erschütterung des Antisemitismus am eigenen Leib und verband damit ein Schlüsselereignis, das ihn nicht losließ. Wie Cixous kehrte auch Derrida seiner Heimat bei der erstbesten Gelegenheit den Rücken, um in Paris zu studieren. Und ähnlich wie Cixous entwickelte auch er ein ambivalentes Verhältnis zu Frankreich. Beide fühlten sich einerseits sehr zur französischen Sprache und Literatur hingezogen. Andererseits standen beide jeglichem französischen Gebaren um nationale und kulturelle Identität misstrauisch gegenüber. Die kolonialen und faschistischen Abgründe der Grande Nation hatten die zwei nämlich ziemlich früh kennengelernt.

Gleichzeitig waren ihre beiden algerischen Erfahrungen gerade auch in ihrer Unterschiedlichkeit wertvoll. So haben Cixous und Derrida die Zeit des Vichy-Regimes in Algerien aus Altersgründen anders erlebt. Bei Ausrufung der antijüdischen Schulgesetze 1942 wurde Derrida von seinem Schulleiter aus dem Gymnasium geworfen. Cixous, die sieben Jahre jünger war, ist erst gar nicht eingeschult worden. Sie ist stattdessen, wie sie beschreibt, »im Esszimmer einer Madame ›zur Schule gegangen‹, in dem sich nach Altersstufen geordnet ein Volk verbotener kleiner Juden drängte«.[36] Ihre wesentliche Erschütterung hatte daher weniger mit der Schulerfahrung wie bei Derrida zu tun als vielmehr mit der Gewalt, die ihrem Vater angetan wurde, nachdem dieser nicht mehr als Arzt praktizieren durfte – eine Erniedrigung, die in dem jungen Mädchen viel heftiger brannte. Die Familie Cixous geriet dadurch von einem Tag auf den anderen in die Armut.

Angesichts all dieser geteilten Erfahrungen kann man davon ausgehen, dass die algerische Herkunft auch in der Freundschaft zwischen Cixous und Derrida eine wesentliche Rolle spielte. Richtig ist aber auch, dass diese Themen anfangs nicht in dieser Offenheit zwischen den beiden besprochen wurden. Dass sie dennoch im Hintergrund wirkten, darf als sicher gelten. Als sich Cixous und Derrida zum ersten Mal 1963 in der Brasserie Balzar im Quartier Latin zum Gespräch trafen, verbrachten sie Stunden damit, über ihre Liebe zur Literatur und vor allem über James Joyce zu diskutieren, über den Cixous ihre Doktorarbeit schrieb.[37] Vom soeben zu Ende gegangenen Algerienkrieg, ihren Familienschicksalen oder den alten Wunden des Antisemitismus war jedenfalls nicht die Rede. Cixous betont diesen Umstand oft, wenn es um ihre Verbindung zu Derrida geht – nicht so sehr, um damit die Bedeutung der algerischen »Wunden und Erinnerungen«, die die beiden »immer begleitet« hätten, herunterzuspielen, sondern um hervorzuheben, dass die bestimmende »Bühne« ihres Austauschs von Anfang an die Auseinandersetzung mit Sprache und insbesondere mit der französischen Sprache gewesen sei.[38] Es war ein gemeinsamer Aufbruch: Cixous folgte Derrida auf den philosophischen Pfaden der Dekonstruktion und Derrida den von Cixous ausgelegten poetischen Pfaden der Literatur.

Über Algerien tauschten sich die neuen Freunde nach ihrem ersten Treffen in der Brasserie zwar selbstredend noch aus. Bis es aber zu einem für sie gemeinsamen Thema auf der Basis von dazu eigens verfassten Texten wurde, vergingen Jahrzehnte. Wenn man Cixous Glauben schenken darf, dann lag das größtenteils an Derrida, der ihr zufolge erst »im vierten Akt seines Lebens« zu akzeptieren begann, dass Fragen des Judentums und der algerischen Herkunft, von denen er sich bis dahin ferngehalten hatte, in ihm arbeiteten.[39] Derrida legte bekanntlich erst in den 1990er-Jahren Rechenschaft über seine Zeit in Algerien ab.[40]

Bei Cixous verhielt sich das anders. Auch ihr fiel es gewiss lange Zeit schwer, über »die Sache Algerien«, wie sie es nennt, öffentlich zu sprechen und zu schreiben.[41] Auch sie tat dies ab den 1990er-Jahren deutlich befreiter und häufiger. Doch im Unterschied zu Derrida unternahm Cixous nichtsdestotrotz bereits Mitte der 1970er-Jahre erste Schritte einer Verarbeitung, erste Versuche, Algerien und vieles, was damit zusammenhing, zu thematisieren und in Texte zu gießen. Deutliche Spuren dieser Auseinandersetzung finden sich in *La jeune née*. In diesem gemeinsam mit der Schriftstellerin Catherine Clément verfassten Buch, das auch einer ihrer ersten Texte zum Feminismus ist, erzählt Cixous – wohlgemerkt neben vielen anderem – davon, was es für sie persönlich bedeutete, als jüdisches Mädchen im kolonialen Algerien aufzuwachsen. An klaren Worten mangelte es ihr bereits 1975 offenkundig nicht: In Algerien habe sie »lesen, schreiben, schreien und kotzen gelernt«.[42]

Diese Aussage steht am Anfang einer mehrere Seiten umfassenden Passage in *La jeune née*, die mit »Die Ermordung des Anderen« betitelt ist. Es lohnt sich, einen längeren Ausschnitt daraus zu zitieren, weil darin deutlich wird, wie Cixous die Erzählung einer bestimmten Erfahrung mit einer umfangreichen Reflexion und Deutung der in Algerien herrschenden kolonialen Unterdrückung verquickt: »Heute weiß ich aus Erfahrung, dass man sich nicht vorstellen kann, was ein algerienfranzösisches Mädchen war; man muss es gewesen sein, es durchlebt haben. Man muss die ›Franzosen‹ auf dem ›Höhepunkt‹ ihrer imperialistischen Verblendung erlebt haben, die sich in einem von Menschen bewohnten Land so verhielten, als ob es bevölkert wäre von Unmenschen, geborenen Sklaven. Ich lernte alles von diesem ersten Spektakel: Ich sah, wie die weiße (französische), überlegene, plutokratische, zivilisierte Welt ihre Macht auf der Unterdrückung von Bevölkerungen gründete, die plötzlich ›unsichtbar‹ wurden, wie Proletarier, Arbeitsmigranten und Minderheiten, die nicht die richtige ›Farbe‹ haben. Frauen. Unsichtbar als Menschen. Aber die natürlich weiterhin als Werkzeuge wahrgenommen wurden – schmutzig, dumm, faul, hinterhältig usw. Dank einer vernichtenden dialektischen Magie. Ich sah, dass sich die großen, edlen, ›fortschrittlichen‹ Länder etablierten, indem sie das ›Fremde‹ vertrieben, es ausschlossen, es aber nicht abtaten, sondern versklavten. Eine gewöhnliche Geste der Geschichte: Es muss zwei Rassen geben – die Herren und die Sklaven.« Cixous vergleicht hier die koloniale Unterdrückung mit kapitalistischer Ausbeutung, Rassismus und Sexismus und ordnet all diese Unterdrückungsformen der berühmten Herr-Knecht-Dialektik von Hegel zu. Ironischerweise ist die Hegel'sche Dialektik für Cixous Teil des Problems, da die »dialektische Magie« die »Geschichte« und damit auch die Geschichte der kapitalistischen Ausbeutung, der kolonialen Unterdrückung, des Patriarchats und des Eurozentrismus erst hervorbringe – inklusive all der entsprechenden Differenzverhältnisse zwischen Bourgeois und Proletarier, Mann und Frau, Kolonisator und Kolonisiertem.[43]

Es ist eine bewusst vereinfachende Auslegung und Kritik des Herr-Knecht-Beispiels, aber eine, die ihr Ziel nicht verfehlt. Am Ende der Passage von der »Ermordung des Anderen« lässt Cixous durchblicken, dass es ihr um die Herausarbeitung des Anderen geht: »Mit der furchtbaren Einfachheit, die die von Hegel als System errichtete Bewegung ordnet, trottet die Gesellschaft vor meinen Augen dahin und reproduziert den Mechanismus des Todeskampfes in Perfektion: die Reduzierung eines ›Menschen‹ auf einen ›Niemand‹, auf die Position des ›Anderen‹ – das unaufhaltsame Komplott des Rassismus. Es muss einen ›Anderen‹ geben – kein Herr ohne Sklaven, keine ökonomisch-politische Macht ohne Ausbeutung, keine herrschende Klasse ohne Vieh unter dem Joch, keine ›Franzosen‹ ohne Kanaken, keine Nazis ohne Juden, kein Eigentum ohne Ausgrenzung – eine Ausgrenzung, die ihre Grenzen hat und Teil der Dialektik ist.«[44] Man hat von Cixous oft gesagt, dass ihre Arbeiten gerade wegen ihres literarischen Charakters unpolitisch seien beziehungsweise ihnen eine politische Theorie fehle. In Passagen wie diesen sieht man, dass ihre Kritiker und Kritikerinnen sie nicht genau gelesen haben.

Neue Welten

Das Bemerkenswerte an Cixous' Betrachtungen in *La jeune née* ist neben ihrem Inhalt der Zeitpunkt ihrer Äußerung. Antikapitalistische, antirassistische und feministische Positionen ebenso wie die Anlehnung an die Hegel'sche Herr-Knecht-Dialektik mochten im Jahr 1975 keine Seltenheit darstellen. Doch die Verbindung dieser Einzelstränge hin zu einer Philosophie des Anderen war es durchaus. Noch ungewöhnlicher war Cixous' offener Bezug auf den Kolonialismus und Algerien. In den 1970er-Jahren war es in Frankreich regelrecht tabu, öffentlich und noch dazu in dieser negativen Form die blutige französische Kolonialvergangenheit in Algerien und anderswo zu erwähnen, geschweige denn zu problematisieren. Auch die meisten Linksintellektuellen hielten sich an dieses ungeschriebene Gesetz. Man muss es in aller Deutlichkeit sagen: Weder Derrida, Foucault, Barthes, Lyotard, Rancière noch andere Repräsentanten der französischen Theorie wagten es, zu diesem spezifischen Zeitpunkt – mehr als ein Jahrzehnt nach Ende des Algerienkriegs und lange vor ihren jeweiligen Erinnerungsschüben in den 1990er-Jahren – die französische Kolonialvergangenheit so direkt anzuprangern wie Cixous. Umso mehr stellt sich die Frage, wie sich diese vergleichsweise frühe Offenheit im Sprechen bei Cixous historisch verstehen lässt. Cixous mochte, wie sie 1975 schrieb, »in Algerien lesen, schreiben, schreien und kotzen« gelernt haben – wo aber hatte sie gelernt, genau solche Sätze zu schreiben?

Zur Beantwortung dieser Frage lohnt sich ein Abstecher in das akademische und politische Biotop namens »Vincennes«. So hieß die am Rand von Paris gelegene Reformuniversität, die im Herbst 1968 nach den Pariser Maiprotesten innerhalb von nur wenigen Monaten aus dem Boden gestampft wurde und als »rote Uni« in die Geschichte eingegangen ist. Cixous war hier von 1968 bis zu ihrer Emeritierung 2005 Professorin für englische Literatur. Was weniger bekannt ist: Sie war auch unmittelbar an der Gründung der gesamten Universität beteiligt. Das Centre universitaire expérimental de Vincennes war eine Art hochschulpolitisches Zugeständnis der französischen Regierung gegenüber der Protestbewegung, die mehr Mitspracherecht in universitären Belangen und bessere Studienbedingungen gefordert hatte. Als neues Universitätszentrum mit experimentellem Charakter sollte Vincennes einen im Herbst 1968 vom französischen Parlament gefassten Beschluss erproben, der unter anderem besagte, dass ein Teil der staatlichen Befugnisse im Bereich der Universität auf gewählte Räte aus Dozierenden und Studierenden übertragen werden solle.[45] Auf Betreiben des Dekans der Sorbonne wurde Cixous, die bereits 1967 zur Professorin in Nanterre ernannt worden war, damit beauftragt, die Universitätsgründung in die Wege zu leiten. Zusammen mit zwei weiteren männlichen Kollegen bildete sie das Gründungstrio. Cixous war vor allem für den Aufbau der geisteswissenschaftlichen Fächer zuständig. Ein Auftrag, der es in sich hatte: in nur wenigen Monaten eine ganze Universität vom Reißbrett aus (und mehr oder weniger basisdemokratisch) mit neuem Programm, Personal und Studierenden zum Leben zu erwecken.

Vincennes avancierte rasch zu einem linken Vorzeigeprojekt. Es galt, einen sozialen Raum zu schaffen, in dem sowohl die Idee einer akademischen Räterepublik als auch unterschiedliche Gesellschafts- und Lebensentwürfe ihren gebührenden Platz bekommen sollten. Vieles sollte hier anders sein: Es gab Abendkurse, einen Kindergarten, der Hochschulzugang war auch ohne Abitur möglich. Entsprechend divers sah die Zusammensetzung der Studierenden aus, mit einem hohen Anteil an Frauen, Arbeitern, Immigranten aus den ehemaligen Kolonien und ausländischen Studierenden. Politisch gesehen tummelten sich an der Universität die unterschiedlichsten linken Bewegungen aus der »postrevolutionären« 68er-Zeit – vor lauter maoistischen, trotzkistischen und anarchistischen Positionen war die Kommunistische Partei hier die am weitesten rechts stehende Kraft. Ab 1970 war Vincennes außerdem Sammelbecken und Brutstätte für soziale Bewegungen wie die Frauenbewegung (MLF), die Homosexuellenbewegung (FHAR) oder die Dritte-Welt-Bewegung. Nicht zuletzt wurden auch in akademischer Hinsicht neue Wege eingeschlagen, indem man etwa nach amerikanischem Vorbild Departements für Film, Theater, Psychoanalyse, Urbanismus und Informatik schuf. Jede Abteilung zog ihre jeweilige intellektuelle Avantgarde an. So beherbergte beispielsweise die Philosophie-Abteilung, deren Leitung der im Herbst 1968 aus Tunis zurückgekehrte Foucault übernahm, das *Who is Who* der damals aufstrebenden französischen Theorie-Szene.[46] Dass Philosophen wie Deleuze, Lyotard, Rancière oder Balibar, um nur einige zu nennen, in Vincennes früh ihre akademischen Stellen auf Lebenszeit erhielten und in Freiheit ihre Theorien entwickeln konnten, hatten sie also ein Stück weit auch Cixous zu verdanken.

Für Cixous bot das Umfeld von Vincennes – nach den Strapazen der Gründung – natürlich auch einen eigenen intellektuellen Freiraum. Hier hatte sie die Möglichkeit, in Forschung und Lehre von Beginn an ungehindert über Fragen der Sexualität und der Geschlechterdifferenzen nachzudenken – was an der Sorbonne oder in Nanterre vor dem Mai 68 nahezu unmöglich war, wie Cixous betont.[47] Anfangs erfolgte die Auseinandersetzung mit feministischen Perspektiven noch im engen Rahmen ihrer Tätigkeit als Anglistin. Das änderte sich 1974, als Cixous in Vincennes das Centre d'études féminines gründete. Das Zentrum für Frauenstudien war als interdisziplinäre Forschungseinrichtung das erste seiner Art in Europa und spielte in den 1970er- und 1980er-Jahren eine wichtige Rolle bei der Errichtung des Forschungsfeldes – also lange bevor Judith Butler in den späten 1980er-Jahren die Kategorie *Gender* (französisch *genre*) prägen sollte, die erst 2006 der Denomination des Zentrums hinzugefügt wurde. Die

Idee für ein solches Zentrum brachte Cixous aus den USA mit, wo sie sich seit 1970 regelmäßig für Gastprofessuren in Cornell und Buffalo aufhielt und wo es bereits die *Women Studies* gab.[48] Von Cixous ist eine Anekdote überliefert, die besagt, dass sie nach einem ihrer USA-Aufenthalte eines Tages in ihr Seminar in Vincennes gekommen sei und verkündet habe, dass die Abteilung für englische Literatur von nun an, also von heute auf morgen, das »Zentrum für Frauenstudien« heißen werde.[49] Ganz so schnell und einfach ging es wohl nicht. Historisch korrekter ist, dass das Zentrum seine Entstehung und institutionelle Festigkeit der interdisziplinären Kollaboration von mehreren in Vincennes tätigen und an Fragen des Feminismus interessierten Wissenschaftlerinnen und Wissenschaftlern verdankte. Und richtig gedeihen konnte es schließlich erst mit Hilfe der Präsenz politischer Aktivistinnen. Besonders hervorzuheben ist hier der Mouvement de libération des femmes (MLF). In Vincennes fanden im Mai 1970 das erste Meeting und der erste Frauenmarsch des MLF statt. Die Protestierenden zogen mit Parolen wie »Wir sind alle hysterisch! Wir sind alle frustriert! Wir sind alle lesbisch!« über den Campus – eine ironisch gemeinte Aneignung und Umwandlung von Klischees, aber auch eine Erinnerung an die damit verbundenen gesellschaftlichen Erniedrigungen.[50]

Im Dunstkreis von Vincennes und des MLF entstanden in den frühen 1970er-Jahren viele unterschiedliche Feminismen. Man kann sogar ohne Übertreibung einen Schritt weitergehen und sagen, dass fast alle führenden Protagonistinnen des zeitgenössischen französischen Feminismus aus Vincennes kamen: angefangen bei der Schriftstellerin Monique Wittig, die hier studierte und einen feministischen Zirkel gründete, über Antoinette Fouque, die die Gruppe »Politique et Psychoanalyse« leitete, bis hin zu Luce Irigaray, die hier Professorin für Psychoanalyse war. Wie bei jeder größeren Bewegung gab es neben starken Allianzen auch untereinander verstrittene Gruppierungen. Einigkeit herrschte beim allgemeinen Anspruch, die männliche Herrschaft zu durchbrechen und bei gesellschaftspolitischen Debatten

Alternativer Unterricht in »Un heim lichkeit«:
Hélène Cixous an der Universität Vincennes, 1975.

wie zum Beispiel bei der über das Abtreibungsverbot mitzuwirken, das die Gesundheitsministerin Simone Veil Ende 1974 kassierte. Die Konflikte entstanden dort, wo es um die Frage der »richtigen« politischen und theoretischen Ausrichtung ging. So war auf theoretischem Terrain die wohl brennendste Frage die zwischen Gleichheits- und Differenzfeminismus: Anhängerinnen des egalitären Feminismus standen in der Tradition Simone de Beauvoirs für die Gleichwertigkeit der zwei Geschlechter, sahen Geschlecht als eine soziale Konstruktion an und kämpften für eine Überwindung der Differenz. Der Differenzfeminismus dagegen ging von der biologischen und kulturellen Unterschiedlichkeit der Geschlechter aus, wollte entsprechend die Besonderheit des weiblichen Geschlechts stärken und gerade dadurch die Hierarchie in der Geschlechterordnung auflösen.

Cixous stand eindeutig auf der Seite des Differenzfeminismus. Mehr noch: Sie war dessen prägende Figur. Sie vertrat einen Ansatz, der nicht essentialistisch gefärbt war, sondern sich eher an Maßstäben der sprachlichen Dekonstruktion orientierte und auf Pluralisierung setzte. Sie thematisierte die binäre Opposition von Mann–Frau also nicht nur, um den in dieser Opposition waltenden dominanten Signifikanten des Männlichen zu zertrümmern, sondern auch deshalb, um die Opposition selbst zu verschieben und die vielen »im Dunkeln verhaftet« gebliebenen Zwischenräume der weiblichen Sexualität zu Tage zu fördern – daher war auch die »Bisexualität« eine frühe Denkfigur bei ihr. Für Cixous gab es, wie es in *Das Lachen der Medusa* heißt, »keine verallgemeinerbare Frau«, keinen gleichförmigen »repräsentativen Typus«, sondern die unerschöpfliche »Vorstellungswelt der Frauen« im Plural, den »unendliche[n] Reichtum ihrer je einzelnen Wesensarten«. Man könne, so Cixous weiter, einfach nicht von »*einer* weiblichen Sexualität« sprechen.[51] Den egalitären Feminismus vom Schlag einer Simone de Beauvoir lehnte sie damit rigoros ab. Cixous hatte im Übrigen wenig Sympathien für die aus einer älteren Generation stammende existentialistische Philosophin, die 1975 ein mediales Comeback erlebte, nachdem sie ihr allererstes Fernsehinterview unter dem Titel »Pourquoi je suis féministe« gab.[52] Cixous hielt Beauvoir für eine bourgeoise und schlechte Schriftstellerin und war entsetzt vom Titel ihres Werks *Das andere Geschlecht* (*Le deuxième sexe*), weil das weibliche Geschlecht darin als das zweite eingesetzt werde und so in einer patriarchalen Logik verharre.[53]

Cixous' bedeutendster Beitrag zu den feministischen Diskussionen dieser bewegten Jahre war die *écriture féminine*.[54] Die ersten Umrisse dieses Konzepts skizzierte Cixous 1975 in *Das Lachen der Medusa* und in *La jeune née*. In beiden Texten, die auch eine Poetologie ihres eigenen Schreibens darstellten, lehnte sie bewusst eine Definition des Konzepts ab. In *Das Lachen der Medusa* heißt es entsprechend: »Unmöglich eine weibliche Art des Schreibens zu *definieren*, das ist von einer Unmöglichkeit, die weiterbestehen wird, denn man wird diese Schreibart nie *theorisieren*, umgrenzen, kodieren können, was nicht bedeutet, daß es sie nicht gibt. Aber sie wird immer über den vom phallozentrischen System bestimmten Diskurs hinausführen. Sie findet anderswo statt und wird anderswo stattfinden als in jenen Gebieten, die der philosophisch-theoretischen Herkunft untergeordnet sind. Sie wird sich nur von den Subjektivitäten denken lassen, welche die Automatismen in Trümmer legen, und entlang der Grenzen eilen, keiner Autorität je untertan.«[55]

»Die weibliche Art des Schreibens von den Subjektivitäten denken lassen« – müsste man trotz der Vorbehalte gegenüber Definitionsversuchen zu einer Beschreibung der *écriture féminine* ansetzen, dann wäre diese Stelle ein guter Ansatzpunkt. Denn hier zeigt sich deutlich, wo Cixous das weibliche Schreiben stattfinden lassen wollte: nicht in der Theorie, sondern an einem Ort, an dem die subjektiven Begierden und Erfahrungen von Anfang an ihren Platz haben. Das war nicht gegen jegliche Philosophie oder Theorie gerichtet, sondern mehr gegen das im philosophischen Diskurs vorherrschende »phallozentrische System«, das laut Cixous im Namen der Rationalität und des Logos seit Jahrhunderten alle anderen Formen des Denkens und Schreibens verdrängt und dabei besonders die Frauen diskriminiert hatte. Diesen verdrängten Raum mit all seinen negierten Lüsten, Erfahrungen und Identitäten galt es Cixous zufolge zurückzugewinnen. Dafür brauchte es eine eigene Sprache und Schrift – eben die *écriture féminine.* Eine befreiende, lustvolle, spontane, auf den Körper bezogene und vor allem literarische Ausdrucksweise, die Auswege aus den einschränkenden kulturellen Mustern des Patriarchats finden und »das *zu WORTKOMMEN* der Frau« ermöglichen sollte: »Es ist unerläßlich, daß die Frau mit ihrem Körper schreibt, daß sie die unbezwingliche Sprache erfindet, die die Abschrankungen, Klassifizierungen und Rhetoriken, Vorschriften und Kodierungen kaputtschlägt. Daß sie die letzte Rückzugsreserve des Diskurses überflutet, durchdringt, sich darüber hinwegsetzt, auch über jenen Diskurs, dem es nichts ausmacht, das Wort ›Schweigen‹ aussprechen zu müssen.«[56]

Die Figur der lachenden (und nicht mehr furchterregenden) Medusa stand bei Cixous emblematisch für den unwiderstehlichen Ruf danach, die aufoktroyierte Sprachlosigkeit und das Schweigen hinter sich zu lassen und jenem »Schreib!« nachzukommen, indem man ausgehend von den eigenen Lüsten, Sinnen und Erfahrungen einen neuen Raum aufschließt – kann es sein, dass dieser »Ruf der Medusa« auch Cixous' exakt zur selben Zeit einsetzende Beschäftigung mit ihrer algerischen Herkunft und der französischen Kolonialvergangenheit begleitete oder gar hervorbrachte? Wenn es darum geht, abschließend auf die oben gestellte Frage zurückzukommen, wie sich Cixous' vergleichsweise frühe Offenheit im Sprechen über Algerien historisch verstehen lässt, dann führt an der Medusa und der *écriture féminine* jedenfalls kein Weg vorbei. Als Cixous 1975 in *La jeune née* schrieb, dass sie in Algerien »lesen, schreiben, schreien und kotzen« gelernt habe, und dabei ausgehend von einer autobiographischen Erzählung zu einer Kritik an der in Algerien herrschenden kolonialen Unterdrückung ansetzte, war das auch ein performativer Ausdruck dieses befreienden Schreibens, das auf halbem Weg zwischen Literatur und Theorie nach neuen Auswegen suchte. Und es war ein Akt, der nur dadurch zustande gekommen war, weil ihn ein feministischer Blick leitete, der nach unterschiedlichen und doch vergleichbaren Unterdrückungsformen fragte.

Cixous' Bezugnahme auf Algerien war also eng mit ihren akademischen, feministischen und politischen Projekten im Vincennes der 1970er-Jahre verknüpft. Hier gilt es jedoch zu differenzieren: Die antikapitalistischen, antiimperialistischen und antirassistischen Traditionen im linken Milieu von Vincennes spielten sicherlich eine wichtige Rolle, konnten aber letztlich nicht alleine ausschlaggebend gewesen sein – sonst hätten sich auch andere in Vincennes tätige Philosophen und Philosophinnen prononcierter zu Algerien geäußert, was sie zu diesem Zeitpunkt nicht taten. Es war erst die Verbindung mit der ebenfalls im Biotop von Vincennes entstandenen *écriture féminine*, die es Cixous ermöglichte, den eigenen Erfahrungsraum als Frau mit algerisch-jüdischen Wurzeln aufzuschließen und auf diese Weise »die erforderlichen Durchbrüche und Umgestaltungen in ihrer eigenen Geschichte vorzunehmen«, wie Cixous es für sich und alle anderen forderte.[57]

Der Abstecher nach Vincennes zeigt schließlich auch, dass es nicht ganz treffend wäre, diese Umgebung bloß als einen »externen Kontext« anzusehen, der von außen und gewissermaßen historisch auf das Denken und Schreiben von Cixous einwirkte. Das sicher auch, doch bei näherer Betrachtung zeigt sich vielmehr, dass sich Cixous diese Umgebungen offenkundig in einem hohen Maße selbst schuf. Die Gründung einer ganzen Universität mit großem intellektuellem, sozialem und politischem Freiraum, die Erschaffung eines Zentrums für Frauenstudien, die Konzipierung eines neuen literarischen Genres und die unterschiedlichen Kollaborationen mit Jacques Derrida, Catherine Clément und vielen anderen – all diese Projekte waren so gesehen auch Gründungen und Erschließungen neuer Welten. Es scheint fast so, als ob diese kollektiven Unternehmungen der 1970er-Jahre auch entfernte Antworten auf den Verrat von Oran waren, jene traumatische Urszene, die Cixous aus ihrer vermeintlichen Idylle hinauswarf und das Algerien ihrer Kindheit zu einem höllischen

Paradies machte. Die schmerzhafte Erinnerung an die Vertreibung aus dem algerischen Paradies war in den neuen Welten von Vincennes mit seinen feministischen und theoretischen Zirkeln mal mehr, mal weniger präsent, aber sie war nie ganz weg. Allerdings gesellte sich zu dieser Erinnerung immer auch eine lebensbejahende, schöpferische, lachende und glückliche Seite, für die Cixous mit ihrem Leben und ihren Texten unmissverständlich steht. Am Ende ist es wohl beides, Schmerz und Freude, was dem Leben und Werk von Cixous die entscheidende Wendung gibt. Sie sagt es selbst: »Glückliche Künstler sind diejenigen, die das Grauen erlebt haben.«[58]

ÉTIENNE BALIΘAR

7. Lektionen in Antirassismus
Étienne Balibar

Spätestens seit dem Wahlkampf zu den Präsidentschaftswahlen von 2017 ist Emmanuel Macron auf seinen ehemaligen Hochschullehrer Étienne Balibar nicht mehr gut zu sprechen. Macron, der sich bei seinem »jupiterhaften« Aufstieg zum französischen Präsidenten gern als »Intellektueller in der Politik« und als ehemaliger Assistent des Philosophen Paul Ricœur inszenierte, kokettierte damit, dass er während seines Philosophiestudiums an der Pariser Universität von Nanterre »sehr inspiriert« von dem marxistischen Philosophen Balibar gewesen sei, bei dem er schließlich auch seine Diplomarbeit über Hegel geschrieben habe.[1] Als die Journalisten von *Le Monde* bei Balibar nachfragten, antwortete dieser schnöde, aber »aufrichtig«, dass er sich an eine von ihm betreute Arbeit dieses Studenten schlichtweg nicht erinnern könne, geschweige denn diese Arbeit aufbewahrt habe. Balibar betonte, dass er zwar »keine besondere Feindseligkeit« gegenüber dem Politiker hege, aber »die Inszenierung seiner philosophischen Ausbildung«, die Macron selbst oder seine Entourage organisiere, »absolut obszön« finde.[2] Er hatte damit nicht ganz unrecht. Gerade die in den Medien lancierte Nachricht, Macron sei ein enger Schüler von Ricœur gewesen, entsprach beim besten Willen nicht der Wahrheit. Der vielseitige Macron arbeitete vor seiner Tätigkeit als Bankier für kurze Zeit im Verlagswesen und war in diesem Rahmen lediglich mit dem Korrektorat eines Buchs von Ricœur beauftragt gewesen. Macron, dem Balibars Reaktion zugetragen wurde, ließ durchblicken, dass ihn das Verhalten des einst bewunderten Mentors enttäusche und verletze. Die Erinnerungslücke von Balibar bedauerte er als »fast psychiatrischen Fall«.[3]

Im Juni 2020 ereignete sich eine weitere Konfrontation zwischen Macron und Balibar, als es im Zuge der weltweiten Solidaritätsbekundungen mit der amerikanischen »Black Lives Matter«-Bewegung auch in Frankreich zu Protesten gegen Polizeigewalt und Rassismus kam. Der Mord an George Floyd in den USA rief besonders in Frankreich heftige Reaktionen hervor, denn die Umstände des Verbrechens erinnerten an den Fall des jungen Adama Traoré, der 2016 von französischen Polizisten zu Boden gedrückt wurde, bis er erstickte – seitdem fordert das *Comité verité et justice pour Adama*, gegründet von der Schwester des Verstorbenen, nicht nur die juristische Aufarbeitung des Falles, sondern prangert auch die systematische Polizeigewalt in Frankreich an.[4] Macron bezog Stellung zu den Protesten, ohne aber den Verstorbenen, das *Comité* oder die Demonstrierenden – vielfach Nachfahren von Einwanderern aus den Kolonien – beim Namen zu nennen. Es sei, so der Präsident, inakzeptabel, in einem Rechtsstaat von Polizeigewalt zu sprechen. Zudem bezeichnete er die Diskussionen über strukturellen Rassismus selbst als »rassifiziert« (*»racisé«*) – eine Bemerkung, die vor allem in der bürgerlichen Mitte und bei den Rechten verfangen sollte.[5] Man werde, so der Präsident weiter, »keine Spuren und keine Namen aus der Geschichte auslöschen« und »keine Statuen abschrauben«.[6] Für die aufwieglerischen Tendenzen hatte er gleich einen Sündenbock parat: »Die akademische Welt hat sich schuldig gemacht. Sie hat die Ethnisierung der sozialen Frage gefördert in dem Glauben, dass dies ein guter Weg sei. Aber das Ergebnis kann nur separatistisch sein und läuft darauf hinaus, die Republik in zwei Teile zu spalten.«[7] Die Antwort der akademischen Welt oder zumindest von jenen Akademikerinnen und Akademikern, die sich von Macrons Tirade angesprochen fühlten, ließ nicht lange auf sich warten. In einer gemeinsamen Erklärung in *Le Monde* wiesen namhafte universitäre Verfechterinnen und Verfechter des Antirassismus – darunter Étienne Balibar, Achille Mbembe und Sandra Laguier – nicht nur den Vorwurf einer geistigen Urheberschaft der Protestbewegung von sich. Sie holten auch zum Gegenschlag aus: »Macron führt einen Kampf nicht gegen Rassisten, sondern gegen Antirassisten. Der Präsident scheint von dem, was in den letzten

Wochen geschehen ist, nichts gesehen, nichts gehört und nichts verstanden zu haben.«[8]

Dass der Einspruch auch von Balibar vorgetragen wurde, ist kein Zufall. Der 1942 geborene Philosoph gilt in Frankreich als einer der wichtigsten linken Stimmen im Kampf gegen Rassismus. Er blickt zurück auf eine lange Reihe von Interventionen in öffentliche Debatten um Migration, Kolonialismus und Nationalismus. Seit den 1970er-Jahren setzt er sich unermüdlich für die Belange der in Frankreich lebenden Migranten ein. Das reicht von der frühen Kritik an den Wohn- und Arbeitsverhältnissen in den *Banlieues* über Forderungen nach mehr Anerkennung für Illegale (*sans-papiers*) und Jugendliche ohne Zukunftsperspektive bis hin zu Vorschlägen, wie man Fragen der Staatsbürgerschaft, der Laizität oder auch der kulturellen Identität neu denken kann. Das Besondere an Balibar ist, dass er sein politisches Engagement immer wieder mit philosophischen Analysen der Funktionsweise von Rassismus und demokratietheoretischen Überlegungen flankiert. Politisches Engagement und Arbeit an der Theorie sind für ihn zwei Praktiken, die nur in der Kombination Sinn machen. Davon zeugen vor allem das zusammen mit dem Soziologen Immanuel Wallerstein verfasste rassismustheoretische Hauptwerk *Rasse, Klasse, Nation*, aber auch Bücher wie *Die Grenzen der Demokratie* oder *Gleichfreiheit*, in denen Balibar sein Projekt einer politischen Philosophie der radikalen Demokratie entwickelt.[9] In Deutschland war Balibar den meisten eine lange Zeit als treu ergebener Schüler des marxistischen Philosophen Louis Althusser ein Begriff. Mittlerweile ist er auch hierzulande als Philosoph des Antirassismus und Theoretiker einer radikalen Demokratie bekannt.

Balibars Engagement in Fragen der antirassistischen Praxis und Theorie ist für einen Philosophen seiner Generation dabei keineswegs so selbstverständlich. Abseits von kleineren linken Strömungen spielte Rassismus als philosophisches Thema in der französischen Theorielandschaft der zweiten Hälfte des 20. Jahrhunderts kaum eine Rolle. Insofern muss man dem bereits erwähnten kamerunischen

Philosophen und Politikwissenschaftler Achille Mbembe ein Stück weit recht geben, wenn er behauptet, dass keine der beiden großen Bewegungen, die im 20. Jahrhundert Rassismus dekonstruierten (die US-Bürgerrechtsbewegung und der Kampf gegen Apartheid), die Werke der bekanntesten französischen Intellektuellen (mit kleinen Ausnahmen bei Sartre, de Beauvoir und Derrida) auch nur beeinflusst hätten.[10] Mbembe nimmt selbst die von ihm geschätzten Pioniere des Poststrukturalismus wie Foucault nicht von seiner Kritik aus. Balibar hingegen dürfte auf Mbembes Liste mit Sicherheit zu den Ausnahmen zählen. Umso mehr stellt sich die Frage, woher dieser spezielle antirassistische Impetus bei Balibar rührt. Betrachtet man die zurückgelegten Stationen seines Engagements, dann zeigt sich, dass diese auf Erfahrungen zurückverweisen, die Balibar in seiner Jugend während des Algerienkriegs und später bei einem längeren Aufenthalt in Algerien machte. Anlass genug also, ausgewählte Stationen in Balibars Werdegang von den 1960er- bis in die späten 1980er-Jahre abzuschreiten. Darin bilden sich die politische Geschichte Frankreichs und die seiner Dekolonisierung ab.

1961 – Prügel und Protest

Die erste Station führt in die Spätphase des Algerienkriegs und beginnt mit einer Tracht Prügel. Eine seiner ersten politischen Aktionen überhaupt endete für Balibar im Krankenhaus. Am 19. Dezember 1961 hatten zahlreiche Gewerkschaften und Studentenverbände in Paris zu einer Großdemonstration gegen die Algerienpolitik Charles de Gaulles und für den sofortigen Frieden in Algerien aufgerufen. Balibar war für den Ordnungsdienst der *Jeunesse communiste* eingeteilt und mit der Koordination der protestierenden Menschenmassen beschäftigt – bis er auf die Spezialkräfte des Pariser Polizeipräfekten und ehemaligen Nazi-Kollaborateurs Maurice Papon traf. Mit Holzknüppeln und eisenbeschlagenen Karabinern schlugen sie auf die Demonstranten und Ordner ein. Balibar hatte vergleichsweise Glück: Während die Polizei andere Verletzte aufgriff und ihnen noch auf dem Revier eine »Sonderbehandlung« zukommen ließ, wurde er von Freunden aus der riesigen Menge geholt und ins Krankenhaus Saint-Antoine gebracht. Als er dort mit blutüberströmtem Kopf eintraf, hörte er den Stationsarzt noch sagen: »Das geschieht ihm recht. Was hatte er auch da zu suchen!«[11]

Ja, was hatte er da zu suchen? Balibar glaubte das besser zu wissen als der Arzt, der, so Balibars Charakterisierung, »wie ein Papagei die Parolen seiner Klasse nachplärrte«.[12] Wie viele seiner linken Altersgenossen war Balibar der Überzeugung, dass es schlichtweg notwendig sei, gegen den Krieg auf die Straße zu gehen. Er war neunzehn Jahre alt, hatte 1960 sein Philosophiestudium an der ENS begonnen und war dem kommunistischen Studentenverband (UEC) und 1961 dann auch der Kommunistischen Partei Frankreichs (PCF) beigetreten. Für einen jungen linken Studenten wie ihn war es daher fast schon selbstverständlich, für Antikolonialismus, Antiimperialismus und Antifaschismus einzutreten. Für alle drei Anti-Positionen gab es auch jeweils konkrete Beweggründe: die koloniale Situation in Algerien, die auf kapitalistischer Ausbeutung und rassistischer Diskriminierung basierte; der Imperialismus des französischen Staats, der mit Gewalt auf dem Erhalt seiner Kolonien beharrte; schließlich der Faschismus der französischen Untergrundbewegung Organisation de l'armée secrète (OAS), die, um die Abspaltung Algeriens vom französischen »Mutterland« zu verhindern, nicht davor zurückschreckte, die eigenen Landsleute mit Bombenanschlägen und Attentaten zu terrorisieren. Kurzum, genug Gründe für die linke studentische Jugend, diese politische Gemengelage nicht länger hinnehmen zu wollen und sich dagegen aufzulehnen.[13]

Eine Portion schlechtes Gewissen gehörte bei Balibars Engagement gegen den Krieg allerdings auch dazu. Das hatte weniger mit dem Linkssein per se zu tun, das sich ja oft auf einen moralischen Kampf gegen soziale Ungerechtigkeiten stützte, sondern eher mit

Paris, 27. Oktober 1960: Demonstration von Studierenden gegen den Algerienkrieg.

Balibars privilegierter Lage und dem daraus resultierenden Gefühl, eine gewisse Schuld abtragen zu müssen.[14] Durch das Studium blieb er nämlich vom Wehrdienst verschont. Wäre er Arbeiter oder Bauer gewesen, hätte er sich zwischen Krieg und Desertion entscheiden müssen. So blieb ihm die komfortablere Wahl zwischen Nichtstun und Engagement. Ein Privileg, das andere Zöglinge der ENS wie Pierre Bourdieu oder Jacques Derrida damals übrigens nicht ausschöpfen wollten (Bourdieu) beziehungsweise konnten (Derrida). Sie waren beide älter als Balibar, schlossen zu einem früheren Zeitpunkt ihr Studium ab und wurden auf dem Höhepunkt des Krieges zum Wehrdienst nach Algerien einberufen.

Man musste aber nicht unbedingt nach Algerien fahren, um die sich aus dem Krieg ergebende Gewalt zu erleben.[15] Sie war auch auf dem französischen Festland deutlich zu spüren: Die OAS wie auch der FLN hielten das Land mit unzähligen Bombenanschlägen in Atem und brachten es an den Rand eines Bürgerkriegs. Die französische Polizei zeigte sich dabei nicht weniger gewalttätig. Am 16. Oktober 1961 verübte sie ein Massaker an algerischen Demonstranten, die sich der ihnen auferlegten Sperrstunde widersetzten. Hunderte Algerier kamen dabei um, viele von ihnen wurden in die Seine geworfen. Am 8. Februar 1962 starben bei einer vom PCF organisierten Demonstration gegen den faschistischen OAS-Terror neun Menschen, die vor der anstürmenden Polizei in den Eingang der nahe gelegenen Metro-Station Charonne geflohen waren und daraufhin von der Menge erdrückt oder von Gummiknüppeln der Polizei totgeschlagen wurden.

Zwei Ereignisse, auf die unterschiedlich reagiert wurde: Während rund eine Million Menschen den Toten von Charonne das letzte Geleit gab (unter den Toten befanden sich acht Gewerkschaftlerinnen und Gewerkschaftler), wurde über das nächtliche Seine-Massaker an den algerischen Demonstranten mit Schweigen hinweggegangen – in der Presse wurde nicht einmal darüber berichtet. Für Balibar waren diese zwei gewalttätigen Vorkommnisse und der unterschiedliche Umgang damit prägende Erfahrungen, die sein politisches Bewusstsein bestimmten und auf die er zu späteren Zeitpunkten immer wieder zurückkam. Zum einen führten sie ihm vor Augen, bis zu welchem Grad die französische Gesellschaft fähig war, den staatlichen wie alltäglichen Rassismus gegenüber der algerischen Bevölkerung auszublenden. Zum anderen machten die Ereignisse ihm bewusst, wie sehr die faschistische Vichy-Vergangenheit, die Kolonialfrage und die ideologischen Kämpfe zwischen Kommunisten und Gaullisten die politische Realität Frankreichs der 1950er-Jahre bestimmten.

Balibar machte damit eine für seine Altersgruppe häufige Erfahrung. In der Folge dieser gesellschaftlichen Auseinandersetzungen entfremdeten sich große Teile der französischen Jugend vom Staat und radikalisierten sich. Es formierte sich die »Algerien-Generation«, also jene Alterskohorte linker Studierender und Aktivisten, die sich während des Algerienkriegs das erste Mal in ihrem Leben politisierten, sich mit der algerischen Unabhängigkeitsbewegung solidarisierten und den französischen Machtapparat anprangerten. Ihre Bedeutung für die Politisierungsgeschichte Frankreichs kann kaum überschätzt werden. Die neuen Protestformen und Positionen, die sich dabei auch in Abgrenzung zu den orthodoxen Standpunkten der Alt-Kommunisten und der damals an der Regierung beteiligten Sozialisten formierten, bildeten eine wichtige Grundlage für die Studentenproteste der späten 1960er-Jahre. Schließlich darf man nicht vergessen: Als die »Vietnam-Generation« im Pariser Mai 68 auf die Straße ging, den amerikanischen Imperialismus anprangerte und den antikolonialen Befreiungskampf hochhielt, lag das Ende des Algerienkriegs und der linken Antikriegsproteste nur sechs Jahre zurück.[16]

Diese prägende Erfahrung erklärt vielleicht auch, warum Balibar als junger Angehöriger der »Algerien-Generation« auch nach dem Ende des Krieges der algerischen Sache verbunden blieb. Ganz anders übrigens als das Gros der damals etablierten und älteren französischen Intellektuellen, die in dem Konflikt eine besondere Rolle gespielt hatten, weil sie einen nicht unerheblichen Einfluss auf die öffentliche Meinung geltend machen konnten. Während des Krieges hatten sich linke wie rechte Intellektuelle noch mit viel Leidenschaft an den öffentlichen Auseinandersetzungen über die Algerienfrage beteiligt. Mit dem Ende des Krieges und der Unabhängigkeit Algeriens im Sommer 1962 wendeten sie sich umgehend, ob erleichtert oder verdrossen über den Ausgang, vom Thema ab und verstummten. Die ganze Algerienfrage schien von einem Tag auf den anderen erledigt zu sein.

Das beste Beispiel für diese Lossagung der Intellektuellen gab Jean-Paul Sartre ab, also derjenige, der am lautstärksten für Algerien eintrat, die entfesselte Gewalt legitimierte, sich mit allen anlegte, zahlreiche Attentate auf ihn durch die OAS in Kauf nahm und dies alles mit jenem Furor tat, den man von dem Großintellektuellen kannte und erwartete. Mit dem Tag der Unabhängigkeit Algeriens war für ihn die gesamte Angelegenheit aber wie abgehakt. Während es zu diesem Zeitpunkt noch gar nicht klar war, in welche Zukunft das entkoppelte, von der blutigen Kolonialherrschaft gebeutelte Algerien ebenso wie das verkleinerte Frankreich steuerten, war Sartre schon längst mit anderen Schauplätzen der vermeintlichen Weltrevolution wie zum Beispiel Kuba beschäftigt. Zum Fall Algerien gab es für ihn nichts mehr zu sagen. Sartre befasste sich bis zu seinem Tod 1980 nie wieder mit dem Land.

Auf gewisse Weise vollzogen Sartre und mit ihm viele andere Intellektuelle damit bewusst oder unbewusst eine Bewegung, die in einem größeren Maßstab und unter anderen Vorzeichen auch auf die Vergesslichkeit der gesamten französischen Nachkriegsgesellschaft zutraf.[17] In Frankreich legte sich nämlich eine veritable kollektive Amnesie über die jüngsten Jahre, die schon zuvor nicht von allen Franzosen überhaupt als Kriegsjahre wahrgenommen worden waren. Es wurde stets euphemistisch von »Ereignissen« in Algerien gesprochen, die von den meisten Franzosen als zulässige Bekämpfung eines bewaffneten Aufstands auf dem ureigenen Gebiet der Französischen Republik bewertet wurden. Umso leichter fielen 1962 deshalb vielleicht auch das Verdrängen und die rasche Rückkehr zur Tagesordnung. Man wollte partout nichts mehr vom algerischen Drama und der französischen Schuld wissen und nicht mehr an die verübten Foltermaßnahmen, Deportationen und Massaker erinnert werden, noch an die jahrhundertelange Kolonialherrschaft und noch weniger an den herben und endgültigen Verlust des Empire, den die Entkopplung von Algerien für die glorreiche Nation bedeutete. Im Fokus stand fortan der berühmte »Rückzug aufs Hexagon« – eine Doktrin, die in Frankreich vor allem mit dem Namen des Journalisten Raymond Cartier verbunden war, der bereits in den 1950er-Jahren die Verschwendung öffentlicher Gelder in den Kolonien kritisiert und einen wirtschaftspolitischen Fokus auf das Festland gefordert hatte.[18] Der Geist des *Cartierismus* breitete sich in den 1960er-Jahren im Kontext des französischen Wirtschaftswunders schnell aus und stimmte die Mehrzahl der Franzosen auf eine neue nationale Richtung ein. Ganz anders verhielt es sich bei Balibar. Er wandte sich der entgegengesetzten Richtung zu und reiste ins Herz der ehemaligen Kolonie. Die nächste Station hieß Algier.

1965 – Nächster Halt: Mekka!

Balibar lebte zwei Jahre in Algerien. Nach dem Abschluss seines Studiums an der ENS nahm er 1965 eine Stelle als Dozent an der Universität von Algier an und unterrichtete dort bis 1967 Philosophie. Der Aufenthalt in der algerischen Hauptstadt kam im Rahmen eines Abkommens zwischen Frankreich und Algerien zustande, das den Bildungsaustausch zwischen den nunmehr getrennten Ländern fördern sollte. Derartige Dozenturen in ehemaligen französischen Kolonien waren keine Seltenheit und für viele Pariser Intellektuelle eine willkommene Gelegenheit, für einige Zeit mal etwas andere Luft zu schnuppern – auch Roland Barthes, Simone de Beauvoir und Michel Foucault kamen auf diese Weise zu ihren Auslandserfahrungen mit kolonialem Beigeschmack. Die Entscheidung für Algerien war im Fall von Balibar aber mehr als ein Tapetenwechsel und auch nicht im entferntesten Sinne mit einer neokolonialen Attitüde verbunden. Sie war für Balibar ein linkes Bekenntnis zu einem frisch entkolonialisierten Land, das sich in Aufbruchsstimmung befand.

Balibar ging nämlich nicht irgendwo hin. Er ging in die »Hauptstadt der Dritten Welt«.[19] Ein kurzer Blick in die Geschichte Algeriens nach 1962 macht deutlich, wie Algier zum Mittelpunkt des globalen Südens werden konnte: Algerien stieg nach der Unabhängigkeit schnell zu einem gefragten Player in der Weltöffentlichkeit auf. Während im Inneren noch ausgiebig die Unabhängigkeit gefeiert wurde und die Machtfrage innerhalb des FLN schon zugunsten Ahmed Ben Bellas entschieden war, genoss das Land außenpolitisch seine hart errungene Souveränität. Ben Bella wurde noch im Sommer 1962 von John F. Kennedy empfangen, in Kuba wartete freilich ein noch größerer Empfang durch Fidel Castro auf ihn. Algerien kam wegen seines erfolgreichen Kampfes gegen eine alte europäische Kolonialmacht weltweite Aufmerksamkeit zu und galt als gelungenes Beispiel revolutionärer Dekolonisierung – und es erfüllte damit eine gewisse Vorbildfunktion für jene Länder und Regionen, die noch die Autonomie anstrebten. Zu Beginn der 1960er-Jahre hatten bereits fünfzehn afrikanische Staaten ihre Unabhängigkeit erlangt, doch für viele Staaten, vor allem im südlichen Afrika, hatte der Prozess der Dekolonisierung erst begonnen. Die algerische Regierung verstand sich hier als Unterstützerin aller sich noch im Kampf befindlichen Befreiungsbewegungen. Algerien öffnete, um es mit Algeriens offiziellem »Botschafter für Afrika« Frantz Fanon zu sagen, allen Verdammten dieser Erde seine Türen.

Für ein gutes Jahrzehnt beherbergte Algier die unterschiedlichsten revolutionären Organisationen und Gruppierungen aus der ganzen Welt. Angefangen mit der einflussreichen Zeitschrift *Révolution africaine* bis hin zu den nationalen Befreiungsbewegungen für Südafrika, Namibia, Rhodesien, Mosambik, Kap Verde, Angola und Südvietnam hatten sie alle ihren Stützpunkt in Algier[20] – insgesamt rund zwanzig Organisationen, darunter auch die PLO von Jassir Arafat und der internationale Ableger der Black Panther Party von Elridge Cleaver.[21] Aus *Alger, la Blanche*, wie die Stadt wegen ihrer weißen Häuserfassaden hieß, wurde *Alger, la Rouge*, eine internationale Anlaufstelle für Revolutionäre und Befreiungskämpfer. Von einem dieser Unabhängigkeitskämpfer, Amílcar Cabral aus Guinea, stammt auch die wohl berühmteste Beschreibung von Algiers goldenen Jahren: »Muslime pilgern nach Mekka, Christen in den Vatikan, und die Freiheitskämpfer nach Algier.«[22]

Als Balibar im Sommer 1965 nach Algier kam, lag sicherlich noch ein gewisser Hauch von weltumspannender Revolution in der Luft. Niemand Geringeres als der kubanische Revolutionär Che Guevara legte hier im selben Jahr einen umjubelten Zwischenstopp ein, bevor er mit algerischer Unterstützung zu seiner legendären Kongo-Expedition aufbrach. In Algerien selbst war der Anfangszauber allerdings schon wieder am Abklingen. Houari Boumedienne putschte sich im selben Sommer mit Hilfe des Militärs an die Macht und ließ seinen alten FLN-Gefährten Ben Bella sowie andere Oppositionelle verhaften. Außenpolitisch blieb zunächst alles beim Alten, aber unter Boumedienne sollte sich das Land später noch stark verändern. Der Putsch ging dabei fast lautlos vonstatten, nicht wenige Bewohner von Algier dachten beim Anblick der durch die Straßen rollenden Panzer sogar, dass diese Teil eines Filmsets seien. In den Wochen zuvor hatte der italienische Regisseur Gillo Pontecorvo mitten in Algiers Altstadt groß angelegte Kriegsszenen für seinen antikolonialen Kultfilm *Schlacht um Algier* drehen lassen, der in der Tradition des Neorealismus zentrale Episoden aus dem Unabhängigkeitskrieg zeigt. Aber Pontecorvo hatte sein Filmset zum Zeitpunkt des Putsches schon längst abgebaut.[23]

Warum pilgerte Balibar in dieses Mekka der Revolutionäre? Seine noch junge Wissenschaftlerkarriere in Frankreich hatte er mit der Wahl von Algerien sicherlich nicht gefördert. Seine Anwesenheit im Land hatte eher idealistische Motive, sie lässt sich auch als akademische Wiederaufbauhilfe verstehen. Die Franzosen hatten den Algeriern eine desolate Universität hinterlassen: Die einzige Universität des Landes war in der Kolonialzeit ein Hort für kolonialrassistische Wissenschaft und für reaktionäre Kolonialcliquen gewesen, die die Unterdrückung der algerischen Bevölkerung geistig und politisch mitverantworteten. Pierre Bourdieu, der hier einige Jahre zuvor tätig war, konnte davon ein Lied singen. Außerdem war die Universität buchstäblich zerstört: Die OAS hatte in den allerletzten Tagen des Krieges im Sinne ihrer »Politik der verbrannten Erde« die Universitätsbibliothek mit Phosphorbomben in Schutt und Asche gelegt und damit einen Großteil des schriftlich zur Verfügung stehenden Wissens im Land vernichtet.[24]

Im neuen algerischen Staat galt es, die Universität wiederaufzubauen und ideologisch neu auszurichten – dabei nahm man auch bereitwillig Hilfe von ehemaligen antikolonialen Aktivisten aus Frankreich an, die weiterhin mit Algerien sympathisierten. Die neu im Land angekommenen linken Franzosen wurden *pieds-rouges* genannt – eine ironische Anlehnung an den Ausdruck *pieds-noirs*, mit dem wiederum die Algerienfranzosen der Kolonialzeit bedacht wurden.[25] Balibar war, wie die Soziologin Monique Gadant und viele andere, ein solcher *pied-rouge*.[26] Der junge ENS-Absolvent brachte vor allem eine ausgewiesene Kennerschaft im Marxismus mit und hatte etwas Besonderes im Gepäck dabei: 1965 war sein mit Louis Althusser, Jacques Rancière und anderen ENS-Genossen herausgegebener Band *Das Kapital lesen* erschienen, der zur weltweit bekanntesten Marx-Interpretation der 1960er-Jahre avancierte.[27] Althussers strukturalistische Lektüre marxistischer Theorie war, wie schon Michel Foucault zur selben Zeit aus Tunis zu berichten wusste, unter den Studierenden Nordafrikas äußerst beliebt.[28] Entsprechend unterrichtete Balibar während seiner Zeit als Dozent in Algier das, was er davor und danach in Paris auch tat, nämlich marxistische Philosophie im Stil von Althusser.[29]

Es lässt sich nur schwer rekonstruieren, wie der Aufenthalt in Algerien Balibar konkret beeinflusst hat und inwiefern er sich in seinen Arbeiten der nächsten Jahre niederschlug. Das hat viel mit den Umständen seines Aufenthalts zu tun: Balibar verfasste in Algerien keine philosophischen Texte, die von einer theoretischen Verarbeitung seiner algerischen Erfahrungen zeugen könnten, was angesichts seines jungen Alters und seiner Fokussierung auf politischen Aktivismus nicht weiter überrascht. Doch auch in seinen nachfolgenden theoretischen Werken lassen sich keine algerischen »Rückstände« finden. Eher ist eine Kontinuität in der Beschäftigung mit Fragen der marxistischen Theorie im Umfeld des Althusser-Kreises zu beobachten, die bis in die späten 1970er-Jahre reicht – Balibar hielt Althusser und dem PCF sehr lange die Treue. Selbst im Nachgang der Studentenrevolte vom Mai 1968 hatten für ihn, zumindest in philosophischer Hinsicht, epistemologische Reflexionen über die Beschaffenheit des Klassenkampfes mehr Gewicht als etwa Fragen, die sich aus dem kolonialen Erbe Frankreichs ergaben.

Bei näherer Betrachtung scheint mit Balibars Algerienaufenthalt eher eine gelebte Erfahrung als eine theoretische Erkenntnis verbunden gewesen zu sein, und zwar eine Erfahrung, die die philosophische Beschäftigung noch nicht tangierte, sondern zunächst hauptsächlich politischer Natur war. Was Balibar 1967 bei seiner Rückkehr nach Frankreich mitbrachte, war neben der Kenntnis des unabhängigen Algerien vor allem ein für die postkolonialen Verhältnisse in Frankreich selbst sensibilisierter Blick. Die spezielle Situation der hierzulande lebenden Algerier und anderer Immigranten mit ihren Einwanderungsgeschichten und Diskriminierungserfahrungen war ihm nun deutlicher denn je. Das Gebot der Stunde lautete für ihn: Man hatte sich für die spezifischen Kämpfe der Arbeitsimmigranten einzusetzen. Weitaus schwieriger gestaltete sich freilich die Frage, wie diese migrantischen Kämpfe (und auch das Engagement dafür) in das eigene Verständnis von kommunistischer Politik und marxistischer Philosophie zu übersetzen seien. Brauchbare Antworten auf diese Frage fand Balibar erst in den 1980er-Jahren, nachdem sein politisches Engagement und die theoretische Arbeit auch auf dem Gebiet des Antirassismus zueinander fanden. Bezeichnenderweise brauchte es für dieses Zusammenkommen auch einen öffentlichen Bruch mit der Politik der Kommunistischen Partei.

1981 – Rassismus von links

Das neue Jahrzehnt begann für Balibar gleich mit zwei Paukenschlägen: Im November 1980 erdrosselte Louis Althusser seine Frau Hélène Rytmann in der gemeinsamen Wohnung an der ENS. Der Fall Althusser schlug hohe Wellen in der Öffentlichkeit, unter anderem weil ein Gerichtsprozess von Freunden aus dem Pariser Establishment verhindert wurde. Althusser landete stattdessen bis zum Ende seines Lebens in der Psychiatrie und verschwand von der öffentlichen Bühne, auf der er bis dahin in seiner Doppelrolle als einflussreicher Philosophielehrer an der ENS und kommunistischer Parteiintellektueller aufgetreten war. Der Vorfall besiegelte den Niedergang des lange tonangebenden Althusserianismus und läutete für Althussers Schüler eine Emanzipationsphase vom intellektuellen Ziehvater ein. Auch für Balibar stand mit dem Wegfall seines Lehrers als Theoriestütze und Schutzmacht innerhalb des PCF über kurz oder lang eine Neuorientierung in Fragen der marxistischen Theorie und Praxis an.

Der zweite Paukenschlag erfolgte dann im März 1981, als Balibar aus der Kommunistischen Partei ausgeschlossen wurde. Der Philosoph hatte sich bereits seit Ende der 1970er-Jahre als unangenehmer Kritiker innerhalb der Partei hervorgetan, der endgültige Bruch im Jahr 1981 geschah aber erst, nachdem der PCF in den vorangegangenen Monaten in einer Serie von fremdenfeindlichen Aktionen zunehmend das Bild einer sich nach rechts öffnenden Partei geboten hatte. Am meisten Aufsehen erregte hier die »Bulldozer-Affäre« von Vitry: Der kommunistische Bürgermeister des Pariser Arbeitervororts ließ im Beisein der Medien den Eingang eines Wohnheims, in dem dreihundert Arbeiter aus Mali einquartiert waren, mit der Begründung zuschütten, dass die Ausländerquote in Vitry längst überschritten sei. Es herrschte Wahlkampf, und der schwächelnde PCF scheute sich beim Buhlen um jede Wählerstimme offenbar nicht, die Ängste ihrer Stammwählerschaft öffentlichkeitswirksam auch mit rechten Parolen zu bedienen.

Balibar reagierte auf die rassistischen Tendenzen mit dem langen Essay »PCF: De Charonne à Vitry« in der Wochenzeitschrift *Le Nouvel Observateur*.[30] Darin fragte er unverhohlen: »Ist die PCF jetzt eine rassistische Partei?« Für ihn waren die »Pleiten« in Vitry und anderen kommunistischen Hochburgen keineswegs Einzelfälle verirrter

Kommunalpolitiker, sondern von der Parteiführung gedeckte Aktionen und Symbole einer Politik, die um jeden Preis ihre im Niedergang befindliche Macht aufrechterhalten wolle. »Was jetzt plötzlich in Bulldozer-Aktionen, administrativen ›Ausländerquoten‹ zur Wahrung einer ›Toleranzschwelle‹ […] oder auch darin zum Ausdruck kommt, daß ohne Zögern riskiert wird, jeden Nordafrikaner gegenüber der Öffentlichkeit als potentiellen Drogenhändler zu denunzieren, ist eben diese Kapitulation, diese Selbstaufgabe im Angesicht von Rassismus und Populismus, eben dieses Nachäffen der Regierungspolitik.«[31] Die Reaktion der Parteiführung ließ nicht lange auf sich warten: Sie warf Balibar umgehend aus der Partei.

Schaut man genauer in den Text, weiß man auch, warum sie das tat. Der Artikel ist nicht nur die Intervention eines Parteiintellektuellen in die Tagespolitik, sondern auch der Versuch, historisch zu erklären und aufzuarbeiten, wie es überhaupt zu diesen rassistischen Aktionen im PCF kommen konnte – in einer Partei, die sich immer als antikolonial verstand und diesen Antikolonialismus seit den Tagen des Algerienkriegs stets als Aushängeschild präsentierte. Wer so fragt, stellt auch den behaupteten Antikolonialismus schonungslos auf den Prüfstand und wirft ein Schlaglicht auf die nicht aufgearbeitete Vergangenheit. Ergebnis von Balibars Prüfung: »eine lange und bestürzende Geschichte« voller einseitiger Mythenbildungen und verpasster Chancen, bei der man »auf Schritt und Tritt den zerstörerischen Wirkungen des Nationalismus und eines oft eher verbalen als konsequenten Antikolonialismus begegnet«.[32]

Diese Geschichte lässt Balibar in seinem Essay an einem der zentralen Erinnerungsorte der Kommunistischen Partei beginnen, der Metro-Station Charonne und den acht Toten vom 8. Februar 1962. Um ihr antikoloniales Engagement während des Algerienkriegs zu belegen, habe sich die Partei seitdem immer wieder und auch mit gutem Recht auf die toten kommunistischen Gewerkschaftler berufen. In dieser Erinnerung sei aber bereits eine Zweideutigkeit enthalten, die ihn peinlich berühre und deren Konsequenzen man heute zu spüren bekomme, weil nämlich die Partei gestern wie heute die an diesem Tag gefallenen Genossen glorifiziere, aber niemals den Anlass dieser Demonstration in Erinnerung rufe: »Es wird immer nur von einem abstrakten und mythischen antikolonialistischen Kampf gesprochen. Dabei gibt es viele, die aus ganz klarer Erinnerung Folgendes bezeugen können: Wenn es den 8. Februar 1962 und zuvor den 19. Dezember 1961 als einheitliche Demonstration gegeben hat […], dann nur, weil es zuvor den *furchtbaren 17. Oktober 1961 gegeben hatte, von dem die Partei schweigt und auch sonst niemand mehr spricht.*«[33]

Gemeint ist das Massaker an den algerischen Demonstranten, deren Leichen man am folgenden Tag aus der Seine bergen musste. Balibar moniert nicht nur die fehlende erinnerungspolitische Anerkennung dieses Ereignisses für die eigene Mobilisierung. Hinter der einseitigen Erinnerungspolitik des PCF stöbert er ganz andere, bittere Wahrheiten auf. Zum Beispiel, dass die Partei niemals eine eindeutige Haltung in der Algerienfrage einnahm, sondern oft zögerte und mitunter den Krieg aus nationalistischen Gründen duldete; dass ihre Demonstrationen zwar stets den Faschismus der OAS und den Imperialismus de Gaulles adressierten, aber niemals die Belange der Algerier thematisierten geschweige denn für Letztere eintraten; dass die Kommunisten und viele andere Linke auf den Demonstrationen Solidarität forderten, aber algerische Demonstranten mit ihren eigenen Forderungen dort weder eingeladen noch wirklich erwünscht waren, weil auch dort – man muss es so direkt sagen – eine politische Kultur der Segregation herrschte.[34]

Balibars Fazit: Die Partei habe »keinerlei Recht, sich ein Monopol des Antikolonialismus anzumaßen«, weil sie nie konsequent antikolonial war. Stattdessen sei von Charonne bis Vitry eine gegenteilige Geschichte der verpassten Gelegenheiten und Enttäuschungen zu beobachten. Zu diesen zählt Balibar die Unfähigkeit der Partei, während des Algerienkriegs die algerischen Unabhängigkeitsbestrebungen anzuerkennen, aber auch ihre anschließende ignorante Haltung gegenüber den vorwiegend aus ehemaligen französischen Kolonien stammenden Immigranten. »Es wurde die Gelegenheit verpaßt, zwischen den französischen Arbeitern und den Arbeitsimmigranten eine organische Einheit in den Klassenkämpfen herzustellen. Für beide blieb daher [...] der Internationalismus eine Sache des Kalküls konvergierender Interessen, statt daß er eine gemeinsame Praxis werden konnte, in der sich die Beteiligten allmählich kennenlernen, ihre Widersprüche zu überwinden und eine gemeinsame Zukunft ins Auge zu fassen beginnen.«[35] Balibars Wortwahl lässt viel marxistisch-utopisches Pathos erkennen, die Schärfe seiner Analyse wird dadurch aber nicht geschmälert: Die Kommunistische Partei folgte in Migrationsfragen tatsächlich meistens nationalistischen Interessen, der Internationalismus der Arbeiterklasse blieb Ornament.[36] In derartigen Unstimmigkeiten und blinden Flecken seien die Wurzeln der gegenwärtigen Parteipolitik angelegt: »Folglich darf es uns nicht überraschen, wenn es sich plötzlich herausstellt, daß auch sie von den schlimmsten Versuchungen des Moralismus und Rassismus durchzogen wird, die die französische Gesellschaft bedrohen.«[37]

Balibar sieht angesichts dieses Bedrohungsszenarios auch, was für seine Partei, die sich 1981 ohnehin im Sinkflug befindet, eigentlich auf dem Spiel steht: die Gefahr, dass durch den kleinen Flirt mit rassistischen Ressentiments weitere Parolen wie »Sie sollen weg, sie nehmen uns die Arbeitsplätze weg« auch bei ihr zum gewöhnlichen Repertoire wird, dass ein »Wundbrand« entsteht, der sich langsam, aber sicher hineinfrisst in die Partei und bei dem man nicht weiß, wo er Halt machen wird. »Nur wem er nützen wird, ist jetzt schon ganz klar: Wenn es darum geht, diejenigen zu mobilisieren, die nostalgisch auf ein ›Frankreich der Franzosen‹ warten, dann gibt es andere Kräfte, die besser darauf vorbereitet und ›glaubwürdiger‹ sind als gerade die Kommunisten. Und deren Plakate kleben schon an allen Wänden.«[38] Balibar sollte mit dieser Einschätzung recht behalten. Bei den französischen Regionalwahlen von 1983 errang der rechtsextreme Front National (FN) von Jean-Marie Le Pen einen seiner ersten signifikanten Wahlerfolge. Der PCF erlitt herbe Verluste.

Man mag von Balibars Artikel aus dem Jahr 1981 halten, was man will. Viele seiner Einlassungen könnte man damit abtun, dass sie der Haltung eines enttäuschten Kommunisten entspringen, der viel zu lange einer verknöcherten, moskautreuen Partei anhing und der nun mit verspätetem, kompensatorischem Eifer versuchte, (selbst-)kritisch gegenzusteuern. Genauso gut ließe sich spekulieren, dass Balibar, der seit längerem zu den bekanntesten Oppositionellen innerhalb der Partei gehörte und nach dem Althusser-Skandal isolierter war denn je, den überfälligen Rauswurf mit seinem Artikel vielleicht sogar provozierte. Beide Punkte mögen zutreffen, aber dennoch wäre es zu kurz gegriffen, deshalb den Text bloß als die persönliche Entfremdung eines Intellektuellen von seiner Partei zu verstehen.

Der Essay bietet nämlich mehr: Die Fragen und Probleme, die Balibar hier verhandelt, sind aus heutiger Sicht von einer außerordentlichen Aktualität und längst nicht gelöst. Balibar thematisiert fundamentale Verschiebungen in der politischen Kultur Frankreichs, die bis heute nachwirken. Wenn er etwa auf das gefährliche Spiel der Linken mit rassistischen Reflexen und die möglichen Verschiebungen in der Wählergunst zugunsten des Front National aufmerksam macht, dann ist das auch eine sehr frühe Problematisierung dessen, was die französische wie auch die gesamte europäische Öffentlichkeit angesichts der Wahlerfolge von rechtspopulistischen Parteien in den letzten Jahren wieder verstärkt umtreibt. Eines der bekanntesten Bücher, die bei diesen aufkeimenden Diskussionen über die Merkmale und Ursachen des Rechtspopulismus (und über die Rolle, die die linken Parteien dabei spielen) gerne herangezogen werden, ist der Bestseller *Rückkehr nach Reims* von Didier Eribon.[39] Der französische Soziologe macht darin interessanterweise genau die von Balibar konstatierte Wählerwanderschaft vom PCF zum FN zum Herzstück seiner autosoziobiographischen Reflexionen. Rückblickend und entlang seiner eigenen Familiengeschichte widmet er sich der Frage, warum große Teile der Arbeiterschaft, die ehemals den PCF und andere linke Parteien als ihre genuinen politischen Repräsentanten ansahen, seit den 1980er-Jahren zunehmend den FN wählten. Wer für Eribons retrospektive Erzählung einen zeithistorischen Widerhall finden möchte, wird in Balibars Text fündig.

Balibars Essay hält noch einen weiteren bedeutenden Punkt bereit, von dem man zweifellos behaupten kann, dass er ebenfalls auf heutige Verhältnisse verweist. Es ist der bei näherer Betrachtung nicht einfach zu belegende und sich erst aus einer minutiösen Analyse herauskristallisierende Befund, dass es auch unter Linken so etwas wie ein strukturelles Rassismusproblem geben könnte. Indem Balibar die inneren Widersprüche des PCF hinsichtlich seines zweischneidigen Antikolonialismus aufdeckt, macht er damit nämlich auf einen allgemeinen blinden Fleck des Rassismus aufmerksam, der nicht nur eine in die Jahre gekommene Partei, sondern auch die gesamte politische Linke betreffen kann. Balibars Mahnung an deren Adresse: Man darf ja nicht glauben, dass man als Linke automatisch von Rassismus befreit oder vor ihm geschützt sei. Rassismus kommt nicht immer nur von der erwartbaren rechten Flanke. Er kann auch bei Linken grassieren, und auch wenn er hier verdeckter und subtiler daherkommen mag, so ist er nicht weniger problematisch und ausgrenzend. Der Rassismus hat bekanntlich viele Gesichter. Dies aufzuzeigen ist spätestens seit dem Essay von 1981 zu einem Leitmotiv von Balibars antirassistischem Engagement und Denken geworden.

1988 – Eine neue Theorie für einen neuen Rassismus

Die Affäre von Vitry war nur die Vorbotin einer ganzen Reihe von xenophoben und rassistischen Vorfällen, die sich in den frühen 1980er-Jahren ereigneten. Frankreich hatte in dieser Phase vermehrt mit rassistisch motivierten Gewalttaten, unaufgeklärten Morden und umstrittenen Polizeieinsätzen zu kämpfen, wodurch in der Folge auch antirassistische Protestbewegungen wie *SOS Racisme* und *La marche contre le racisme et pour l'égalité* auf den Plan traten.[40] Das Jahrzehnt hatte eigentlich hoffnungsfroh begonnen, als 1981 mit der Wahl von François Mitterrand zum französischen Staatspräsidenten eine sozialistische Regierung an die Macht kam, die für eine liberale Integrations- und Migrationspolitik stand. Doch von dieser blieb spätestens 1983, als Mitterrand im Zuge einer anhaltenden Wirtschaftskrise seine neoliberal-konservative Wende vollzog, nicht viel übrig. Parallel dazu dann der Vormarsch des FN an den Wahlurnen. Die Wahlerfolge der Partei blieben anfangs lokal begrenzt und relativ überschaubar. Doch Le Pen begann mit Äußerungen wie »Zwei Millionen Arbeitslose sind zwei Millionen Einwanderer zu viel« bereits Wirkung zu erzielen und die politische Agenda des Landes mitzubestimmen.

Ideologische Schützenhilfe erhielt der FN damals von der sogenannten *Nouvelle Droite* – einem Sammelbegriff für jene rechtsextremen Intellektuellen, die seit den späten 1970er-Jahren einen steilen Aufstieg in der Öffentlichkeit erlebten. Sie hatten sich Theorien des völkischen Nationalismus und der Unvereinbarkeit von Kulturen auf die Fahnen geschrieben und sich damit einen bürgerlichen Anstrich gegeben, der für viele weniger rassistisch wirkte. Als Vordenker der Neuen Rechten galt der Philosoph Alain de Benoist. Großzügig unterstützt von konservativen Kreisen im Pariser Kulturestablishment, schaffte es de Benoist, mit Bestsellern und zahlreichen Medienauftritten rechtes Gedankengut in kurzer Zeit in Frankreich und europaweit salonfähig zu machen.[41] Zusammen mit der Karriere anderer Rechtsintellektueller der *Nouvelle Droite* war sein Aufstieg ein untrügliches Zeugnis dafür, dass aus dem Paris der eingefleischten Linksintellektuellen binnen weniger Jahre »die europäische Hauptstadt intellektueller Reaktion« wurde, wie der britische Historiker Perry Anderson 1983 konstatierte.[42]

In diesen Kontext eines Wiedererstarkens rassistischer Diskurse gehört auch *Rasse, Klasse, Nation*, das Balibar zusammen mit dem amerikanischen Soziologen Immanuel Wallerstein verfasste. Das Buch, 1988 auf Französisch veröffentlicht und in zahlreiche Sprachen übersetzt, avancierte rasch zu einem Standardwerk der internationalen

Rassismusforschung und gilt auch heute noch als wichtige Referenz.[43] Es ging zurück auf eine Reihe von Seminaren, die Balibar und Wallerstein gemeinsam an der Pariser Maison des Sciences de l'Homme zwischen 1985 und 1987 abhielten. Balibar hatte in den Jahren, die auf seinen Rauswurf aus dem PCF folgten, sein antirassistisches Engagement intensiviert und sich regelmäßig in politische Debatten eingemischt. Er schrieb Artikel zum Wahl- und Staatsbürgerschaftsrecht oder zum kolonialen Erbe Frankreichs und forderte früher als andere die »Dekolonisierung Frankreichs«.[44] Parallel zum politischen Engagement drängte sich für den Philosophen Balibar allerdings auch eine grundlegende Problematik auf, die weniger nach Aktivismus als nach theoretischer und historischer Reflexion verlangte: Warum ist der Rassismus eigentlich weiterhin auf dem Vormarsch? Warum ist er – vierzig Jahre nach der Niederschlagung des Nazismus, dreißig Jahre nach der formalen Dekolonisation und zwanzig Jahre nach der Anerkennung der Bürgerrechte für die afroamerikanische Bevölkerung der USA – immer noch oder wieder so stark? Wieso lässt er sich nicht besiegen?

Um das Phänomen eines nicht abnehmenden, sondern weltweit erstarkenden Rassismus zu verstehen und zu erklären, fehlte es Balibar, wie er feststellte, jedoch an einem geeigneten theoretischen Rüstzeug. Eines war für ihn klar: Der Marxismus reichte nicht mehr als alleiniges Erklärungssystem aus. Mit einer versteinerten Theorie, die die Welt mit Haupt- und Nebenwidersprüchen bepflastert und die Geschichte als Klassenkampf erklärt, war dem Phänomen des Rassismus konzeptuell jedenfalls nicht mehr adäquat beizukommen. Es brauchte dafür vielmehr ein modifiziertes Vokabular, andere Kategorien, schärfere historische Analysen, nicht zuletzt auch neue Perspektiven, die ein Licht auf die politischen Erfahrungen und Dimensionen von Kolonialismus, Nationalismus und globalem Kapitalismus werfen konnten. Kurzum, es brauchte eine neue Theorie – was wohlgemerkt kein antimarxistischer Impuls war, sondern von Balibar immer noch als ein Beitrag zur marxistischen Diskussion verstanden wurde.[45]

Mit Immanuel Wallerstein hatte Balibar für dieses Projekt genau den passenden Kopf an seiner Seite. Der Soziologe war damals vor allem bekannt für die Entwicklung der sogenannten Weltsystemtheorie – eines groß angelegten Versuchs, die Entstehung und Funktionsweise des Kapitalismus im dezidiert weltumspannenden Maßstab zu beschreiben, noch bevor das Stichwort der »Globalisierung« seine Runde machte. Wallerstein war außerdem ein profunder Kenner von antikolonialen Befreiungsbewegungen und ihren meist steinigen Wegen zur Unabhängigkeit. Er hatte in den 1950er- und 1960er-Jahren zu Transformationsprozessen in afrikanischen Nationalstaaten geforscht.[46] Wallerstein war bis dato zwar kein Rassismusexperte, dennoch umgab ihn die Aura eines unangepassten linken Wissenschaftlers, der von den 68er-Protesten an der Columbia University ebenso beeinflusst war wie von den antirassistischen Bewegungen in den USA und in Südafrika. Zu seinem Ruf trug sicherlich auch bei, dass sich Wallerstein zu den wenigen Menschen zählen konnte, die in den Genuss langer und ausführlicher Gespräche mit Frantz Fanon gekommen waren: einmal im Sommer 1960 in Accra, Ghana, wo sich Fanon als Afrika-Botschafter der provisorischen algerischen Regierung oft aufhielt und wo Wallerstein Feldforschung betrieb, ein zweites Mal im Herbst 1961 in einem Krankenhaus in Washington D.C., in dem sich Fanon, nach dem Abschluss seiner Arbeit an *Die Verdammten dieser Erde*, im Endstadium seiner Leukämieerkrankung in Behandlung befand.[47] Wallerstein war in der Folge auch einer der Ersten, die Fanons Werk für die soziologische Forschung fruchtbar zu machen versuchten.[48] Mit Balibar verband ihn neben dem wissenschaftlichen Interesse an einer Weiterentwicklung der marxistischen Theorie auch die persönliche Verankerung im internationalen Milieu linker Aktivisten und Intellektueller, die sich – ob nun aus Paris, New York oder Algier – in den antikolonialen Bewegungen engagiert hatten.[49]

Aus *Rasse, Klasse, Nation* ist letztlich mehr wissenschaftlicher Essay denn systematische Theorie geworden. Das Buch ist ein Dialog zwischen zwei unterschiedlichen Autoren, die von einem Text zum nächsten ihre mitunter divergierenden Positionen austauschen und herausarbeiten. Dabei bleibt jeder Text von dem Fokus auf eine bestimmte Frage bestimmt: Was ist die Spezifik des gegenwärtigen Rassismus? Warum gibt es ihn trotz massiver Kritik und Kämpfe immer noch? Wie hängt der Rassismus mit dem Kapitalismus und dem Aufkommen des Nationalstaats zusammen? Wann artikulieren sich Konflikte zwischen sozialen Gruppen und Klassen rassistisch? Das Bemerkenswerte an dem Buch ist, dass Balibar und Wallerstein diese Fragen des Rassismus, des Kapitalismus und des Nationalstaatlichen als miteinander verknüpfte und historisch bedingte Kategorien diskutieren. Als gewissenhafte Marxisten bleiben sie dem Kosmos einer historisch-materialistischen Analyse zwar treu und geben die Kategorie der Klasse nicht auf. Doch das eigentliche intellektuelle Drehmoment wird mittlerweile woanders gesucht – nämlich stets dort, wo Rassismus vielfach in Beziehung gesetzt wird zum Kapitalismus, zur Nation oder anderen historischen Großformationen, die eine Gesellschaft ausmachen, wie etwa Klasse, Arbeit, Geschlecht, Gemeinschaft, Identität oder Staat.

Worin besteht nun die unheimliche Stärke des Rassismus? Für Balibar und Wallerstein kann sie letztlich nur durch strukturelle Ursachen erklärt werden: »In dem Maße, wie die hier anstehende Problematik des Rassismus – ob es sich um wissenschaftliche Theorien, um den institutionalisierten oder den in der Bevölkerung verbreiteten Rassismus handelt – die Kategorisierung der Menschheit in künstlich voneinander isolierte Gattungen ist, muss es eine extrem konfliktreiche Spaltung auf der Ebene der gesellschaftlichen Verhältnisse selbst geben.«[50] Beim Rassismus, so ihre These, handelt es sich weder um ein bloßes Vorurteil noch um eine vorübergehende Episode noch um ein archaisches Relikt, sondern um ein soziales Verhältnis, das untrennbar mit den eigentlichen Strukturen dieser Welt verbunden ist und in diesen reproduziert wird: als eine Art innere Ergänzung zur bürgerlichen, kapitalistischen, nationalistischen, sexistischen und ausbeuterischen Welt. Der Rassismus lässt sich daher nicht reduzieren auf eine Haltung oder Einstellung, die etwa durch ausreichende antirassistische Wissensvermittlung und Bildungsarbeit rasch behoben werden könnte. Er ist vielmehr das historische Produkt sozialer Spaltungen (Arbeitsteilung, Trennung der Welt in Zentrum und Peripherie) und selbst wiederum historisch-strukturell angelegt in der Entstehung von homogenen nationalstaatlichen Prinzipien und globalen kapitalistischen Ökonomien.

Mit dem Sprechen über Rassismus hat es eine besondere Bewandtnis. Zu seinen Eigenheiten gehört es, dass es vergleichsweise extrem schwierig ist, das zu beobachtende und zu erklärende Phänomen begrifflich auf den Punkt zu bringen und zu bestimmen, was Rassismus eigentlich genau ist und wie er funktioniert. Auch Balibar und Wallerstein sind vor diese Herausforderung gestellt, daher der teilweise suchende und essayistische Charakter ihrer Ausführungen. In »Gibt es einen ›Neo-Rassismus‹?«, dem allerersten Aufsatz, den Balibar zu dem Band beisteuerte, findet sich eine lange, aber präzise Beschreibung des Rassismus, die es mit heutigen Definitionsversuchen durchaus aufnehmen kann: »Der Rassismus gehört vielmehr – als ein wahrhaft ›totales soziales Phänomen‹ – in den Zusammenhang einer Vielzahl von Praxisformen (zu denen Formen der Gewaltanwendung ebenso gehören wie Formen der Missachtung, der Intoleranz, der gezielten Erniedrigung und der Ausbeutung) sowie von Diskursen und Vorstellungen, die nichts weiter darstellen als intellektuelle Ausformulierungen des Phantasmas der Segregation bzw. der Vorbeugung (d. h. der Notwendigkeit, den Gesellschaftskörper zu reinigen, die Identität des ›eigenen Selbst‹ bzw. des ›Wir‹ vor jeder Promiskuität, jeder ›rassischen Vermischung‹ oder auch jeder ›Überflutung‹ zu bewahren) und die sich um die stigmatisierenden Merkmale des radikal ›Anderen‹ (wie Name, Hautfarbe und religiöse Praxisformen) herum artikulieren. Im Rassismus geht es demgemäß darum, Stimmungen und Gefühle zu organisieren […], indem sowohl ihre ›Objekte‹ als auch ihre ›Subjekte‹ stereotypisiert werden.

Aus ebendieser Kombination unterschiedlicher Praxisformen, Diskursformen und Vorstellungen in einem ganzen Netz von Gefühls-Stereotypen lässt sich die Herausbildung einer rassistischen Gemeinschaft erklären […] sowie auch die Art und Weise, wie sich gleichsam spiegelbildlich die Individuen und Kollektive, die dem Rassismus ausgesetzt sind, dazu gezwungen sehen, sich selbst als eine Gemeinschaft wahrzunehmen.«[51]

»Gibt es einen ›Neo-Rassismus‹?« ist neben dieser aufklärerischen und ordnenden Seite auch in zeitdiagnostischer Hinsicht von Bedeutung. Balibar richtet, noch bevor das Hauptargument von der Verquickung zwischen Rasse, Nation und Klasse berührt wird, seine ganze Aufmerksamkeit auf die Analyse der unmittelbaren Gegenwart. Der Titel zeigt an: Es geht um die Frage, inwieweit es angebracht ist, beim zeitgenössischen Rassismus hinsichtlich der von ihm besetzten Themen und seiner gesellschaftlichen Bedeutung von einem »neuen Rassismus« zu sprechen, der sich nicht auf früher aufgetretene Modelle reduzieren lässt. In Frankreich hat es, so Balibar, Rassismus gegen Juden, Immigranten und andere selbstverständlich schon lange gegeben, wofür in der Vergangenheit auch die unterschiedlichsten Theorien wie etwa anthropologische Rasselehren entwickelt worden sind. Doch seit dem Ende des Zweiten Weltkriegs und den Erfahrungen von Holocaust, Apartheid-Regimen und Kolonialismus, in deren Zuge der Rassebegriff endgültig in Verruf geriet und wissenschaftlich widerlegt wurde, sei auch eine fundamentale Veränderung in der Kategorienlehre des Rassismus zu beobachten. Hinweise auf diesen Bruch in der Nachkriegszeit findet Balibar entlang der »Art und Weise, wie die Kategorie der Immigration als Ersatz für den Begriff der Rasse funktioniert«.[52] Balibar hat hier vor allem die zeittypischen Rassismen und Diskriminierungen gegenüber Immigranten im Blick, die im Zuge von Anwerbeabkommen und postkolonialer Migration nach Frankreich kamen. Ein neuer historischer Bezugskontext tut sich auf: Der neue Rassismus ist laut Balibar ein Rassismus der Epoche der Dekolonisierung, die durch

Migrationsbewegungen zwischen den ehemaligen Kolonien und den Kolonialmetropolen gekennzeichnet ist.[53]

Das Neue an diesem Rassismus ist in erster Linie, dass er dort, wo es um Immigration geht, ohne einen Rekurs auf den herkömmlichen Begriff der Rasse auszukommen scheint, indem er eine stärkere ideologische Verbindung mit dem Kulturbegriff eingeht. Balibar hat für diesen Wandel, zusammen mit anderen, die Ausdrücke »Rassismus ohne Rassen« und »kultureller Rassismus« geprägt.[54] Es ist ein Rassismus, dessen vorherrschendes Thema nicht mehr die biologische Vererbung, sondern die Unaufhebbarkeit der kulturellen Differenzen ist. Ein Rassismus, der, jedenfalls auf den ersten Blick, nicht mehr die Überlegenheit bestimmter Gruppen oder Völker über andere postuliert, sondern sich darauf zu beschränken scheint, die Schädlichkeit jeder Grenzverwischung und die Unvereinbarkeit von kulturellen Lebensweisen und Traditionen zu behaupten. Also ein Rassismus im unverfänglicheren Gewand der Kultur.

Balibar nannte in seinem Aufsatz keine konkreten Namen oder Akteure dieser ideologischen Drift, aber das war vielleicht auch gar nicht nötig. Es brauchte nicht viel Vorstellungskraft, um zu erkennen, dass hinter dem »neuen Rassismus« vor allem die Konzepte der bereits erwähnten »Neuen Rechten« standen. Man denke etwa an die Vertreter des Ethnopluralismus oder der Kulturkreislehre, die die Unterschiedlichkeit von Kulturen ausdrücklich anerkannten, um dann aber umso vehementer eine vor allem durch Migration hervorgerufene »Durchmischung« der Kulturen in Europa abzulehnen. Alain de Benoist betrieb dieses Spiel damals wie kein Zweiter. Besonders eindrücklich zeigte sich dies im Interview mit dem deutschen Nachrichtenmagazin *Der Spiegel*, wo de Benoist, anstatt von Ausgrenzung zu sprechen, lieber seine Vorstellung von einer kulturellen »Wiederverwurzelung« Europas propagierte. Darunter verstand er, »daß sich die Volksgruppen ihrer Kulturgeschichte wieder bewußtwerden und die Menschen im Bewußtsein ihrer Vergangenheit und Zukunft leben lernen«. Den Rassismusvorwurf konterte er im Gespräch mit einem gespielten Antirassismus: »In vielen Artikeln gegen den Rassismus habe ich immer hervorgehoben, daß die Geschichte wichtiger ist als die Biologie, die Kultur wichtiger als die Natur.«[55] Dass in fast jedem Heft seiner eigenen Zeitschrift mit Vorliebe deutsche Autoren aus der Nazizeit über Kultur und Rasse zitiert wurden, ging bei dieser kulturalistischen Argumentation unter.

Die Verschiebung von biologischen zu kulturellen Argumentationsweisen des Rassismus darf man sich jedoch keineswegs als Einbahnstraße oder komplette Ablösung vorstellen. Zum einen zeigt Balibar auf, dass es bereits in früheren Rassismen symbiotische Verknüpfungen zwischen der biologistischen und kulturalistischen Argumentation gab, so etwa im Antisemitismus oder in der französischen Kolonialideologie der Zivilisierungsmission.[56] Zum anderen weist er darauf hin, dass auch und gerade im kulturellen Rassismus biologistische Restbestände nicht wirklich verschwinden, da sich die Rede von der kulturellen Andersartigkeit von Menschen immer noch auf vermeintlich biologisch-natürliche Merkmale wie Hautfarbe oder ethnische Herkunft stützt. Was sich aber verändert hat: Im Verlauf der Zeit hat sich die inhaltliche und ideologische Gewichtung stärker auf kulturelle Begründungen verlagert, weil die rein biologische Argumentation gesellschaftlich untragbar geworden ist und nunmehr sanktioniert wird. Die Form des rassistischen Diskurses bleibt dabei trotz des Kategorienwechsels fast gleich. Der Kulturbegriff hat dieselbe Funktion des Ausschlusses wie der Begriff der »Rasse«. Die bevorzugte Verwendung eines kulturellen Rassismus ohne Rassen bringt aber einen neuen Effekt hervor, der sehr wirkmächtig ist: Wenn man nicht explizit von Rassismus und Rassen spricht, dann verfängt auch der Vorwurf des Rassismus nicht mehr, weil nur das als Rassismus gilt, was rein biologisch argumentiert wird. Der Rassismus wird auf diese Weise maskiert und dethematisiert.[57]

Balibar lieferte mit seinen Beobachtungen und Konzeptualisierungen des neuen Rassismus ein nützliches Instrument der »Gegneranalyse«. Um Rassismus zu bekämpfen, galt es genau zu wissen, wie er sich zeigt, wie er funktioniert und wie er sich verändert. Gleichzeitig können Balibars Ausführungen als Versuch gelesen werden, zu ergründen, warum sich auch und gerade der Antirassismus so schwer tat, die neuen Gewänder des Rassismus zu identifizieren. Die Schwächung der antirassistischen Position war für Balibar eine der gefährlichsten politischen Konsequenzen, die sich aus den Veränderungen ergaben. Er machte dafür »Umstülpungseffekte« auf Seiten der Rechten verantwortlich, mit denen gängige Argumente des Antirassismus immer stärker gegen ihn selbst gewendet wurden.[58] Eine dominante Strategie war hier das Wörtlichnehmen eines Kulturalismus, der dem Antirassismus traditionell die Argumente geliefert hatte. So fand sich beispielsweise in den 1980er-Jahren ein Anthropologe wie Claude Lévi-Strauss, berühmt geworden durch den Nachweis, dass alle Kulturen gleichermaßen komplex und gleichermaßen für das Fortschreiten des menschlichen Denkens erforderlich sind, durch die strategische Lektüre von rechten Denkern plötzlich (egal ob freiwillig oder unfreiwillig) in den Dienst des Gedankens gestellt, »Kulturvermischungen« und die Beseitigung kultureller Distanzen entsprächen dem geistigen Tod der Menschheit und gefährdeten sogar ihr biologisches Überleben.[59]

Ein weiterer Umstülpungseffekt bestand darin, aus diesem Ethnopluralismus vermeintlich intuitive und logische Erklärungen rassistischen Verhaltens abzuleiten. Etwa die folgende: Wenn die irreduzible kulturelle Differenz die wahrhaft natürliche Umwelt des Menschen bildet, dann muss jede Verwischung dieser Differenz notwendig Abwehrreaktionen auslösen, zu interethnischen Konflikten führen und generell zu einem Anstieg der Aggressivität. Aggressives Verhalten gegenüber Menschen aus anderen Kulturen erscheint dann nicht mehr als rassistisch, sondern als völlig menschliche und natürliche Abwehrreaktion. Am Ende solcher Argumentationsketten wurde dann häufig »das Recht auf Differenz« eingefordert – ein Ausdruck, der ursprünglich in den politischen Slogans von migrantischen und anderen Minderheiten heimisch war und nun gekapert wurde, um dem Antirassismus gewissermaßen den Boden unter den Füßen wegzuziehen.[60] Der neue Rassismus zeigte sich in Balibars Augen immer auch als ein Meta-Rassismus, der vorgab, aus dem Konflikt zwischen Rassismus und Antirassismus seine Lehren gezogen zu haben, und sich selbst als eine politisch eingriffsfähige Theorie der Ursachen gesellschaftlicher Aggressivität darstellte. Seine prägnantesten Formen fand dieser Meta-Rassismus in der Behauptung, erst der Antirassismus erzeuge den Rassismus, und in der These von der umgekehrten Diskriminierung gegenüber Weißen.[61]

Balibars Aufsatz zum Neo-Rassismus, der bereits in der Architektur des gesamten Buchs eine prominente Einzelstellung genoss, setzte auch nach Erscheinen von *Rasse, Klasse, Nation* ein gewisses Eigenleben in der Rezeption fort.[62] Das Konzept eines Rassismus ohne Rassen wurde zu einem geflügelten Wort in der Wissenschaft, um auf bis dahin empirisch relativ ungesichertem Boden Vorurteile und Aussagen zu erfassen, die auf kulturellen Differenzen anstatt auf biologischen Hierarchien basierten und dadurch ihren Rassismus maskierten. Besonders der Topos vom kulturellen Rassismus zirkuliert seitdem durch die Räume der Wissenschaft, der Öffentlichkeit und der antirassistischen Aktivistenszene – mal mehr, mal weniger an den Positionen und Hintergründen von Balibar orientiert. Heutzutage ist er besonders stark in Analysen des antimuslimischen Rassismus anzutreffen, da in den Vorurteilen, Ausgrenzungen und Gewalttaten gegenüber Muslimen die kulturell und religiös konnotierten Wahrnehmungsmuster eine herausragende Rolle spielen. Die Verbreitung seiner Konzepte in diesem Themenfeld ist naheliegend, da Balibar bereits in den 1980er-Jahren vor allem die rassistischen Vorstellungen über Araber und Muslime in Frankreich im Visier hatte, als es ihm um die Beschreibung und Erklärung des neuen Rassismus ging. Dennoch gibt es keinen erkennbaren Grund, das Konzept auf historische oder länderspezifische Kontexte zu beschränken. Gerade die ubiquitäre Anwendbarkeit macht, parallel zu der wachsenden gesellschaftlichen Aufmerksamkeit für unterschiedliche Rassismen, seinen Erfolg aus.[63]

Balibars Theorie – so viel scheint klar zu sein – hat nicht viel von ihrer Beschreibungskraft verloren. Die Theorie traf in den späten 1980er-Jahren den Nerv der Zeit, und sie trifft ihn auch heute noch.[64]

JACQUES
RANCIÈRE

8. Desidentifiziert Euch! Jacques Rancière

In einem Buch, das die koloniale Erfahrung französischer Intellektueller erkundet und dabei ihren theoretischen Umgang mit diesen Erfahrungen untersucht, dürfen die kleinen Ausnahmen und Variationen nicht fehlen. Neben den zahlreichen Philosophen, die sich als Erwachsene aus mehr oder weniger freien Stücken für eine begrenzte Zeit in den Ländern Nordafrikas aufhielten (Barthes, Lyotard, Foucault, Bourdieu, Balibar), und denen, die ihrer algerischen Heimat, sobald es ihnen möglich war, den Rücken kehrten, sich jedoch nach einer Weile wieder ihren biographischen Ursprüngen zuwandten (Cixous, Derrida), gibt es noch einen weiteren Typus mit ähnlich großem Faszinationspotential. Die Rede ist von denjenigen französischen Denkern, die in den Kolonien geboren sind, als Kinder mit ihren Eltern nach Frankreich zogen, sich aber in der Folgezeit mit Äußerungen zu ihrer kolonialen Herkunft aus teilweise europäischen Siedlerfamilien sehr bedeckt hielten. Zu diesem Typus des eher schweigsamen Intellektuellen gehören etwa Louis Althusser, der 1918 in Birmandreis in der Nähe von Algier geboren wurde, und mit Abstrichen auch Alain Badiou, der 1937 in Rabat in Marokko geboren ist.[1]

Den Philosophen Jacques Rancière müsste man ebenfalls in die illustre Gruppe von Intellektuellen mit kolonialer Herkunft, aber ohne Redebedarf aufnehmen. Seine »koloniale« Geschichte ist schnell erzählt: Rancière wird 1940 in Algier geboren, verbringt aber nur zwei Jahre in Algerien. 1942 siedelt die Familie erst nach Marseille und drei Jahre später nach Paris um – wohlgemerkt entscheidet sie sich damit auch, das unter Vichy-Herrschaft stehende und vom Zweiten Weltkrieg größtenteils verschont gebliebene Algerien in

Richtung deutsche Besatzungszone zu verlassen, entgegen manch anderen Migrations- und Fluchtbewegungen, die damals meist von Paris über Marseille in die weite Welt verliefen. Genaueres über Rancières frühe Kindheit und sonstige biographische Verhältnisse im kolonialen Algerien lässt sich jedoch nicht sagen. Der in der französischen Öffentlichkeit präsente und bei vielen anderen Themen auskunftsfreudige Philosoph hat sich bislang kaum dazu geäußert, und wenig deutet darauf hin, dass sich das ändern sollte.[2] Während andere Persönlichkeiten des öffentlichen Lebens wie Jacques Attali im Alter ihre algerischen Memoiren veröffentlichen, bleibt »Algier«, verstanden als Chiffre für eine philosophische Reflexion der Herkunft, eine Leerstelle bei Rancière.[3]

Abgesehen von seiner Herkunft erinnert vieles in Rancières akademischem und politischem Werdegang an Étienne Balibar. Beide Philosophen gehören derselben Theorie-Generation an, die im Zuge des Algerienkriegs ihr politisches Erwachen erlebte. Es sind anfangs sogar die identischen Stationen: Wie Balibar gelangt Rancière 1960 an die ENS und tritt im selben Jahr noch in den kommunistischen Studentenverband (UEC) ein, kurze Zeit später macht er an der ENS die prägende Bekanntschaft mit Louis Althusser, der ihm die marxistische Philosophie nahebringt. Aus der Zeit im legendären Althusser-Kreis erwächst 1965 das Kollektivwerk *Das Kapital lesen*, zu dem Rancière einen zentralen Aufsatz beisteuert.[4] Nach dem Pariser Mai 68 ist Rancière wie Balibar am Aufbau der philosophischen Abteilung der Reform-Universität von Vincennes beteiligt, wo er bis zu seiner Emeritierung im Jahr 2000 als Professor lehrt.[5]

In den 1970er-Jahren trennen sich dann die Wege. Rancière schlägt neue Pfade ein, nachdem er sich zuvor radikal von Althusser, der Kommunistischen Partei und einem orthodoxen Marxismus verabschiedet hat. In *Die Lektion Althussers* disqualifiziert er 1974 Althussers Denken als »Philosophie der Ordnung« und »Begriffspolizei«.[6] Bei ihm folgt auf diese Loslösung jedoch kein reaktionärer Antimarxismus, wie er gegen Mitte der 1970er-Jahre bei vielen enttäuschten Linken und insbesondere bei den »Neuen Philosophen« um André Glucksmann oder Bernard-Henri Lévy zu beobachten ist.[7] Stattdessen beginnt für ihn, getragen von einem Verlangen nach Konkretisierung und Aktivismus, eine lange und intensive Phase der Auseinandersetzung mit der Geschichte der französischen Arbeiterbewegung. *Die Nacht der Proletarier* von 1981 ist Ausdruck dieses philosophischen Abtauchens in die Sozialgeschichte der Arbeiteremanzipation.[8]

In den 1990er-Jahren kommt eine Beschäftigung mit ästhetisch-politischen Fragen hinzu, die bis heute an die zwanzig Bücher rund ums Kino, die Literatur, das Sinnliche und das Bildhafte hervorgebracht hat. Trotz dieser Themenvielfalt ist und bleibt das Gravitationszentrum von Rancières Denken das Gebiet der politischen Philosophie. Alles dreht sich hier um die Frage, wie sich das Politische in seiner Vielfalt denken und erfassen lässt, sei es in Arbeiterstreiks, in Erziehungsfragen oder eben in Kinofilmen. Das ist stets mit dem Anspruch verbunden, in den politischen Kämpfen das Prinzip der Gleichheit hochzuhalten, ins Werk zu setzen, zu verifizieren oder umzusetzen. Rancière hat es in seinem Hauptwerk der politischen Philosophie *Das Unvernehmen* (1995) so ausgedrückt: »Nichts ist an sich politisch, denn die Politik existiert nur durch ein Prinzip, das ihr nicht eigen ist, die Gleichheit.«[9]

In dieselbe Zeit, in der Rancière die zentralen Grundsätze seiner Theorie des Politischen entwickelt, fällt nun auch eine Begebenheit, die im Folgenden im Mittelpunkt steht, weil in ihr das Thema der wiederkehrenden kolonialen Vergangenheit Frankreichs aufscheint und eine besondere Stellung in Rancières Werk erhält: Rancière mochte sich vielleicht nicht zu seiner familiären Herkunft im kolonialen Algerien äußern, doch er kam in den frühen 1990er-Jahren im Zuge seiner Beschäftigung mit politischen Subjektivierungsweisen gezielt auf Ereignisse und Erfahrungen zu sprechen, die sich während des Algerienkriegs abspielten. Ein historisches Datum aus der Endphase des Krieges war dabei von besonderer Bedeutung: der 17. Oktober 1961.

An diesem Tag – das Datum spielte bereits bei Balibar eine Rolle, sei hier aber nochmals detailliert beschrieben – fand eines der blutigsten Massaker der französischen Kolonialgeschichte statt, und zwar nicht in Algerien oder in anderen weit entfernten Überseegebieten, sondern mitten in Paris, der Hauptstadt des Kolonialreichs. Der französische Ableger des FLN hatte zu einer friedlichen, allerdings nicht genehmigten Demonstration für die Aufhebung der Ausgangssperre aufgerufen – seit einigen Wochen schon durften die rund vierhunderttausend im Großraum Paris lebenden Algerier, ohnehin heftigem Rassismus und Repressalien seitens der Sicherheitskräfte ausgesetzt, nach 21 Uhr nicht mehr ihre Wohnungen verlassen. Die

»Hier ertränkt man die Algerier«: Graffiti auf der Brüstung einer Pariser Quai-Mauer am linken Seine-Ufer, zwischen dem Pont des Arts und dem Pont Saint-Michel, unweit der Polizeipräfektur. Der Schriftzug bezieht sich auf die Massaker, die die Pariser Sicherheitskräfte während der Demonstration am 17. Oktober 1961 an algerischen Demonstranten verübten. Er wurde von Mitgliedern des »Komitees für den Frieden in Algerien« vermutlich am 5. November 1961 geschaffen und noch am selben Tag von den Behörden übermalt. Aus Sorge vor Zensur und Beschlagnahmung wollte damals keine Zeitung dieses Foto veröffentlichen.
Erst 25 Jahre später kam es zu einer Veröffentlichung.

Pariser Polizei, aufgestachelt durch jüngste FLN-Mordanschläge auf Polizisten, war der unbegründeten Ansicht, dass der angekündigte Protest von gewaltbereiten Demonstranten bestimmt sein würde, und reagierte auf Anweisung ihres Polizeipräfekten Maurice Papon mit außerordentlicher Härte. Bevor die rund 30 000 Demonstranten überhaupt zu den angedachten Plätzen und Boulevards gelangen konnten, wurden viele von ihnen direkt abgewiesen, attackiert und blutig niedergeschlagen. Rund 12 000 Menschen wurden in diesem Zuge verhaftet, in Sammelstellen am Rand der Stadt gebracht und tagelang unter menschenunwürdigen Bedingungen zusammengepfercht. Die Situation eskalierte, als es im Polizeifunk fälschlicherweise hieß, ein Polizist sei erschossen worden, und daraufhin die von Papon bereits Anfang Oktober ausgegebene Devise »Für einen Polizisten zehn Algerier« nochmals ausgerufen wurde.[10] Es war eine Einladung zu entfesselter Gewalt. Schätzungen zufolge wurden in der Nacht des 17. Oktober 1961 rund 200 Menschen von den Sicherheitskräften getötet. Sie wurden mit monströsen Schlagkeulen erschlagen, erschossen und in die nahe gelegene Seine geworfen – teilweise auch lebend.

Erschütternd war auch der beschämende Umgang mit dem Verbrechen in der Folgezeit. Über das Ausmaß der Polizeigewalt und die tatsächliche Zahl der Toten wurde in den Medien nicht berichtet. Es gab anfangs zwar durchaus Versuche der kritischen Berichterstattung, doch Zensur, Nachrichtensperre, polizeiliche Vertuschungen oder schlichtweg Desinteresse verhinderten ein öffentliches Bewusstsein für den Fall.[11] Die Ereignisse wurden tabuisiert und gerieten bei den meisten schnell in Vergessenheit. Erst Jahrzehnte später und nur schleppend begann eine öffentliche Diskussion und Aufarbeitung des Massakers von Paris. Die offizielle Anerkennung und Verurteilung als Staatsverbrechen durch die französische Regierung erfolgte erst 2011.

Rancière war zum Zeitpunkt des Massakers einundzwanzig Jahre alt. Da das Geschehen in linken studentischen Milieus ein offenes Geheimnis war, kann man davon ausgehen, dass auch Rancière früh

Bescheid wusste. Die Kenntnis des geschehenen Unrechts hielt ihn wie viele andere jedoch nicht davon ab, jahrzehntelang die Augen davor zu verschließen. Als Rancière in den frühen 1990er-Jahren – immerhin zehn Jahre später als Balibar – auf das Massaker und den Algerienkrieg zurückkam, war die Erinnerungsarbeit für ihn allerdings nicht mehr zu trennen von seiner philosophischen Interpretation der Geschehnisse und ebenso wenig von dem in der Zwischenzeit herausgebildeten Theoriegebäude. Der Rückbezug auf bestimmte historische Erfahrungen aus der Zeit des Algerienkriegs ging hier Hand in Hand mit der Entfaltung von Konzepten wie dem der Desidentifikation, einem zentralen Baustein seiner politischen Philosophie. Das muss man sich wie eine Art Ausschließlichkeitsvereinbarung vorstellen: Wenn es Rancière in den 1990er-Jahren um das Konzept der Desidentifikation ging, tauchten stets die Stichworte »Algerien« und das »Massaker von Paris« auf. Und immer, wenn Rancière »Algerien« und »das Massaker von Paris« erwähnte, ging es ihm um Desidentifikation. Es war eine eigenartige und erklärungsbedürftige Verbindung. Handelte es sich um eine historische Erfahrung im kolonialen Kontext, die in philosophische Reflexion übersetzt wurde und dann in Theorie mündete oder die nachträglich in die bereits vorhandene Theorie eingebaut wurde? Wie kam es zu dieser Verbindung? Und warum zu diesem Zeitpunkt? Wie entstand hier Theorie? Und welche Bedeutung kamen dabei dem Algerienkrieg und dem Massaker von Paris zu? Je größer die biographische Leerstelle »Algier« wird, desto mehr Bedeutung wird den zwei zentralen Texten zuteil, in denen Rancière seine Sichtweise auf die Zeit des Algerienkriegs beschrieb. Um sie wird es im Folgenden gehen.

Against Identity

Manchmal scheint es einfacher zu sein, erst in der Fremde über das Eigene zu sprechen. Jedenfalls entbehrt es nicht einer gewissen Kuriosität, dass Rancière sein jahrzehntelanges Schweigen zum Algerienkrieg nicht in Frankreich, sondern im fernen Ausland brach. Es war in den Vereinigten Staaten, wo Rancière zum allerersten Mal das Massaker vom 17. Oktober 1961 thematisierte und dabei auch sein philosophisches Konzept der Desidentifikation in dieser prominenten Form präsentierte. Der Anlass dazu war eine hochkarätig besetzte Konferenz, die im November 1991 in New York unter dem Motto »Questioning Identity« stattfand und die damals virulente Frage der Identitätspolitik zum Thema hatte.[12]

In den Vereinigten Staaten waren Identitätspolitik und Multikulturalismus immer mehr zum Gegenstand von langen und hitzig geführten Debatten an den Universitäten und in der Öffentlichkeit geworden. Gestritten wurde dabei genauso über *Diversity* und *Political Correctness* wie über Fragen der Anerkennung und Repräsentation ethnischer Minderheiten. Die Konferenz beabsichtigte, sich kritisch-würdigend mit den theoretischen Problemen zu beschäftigen, die sich durch eine solche Form der *Identity politics* ergaben.[13] Die Liste der eingeladenen Gäste konnte sich sehen lassen. Versammelt waren die *shooting stars* der zeitgenössischen Theorie-Szene: Judith Butler, Cornel West, Chantal Mouffe, Ernesto Laclau, Homi K. Bhabha, Slavoj Žižek, Joan Scott und nicht zuletzt Jacques Rancière. Sie alle repräsentierten auf ihre spezifische Art bestimmte tonangebende Diskurse der Zeit, sei es die politische Philosophie, die feministische und Queer Theory, die postkoloniale Theorie oder die Afro-American Studies. Rancière, ob freiwillig oder unfreiwillig, repräsentierte als einziger Gast aus Frankreich die *French Theory*, die damals in den nordamerikanischen Universitäten sehr populär war und nicht fehlen durfte.[14]

Interessanterweise hatten die Veranstalter mit Rancière jemanden eingeladen, der für sich gar nicht so richtig in Anspruch nahm, ein Vertreter der poststrukturalistischen Strömung innerhalb der französischen Theorie zu sein. Rancière hielt sich fern von den postmodernen und dekonstruktiven Ansätzen, die im Austausch zwischen

Paris und den amerikanischen Universitäten aufblühten. Noch weniger konnte er mit den Themen und Fragen anfangen, die seine Kolleginnen und Kollegen in den USA so stark umtrieben. Am meisten wunderte ihn die Bedeutung, die die »minoritäre« und »kommunitaristische« Politik in den Vereinigten Staaten angenommen hatte.[15] Damit meinte er vor allem den Multikulturalismus. Dieser fußte, so hieß es in den Konferenzdiskussionen, auf dem Grundsatz, dass jede Minderheit ein inhärentes Recht auf ihre eigene Kultur oder Subkultur habe, auf heroische Erzählungen, die ihr ein Gefühl der Selbstachtung und Ermächtigung vermitteln, und dass solche Kulturen in der größeren oder dominanten Kultur besser repräsentiert werden müssten, aber eben nicht integriert oder verschmolzen werden dürften. Dass dadurch vor allem auch Fragen der Identität und die Festlegung auf vorhandene Identitäten wieder virulenter wurden, nahm Rancière als »eine gegenwärtige Sackgasse« im politischen Diskurs wahr.[16] Dem Denker der Gleichheit, der universellen Prinzipien und Werten Vorrang gab, kamen solche Diskussionen abwegig vor. Durch den Fokus auf Partikularinteressen schien ihm das große Ganze der Politik aus dem Blick zu geraten.

Rancières Skepsis gegenüber Identitätspolitik und Multikulturalismus hatte wohlgemerkt weniger mit einer Ablehnung der Anliegen von Minderheiten zu tun als mit seinem spezifischen Verständnis von Politik und der Frage, was es eigentlich hieß, ein politisches Subjekt zu sein. Seinen gesamten Vortrag mit dem Titel »Politik, Identifizierung, Subjektivierung« (»Politics, Identification, and Subjectivization«) nutzte er daher als Chance, den Anwesenden die Vorzüge seiner eigenen politischen Philosophie zu vermitteln.[17] In kurzer Form fielen hier zentrale Stichwörter seines Denkens, wie etwa die Unterscheidung zwischen »Polizei» und »Politik«. Rancières Argument war ebenso simpel wie provokant: Es gelte, den Blick auf politische Subjektivierungsweisen zu richten und weniger auf natürliche Identitäten. Um das zu veranschaulichen, versuchte Rancière, die Kluft zwischen Identität und Subjektivierung begrifflich zu fassen, also »jene

Kluft zwischen ›polizeilicher‹ Gemeinschaft, die als Gemeinschaft von bestimmten Identitäten, Plätzen und Funktionen bestimmt wird, und der politischen Gemeinschaft als Subjektivierungsprozess, der diese Zuweisung von Plätzen und Identitäten auflöst«.[18] Das zentrale Verfahren dieser politischen Subjektivierung bestehe laut Rancière im Akt der Desidentifizierung, also in der kollektiven Ablehnung von kollektiven Identitäten und Zuschreibungen.

An genau dieser Stelle, wo es Rancière um die Idee der Desidentifizierung ging, bot sich ihm die Gelegenheit, auf die Erfahrungen zurückzukommen, die für seine Generation in Frankreich die Initiation in die politische Tätigkeit bedeutet hatten. Das war zum einen der Algerienkrieg, zum anderen der Mai 68. Der Algerienkrieg sei, wie später der Vietnamkrieg für den Mai 68, die Erfahrung einer massiven Desidentifizierung mit den nationalen Kräften und Identitäten gewesen, die die Entkolonialisierungsbewegungen unterdrückten. Ihren Höhepunkt erreichte diese Desidentifizierung laut Rancière mit dem Seine-Massaker vom 17. Oktober 1961. Im Wortlaut sagte er: »Was meine Generation angeht, so beruhte die Politik auf der unmöglichen Identifizierung mit den im Oktober 1961 von der französischen Polizei im Namen des französischen Volkes zu Tode geprügelten und in die Seine geworfenen Algeriern. Wir konnten uns nicht mit diesen Algeriern identifizieren, doch wir konnten unsere Identifizierung mit dem ›französischen Volk‹ in Frage stellen, im Namen dessen sie ermordet wurden. Es war uns also möglich, in dem Zwischenraum oder in der Lücke zwischen zwei Identitäten, von denen wir keine übernehmen konnten, als politische Subjekte zu agieren.«[19]

Diese Sätze waren in mehrfacher Hinsicht bedeutsam. Zunächst fungierte die Wiedergabe dieser Episode aus der Zeit des Algerienkriegs als ein illustratives Beispiel für eine gelungene politische Subjektivierung des eigenen Milieus. Rancière erzählte, wie eine vorher nicht klar umrissene Gruppe von Menschen (er definierte das »wir« nicht, aber meinte wohl junge französische Studierende der Algerienkriegs-Generation) in dem Moment politisch wurde, in dem sie sich zwar nicht mit den algerischen Demonstranten identifizieren konnte, aber sich immerhin vom französischen Staat entfremdete und desidentifizierte, um schließlich auf die Straße zu gehen und gegen den Krieg zu protestieren.

Doch diese von ihm wiedergegebene Szene war mehr als ein Beispiel zur Illustration von politischer Theorie. Denn nachdem er die Episode aus der Zeit des Algerienkriegs kurz angebracht hatte, leitete Rancière aus ihr unmittelbar eine dreifache Bestimmung des Politischen ab: dass die politische Subjektivierung niemals einfach die Behauptung einer Identität sei, sondern zunächst die Verweigerung einer von der polizeilichen oder anderen Ordnung auferlegten Identität; dass sie sich zweitens meistens in Form der Demonstration und des Protests realisiere; und dass sie drittens eine unmögliche Identifikation beinhalte, die das Subjekt zwischen gegebene Identitäten stelle. Im Gegenzug bedeutete diese Bestimmung des Politischen aber auch, dass Rancière eine auf Identität beruhende Selbstbehauptung nicht als Politik verstand, sondern mehr im Gebiet der »polizeilichen Ordnung« verortete.[20]

Rancières Betonung der Desidentifikation verfehlte in dem New Yorker Kontext der Konferenz nicht ihre Wirkung. Sein Ziel war es ja, ein Verständnis des Politischen im Hinblick auf die Entstehung und Selbstbehauptung bisher nicht anerkannter Gruppen zu entwickeln und dabei die Fallstricke einer auf Minderheitenrechte zielenden Identitätspolitik nach amerikanischem Vorbild zu vermeiden. Rancière geriet in seinem Bestreben, sich von *Identity politics* zu distanzieren, eher in die Nähe eines in Frankreich traditionell vorherrschenden republikanischen Universalismus, der grundsätzlich empfindlich auf den Multikulturalismus reagiert und ihn pejorativ als *communautarisme* umschreibt. In dieser universalistischen Lesart bezeichnet »Identitätspolitik« die partikulare Selbstbehauptung einer Minderheitengruppe, die sich unter dem Banner einer vermeintlich stabilen gemeinsamen Identität versammelt und sich vom Rest der Gesellschaft entschieden separiert. Nach Rancières radikalem

Verständnis des Politischen konnte sie daher nicht als Politik gelten. Diese pauschale Abweisung war durchaus problematisch.[21] Für andere Teilnehmende der Konferenz wie den postkolonialen Theoretiker Homi K. Bhabha waren Identitätspolitik und Multikulturalismus nämlich keine Verhandlungsmasse, sondern der unhintergehbare intellektuelle Horizont. Rancières Plädoyer für Desidentifizierung musste in seinen Augen wie ein fataler Rückschritt in alte Muster eines eurozentrischen Universalismus anmuten. Das war nicht der französische Poststrukturalismus, den man sich hier erhofft hatte.

In den mitunter lebhaften Diskussionen über *Identity*, *Diversity* und *Political Correctness*, die auf die Vorträge folgten, spielte Rancières Bezugnahme auf das Massaker vom Oktober 1961 keine Rolle. Dafür hatte er das vergangene Ereignis auch vergleichsweise knapp behandelt und sich schnell wieder von ihm gelöst. Die meisten Anwesenden wussten außerdem nicht viel von den erwähnten Geschehnissen im Frankreich der frühen 1960er-Jahre – das Massaker an den algerischen Demonstranten hatte bekanntlich keine nennenswerte Öffentlichkeit in Frankreich, geschweige denn international erhalten. Umso mehr stellt sich die Frage, wieso Rancière in New York und ausgerechnet zu diesem Zeitpunkt auf die Idee kam, das erste Mal vom Massaker und seinen prägenden Erfahrungen während des Algerienkriegs zu sprechen. Einen Hinweis gibt der Blick auf den Zeitpunkt des Vortrags im Herbst 1991: Nur wenige Wochen zuvor, genauer gesagt am 17. Oktober 1991, hatte es anlässlich des dreißigsten Jahrestags des Massakers von Paris erste zaghafte Versuche in der französischen Öffentlichkeit gegeben, an das verdrängte Ereignis zu erinnern und eine überfällige Aufarbeitung anzustoßen.[22] Allerdings stießen diese Versuche auf erheblichen Gegenwind und hatten für eine Welle der Empörung in Frankreich gesorgt. Rancière wusste mit Sicherheit von den neuen Bestrebungen, aber bestimmt auch von der Schwierigkeit, die Gräuel des Algerienkriegs und der Kolonialvergangenheit unbeschadet zu thematisieren. Dass Rancière aus französischer Sicht einen abseitigen Ort für seine erste Stellungnahme zum Algerienkrieg auswählte, war vielleicht dieser Tatsache geschuldet. Manchmal ist es, wie gesagt, einfacher, in der Fremde über das Eigene zu sprechen.

Die Sache des Anderen

Es vergingen vier Jahre, bis sich Rancière ein zweites (und letztes) Mal zur französischen Kolonialvergangenheit und zum Massaker vom 17. Oktober 1961 äußerte. Dieses Mal war der Anlass eine Veranstaltung auf heimischem Boden, und sogar eine mit dezidiert französisch-algerischer Ausrichtung. Im Mai 1995 versammelten sich algerische und französische Intellektuelle in der Pariser Maison des écrivains zur Konferenz »France-Algérie. Regards croisés«, um über Vergangenheit und Zukunft der französisch-algerischen Beziehungen zu diskutieren. Zu den Vortragenden auf französischer Seite waren mit Rancière, Balibar, Lyotard und der Soziologin Monique Gadant Personen eingeladen, die einen offenkundigen Algerienbezug in ihren Biographien besaßen. Auf der algerischen Seite befanden sich überwiegend Wissenschaftlerinnen und Wissenschaftler, die mittlerweile in Frankreich lebten und forschten, namentlich der Philosoph Sidi Mohammed Barkat, der Historiker Mohammed Harbi und die Ethnologin Tassadit Yacine.[23] Im Sinne des Konferenztitels galt es, »gekreuzte Blicke« auf die bewegte und gewaltvolle Verflechtungsgeschichte zwischen den beiden Ländern zu werfen.

Über der Konferenz hing allerdings auch der Schatten gegenwärtiger Gewalt. In Algerien tobte seit Dezember 1991 ein Bürgerkrieg zwischen der Regierung und islamistischen Gruppierungen, der das Land in ein mehr als zehn Jahre währendes Chaos mit bis zu 200.000 Todesopfern stürzte. Der Konflikt wurde in Frankreich sehr genau verfolgt. Das lag an den nicht wenigen algerischen Intellektuellen, die damals in Frankreich Zuflucht fanden und vom Terror berichteten, sowie an der großen algerischen Gemeinschaft in Frankreich, die durch familiäre Verbundenheit vom Bürgerkrieg betroffen war. Die nicht abreißende Gewaltspirale auf der anderen Seite des Mittelmeeres löste auch in der übrigen französischen Gesellschaft Anteilnahme aus. Die Berichte von Folterungen und Hinrichtungen – oftmals stark mediatisiert und bebildert – ließen schmerzhafte und oft verschüttete Erinnerungen an die Zeit des Algerienkriegs wach werden, auch weil in diesem Bürgerkrieg erschütternde Elemente des vergangenen Krieges wieder auftauchten, insbesondere die Gewalt gegen Zivilisten und die Ausweitung des Terrors auf französischen Boden, wie etwa 1995 mit der Anschlagsserie in der Pariser Metro.

Es gab bei der Konferenz also genug über die Vergangenheit und Gegenwart des französisch-algerischen Verhältnisses zu diskutieren. Mit Blick auf die belastete Geschichte bemühten viele Beiträge die bei solchen Veranstaltungen üblichen Tugenden wie Dialogbereitschaft, Respekt und Empathie für die jeweils andere Seite. Es ging um Identität und Alterität, um das Eigene und das Andere. Das Erste, was jedoch beim Blick auf Rancières Beitrag mit dem Titel »Die Sache des Anderen« auffällt, ist eine Verweigerungshaltung gegenüber solchen oftmals moralisch motivierten Bemühungen um den Einbezug einer »anderen« Position.[24] »Wenn man von der Sache des Anderen spricht«, so Rancière im allerersten Satz, »scheint man die Politik auf etwas zu verweisen, das sie nicht sein möchte, und das nicht sein zu wollen sie Recht hat, nämlich die Moral.« Rancière, der in seiner politischen Philosophie Moral und Politik strikt voneinander trennt und der Ansicht ist, dass moralische Erwägungen keinen Zugang zu sozialer Normativität böten, möchte stattdessen zeigen, dass es eine »politische Inkludierung des Anderen gibt«, die nicht die der Moral und die auch nicht ihr Gegenteil ist, sondern »im eigentlichen Sinne politisch« ist.[25]

Wer nun glaubt, dass nach dieser etwas rabiaten Beseitigung der Moralfrage zugunsten eines hier nicht näher bestimmten Politischen ein direkter Weg zur Alterität namens »Algerien« führt, irrt: Das Gegenteil ist der Fall. Rancière fällt es jedenfalls sichtlich schwer, überhaupt über Algerien zu sprechen, also das Land und seine Bewohner beim Namen zu nennen, es zu einem objektivierten Gegenstand eines Diskurses zu machen, den man dann aus einer französischen Perspektive irgendwie als »algerisch« oder »anders« bezeichnen könnte. Das ist auch deshalb erstaunlich, weil Rancière seinem Vortrag mit »Die Sache des Anderen« einen Titel verpasst, der genau diese Auseinandersetzung mit und über Algerien als ein »Anderes« vermuten lässt. Doch geht es ihm an keiner Stelle darum, ausdrücklich algerische Positionen und Angelegenheiten zu artikulieren, zu inkludieren oder für sich sprechen zu lassen. Rancière schlägt einen anderen Weg ein: Über das Verhältnis von Frankreich und Algerien zu sprechen heißt für ihn, zuallererst von Frankreichs Verhältnis zu sich selbst zu sprechen, sodann über die Alterität, die in diesem nichtidentischen Verhältnis enthalten ist und die permanent negiert und abgespalten wird. Das Verhältnis von Frankreich und Algerien auf diese Art anzugehen bedeutet letztlich, Frankreichs innere Alterität als Desidentifikation zu problematisieren.[26]

Man sollte diesen Punkt bei der Lektüre von »Die Sache des Anderen« unbedingt im Blick behalten, wenn man allzu große Missverständnisse vermeiden möchte. So etwa, wenn er das von ihm untersuchte Alteritätssystem im französisch-algerischen Zusammenhang »ohne Provokation«, wie er betont, als sein »französisches Algerien« bezeichnet, was aber dann durchaus provokant aufgefasst werden könnte, weil *L'Algérie française*, wie es im Französischen heißt, in der Zeit der französischen Kolonialherrschaft über Algerien die Bezeichnung für das besetzte Gebiet »Französisch-Algerien« war.[27]

Ähnlich vage ist die im Kern von Rancières Aufsatz stehende Frage, »wie es kam, dass ein bevorzugter Anderer, der Algerier, vor gar nicht allzu langer Zeit die Bedeutung des Adjektivs ›französisch‹ verändern und bewirken konnte, dass das politische Subjekt ›Franzose‹ einen Abstand zu sich selbst herstellte«. Damit ist wohlgemerkt nicht die Handlungsmacht von Algeriern gemeint, die während des Algerienkriegs irgendeinen politischen Prozess hätten anstoßen oder prägen können. Genauso wenig sind damit jene Positionen in der französischen Linken gemeint, die sich mit dem algerischen Unabhängigkeitskampf solidarisierten und ein anderes Frankreich wollten – es ist hier bezeichnend, dass Rancière bei seinem Rückblick in die 1960er-Jahre und den Algerienkrieg die Positionen von antikolonialen Intellektuellen wie Sartre, Fanon und Bourdieu als hypermoralische Selbstaneignungen und Überidentifikationen mit der algerischen Unabhängigkeitsbewegung disqualifiziert. Die Frage des Kampfes gegen den Algerienkrieg und die französischen Regierungen habe, so Rancière rückblickend, für ihn ein ganz anderes Dilemma aufgeworfen: »Inwiefern kann die Sache der Algerier – auf einer anderen Ebene als der moralischen – unsere Angelegenheit sein?«[28] Es ging, in anderen Worten, nur um ihn und seine Generation.

An dieser Stelle seiner Ausführungen richtet Rancière den Blick auf die Ereignisse vom 17. Oktober 1961. Sie bilden das Herzstück seiner Erinnerung und Interpretation. Der Tag, an dem die algerische Demonstration in Paris brutal niedergeschlagen wurde, sei ein zugleich offensichtlicher wie verhüllter historischer »Wendepunkt« gewesen, in zweierlei Hinsicht: erstens ein traumatischer, aber damals nicht als solcher erkannter Auslöser für die anschließenden Demonstrationen für ein Ende des Algerienkriegs im Herbst und Winter desselben Jahres; zweitens ein Schlüsselereignis in der Politisierung einer Generation, »ein Moment, an dem die ethischen Aporien des Verhältnisses zwischen dem Meinen und dem Anderen sich in die politische Subjektivierung eines Einschließungsverhältnisses der Andersheit verwandelten«.[29]

Das Wesentliche an der Wirkung dieses Tages macht Rancière entlang von drei Verhältnissen fest, die ihm zufolge die damalige Situation maßgeblich prägten und die sich mit Fragen der Sichtbarkeit und Unsichtbarkeit der Unterdrückung verwickelten: »dem Verhältnis zwischen den algerischen Aktivisten und dem französischen Staat; zwischen dem französischen Staat und uns; und zwischen den algerischen Aktivisten und uns.«[30] Es ist hier nicht unwichtig zu betonen, dass Rancière dieses »Wir« in der Fußnote als »eine politische Generation in ihrer Gesamtheit« definiert. Dieses »Wir« hat einen bitteren Beigeschmack, denn nach diesem Maßstab gehören algerische Aktivisten trotz französischer Staatsbürgerschaft nicht zu Rancières politischer Generation. Gleichzeitig ermöglicht dieses »Wir« für Rancière überhaupt erst die Möglichkeit, seine Interpretation der Ereignisse und die darin enthaltene Geschichte der politischen Subjektivierung anzubringen. Vom Standpunkt des französischen Staates aus gesehen traten die algerischen Demonstranten Rancière zufolge als kämpferische politische Akteure sichtbar in Erscheinung und betraten den öffentlichen Raum Frankreichs als französische Bürger. Dieser aus Staatssicht untragbare Vorgang wurde durch die Polizei unterbunden, ja geradezu unsichtbar gemacht, indem der öffentliche Raum gesäubert, die Aktivisten auf brutale Weise beseitigt und eine Nachrichtensperre verhängt wurden.

Was für die einen der Sturz in die vollkommene Unsichtbarkeit bedeutet, scheint für andere hingegen die Chance einer politischen Sichtbarkeit zu sein. So muss man Rancière wohl oder übel verstehen. Für ihn ist es gerade der von einer Polizeioperation hervorgerufene Entzug der Sichtbarkeit, der die politische Bühne seiner eigenen Generation erst erhellte oder gar erschuf. Erst ausgehend davon sei eine politische Subjektivierung möglich gewesen, die weder als »äußere Hilfe für den Krieg des Anderen« noch als »eine Gleichsetzung der Sache des Kriegs mit unserer Sache« funktionierte, sondern als eine Art »Unvernehmen«: »Diese politische Subjektivierung war vor allem eine Desidentifizierung mit dem französischen Staat, der in unserem Namen gehandelt und seine Handlungen unserem Blick entzogen hatte. Wir konnten uns nicht mit den Algeriern, die plötzlich als Demonstranten im französischen öffentlichen Raum erschienen und wieder verschwanden, identifizieren. Wir konnten uns jedoch mit dem Staat desidentifizieren, der sie getötet und jeder Zählung entzogen hatte.«[31] Die Desidentifikation als Klimax des Politischen – die zitierten Sätze erinnern bis hin zum fast identischen Wortlaut an Rancières New Yorker Ausführungen, und das nicht ohne Grund: Die gesamte restliche Argumentation baut auf den ausgetretenen Pfaden von 1991 auf. Ähnlich wie dort finden sich hier im Anschluss an die dichte Beschreibung der politischen Bedeutung des Seine-Massakers philosophische Ableitungen wie etwa die, dass die Sache des Anderen als politische Figur vor allem die Desidentifizierung eines bestimmten Selbst sei.

Unmögliche Solidarität

Es gibt allerdings eine Besonderheit, die den Text »Die Sache des Anderen« von den New Yorker Ausführungen unterscheidet: Rancière lässt seine Thesen zur Desidentifikation hier nicht in einem identitätspolitischen Debattenkontext aufscheinen, wie noch in den USA geschehen, sondern wendet sich dem Thema der Staatsbürgerschaft zu, das eine besondere Tradition im französischen Diskurs aufweist. Dort wurde und wird die sogenannte *citoyenneté* oft bemüht, um Fragen der nationalen Identität auf die Agenda zu hieven. Doch für den politischen Philosophen Rancière drückt sie zuallererst eine Politik der Differenz aus, nämlich »eine besondere Beziehung zwischen dem Selbst und dem Anderen«. Um das zu veranschaulichen, weist Rancière auf fatale Widersprüchlichkeiten in der Geschichte der französischen Staatsbürgerschaft hin. So ließen sich ihm zufolge viele Unstimmigkeiten auf den *Code de l'indigénat* von 1875 zurückführen – ein Gesetz, das die rechtliche Bestimmung des Französischseins im Zeitalter der kolonialen Eroberungen zu definieren versuchte, indem es zwischen den französischen Staatsbürgern europäischen Ursprungs (*citoyens*) und den französischen Untertanen in den Kolonien (*sujets*) unterschied. Als es nach dem Ende des Zweiten Weltkriegs zu Unabhängigkeitsbewegungen in den Kolonien kam, hatte Frankreich, in der Hoffnung, die Dekolonisierungsbestrebungen einzuhegen und das Kolonialreich zu retten, das Ende des Unterschieds zwischen *citoyens* und *sujets* verkündet, indem es allen ein und dieselbe französische Staatsangehörigkeit gewährte. Dass das allerdings nur auf dem Papier so war, kündigte sich bereits während des Algerienkriegs an, als die in Frankreich lebenden Algerierinnen und Algerier die behördliche Bezeichnung »*Français musulman algérien*« erhielten, sodass sie erneut zu »Anderen» gemacht wurden.[32]

Für Rancière hatten vor allem Frankreichs Polizisten am besagten Oktobertag des Jahres 1961 »den ganzen Abstand« zwischen dem Selbst und dem Anderen deutlich gemacht, indem sie durch die Unterdrückungshandlung zwischen denjenigen unterschieden, die ein Recht hatten, im öffentlichen Raum zu erscheinen, und den anderen, die kein Recht dazu hatten. Es gab eben nicht nur Franzosen und Andere. Es gab nur deshalb Franzosen, weil es Andere gab. In Rancières Worten klingt das folgendermaßen: »Subjektivierung war möglich aufgrund des Unterschieds der Staatsbürgerschaft zu sich selbst, aufgrund eines Abstands zwischen der rechtlichen Staatsbürgerschaft und der politischen Staatsbürgerschaft. […] Der Abstand erzeugte keine Politik für die Algerier, aber er schuf in Frankreich eine politische Subjektivierung.« Diese Behauptung muss man sich auf der Zunge zergehen lassen: Rancière versteigt sich hier nämlich zu der These, dass dieser Abstand für den algerischen »Kämpfer eines Befreiungskriegs« nicht subjektivierbar (also nicht politisch) war, weil ihm nur »an der Eroberung seiner algerischen Identität durch den Krieg lag«. »Wir jedoch konnten ihn subjektivieren, weil wir zwischen zwei Definitionen der Staatsbürgerschaft eingeklemmt waren.«[33] Wie in einer Art Täter-Opfer-Umkehr sind die Franzosen in dieser Lesart »eingeklemmt« und gerade deswegen politische Subjekte, während die algerischen Demonstranten unpolitische Subjekte bleiben, weil sie identitätspolitische Kämpfer sind.

Rancières Hinwendung zum Thema der Staatsbürgerschaft mag ihre triftigen Gründe und einen eigenen theoretischen Ertrag haben. Sie verschafft ihm, um nur ein Beispiel zu geben, die Möglichkeit, viel stärker als sonst die kolonialgeschichtlichen Dimensionen innerhalb des abstrakten philosophischen Verhältnisses zwischen dem

Selbst und dem Anderen einzubeziehen. Doch diese Öffnung kann nicht darüber hinwegtäuschen, dass einiges in Rancières Konzeption und Herangehensweise im Argen zu liegen scheint. Am problematischsten erweist sich dabei die Rede vom »Wir« und dem »Anderen«. Diese Problematik wurde bereits angedeutet, muss hier aber ausführlicher benannt werden: Rancière bezieht dieses »Wir« auf eine derart seltsame Art auf die Gesamtheit einer (weißen und französischen) politischen Generation sowie das »Andere« auf (in seinen Augen muslimische und unpolitische) algerische Demonstranten, dass er sich die unbequeme Frage gefallen lassen muss, warum er diesen Unterschied überhaupt so stark macht und ihn bis zum Schluss auch aufrechterhält. Für eine philosophische Analyse, die mit abstrakten Kategorien hantiert, ist das nachvollziehbar und verständlich. Doch die Anderen oder das Andere, sofern damit tote algerische Demonstranten assoziiert werden, ist keine ausschließlich philosophische Kategorie mehr. Mit dem Zeitpunkt ihrer philosophischen Inanspruchnahme ist es immer auch eine politische Kategorie, die reproduziert zu werden droht. Obwohl Rancière die inneren Widersprüchlichkeiten der französischen Staatsbürgerschaft sieht und ihre Unterdrückungseffekte aufzeigt, verdoppelt er einen Teil dieser Unsichtbarkeit, indem er so tut, als ob die Algerier einfach so verschwanden und unsichtbar wurden.[34]

Gemessen an Rancières eigenem Ansatz, demzufolge Sichtbarkeitsregime und andere Aufteilungen des Sinnlichen zum Wesenskern des Politischen gehören und einer historisch exakten Überprüfung bedürfen, müsste auch der historische Fall des Seine-Massakers entsprechend behandelt werden. Doch bei Rancière bleiben die Algerier – im Gegensatz zu den Franzosen – stets abstrakte und namenlose Gestalten. Selbst dort, wo sie als Demonstranten figurieren, wird ihr politisches Handeln und Denken auf die unsichtbaren Gesichter und Körper der Ermordeten reduziert. Was ist aber mit ihrem Aufbegehren? Immerhin ist der Moment des Protests ein zentraler Bestandteil des Politischen bei Rancière. Die Algerier scheinen für ihn jedoch bloß

Identitätskrieger zu sein, die sich nicht desidentifizieren und die daher auch nicht zu politischen Subjekten werden können. In Anlehnung an den Ausspruch von Marx (»Sie können nicht sprechen. Sie müssen repräsentiert werden.«) klingt es bei Rancière in Bezug auf die Algerier so, als ob er sagen möchte: »Sie können sich nicht desidentifizieren. Sie müssen Andere bleiben.« Doch damit nicht genug: Die Algerier müssen auch deshalb Andere bleiben, weil sie nur als Andere – wohlgemerkt nicht als Opfer, denn für Rancière sind »Angst und Mitleid« bekanntlich »keine politischen Affekte« – zum Anlass einer ganz anderen Desidentifikation und Politisierung werden, nämlich derjenigen seiner Generation. Rancière gibt es zum Schluss selbst mit ein wenig Zynismus zu: Der politische Profit der »Sache des Anderen« sei nicht in Algerien, sondern in Frankreich erzielt worden, sodass man hier von einer »unbezahlten Schuld« sprechen könne.[35]

In Rancières Rede vom »Wir« und dem »Anderen« offenbart sich ein recht eindimensionales Verständnis von politischen Verbindungsmöglichkeiten zwischen unterschiedlichen gesellschaftlichen Gruppen. Die Ereignisse während des Algerienkriegs und danach scheinen so abgelaufen zu sein, als ob es zwischen der jungen französischen Antikriegsgeneration und den algerischen Bürgern keine andere politische Beziehung geben konnte als über den Staat, und das auch nur als negative Desidentifikation. Wirkliche Solidarität, so muss man Rancière verstehen und so will er im Grunde genommen auch verstanden werden, war letztlich unmöglich. Damit unterschlägt Rancière andere Formen des Umgangs und sogar der Solidarität mit der algerischen Sache, gerade unter den zeitgenössischen Intellektuellen. Man denke an Jean-François Lyotard, der während des Algerienkriegs nachweislich nicht aus Identifikation, sondern in solidarischer Absicht zum Unterstützer und heimlichen »Kofferträger« des FLN wurde. Diese aktivistische Verbündung von relativ privilegierten Franzosen mit der algerischen Unabhängigkeitsbewegung hatte sicherlich ihre eigenen blinden Flecken und eine begrenzte Wirkung. Dennoch lässt sich behaupten, dass die »Kofferträger« als französische Staatsbürger eine konkretere und engere Beziehung zum Alteritätssystem namens »Algerien« aufbauen konnten, als Rancière es retrospektiv mit seiner Idee der Desidentifikation in Rechnung stellen wollte.[36]

Es gibt weitere abweichende Beispiele, die Rancières Generationenerzählung in einem anderen Licht erscheinen lassen und infrage stellen: Pierre Bourdieu, der das in Algerien gesehene Unrecht in einem staatsbürgerlichen Akt der politischen Erziehung wissenschaftlich exakt zu beschreiben versuchte und die Öffentlichkeit suchte, oder Étienne Balibar, der zur selben Algerienkriegs-Generation zählt wie Rancière, aber offensichtlich eine andere Auffassung von Engagement und Solidarität an den Tag legte, als er wie viele andere *pieds-rouges* nach der algerischen Unabhängigkeit für den akademischen Wiederaufbau an die Universität von Algier ging.

Das Feld der möglichen und tatsächlichen Verbindungen war jedenfalls breit und divers. Je mehr man sich dessen gewahr wird, desto mehr fällt Rancières These einer Unmöglichkeit von Solidarität biographisch und theoretisch auf ihn selbst zurück: Was war eigentlich mit ihm, dem *pied-noir*, dem gebürtigen Sohn Algiers? »Die Sache des Anderen« liest sich teilweise wie ein Versuch, eine in der Vergangenheit liegende schambehaftete politische Haltung des Desinteresses gegenüber dem algerischen Kampf im Nachhinein theoretisch zu legitimieren. Dass das mit einer sprachlich abstrakten Philosophie erledigt wird, die keine Moral und Ethik in der Politik duldet, zeigt einmal mehr, wie stark die politischen Affekte der Vergangenheit die Theorie prägen und wie stark die Theorie genötigt ist, die politischen Affekte der Vergangenheit zu kaschieren. In »Die Sache des Anderen« kommt etwas zum Ausdruck, das bei Rancière von den Zeiten des Algerienkriegs bis in die 1990er-Jahre und darüber hinaus wirksam war: die Unfähigkeit, sich zu solidarisieren.

Farbenblind

»Die Sache des Anderen« blieb, abgesehen vom Prolog in New York, Rancières einzig nennenswerte Beschäftigung mit der Vergangenheit des Algerienkriegs und dem Erbe des französischen Kolonialismus. Einige der beim algerisch-französischen Meeting entwickelten Gedanken fanden zwar noch Eingang in das im selben Jahr veröffentlichte Buch *Das Unvernehmen*, doch handelte es sich hierbei eher um Selbstzitate als um neu aufgeworfene Fragen.[37] Seitdem ist es relativ still geworden – zumindest, wenn es um die Kolonialvergangenheit oder um postkoloniale Fragen geht. Bei anderen, durchaus verwandten Themen wie Migration und Rassismus setzt sich Rancière regelmäßig für in Frankreich marginalisierte Gruppen wie die Roma oder die *sans-papiers* ein. Das Aufzeigen und Bekämpfen von Rassismus, sei es der strukturelle des Staates oder der parteipolitische eines Front National, bildet ein wiederkehrendes Leitmotiv in Rancières politischen Interventionen – davon zeugen vor allem die zahlreichen in Tageszeitungen erschienenen Artikel und Essays der letzten dreißig Jahre.[38]

Dieses Engagement hielt Rancière jedoch nicht davon ab, bei bestimmten politischen Ereignissen auch sehr kontroverse Standpunkte innerhalb der antirassistischen Linken einzunehmen. So etwa, als es im Herbst 2005 nach provokanten Statements des damaligen Innenministers Nicolas Sarkozy und dem brutalen Tod zweier vor der Polizei fliehender Jugendlicher zu heftigen, wochenlangen Jugendunruhen in den französischen Banlieues kam und die Regierung daraufhin den Ausnahmezustand verhängte – wobei sie sich übrigens auf ein während des Algerienkriegs in Kraft gesetztes Gesetz stützte. Rancière äußerte sich mehrfach zu diesen Unruhen, wobei er jedes Mal bemängelte, dass die Aktionen der Vorstadtjugend unpolitisch und identitär seien. Im Sinne des von ihm hochgehaltenen republikanischen Gleichheitsprinzips wollte Rancière an den gewaltsamen Protesten der mehrheitlich aus Einwandererfamilien stammenden

Demonstranten bemerkt haben, dass sie »keinen wirklichen politischen Vorschlag« unterbreiteten, der die Fähigkeit gezeigt habe, »nicht nur für sich selbst, sondern für alle zu denken«.[39] Er betonte außerdem, dass die Jugendlichen ihre von außen zugewiesenen Identitäten bekräftigten, anstatt sie in Frage zu stellen, und zog daraus den Schluss, dass es der Revolte gerade wegen dieser fehlenden Desidentifikation an politischer Subjektivierung mangle. Rancière verweigerte sich so gesehen einer Solidarisierung mit den Demonstrierenden, weil ihre Aktionen seinen eigenen Maßstäben des Politischen nicht genügten. Das kann man durchaus konsequent nennen. Ebenfalls konsequent wäre es dann zu fragen, warum Rancière diese Fähigkeit zur Desidentifikation und politischen Subjektivierung, die er den Jugendlichen absprach, in derselben Zeit jedem noch so kleinen Arbeiter- und Gewerkschaftskampf unhinterfragt und bedingungslos zubilligte.

Rancière machte nie ein Geheimnis daraus, dass er den Emanzipationskämpfen der Arbeiterbewegung ein größeres Interesse entgegenbrachte als anderen gesellschaftspolitischen Kämpfen. Im Dunkeln blieb dabei aber die Frage, warum dieser Schwerpunkt den jahrzehntelangen Ausschluss kolonialgeschichtlicher und postkolonialer Themen implizierte. Ein wenig Aufklärung bietet in diesem Zusammenhang ein Interview, das Rancière 2008 dem Kulturwissenschaftler Sudeep Dasgupta gab. Auf die Frage, wie sich seine am Beispiel der französischen Arbeiterbewegung entwickelte Theorie des politischen Subjekts zur gegenwärtigen Konjunktur an identitätspolitischen Positionen wie etwa zu hybriden Subjektvorstellungen in den postkolonialen Studien verhalte, antwortete Rancière lachend: »Wie Sie vielleicht wissen, bin ich Franzose. In Frankreich gibt es keine Identitätspolitik und keine postkolonialen Studien.« Diese Themen seien, so Rancière, in Frankreich systematisch ignoriert worden. Mit dieser Beobachtung lag er nicht ganz falsch: Es gab zu diesem Zeitpunkt keine Tradition der postkolonialen Studien an französischen Universitäten. Für Rancière bedeutete dieser Umstand die entlastende Einsicht, dass »ich mich nie mit den Themen befassen musste, die in anderen Ländern von

Bedeutung sind«. Auch wenn er durchblicken ließ, dass manche Kommentatoren »sicherlich Verbindungen zwischen meiner Beschäftigung mit Identität und Subjektivität und den Problemen der postkolonialen Studien erkennen«, stellte er für sich klar, dass seine Beschäftigung mit der Frage des Subjekts nie ein Versuch gewesen sei, »Fragen der Identitätspolitik oder der postkolonialen Identitäten und so weiter zu behandeln«. Von Begriffen wie »Hybridität« hielt er ohnehin nicht viel.[40] Rancière war, so viel wurde hier klar, kein Freund des Postkolonialismus.

Rancières deutliche Positionierung zog, auch vor dem Hintergrund der internationalen Verbreitung, die sein Text »Die Sache des Anderen« in der Zwischenzeit gefunden hatte – Kritik aus postkolonialer Perspektive nach sich.[41] Die Liste an Vorwürfen ist lang, konzentriert sich aber im Wesentlichen auf zwei Kritikpunkte. Der erste ist am deutlichsten von der amerikanischen Anthropologin und Historikerin Ann Laura Stoler formuliert worden. Sie hält Rancières Position für einen klassischen Ausdruck von »kolonialer Aphasie« – eine Art Sprechblockade, die auf kollektive Verdrängungsleistungen in der französischen Gesellschaft zurückzuführen sei und viele linke Koryphäen der französischen Theorie erfasst hätte. In dieser Lesart erweist sich Rancière als besonders unfähig, sich selbst biographisch wie auch theoretisch im Raum der französischen Postkolonie zu verorten. Rancière lehne, so Stoler, nicht nur eine »intimere« Auseinandersetzung mit der »rassifizierten kolonialen Situation« ab, in die er hineingeboren wurde. Er zeige sich auch außerstande, sich adäquat mit den kolonialen Verstrickungen zu beschäftigen, die den Gegenständen seiner Theorie zugrunde lägen.[42]

Im Anschluss an Stolers durchaus treffenden, aber etwas holzschnittartigen Befund ist eine zweite Kritik formuliert worden, die philosophischer Natur ist und stärker auf den Universalismus bei Rancière abhebt. In dieser Lesart, etwa bei Niklas Plätzer, wird Rancières Unwille, seine eigene Position als »weißer französischer Philosoph« in der postkolonialen Metropole in den Blick zu bekommen, als Effekt eines »differenzblinden Universalismus« interpretiert.[43] Damit ist ein Universalismus gemeint, der zwar traditionelle Spielarten des Universalismus mit ihren transzendentalen Letztbegründungsversuchen ablehnt und stärker die Artikulation von Gleichheitsansprüchen in den Vordergrund rückt, dabei aber auf eklatante Art die eigene Partikularität und Situationsbezogenheit außer Acht lässt. Im vorliegenden Zusammenhang heißt das, dass Rancières Gleichheitsbegriff auf einen »normativen Eurozentrismus« verweise, weil er eine ganz spezifische Emanzipationserzählung – die Geschichte von den auf Gleichheit pochenden weißen französischen Arbeitern – zum allgemeinen Merkmal von Politik überhaupt universalisiere. »Differenzblindheit« entstehe genau dann, wenn andere partikulare Kämpfe aufgrund dieser unreflektierten Prämissen nicht gesehen werden können oder nicht recht ins Bild von Politik passen. Die postkoloniale Kritik bezieht das Problem der Differenzblindheit bei Rancière auch auf dessen Interpretationen der proalgerischen Demonstration im Oktober 1961 und der postmigrantischen Jugendproteste 2005. Seine diesbezüglichen polemischen Interventionen verfehlten ihr emanzipatorisches Ziel, weil sie die Verstrickung französischer Universalismus-Diskurse von Freiheit, Gleichheit und Brüderlichkeit in die Reproduktion kolonialer Hierarchien systematisch ausblendeten. Letztlich komme Rancière damit, so Plätzer, zum gleichen Selbstwiderspruch wie konservative Vertreter des französischen Republikanismus, die die eingebrachten Diskurse nichtweißer Akteure als Identitätspolitik kritisierten, aber gleichzeitig kein Problem damit hätten, »ihren Universalismus als französische Eigenheit zu verteidigen«.[44]

Diese Form der postkolonialen Kritik operiert bevorzugt mit Konzepten aus dem Feld der amerikanischen *Critical Race Theory* wie *critical whiteness*, *white ignorance* oder *racialized colour blindness* und läuft, bezogen auf Rancière, in letzter Konsequenz auf den Vorwurf des *old white man* hinaus.[45] Französische Idiosynkrasien lassen sich damit aber nur bedingt erklären. Umso wichtiger ist es, hier zu betonen, dass die erwähnten Selbstwidersprüche des Universalismus vor allem hausgemacht und in den selbstgesteckten Idealen der Französischen Republik angelegt sind. Frankreich ist laut Verfassung eine unteilbare und laizistische Republik, die die Gleichheit aller Bürger vor dem Gesetz ohne Unterschied der Herkunft, Rasse oder Religion gewährleistet. Sie kennt also per Definition keine Hautfarbe und keine Religion, ist aus Prinzip universalistisch und damit bewusst »farbenblind« – so sind zum Beispiel keine offiziellen statistischen Datenerhebungen bezüglich ethnischer und religiöser Zugehörigkeiten erlaubt. Die gesellschaftliche Realität, so viel lässt sich sagen, sieht bekanntlich anders aus und ist alles andere als farbenblind. Es ist daher nicht überraschend, wenn der französische Staat (und mit ihm staatszentrierte Philosophien wie die von Rancière) große Mühe damit hat, mit den real vorhandenen Ungleichheiten – seien es Privilegien oder Diskriminierungen – innerhalb der französischen Gesellschaft adäquat umzugehen. Rancières Selbstwidersprüche sind auch die Selbstwidersprüche Frankreichs.

So zutreffend die Kritik an Rancière auch sein mag, so soll hier gleichzeitig nicht unterschlagen werden, dass es auch konstruktive Anschlüsse an seine Theorie des Politischen gibt. Gerade Rancières Gleichheitsdenken hat in jüngster Vergangenheit zahlreiche Analysen politischer Kämpfe inspiriert, in denen insbesondere marginalisierte Gruppen und ihre Proteste (»Gilets Jaunes«, »Black Lives Matter«) im Mittelpunkt standen.[46] Rancières Auffassung von Politik kreist stets um den Punkt des rebellischen Nicht-Einverständnisses in Gleichheitsfragen, um den »Anteil der Anteilslosen«.[47] Das stößt offenbar überall dort auf Resonanz, wo eine bestimmte Gruppe von Menschen im Namen eines universellen Rechts eine hegemoniale Zuschreibung von sich zurückweist und im Modus eines Platzprotests genau diesen Anteil für sich beansprucht.

Auch Rancières Kritik der Identitätspolitik ist von erstaunlicher Aktualität. Seine bereits 1991 in New York formulierte Skepsis gegenüber allzu festgefahrenen identitätspolitischen Standpunkten in den amerikanischen Debatten hat jedenfalls hohen Wiedererkennungswert für gegenwärtige Diskussionen zu dem Thema. Das hat zunächst viel damit zu tun, dass die gesamte Konferenz mit ihrer kritischen Reflexion von »Identität« in bestechender Manier auf eine Problemlage verweist, die heute unter veränderten politischen und medialen Bedingungen wieder aufkommt oder aber nie wirklich verschwunden war. Rancières fortgeführtes Unbehagen an der Identitätspolitik ist jedoch kein Zeichen einer reaktionären Anti-Identitätspolitik von rechts, vielmehr erinnert es von links daran, dass in den Kämpfen um Gerechtigkeit der Rückbezug auf die Identitätskategorie in eine theoretische und politische Sackgasse führen kann. Identität läuft in Rancières Augen immer Gefahr, eine sie inhaltlich ausfüllende ethnische, soziale oder kulturelle Verwurzelung vorauszusetzen und dadurch auf die Seite einer hegemonialen, ordnenden und »polizeilichen« Macht umzuschwenken. Eine Theorie, die auf vorgebildete Identitäten setzt, büßt letztlich ihre kritische und politische Dimension ein.[48]

Offen bleibt die Frage, was vom Konzept der Desidentifikation zu halten ist. Der Kampf um Anerkennung kann bekanntlich als Forderung eines bereits gebildeten Subjekts nach Anerkennung seiner Identität verstanden werden. Ansprüche von Minderheitengruppen werden zum Beispiel als Ansprüche auf die Respektierung ihrer Identität aufgefasst. Doch wir können sie laut Rancière auch als Ansprüche darauf auffassen, »dass ihnen diese Identität *nicht zugeschrieben wird*«.[49] Desidentifikation als Ausweg aus dem Dschungel der Identitätspolitik? Es ist auf den ersten Blick erstaunlich, dass dieser zentrale Vorschlag von Rancière in den meisten gegenwärtigen Debatten, die auch unbestreitbaren Frust über die Auswüchse der Identitätspolitik und Forderungen nach weniger anstatt mehr Identität zutage fördern, keine nennenswerte Beachtung findet. Nach eingehender Betrachtung wird auch klar, warum das so ist: Das Konzept der Desidentifikation verfängt sich in Widersprüchen, wenn es dafür verwendet wird, die Politisierung einer Generation im Algerienkrieg zu legitimieren und zu erklären. Doch nur weil es in diesem Fall nicht aufgeht, ist die Idee der Desidentifikation nicht erledigt. Jede Politik – auch eine, die die Anerkennung von Identitäten und Gruppen fördern möchte – täte gut daran, in ihren Positionierungen ein desidentifizierendes Moment zu generieren, aus dem heraus eine politische Subjektivierung entstehen kann. Am Ende ist es dieser prozessuale Gedanke von den Identitäten hin zu den Subjekten, den uns Rancière aus seiner Beschäftigung mit den philosophischen Auswirkungen des Algerienkriegs heraus zuzurufen scheint: Desidentifiziert Euch! Und werdet politische Subjekte.

9. Wer hat Angst vor der Theorie?

Die französische Theorie hat momentan einen schweren Stand. Nach ihrem jahrzehntelangen Höhenflug in akademischen und intellektuellen Gefilden ist es nunmehr schlecht um sie bestellt. In den Feuilletons und den politischen Debatten der Gegenwart häufen sich die Stimmen derjenigen, die mit den Vertretern der französischen Theorie scharf abrechnen und in ihnen die geistigen Urheber von zersetzenden gesellschaftlichen Phänomenen wie »Fake News«, »Cancel Culture«, »Wokeness« oder »Identitätspolitik« sehen. Abgesänge und Verdikte in Richtung des Poststrukturalismus und der Postmoderne gab es in der Vergangenheit zwar immer wieder, von links wie von rechts.[1] Man könnte sogar sagen, dass diese Polemiken den Aufstieg von Denkern wie Michel Foucault, Jacques Derrida oder Jean-François Lyotard zu internationalen Theoriestars geradezu begleitend verstärkten. Aber mit der in den letzten Jahren aufgekommenen Kritik hat es, nicht zuletzt wegen der wachsenden zeitlichen Distanz, eine besondere Bewandtnis: Sie hat die Form eines historischen Tribunals angenommen.

Die toten Philosophen werden nunmehr für das politische Erbe ihrer alten Ideen zur Rechenschaft gezogen. Die Vorwürfe wiegen schwer: So sei die postmoderne Relativierung von Wahrheit und Vernunft ideologisch verantwortlich für das postfaktische Zeitalter mit seiner ungehemmten Ausbreitung von alternativen Fakten, wissenschaftsfeindlichen Verschwörungstheorien und populistischen Demagogen. Auch die neueren identitätspolitischen Debatten um die Sichtbarmachung marginalisierter Gruppen sowie um sensibilisierte (»politisch korrekte«) Sprachregelungen seien auf poststrukturalistische Konzepte zurückzuführen, die Identität für etwas Zugeschriebenes, Konstruiertes hielten und Sprache als eine gewaltvolle Praxis problematisierten. Im Klartext heißt das: Die Poststrukturalisten seien am Dogmatismus der linken Identitätspolitik schuld, weil sie Ideen und Konzepte in den Orbit geschossen hätten, die im weiteren Verlauf von »woken« Aktivisten aus dem Umfeld von Gender Studies, Queer Theory, Postkolonialismus und kritischer Rassismus- und Migrationsforschung für die Durchsetzung von Sprech- und Denkverboten benutzt würden.[2] Der Phantasie sind bei diesen historischen Ableitungen und Schuldzuweisungen keine Grenzen gesetzt. Schließlich scheint eine Sache dabei immer klar zu sein: Die Urteile stehen, wie bei Schauprozessen üblich, eigentlich schon vorab fest.

Um es gleich vorweg zu sagen: Viele dieser Vorwürfe an die Adresse der französischen Theorie basieren (willentlich oder nicht) auf grotesken Fehllektüren, Unterstellungen und Ressentiments. Sie hielten einer eingehenden Betrachtung weder stand noch verdienten sie eine solche. Dafür sind die Argumente, wenn es denn überhaupt Argumente sind, meistens zu plump und ihre Konstruktionsweise rasch und mühelos zu durchschauen.[3] Man könnte diese Attacken also belächeln, gelassen als ideengeschichtliches Geplänkel abtun oder einfach ignorieren – wenn sie politisch nicht so wirkmächtig wären. Zum einen bestimmen sie in einem erheblichen Maße das öffentliche Erscheinungsbild der französischen Theorie. Sie tauchen, prominent platziert, in Leitmedien auf und werden dort so oft in Dauerschleife reproduziert, dass es nicht weiter verwundert, wenn die verzerrten Darstellungen irgendwann tatsächlich geglaubt werden – insbesondere auch von denen, für die diese Darstellungen den ersten Kontakt mit den französischen Denkströmungen bedeuten. Zum anderen sind diese Angriffe in eine größere politische Agenda eingebettet, die über bloße akademische Theoriepolitik hinausgeht. Sie sind nämlich zu einem beliebten Mittel für konservative und rechte Bewegungen geworden, die in ihrem ideologischen Kampf gegen »Gender«, »Postkolonialismus« und »Antirassismus« auch die Ideengeschichte mobilisieren und dabei unliebsame Theorien am liebsten verbannt sehen wollen. So gesehen sind die historischen Tribunale daher keine ideengeschichtlichen Shows, sondern Symptome gegenwärtiger antiintellektueller, antiliberaler und autoritärer Entwicklungen. Auf dem Spiel steht nicht nur das politische Erbe der französischen Theorie, sondern auch der Streit um gesellschaftspolitische Reizwörter und Phantasmen wie »Identitätspolitik« oder »Cancel Culture«.

Angesichts dieser Ausgangslage ist es dringend geboten, sich eingehender mit den aktuellen Debatten um die französische Theorie zu befassen und dabei einige Richtigstellungen historischer Art vorzunehmen. Das bedeutet nicht, eine Apologie zu liefern (dies würde der Logik der Theorie-Gegner folgen, die die Welt in zwei ideologische Lager teilen), sondern die Kartierung des intellektuellen Feldes eben nicht jenen zu überlassen, die mit den Theorie-Tribunalen ausschließlich ihre politische Agenda verfolgen oder bereits das Denken aufgegeben haben. Dafür gilt es zunächst einige Grundzüge und Funktionsweisen dieses doch sehr speziellen politischen Diskurses entlang eines konkreten Beispiels nachzuzeichnen, sodann zu begreifen, warum und wie Figuren wie Derrida oder Foucault überhaupt in die Nähe der aktuellen Debatten und auf die Anklagebank geraten konnten. Ein solches um Aufklärung bemühtes Vorgehen ist, neben dem Anspruch auf historische Genauigkeit, auch mit der Hoffnung verbunden, am Ende etwas klarer (und anders, als die Kritiker zu wissen meinen) einschätzen zu können, inwiefern die französischen Philosophen auch heute noch von Bedeutung sind und warum wir sie weiterhin lesen sollten.

Falsche Feinde

Bei den skizzierten Theorie-*bashings* handelt es sich um ein internationales Phänomen, das in den USA ebenso wie in Frankreich und Deutschland in regelmäßigen und gefühlt immer kürzeren Intervallen auftaucht und seine Runden zieht. In Frankreich hat es dieses

Theorie-*bashing* in den letzten Jahren sogar ins Zentrum der neuen Kulturkämpfe und bis in die obersten Regierungskreise geschafft. Um ein besonders einschlägiges Beispiel unter vielen zu nennen: Im Januar 2022 fand an der Sorbonne eine von viel Medienrummel begleitete Konferenz unter dem Titel »Après la déconstruction« statt, die unter anderem vom »Observatoire du décolonialisme et des idéologies identitaires« organisiert wurde. So heißt ein Zusammenschluss von rund einhundert französischen Universitätsangehörigen, die sich, wie sie selbst schreiben, »über die identitären Auswüchse in der akademischen Welt besorgt zeigen«, womit vor allem ihnen missliebige postkoloniale und rassismuskritische Positionen gemeint sind.[4] Ähnlich wie ihr deutsches Pendant, das »Netzwerk Wissenschaftsfreiheit«, agiert diese »Beobachtungsstelle« wie ein rechter *think tank*, der im Namen wissenschaftlicher Objektivität »ideologischen« und «polarisierenden« Tendenzen in Wissenschaft und Öffentlichkeit Einhalt gebieten möchte, tatsächlich aber selbst politisch agitiert und polarisiert. So auch bei der besagten Konferenz, die entlang von Panels zu Themen wie »Gender«, »Race«, »Intersektionalität« und »Cancel Culture« eine beachtliche Reihe von nicht unbekannten Wissenschaftlern und Intellektuellen aus dem »anti-woken« Lager zusammenbrachte und diese unterschiedlichen Diskurse unter dem wenig reflektierten Sammelbegriff der Dekonstruktion diskutierte.[5]

Doch damit war bei weitem nicht das Ende der Verallgemeinerungen und Vereinfachungen erreicht: Die »Dekonstruktion« stand als Oberbegriff auch über allen anderen Labels wie »Poststrukturalismus«, »Postmoderne«, »French Theory« oder »68er-Denken« und umfasste Philosophen wie Pierre Bourdieu, Michel Foucault, Jacques Derrida, Hélène Cixous, Gilles Deleuze und Étienne Balibar. Was in Wirklichkeit aus unterschiedlichen und teilweise konfligierenden Ansätzen und Diskursen besteht, musste hier als eine homogene Theorie präsentiert und inszeniert werden, sonst hätte das Bedrohungsszenario nicht entwickelt werden können. Die Dekonstruktion, so der allgemeine Befund, habe nämlich ein nihilistisches, militantes und daher gefährliches Denken hervorgebracht, sie sei mittlerweile zum theoretischen Arm einer Ideologie geworden, »die unter dem Vorwand einer neuen moralischen Ordnung in das Wissen eindringt, die Kultur lähmt und die öffentliche Meinung terrorisiert«.[6] Das eigene Unterfangen inszenierte man dagegen als eine unvoreingenommene Bestandsaufnahme, lediglich darum bemüht, nach all der nihilistischen Zerstörungswut der Dekonstruktion »die Wissenschaften und die Kultur wiederherzustellen«, wie es im Untertitel der Konferenz hieß. Doch der offen zur Schau getragene »Anti«-Charakter der Veranstaltung (»Anti-woke«, »Anti-Gender«, »Anti-Postkolonial«) und die Abwesenheit von anderen oder entgegengesetzten Positionen, die fachlich fundierte Beiträge zur Dekonstruktion hätten beisteuern können, machten es mehr als deutlich: Hier ging es darum, im Kulturkampf gegen »Wokeness« die vermeintlich politischen Effekte der Dekonstruktion so umfänglich und verschwörerisch wie möglich aufzubauschen, um sie dann so anstandslos wie möglich zu diskreditieren. Es hieß auch, zwei Fliegen mit einer Klappe zu schlagen: nicht nur die Dekonstruktion als Theorie-Projekt abzuwickeln, sie auf den Müllhaufen der Ideengeschichte zu werfen, sondern auch ein weiteres Mal die eigene rechte Agenda und Deutungshoheit an den französischen Universitäten durchzusetzen.

Ihre besondere politische Brisanz erhielt die Konferenz dadurch, dass sie in den Räumen der altehrwürdigen Sorbonne stattfand und direkt vom französischen Bildungsministerium finanziell unterstützt wurde. Der Bildungsminister Jean-Michel Blanquer ließ es sich nicht nehmen, die Konferenz sogar mit einer Begrüßungsrede zu eröffnen und sie mit seiner Anwesenheit gewissermaßen staatlich zu nobilitieren. Blanquer galt während seiner fünfjährigen Amtszeit als entschiedener und federführender Kritiker der von ihm so betitelten und nie weiter präzisierten »woken« Bewegung in Frankreich – damit stand er im Einklang mit dem Staatspräsidenten Emmanuel Macron, der sich im Vorfeld ähnlich positioniert hatte, als er antirassistische

Positionen als »Ethnisierung der sozialen Frage«, »unrepublikanisch« und »separatistisch« bezeichnete und die akademische Welt für ihre Verbreitung verantwortlich machte.[7] Macron und Blanquer waren sich vor allem darüber einig, dass der politische Diskurs Frankreichs Gefahr laufe, »amerikanisiert« zu werden.[8] Sie verstanden darunter einen Typ von Identitätspolitik, der den französischen Republikanismus bedrohe. In seiner Rede an der Sorbonne sprach Blanquer von der Notwendigkeit, den Kampf gegen die Feinde der Republik auch auf der Ebene der Ideen zu führen. Die Dekonstruktion erschien in diesem Kampfgebiet wie eine erfolgreiche Theorie, für die besonders junge Menschen empfänglich waren und die in den USA und dort an den Universitäten bereits ihr Unwesen treibe und nun dabei sei, »wie ein Virus« auch Frankreich von außen zu bedrohen. Mitten in der Pandemie und nur wenige Wochen vor dem Beginn des russischen Angriffskriegs auf die Ukraine meinte Blanquer zu wissen, woher die zwei wesentlichen Feinde der französischen Republik kämen: »Die Antidemokraten mögen aus dem Osten kommen, die Dekonstrukteure kommen aus dem Westen«.[9] Er gab zwar zähneknirschend zu, dass Frankreich mit dem Label der *French Theory* eine gewisse Mitverantwortung für die weltweite Verbreitung der Dekonstruktion habe. »Aber nachdem wir das Virus übertragen haben«, so Blanquer, »müssen wir jetzt auch den Impfstoff bereitstellen.«[10] Das bedeutete in seinen Augen: in Universitäten und Schulen die Meinungsfreiheit verteidigen, die republikanischen Ideale wie Gleichheit und Laizität hochhalten und dabei vor allem gegen Ideen vorgehen, die, wie die Dekonstruktion, nicht zu diesen Idealen passen – alles in allem also ein mit hoher Symbolkraft belegter Versuch, nichts weniger als die republikanische Ordnung im Bildungssystem und in der Gesellschaft wiederherzustellen.

Blanquers diskurspolizeiliches Manöver blieb in der Öffentlichkeit nicht unwidersprochen. In der akademischen Welt empfanden viele seinen Auftritt als skandalös und grenzüberschreitend. Immerhin war hier ein hoher Repräsentant des französischen Staates vertreten und keine Person mit einer Privatmeinung. So fragte der Soziologe François Dubet in der Tageszeitung *Le Monde*: »Wie kann es sein, dass es der Staat ist, der sagen darf, welche Denkströmungen akzeptabel sind und welche nicht?« Er sah einen »soften McCarthyismus« heraufziehen.[11] Tatsächlich war die Rede des Ministers ein außergewöhnlicher Angriff auf die Autonomie der Wissenschaft, obendrein auch ein klassischer performativer Widerspruch, weil sie im Namen der Wissenschaftsfreiheit an den Universitäten eben genau eine Einmischung der Politik in die akademische Freiheit darstellte. Während Blanquer das Bedürfnis, sich über »woke« Themen auszulassen, als republikanischen Freiheitskampf betrachtete und mit staatlichen Mitteln förderte, gehörten für ihn alle Versuche, die die Analyse von rassistischen und kolonialen Strukturen in der Gesellschaft zum Gegenstand haben, entweder begrenzt oder gleich untersagt. Über Freiheit galt es zu reden, über Rassismus und Kolonialismus hingegen zu schweigen.

Hier war weniger selektive Wahrnehmung als vielmehr politisches Kalkül im Spiel. Blanquer hatte in seiner Zeit als Minister einmal eine Klage gegen eine französische Lehrergewerkschaft eingereicht, weil sie bei der Ankündigung eines ihrer Schul-Workshops zu Antirassismus den Ausdruck »Staatsrassismus« verwendet hatte – in einer Republik, in der alle gleich sind, konnte es in Blanquers Augen keinen Rassismus von Seiten des Staates geben.[12] Die Klage wurde am Ende kleinlaut fallengelassen, ähnlich wie die groß angekündigte Untersuchungskommission, die nach Willen der Hochschulministerin Frédérique Vidal eingesetzt werden sollte, um an den Universitäten postkoloniale Umtriebe sowie die von Blanquer behauptete Allianz zwischen linken Gruppierungen und islamistischen Strömungen (»islamo-gauchisme«) ausfindig zu machen.[13] Das mit der Untersuchung beauftragte nationale Forschungszentrum CNRS lehnte ab und gab in einem offiziellen Statement unmissverständlich zu verstehen, dass der Ausdruck »Islamogauchisme« keiner »wissenschaftlichen Realität« entspreche.[14] Auch wenn in diesen beiden Fällen die

Klage und die Untersuchungskommission erfolglos blieben, ging das politische Kalkül durchaus auf: Die Kampfbegriffe waren platziert, die Islamismus-Vorwürfe standen im Raum und verschwanden vor dem Hintergrund der vergangenen islamistischen Terrorangriffe auch nicht so schnell. Die Politisierung des wissenschaftlichen Terrains hatte die nächste Eskalationsstufe erreicht, und der angerichtete Schaden für die ohnehin in Bedrängnis stehenden akademischen Forschungsfelder fiel mit sehr wenig Aufwand so groß wie möglich aus.

Dasselbe Schicksal ereilte die Dekonstruktion beziehungsweise die französische Theorie mit dem Wirbel um die Konferenz »Nach der Dekonstruktion«. Nachdem sie als monströse Pappkameradin aufgestellt wurde, um sogleich mit großem Aplomb abgeschossen zu werden, kam im begleitenden Medienrummel rund um die »Wokeness«-Debatte kaum jemand mehr auf die Idee, das, was im öffentlichen Bild eigentlich unter »Dekonstruktion« firmierte, ins rechte Licht zu rücken geschweige denn zu verteidigen. Was bei vielen hängen blieb, war das dumpfe Gefühl, dass die französische Theorie in unguter Weise *irgendetwas* mit den verwirrenden und besorgniserregenden Tendenzen der eigenen Gegenwart zu tun haben müsse. Erst ein Jahr später rafften sich im Januar 2023 einige verbliebene Protagonisten der Dekonstruktion, alte Weggefährten von Derrida und andere von der Kritik Angesprochene zu einer kleinen Gegenveranstaltung in Paris auf – darunter etwa Étienne Balibar, die New Yorker Philosophin Avital Ronell und die Genderforscherin Anne Emmanuelle Berger (Tochter von Hélène Cixous). Die Veranstaltung hieß bezeichnenderweise »Wer hat Angst vor der Dekonstruktion?«, man wollte aber vor allem den Stimmen derjenigen Gehör verschaffen, die sich in der einen oder anderen Form auf das intellektuelle Erbe der Dekonstruktion beriefen.[15] Über diese Konferenz wurde in den Medien nicht mehr groß berichtet. Mit dem Theorie-*bashing*, so könnte man meinen, lässt sich Öffentlichkeit stärker mobilisieren als mit ihrer Verteidigung.

»Dekonstruktion« ist zu einem veritablen Phantasma geworden. Ähnlich wie die Stichworte »Gender« oder »Identität« bündelt es in der öffentlichen Meinung Ängste und Befürchtungen von gesellschaftlicher und moralischer Zersetzung.[16] Bei diesem affektiven Geschehen bleibt eine Frage aber noch offen: Warum stehen eigentlich die Dekonstruktion und damit insbesondere Jacques Derrida so oft im Mittelpunkt der Aufmerksamkeit? In den zahlreichen Anklageschriften – um das Bild vom historischen Tribunal wiederaufzunehmen – darf nämlich Derridas Name nie fehlen. Das ist erklärungsbedürftig, aber keineswegs zufällig. Innerhalb der Reihen der Poststrukturalisten gehört Derrida zweifellos zu den beliebtesten Zielscheiben. Wie kein Zweiter steht er mit seiner Philosophie für die Herabstufung absoluter, universalistischer Wahrheitsansprüche, für die fundamentale Infragestellung metaphysischer Gewissheiten einer westlichen und hegemonialen Vernunft. Derridas Argument lautet: Das westliche Denken sei von Platon über Rousseau bis zu Claude Lévi-Strauss hoffnungslos der Illusion verfallen, dass Sprache uns einen privilegierten Zugang zur Realität liefern könne – eine Illusion, die Derrida wahlweise als Logozentrismus, Ethnozentrismus oder Phallozentrismus bezeichnet und insgesamt für ein »Symptom der allgemeinen Krise des europäischen Bewusstseins« hält.[17] Damit repräsentiert Derrida nicht nur zentrale Anliegen der größeren französischen Theorieströmung. Er gilt auch als wesentlicher Inspirator für Arbeiten im Feld der postkolonialen Theorie, die im Geiste der Dekonstruktion die kanonischen Texte der europäischen Kultur- und Wissensgeschichte auf Momente »epistemischer Gewalt« und auf implizite Hierarchisierungen überprüften.[18] Man kann es nicht stark genug betonen: Ohne den Einfluss von Derrida (und anderen Figuren der *French Theory*) sind weite Teile des postkolonialen Denkens und seiner Entstehung in den 1980er-Jahren nicht zu begreifen. Wer heute die Klassiker der *Postcolonial Studies* und *Cultural Studies* wie Homi K. Bhabha, Gayatri Chakravorty Spivak und

Stuart Hall erneut oder zum ersten Mal liest, kann sich einen Begriff davon machen, wie präsent Derridas Werk in diesen Texten ist.[19]

Hervorzuheben ist allen voran die postkoloniale und feministische Theoretikerin Gayatri Spivak. Die an der Columbia University in New York lehrende Literaturwissenschaftlerin übersetzte Derridas *Grammatologie* 1976 ins Englische und trug als Vermittlerin und Interpretin seines Werkes maßgeblich zu Derridas Erfolg in den US-Universitäten bei.[20] Zur Ikone des Postkolonialismus wurde Spivak mit ihrem wegweisenden Essay *Can the Subaltern Speak*?, der die Frage behandelt, ob und wie die Subalternen – gemeint sind marginalisierte und unterdrückte Gruppen in postkolonialen Gesellschaften, etwa indische Frauen – ihre Stimmen erheben, also konkret ihre Perspektiven und politischen Anliegen wahrnehmbar zur Sprache bringen können.[21] Um diese subalternen Positionen aufzulösen und ihnen einen Zugang zu politischen Aushandlungsräumen zu ermöglichen, schlägt Spivak einen »strategischen Essentialismus« vor, das heißt eine Denkweise und Praxis, bei der bestimmte Identitäten oder kulturelle Merkmale bewusst betont werden, um gemeinsame Interessen zu stärken und Allianzen zu schaffen.[22] Dieser Essentialismus ist insofern strategisch (und daher notgedrungen vereinfachend oder reduzierend), als er eine kollektive, performative und auf bestimmte politische Ziele gerichtete Reaktion postkolonialer Akteure auf homogenisierende und naturalisierende Identitätszuschreibungen bezeichnet.[23]

»Strategischer Essentialismus« ist seit Spivaks Essay aus dem Jahr 1988 zu einem geflügelten Wort in der Theorie und Praxis sozialer Bewegungen geworden. Gleichzeitig ist es wegen Spivaks Zugeständnis, dass es in der politischen Praxis nicht ohne Essentialisierungen und Identitätspolitik gehe, auch ein willkommenes Einfallstor für jene Kritik, die in der Dekonstruktion eine Renaissance der Identitätskategorie walten sieht. Dass es aber zeitlich und inhaltlich einen fundamentalen Unterschied zwischen Derridas Ideen und Spivaks Konzepten gibt, dass zum Beispiel der »strategische Essentialismus« auf eine völlig andere Problemlage – die Situation kolonisierter oder ehemals kolonisierter Subjekte – reagiert und bereits von Spivak in kritischer Absetzung von französischen Theorien formuliert wurde, wird gerne ausgeblendet. Was bei dem Einwand, man habe es hier mit dem ideologischen Kern der Identitätspolitik zu tun, haften bleiben soll, sind die Verdachtsmomente des Ursprungs, dort also, wo Derrida, so die Vorwürfe, den Weg geebnet und die Saat ausgesät haben soll.[24]

Es ist wichtig, diese kurz skizzierte Rezeptionslinie im Blick zu haben. Nur so lassen sich die neueren Invektiven in Richtung der französischen Theorie und manche Merkwürdigkeiten in den Debatten verstehen, besonders auch die in Deutschland. Hier wird die Kritik an Derrida kurioserweise nicht selten von Personen vorgetragen, die in der Vergangenheit zu einflussreichen Vermittlern der französischen Theorieströmung an deutschen Universitäten zählten. Nachdem ihre eigene Begeisterung für Theorie im Alter abgeflaut zu sein scheint und sie erschrocken feststellen müssen, dass ihr einst hochgeschätzter Derrida zur selben Zeit und von ihnen unbemerkt nun zum akademischen Referenzpunkt von feministischen, queeren und postkolonialen Diskussionen geworden ist, mit denen sie offenbar nicht viel anfangen können, wird auch Derrida einer Revision unterzogen, bei der er dieses Mal aber wenig überraschend in Ungnade fällt. So wird sein Werk kurzerhand zur »Schönwetter-Philosophie« deklariert, die keinen Bezug zur Wirklichkeit habe, und als eine Kritik eingestuft, die »nur im Schatten einer gefestigten liberalen Gesellschaft gedeihen konnte«, die es angesichts der Denk- und Sprechverbote in dieser Form nicht mehr gebe.[25] Ob das koloniale Algerien und das krisengebeutelte Nachkriegs-Frankreich, in dem Derrida aufwuchs und lebte, tatsächlich gefestigte liberale Gesellschaften ohne Einschränkungen oder Verbote gewesen seien, muss man jedoch stark anzweifeln. Wie wir im Kapitel zu Derrida gesehen haben, wuchs unter der Sonne Algeriens eine Philosophie im verhängnisvollen Schatten von Krieg, Gewalt, Hass und Ausgrenzung heran.

Abgesehen von dieser deutschen Besonderheit der späten Theorie-Renegaten sind die meisten Kommentare hierzulande ähnlich gestrickt wie in den französischen und amerikanischen Debatten. Sie zeugen mehr von Ressentiments gegenüber heute angesagten Denkrichtungen und politischen Diskussionen als von verbrieften Kenntnissen alter philosophischer Texte. So sprechen manche Stimmen aus dem bürgerlich-konservativen Lager, aus Frust über »Wokeness« und »Identitätspolitik« und auf der Suche nach den intellektuell Verantwortlichen, von einer »kulturellen Hegemonie des Dekonstruktivismus an den Universitäten«[26] – auch hier wird so getan, als ob der »Dekonstruktivismus« eine homogene Theorie sei, die alles andere verdränge und unterdrücke, was beim besten Willen nicht der Fall sein kann, da sich die Beliebtheit von Derridas Texten in heutigen Seminaren aktuell eher in Grenzen hält.

Andere wiederum versuchen sich an einer Ehrenrettung der französischen Theorie, indem sie nicht Foucault und Derrida als Schuldige ausmachen, sondern ihre »falschen Freunde«[27] – gemeint sind Theoretikerinnen wie Judith Butler oder Gayatri Spivak und sogenannte aktivistische »Social Justice Warriors«, die das kritische Denken der Franzosen falsch verstanden und zugunsten eines moralisch-ideologischen Kampfes um sexuelle, migrantische und postkoloniale Identitäten zweckentfremdet hätten.[28] Auf den ersten Blick mögen das um Differenzierung bemühte Rettungsversuche sein. Aber der chauvinistisch-nostalgische Ton vieler dieser Artikel verrät, dass hier Poststrukturalismus und Postkolonialismus gegeneinander ausgespielt werden sollen. Selbst diesen Stellungnahmen liegen manchmal explizite, manchmal implizite Enttäuschungen zugrunde, die schnell ins Denunziatorische umschlagen und am Ende doch noch gegen die französische Theorie selbst gewendet werden. Es wird in Bezug auf Derrida immer wieder dieselbe Geschichte erzählt: So habe er ein verantwortungsloses Spiel mit Identitäten und Differenzen betrieben und es aus Narzissmus billigend in Kauf genommen, dass seine postkolonialen Bewunderer aus der Erbmasse seines Werks einen strategischen Essentialismus herausfilterten, der nun zu den Verhärtungen des identitätspolitischen Diskurses geführt habe. Man müsse sich letztlich auch nicht mehr wundern, so die Argumentation, dass Derridas Begriffe mittlerweile auch von rechten Identitären übernommen und verwendet würden.[29]

Nun kann man von Derrida und seiner Philosophie halten, was man will. Es gibt nachvollziehbare Gründe, den berüchtigten Obskurantismus und Manierismus seines Denkens befremdlich zu finden und die schwierige Sprache in seinen Texten zurückzuweisen. Ebenso gibt es gute Gründe, die Rezeptionslinie vom Poststrukturalismus zum Postkolonialismus historisch genauer unter die Lupe zu nehmen und dabei zu fragen, welche Rolle Derrida selbst bei der Aneignung und Ausweitung der dekonstruktiven Methode durch Spivak und Co. spielte – eine Portion akademischer Geltungsdrang war sicherlich im Spiel. Aber wenn es eine Sache gibt, die in Derridas Philosophie beim besten Willen weder einen Platz noch einen Widerhall findet, dann ist es gerade jener von seinen Gegnern in Stellung gebrachte Vorwurf, Derrida hätte den gegenwärtigen Streit um die Identitätspolitik und um die Frage, wer was wann und wie sagen darf, ideologisch mitzuverantworten, da er als Urheber des poststrukturalistisch-postkolonialen Komplexes eine Denkrichtung vorgegeben habe, in der Identitäten zu unhintergehbaren und festgefügten Kennzeichen von Menschen gemacht würden. Derartigen Positionen muss man hier mit dem gebotenen Ernst attestieren, den Falschen ausgesucht zu haben. Denn bei Derrida ist vielmehr das Gegenteil der Fall: Sein Denken stemmt sich mit aller Macht gegen die Idee von allzu festgefügten Identitäten und Gruppenzugehörigkeiten und generell gegen die Dominanz von Herkunfts- und Ursprungslogiken. An ihre Stelle gerät die bei vielen poststrukturalistischen Autorinnen und Autoren zu beobachtende emphatische Betonung des Konstruiertseins von Selbstverhältnissen und Identitäten, was übrigens nicht mit postmoderner Beliebigkeit zu verwechseln ist, sondern viel mit historischer Kontingenz und kultureller Prägung zu tun hat.

Das Besondere bei Derrida ist, dass diese philosophische Auseinandersetzung auf beeindruckende Weise auch durch seine eigene Biographie beglaubigt wird. Leben und Werk sind gerade in Identitätsfragen, wie wir gesehen haben, ein intellektuelles Aufbäumen gegen das Denken der Gruppen-Identifizierung und ein einziges Plädoyer für das Aushalten widersprüchlicher, ambivalenter und sich überlappender Identitäten. Derrida ist ein gutes Beispiel dafür, wie schwierig und zugleich fruchtbar es ist, das Spiel der Identitäten zu spielen. Von ihm lässt sich lernen, wie man Identitäten in Einzelteile zerlegt, verschleiert und versteckt, wie man sie aber auch immer wieder hervorholt, sich an ihnen abarbeitet und sie im besten Sinne der Differenz woandershin verschiebt. Derrida verspürte ein großes Unbehagen an Identitäten und Gruppenzugehörigkeiten, er ist ein Denker, der solche Kategorien zertrümmert und bewältigt sehen wollte und diese Zertrümmerungsarbeit stets vor dem Hintergrund der eigenen dramatischen Biographie in kolonialen, jüdischen, algerischen und französischen Herkunftskontexten leistete. Es sind Bewältigungsversuche eines Überwältigten.

Rückrufe aus der Vergangenheit

Ich habe den Fall von Derrida auf den zurückgelegten Seiten aus zwei Gründen prominent und ausführlich behandelt. Nicht nur, weil Derrida so oft auf der Anklagebank sitzt und dabei mit seiner Philosophie der Dekonstruktion, stellvertretend für eine ganze Theorie-Generation, den Kopf hinhalten muss, sondern auch, weil die Richtigstellung – die notwendige Korrektur der mit den Vorwürfen einhergehenden Verzerrungen und Fehllektüren – ebenfalls ihren entsprechenden Platz beansprucht. Während die Urteile schnell gefällt werden und hohe Aufmerksamkeit genießen, verlangt deren Aufarbeitung deutlich mehr Zeit und Reflexionsarbeit, wofür in der Regel nicht viel Öffentlichkeit zur Verfügung steht. Je größer aber die politische Urteilsfreude, desto mehr braucht es wissenschaftliche Kontextualisierung und Differenzierung. Sobald jedoch diese Arbeit erledigt ist, sobald mit den Verzerrungen und Falschbehauptungen aufgeräumt worden ist, erweist sich eine solche Herangehensweise zugleich als erkenntnisstiftendes Moment, als Vorteil: Man erhält nicht nur ein besseres Verständnis dessen, was für ein politisches Theaterstück gegenwärtig mit und auf Kosten der französischen Theorie gespielt wird, sondern auch eine klarere Sicht auf die in diesem Theater gesellschaftlich verhandelten Themen. Mit Derrida lässt sich das Phantasma rund um das Stichwort »Identität« nämlich auch ganz anders betrachten und auf unsere Zeit übertragen. Angesichts der vielen unterschiedlichen Motive und Interessen, die beim Diskurs über die Identität durcheinandergehen, lässt sich mit Derrida der Schluss ziehen, dass man es sich eben nicht zu einfach mit dieser Kategorie machen sollte: Es gibt keine natürlichen und gegeneinander unbeweglichen »Identitäten«, seien diese nationale, ethnische, kulturelle, religiöse oder geschlechtliche. Diese auch entlang von Derridas algerischer Biographie gewonnene Einsicht gilt es hochzuhalten und allen zuzurufen, die sich entweder auf solche Identitäten berufen oder meinen, mit den Identitäten anderer ein Problem zu haben.

Die Fallstricke der Identität sind nicht nur bei Derrida ein großes Thema. In teils ähnlicher, teils unterschiedlicher Manier haben sich auch viele andere in diesem Buch behandelte Protagonisten mit den Konstruktionsweisen von Identitäten und ihren Zumutungen auseinandergesetzt. Hélène Cixous hat – in theoretischer Anlehnung an Derrida, aber früher und intensiver als dieser – Identitätsfragen sogar zu einem Hauptbezugspunkt ihres autobiographischen Schreibens gemacht. Wie wird man von Identitäten geformt? Wie kann man sie hinterfragen, ihnen widerstehen oder gar entfliehen? Cixous behandelt diese Fragen im Rahmen ihrer *écriture féminine*, stets darauf bedacht, Identität gerade nicht essentialistisch zu denken, sondern Binaritäten aufzubrechen, fixe Kategorien abzulehnen und die Möglichkeit multipler Identitäten sichtbar zu machen. Indem sie beispielsweise phallozentrische Vorurteile in Kultur und Gesellschaft in Frage stellt, ermöglicht sie die Analyse der Konstruktion von Geschlechteridentitäten. So argumentierte sie bereits 1975 in *Das Lachen der Medusa*, dass Geschlechteridentitäten keineswegs festgelegt seien, sondern vielmehr dynamisch und plural als Möglichkeitsformen zwischen den Geschlechtern gedacht und gelebt werden müssten. Was heutzutage als »Genderfluidität« diskutiert und gelebt wird, ist in dieser Argumentation von Cixous bereits *avant la lettre* angelegt.

Die Identitätskategorie spielt auch in Étienne Balibars Rassismustheorie eine wichtige Rolle – bezeichnenderweise trägt sein zusammen mit Immanuel Wallerstein 1988 verfasstes Buch *Rasse, Klasse, Nation* den Untertitel »ambivalente Identitäten«. Beide unterstreichen damit ihr Anliegen, Fragen des Rassismus, des Kapitalismus und des Nationalstaatlichen als historisch bedingte, zusammenhängende, aber teilweise auch widersprüchliche Identitätskategorien (»Gesellschaftsformationen«) zu diskutieren. Gerade die Widersprüchlichkeit des Rassismus zeigt sich in der Formierung nationaler und ethnischer Identitäten ebenso wie in der zweideutigen Wirksamkeit herrschender Ideologien. So stellt insbesondere Balibar dar, welche Rolle der Rassismus für die Identität des eigenen Selbst und einer Nation spielt und wie sich gleichsam spiegelbildlich die Individuen und Kollektive, die dem Rassismus ausgesetzt sind, ebenfalls dazu gezwungen sehen, sich selbst als eine Gemeinschaft wahrzunehmen. Rassismus – ganz gleich, ob es sich um wissenschaftliche Theorien, um den institutionalisierten oder den in der Bevölkerung verbreiteten Rassismus handelt – ist für ihn eine soziale Praxis, die die Menschheit in künstlich voneinander isolierte Gattungen kategorisiert. Um Rassismus jedoch zu verstehen, muss er vielfach in Beziehung gesetzt werden zu anderen historischen Großformationen, die eine Gesellschaft ausmachen, wie etwa Klasse, Arbeit, Geschlecht, Gemeinschaft, Nation oder Staat. Interessanterweise huldigen Balibar und Wallerstein damit einem Erklärungsansatz, der Ähnlichkeiten mit dem Argumentationsmodus der »Intersektionalität« aufweist – ein nur wenige Jahre später im US-amerikanischen schwarzen Feminismus entstandenes Konzept, das auf die Überschneidung und Gleichzeitigkeit verschiedener Diskriminierungskategorien wie *Race*, *Gender* und *Class* gegenüber einer

Person aufmerksam macht und zu einem Leitbegriff in gegenwärtigen Diskussionen geworden ist.[30] Auch Balibar und Wallerstein bemühen Bilder der Überschneidung, wenn sie von »ambivalenten Identitäten« sprechen. Sie bauen Geschlechterverhältnisse und Sexismus als Erklärungsfaktoren in ihre Analyse ein, auch wenn die Kategorie »Geschlecht« in der Analyse letztlich nicht denselben epistemischen Rang wie *Race*, *Nation* oder *Class* erhält und nicht auf dem Buchdeckel von 1988 auftaucht.[31] Heute gehört Balibar zu den wenigen französischen Stimmen, die den Import von Konzepten und Ideen aus US-amerikanischen Debatten, seien sie intersektional, feministisch oder postkolonial, vehement begrüßen, da sie ihm zufolge den Weg zu einer »antirassistischen und dekolonisierten Fünften Republik« ebnen könnten.[32]

Die mit Abstand radikalste Kritik am Begriff der Identität findet sich bei Jacques Rancière. Er empfand bereits die in den frühen 1990er-Jahren virulenten US-amerikanischen Diskussionen um *Identity politics* als eine Sackgasse im politischen Diskurs. Insofern lässt sich die vielfach geäußerte Behauptung, dass das ideologische Übel der heutigen identitätspolitischen Wirren ausgerechnet in der französischen Theorie zu verorten sei, gerade mit Rancière relativ einfach aus den Angeln heben. Dem Denker der Gleichheit, der universellen Prinzipien den Vorrang gab, kamen identitätspolitische Diskussionen nämlich wie abwegige Positionen vor, die vor lauter Fokus auf Partikularinteressen das große Ganze der Politik aus dem Blick verlören. Identitätspolitik ist in seinen Augen nicht politisch genug – eine Sichtweise, die Rancière weiterhin einnimmt und auch in aktuelle Debatten einbringt. Er plädiert dafür, den Blick weniger auf vorhandene und damit quasi-natürliche Identitäten, sondern mehr auf politische Subjektivierungsweisen zu richten. Um politisch zu sein, braucht es laut Rancière vor allem eine Desidentifikation: die Ablehnung kollektiver Identitäten und Zuschreibungen, die unmögliche Identifikation des Selbst mit dem Anderen. Das Konzept der Desidentifikation, ein zentraler Baustein von Rancières politischer

Philosophie des Unvernehmens, ist, wie im letzten Kapitel ausführlich gezeigt wird, unterschiedlich aufgenommen worden. Mit der kategorischen Ablehnung des Identitätsbegriffs gerät Rancière einerseits in die Nähe eines in Frankreich vorherrschenden republikanischen Universalismus, der die politischen Anliegen und Situationen von Minderheitengruppen nicht ernst nimmt oder gar bekämpft. Andererseits hat gerade sein Gleichheitsdenken in jüngster Vergangenheit zahlreiche Analysen politischer Kämpfe inspiriert, in denen insbesondere marginalisierte Gruppen und ihre Proteste im Mittelpunkt standen. Überall dort, wo eine bestimmte Gruppe von Menschen im Namen eines universellen Rechts eine hegemoniale Zuschreibung von sich zurückweist und für sich einen Anteil an der Gleichheit einer Gesellschaft beansprucht, sind Rancières Ideen allemal wert, aufgenommen und diskutiert zu werden.

Cixous, Balibar und Rancière entwickelten diese unterschiedlichen Ideen vor dem Hintergrund ihrer je eigenen Situierungen und Erfahrungen in kolonialen und postkolonialen Kontexten. Die umfassende Auseinandersetzung mit der kolonialen Welt der 1950er- und 1960er-Jahre prägte sowohl ihr politisches Bewusstsein als auch ihre mit Verzögerung einsetzenden philosophischen Theoriebildungen in den nachfolgenden Jahrzehnten. Cixous brachte sich in den feministischen Diskurs Frankreichs beständig mit ihrer mehrfach gebrochenen Identität und Herkunft als jüdische Algerienfranzösin ein. Balibars in Frankreich singuläre Rassismuskritik ist ohne die erlittene Polizeigewalt während des Algerienkriegs und ohne den prägenden Aufenthalt als sogenannter *pied-rouge* im unabhängigen Algerien nicht zu verstehen. Und Rancières Konzept der Desidentifikation kann man als einen retroaktiven Versuch (eines in Algerien geborenen französischen Denkers) verstehen, das von der Pariser Polizei im Oktober 1961 verübte und lange Zeit in Vergessenheit geratene koloniale Gewaltverbrechen an Hunderten algerischen Demonstrierenden theoretisch einzufangen und mit der damals parallel laufenden eigenen

Politisierung und Entfremdung vom französischen Staat in Einklang zu bringen.

In diesen drei Fällen haben wir es einerseits mit einer zeitlich in weite Ferne gerückten Welt zu tun, die von Dekolonisierung, Kolonialkriegen und Gewaltexzessen mitten in Europa und auf der anderen Seite des Mittelmeeres handelt und nicht mehr unsere Gegenwart zu sein scheint. Andererseits haben gerade die von den drei Intellektuellen vorgenommenen Deutungen und Positionierungen – die Schlüsse, die sie intellektuell aus ihren jeweiligen Situationen zogen – eine nicht nachlassende Geltung. Sie schließen nahtlos an heutige Problemkonstellationen an. Die gesellschaftlichen, politischen und theoretischen Umstände mögen sich seitdem fundamental verschoben haben. Doch solange Rassismus, Sexismus, Nationalismus oder das Erbe des Kolonialismus nach wie vor nicht abgegolten sind und daher einer eingehenden Kritik bedürfen, bleiben auch die Problematisierungen aus dem Bereich der französischen Theorie Fixpunkte eines kritischen und emanzipatorischen Denkens – trotz oder gerade wegen der reaktionären Versuche, mit den Protagonisten der französischen Theorie abzurechnen und ihre Philosophien zu delegitimieren.

Schluss: Die Fremden

Rauchend sitzen sie in Pariser Cafés und debattieren über die Freiheit – das ist eine der dominanten stereotypen Vorstellungen, die sich über französische Intellektuelle in der zweiten Hälfte des 20. Jahrhunderts festgesetzt haben. Wenn man den neuesten Erzählungen Glauben schenken darf, dann tranken sie dabei mit Vorliebe Aprikosencocktails.[1] Ein anderes, nicht weniger verbreitetes Bild ist das von Intellektuellen, die im Pariser Mai 1968 auf die Straße gingen, Megaphone in die Hände nahmen und sich mit den studentischen Protesten solidarisierten. In einem dritten Klischeebild wird die glanzvolle Geschichte der französischen Intellektuellen dagegen im großen Stil als Teil der *Trente Glorieuses* erzählt – so nennt man die französischen Wirtschaftswunderjahre zwischen 1945 und 1975, in denen Frankreich auch in kultureller Hinsicht eine herausragende Blütezeit in Literatur, Film, Theater, Kunst, Wissenschaft und Philosophie erlebte.

Doch was wäre, wenn diese drei Jahrzehnte nicht immer so glanzvoll waren? Immerhin erlebte Frankreich in exakt derselben Zeitspanne das Fiasko der Dekolonisierung und stürzte mit dem blutigen Algerienkrieg in eine tiefe politische Krise, die das Land nur schwer und unter erheblichen moralischen Verlusten überwinden konnte. Und was wäre, wenn das erste grundlegende historische Ereignis, das die unterschiedlichen Denk- und Theorieströmungen prägte, nicht der Mai 68, sondern vielmehr die kollektive Erfahrung des Algerienkriegs und der Dekolonisierung war?[2] Und was hat es schließlich zu bedeuten, wenn wir uns die Tatsache bewusst machen, dass die französischen Intellektuellen nicht nur in Pariser Cafés saßen, sondern sich mitunter auch in Algier, Tunis oder Casablanca herumtrieben?

Mit dem kolonialen Hintergrund jener Jahre ist die weniger ruhmvolle Kehrseite der *Trente Glorieuses* beleuchtet. Inwieweit sich die historischen Auswirkungen des Kolonialismus auch auf die französische Theorie und ihre prägenden Figuren erstreckten, habe ich auf diesen Seiten zu ermessen versucht. So hat sich zunächst gezeigt, dass die Erfahrung des Algerienkriegs eine Zäsur in den meisten Lebensläufen der französischen Intellektuellen markierte und eine unmittelbare biographische Realität darstellte. Die Protagonisten dieses Buches waren zweifellos alle gegen den Krieg und den Kolonialismus, doch sowohl die Positionierungen als auch die Kontexte, auf die sich die Positionierungen bezogen, fielen unterschiedlich aus.

So schloss sich zum Beispiel ein frisch aus Algerien zurückgekehrter Lyotard gleich zu Beginn des Krieges dem sogenannten »Kofferträger«-Netzwerk an, das die algerische Unabhängigkeitsbewegung auf französischem Boden mit Geldtransfers und Waffenschmuggel heimlich unterstützte – ein militanter Akt, den Lyotard nur unter großen Gefahren vollzog. Bourdieu befand sich die meiste Zeit des Krieges in Algerien – zunächst als einberufener Soldat, danach aus freien Stücken als Wissenschaftler an der Universität, um der Öffentlichkeit zu zeigen, wie Kolonialismus und Krieg die Grundlagen einer ganzen Gesellschaft zerstörten. Balibar und Rancière erlebten den Algerienkrieg wiederum als junge Pariser Studenten, denen die Einberufung erspart blieb. Beide waren engagierte Kriegsgegner und gingen dafür auf die Straße; Balibar wurde bei einer dieser Demonstrationen von der Polizei zusammengeschlagen. Der ältere Barthes war trotz seiner offenkundig kritischen Einstellung gegenüber dem französischen Kolonialsystem nur wenig geneigt, bei der Algerienfrage gemeinsame Sache mit anderen linken Intellektuellen zu machen, die mit Petitionen und Protesten ihren Einfluss auf die öffentliche Meinung ausüben wollten. Stattdessen suchte er seine Interventionsmöglichkeiten als Intellektueller in der Sprachanalyse politischer Machtideologien. Auch Foucault hielt sich eher bedeckt, aber er tat dies aus anderen Gründen: Er fand, dass der 1958 zurück an die Macht gekommene und von vielen Linken verhasste General de Gaulle eine historische Chance für Algerien und Frankreich darstellte. Foucault sprach seine Ansichten zum Algerienkrieg aber nie öffentlich aus. Für die beiden aus Algerien stammenden Derrida und Cixous bedeutete der Krieg das nächste Beben in ihrer ohnehin konfliktbeladenen Heimat. Sie waren beide prinzipiell gegen das Fortbestehen des französischen Kolonialismus, wussten aber auch, dass eine algerische Unabhängigkeit für ihre jüdischen Familien den Verlust der Heimat bedeuten könnte, was sich bei Kriegsende bewahrheitete.

Bei aller Unterschiedlichkeit lässt sich in diesen vielfältigen Wahrnehmungen und Positionen dennoch eine erstaunliche Übereinstimmung erkennen. Alle diese Intellektuellen suchten eine Antwort auf ein und dieselbe Frage: Wie lässt sich angesichts des Leids und der verworrenen Kriegssituation eine halbwegs moralische Haltung einnehmen? Ein sehr auffallendes Merkmal, das sich bei fast sämtlichen Auseinandersetzungen bemerkbar machte, waren die vielen Schuldgefühle, die die Protagonisten im Hinblick auf die koloniale Situation äußerten – das ständige Gefühl, in welcher Form auch immer eine Schuld abtragen und etwas gegen das Unrecht tun zu müssen. Diese Omnipräsenz der individuellen und kollektiven Schuldfrage gehört zu den mit Abstand bemerkenswertesten Erkenntnissen, die der Gang durch die einzelnen intellektuellen Biographien zu Tage gefördert hat.

Eine weitere Auffälligkeit, die sich durch die Kapitel zieht, betrifft die große Zahl an Schlüsselereignissen und Erweckungsmomenten, die die französischen Intellektuellen vor den Kulissen des Südens erlebten. Sie hatten weniger mit dem Algerienkrieg als solchem als mit ihren vorhergehenden und nachfolgenden Aufenthalten in den Kolonien beziehungsweise ehemaligen Kolonien zu tun. Das zeigte sich zum Beispiel eindrucksvoll bei Barthes, der sich in Casablanca an einem drückenden Samstagnachmittag im April 1978 in einer Art Epiphanie zu einem Romancier phantasierte. Foucault kamen an den tunesischen Stränden von Djerba und Sidi Bou Saïd nicht nur

Gedankenblitze für Schlüsselsätze, die später den Ruhm seiner Bücher mitprägten; er erlebte während der studentischen Proteste an der Universität von Tunis auch eine Art Feuertaufe in Fragen des politischen Engagements. Lyotard verdankte seinem Aufenthalt im algerischen Constantine vor Beginn des Krieges sein ganzes politisches und intellektuelles »Erwachen«, während Algerien es Bourdieu ermöglichte, »sich selbst zu akzeptieren«, was nicht nur das Wissen um die eigene soziale Herkunft miteinschloss, sondern auch die Freiheit und den Mut, wissenschaftlich neue Wege einzuschlagen. Die algerischen Schlüsselereignisse von Derrida und Cixous lagen hingegen in einer weit entfernten Kindheit. Sie handeln vom Antisemitismus unter dem Vichy-Regime in Algerien, von Ausschlüssen, Kränkungen und tiefen Wunden, die nicht so ohne Weiteres verheilen sollten und dafür umso mehr ihr Denken und Schreiben prägten.

So unterschiedlich diese einzelnen Schlüsselerlebnisse in ihrem Stellenwert für die jeweiligen Lebensläufe und teilweise in ihrer Inszenierung waren, so zeugen sie allesamt von einem tiefen menschlichen Bedürfnis, die eigene intellektuelle Existenz und ihre Verwandlung auf einzelne Schicksalsmomente in der Fremde erzählerisch zurückzubinden. Auf Reisen wie auch in Erzählungen sucht man bekanntlich sich selbst. Dass diese Momente in der Fremde stattfanden, hatte im vorliegenden Fall teilweise einen kolonialen Beigeschmack, weil die jeweiligen Orte mitunter, wie wir vor allem bei Barthes und Foucault gesehen haben, exotisiert wurden. Aber in ihrer Gesamtheit stellten die Behauptungen, eine Schlüsselerfahrung erlebt zu haben, keineswegs plumpe kulturelle Aneignungen oder schöngeistige Lippenbekenntnisse dar. Gerade die Schuld, die viele Protagonisten dieses Buchs gegenüber den kolonisierten Ländern und ihren Gesellschaften fühlten, speiste sich vor allem aus dem Umstand, dass man direkt vor Ort war, die schockierende Unermesslichkeit des Unrechts förmlich vor Augen geführt bekam und dabei auch Scham für das Verhalten des französischen Staates empfand. Auf gewisse Weise war dieses Gefühl von Schuld (französisch *dette*) immer auch begleitet von einer Art Dank (ebenfalls *dette*), diese Erfahrungen des Kolonialen gesammelt und die Augen geöffnet bekommen zu haben.

Ich habe argumentiert, dass diese kolonialen Erfahrungen nicht auf Lebensschicksale oder politisch-moralische Einstellungen begrenzt blieben, sondern sich auch in den Theorien und Werken niederschlugen. Vor dem zeithistorischen Hintergrund des Kolonialismus werden viele bekannte Bücher der französischen Theorie besser verständlich. So lassen sich etwa die Mythen des Alltags, die Barthes in seinem gleichnamigen Buch dechiffrierte, nicht auf die allseits bekannten französischen Nationalsymbole wie die Tour de France oder den Citroën DS reduzieren. Mindestens genauso breit und vielfältig sind die Artikel, in denen sich Barthes mit den zeitgenössischen Mythen des französischen Kolonialismus beschäftigte. Der Kolonialismus ist allgegenwärtig in diesem Buch. Wer verstehen will, wie er als Ideologie im Alltag der 1950er-Jahre funktionierte (und wie postkoloniale Mythen auch heutzutage noch funktionieren), sollte das Buch unter diesen Vorzeichen lesen. Lyotards zentraler postmoderner Befund, demzufolge das Ende der großen Erzählungen erreicht sei, lässt sich weiterhin als Kritik an modernen Fortschrittsideologien von Wissenschaft oder Marxismus begreifen, aber die ersten historischen Anhaltspunkte für die Widersprüche und den Niedergang der westlichen Moderne fand Lyotard im kolonialen Algerien, als er als Schullehrer vor den bildungspolitischen Trümmern der französischen Zivilisierungsmission stand. Und wer Bourdieus Theorie des Habitus einmal ausnahmsweise nicht entlang konventioneller Beispiele (etwa der sozialen Reproduktionsmechanismen des französischen Bürgertums) verstehen will, sollte einen Blick darauf werfen, wie Bourdieu auf das Phänomen des Habitus auf der Grundlage ethnologischer Beobachtungen der kabylischen (und pyrenäischen) Gesellschaft gekommen ist.

Gleichzeitig hat der Gang durch die einzelnen Theoriegebäude deutlich gezeigt, dass nicht alles in Nordafrika vorgedacht, verarbeitet und ausbuchstabiert wurde. Viele der kolonialen Erfahrungen und

Ereignisse wurden mit erheblicher Verzögerung beziehungsweise nachträglich in den jeweiligen Theorien eingebaut. Das hatte manchmal, wie etwa bei Bourdieu, mit der üblichen Latenzzeit in Theoriebildungsprozessen zu tun – die Mühlen der Theorie mahlen bekanntlich langsam. Manchmal hatte das eher mit dem mehr oder weniger geglückten Versuch zu tun, das eigene in der Zwischenzeit gewachsene Lebenswerk der Theorie retrospektiv durch die eigene Biographie und historische Erfahrungen zu beglaubigen oder gar zu authentifizieren. Mit der Ausnahme von Barthes und Foucault, die beide in den frühen 1980er-Jahren verstarben, sind alle anderen sechs Protagonisten dieses Buches vor allem im Laufe der 1990er-Jahre auf ihre Vergangenheit und die kolonialen Erfahrungen und Aufenthalte in den Kolonien zu sprechen gekommen. Bourdieu, Lyotard, Derrida, Cixous, Balibar und Rancière haben ab diesem Zeitpunkt teils autobiographische, teils historisch rückblickende Texte verfasst, in denen sie diese prägende Zeit reflektierten und einordneten. Gleichzeitig muss man in aller Deutlichkeit sagen: Mit der kleinen Ausnahme von Cixous ist dennoch kein maßgebliches Buch zu Algerien geschrieben worden.[3]

Mit den erwähnten Erinnerungstexten hat es eine besondere Bewandtnis: Sie verweisen zwar inhaltlich auf eine vergangene koloniale und kriegerische Phase, die von den 1940er- bis in die 1960er-Jahre reicht, sind aber selbst wiederum in einem sehr spezifischen historischen Kontext der 1990er-Jahre entstanden und daher auch anders zu situieren. Die Bedingungen, unter denen über Algerien und die Kolonialvergangenheit geredet und diskutiert wurde, wandelten sich nämlich in den 1990er-Jahren fundamental. Neben dem Umstand, dass wir es mit Erinnerungen von Intellektuellen zu tun haben, die aus ihrem letzten Lebensabschnitt aus zurückblicken, gibt es einen größeren zeithistorischen Erklärungskontext: Die Beschäftigung mit der algerischen Vergangenheit und kolonialen Erfahrungen fiel in eine Zeit, in der in Frankreich zum ersten Mal überhaupt nach rund dreißig Jahren Kriegsende eine allmähliche öffentliche Erinnerung und Aufarbeitung des Algerienkriegs, der dort verübten Gräueltaten sowie der Kolonialvergangenheit insgesamt einsetzte, wenn auch nur zögerlich und in Ansätzen. Zur exakt selben Zeit versank Algerien zudem in einem blutigen Bürgerkrieg (1991–2001), der von islamistischem Terror sowie repressiven staatlichen Gegenmaßnahmen seitens des algerischen Militärregimes gezeichnet war. Auch dieser in Frankreich aufmerksam verfolgte Konflikt berührte jene Intellektuellen mit Kolonialbezug auf besondere Weise. Vor allem öffnete der »andere Algerienkrieg« mit seinen Terroranschlägen und Gräueltaten die alten Wunden des algerischen Unabhängigkeitskrieges.[4] Für Derrida und Cixous bedeutete der religiös aufgeladene Bürgerkrieg nicht zuletzt einen erneuten Verlust der Heimat.

Bevor in Frankreich die kollektive Erinnerung an die Zeit der Dekolonisierung einsetzte (und das wohlverstanden nur zaghaft und begleitet von polemischen Debatten), herrschte über Jahrzehnte hinweg kollektives Schweigen und Vergessen. Es ist fast schon eine kulturelle Gesetzmäßigkeit, dass die kollektive Erinnerung an vergangene Verbrechen und Ungerechtigkeiten erst einsetzt, nachdem diese zuvor systematisch totgeschwiegen und tabuisiert worden sind. So wie die französische Gesellschaft jahrzehntelang über die Kolonialvergangenheit und den Algerienkrieg schwieg, bekleckerten sich auch die Protagonisten der französischen Theorie – mit Ausnahme von Balibar und Cixous – nicht gerade mit Ruhm, wenn es um erinnerungspolitisches Engagement in der Öffentlichkeit ging. Insofern waren sie auch Kinder ihrer Zeit. Die Formen dieses Schweigens waren ebenso vielfältig wie ihre Gründe: Derrida blieb lange Zeit auch deswegen still, weil für ihn die traumatischen Erfahrungen, die ihn mit seiner jüdisch-algerischen Herkunft und dem Militärdienst im Algerienkrieg verbanden, eine Art persönliches und epistemologisches Hindernis darstellten, befreit in aller Offenheit darüber zu sprechen und zu schreiben. Der in Algerien als Sohn von Algerienfranzosen geborene Rancière hatte womöglich andere Gründe, sich bei dem Thema jahrzehntelang bedeckt zu halten – gerade auch, wenn man in Rechnung stellt, dass die *pieds-noirs* bei ihrer erzwungenen Massenübersiedlung nach Frankreich im Jahr 1962 keine einfachen Bedingungen und eine geradezu feindselige französische Aufnahmegesellschaft vorfanden. Bei Foucault in Tunesien finden wir wiederum eine Form des Schweigens wieder, die vor dem Hintergrund seiner recht hedonistischen Praktiken und Vorstellungen vom guten Leben neokolonial wirken kann, in anderer Hinsicht aber auch ausgelegt werden kann als eine Ethik der Zurückhaltung bei Dingen, die ihn nichts angehen oder angehen dürfen – er durfte sich als ausländischer Hochschuldozent aufgrund des Neutralitätsgebots nicht in innertunesische Angelegenheiten einmischen. Als Foucault im Herbst 1968 zurück ins postrevolutionäre Paris kam, tauschte er diese Ethik der Zurückhaltung mit einer Ethik des unerbittlichen Engagements in Situationen, in denen er auch tatsächlich etwas bewirken konnte.

Die koloniale Amnesie in der französischen Gesellschaft ist auch ein wichtiger Grund, warum die kolonialen Dimensionen der französischen Theorie dort so lange unbeachtet blieben. Anders lässt es sich nicht erklären, dass in den vergangenen Jahrzehnten zwar eine Unmenge an Literatur zur französischen Philosophie produziert wurde, aber keine einzige darunter sich dem Zeitabschnitt der Dekolonisierung oder den Aufenthalten der Intellektuellen in den ehemaligen Kolonien widmete. Hinzu kommt, dass es bis in die Nullerjahre keine nennenswerten postkolonialen Studien in Frankreich gegeben hat, die eine Problematisierung hätten vorantreiben können – auch das ein Resultat und Teil der reflexhaften Abwehr von Erinnerung, wenn es um den Kolonialismus ging.[5] Man hätte sich sicherlich keine Freunde gemacht, wenn man den Glanz der französischen Intellektuellen mit dem Dunkel der Kolonialzeit in Verbindung brachte. Die Nachwirkungen dieses Wegschauens reichen bis in die Gegenwart. Noch heute taucht der Kolonialismus in den Gesamtdarstellungen zur französischen Intellektuellengeschichte höchstens in Gestalt des Algerienkriegs auf, wo er manchen Historikern ermöglicht, das Aufbäumen der Intellektuellen gegen den Krieg mit all ihren Petitionen als veritable Heldengeschichte zu verkaufen.[6] Vieles davon bleibt Hagiographie. Selbst in den allermeisten, ansonsten vorzüglichen Biographien der französischen Intellektuellen tauchen die Aufenthalte in den Kolonien und Postkolonien meistens als exotische Episoden auf, die ein bisschen Farbe in die Lebenserzählung bringen oder schnell übergangen werden, weil sie nicht der Rede wert scheinen. Dort, wo nordafrikanische Schauplätze wie Casablanca, Algier oder Tunis vorkommen, werden sie so dargestellt, als ob sie die natürlichen Habitate von Pariser Intellektuellen seien. Ich habe wiederholt aufgezeigt, dass das Leben und Denken der Intellektuellen dadurch in einen kontextlosen, ahistorischen und unschuldigen Raum verlegt wird. Der einzig greifbare Kontext ist allenfalls noch der Ort, an dem das Erlebte weitergedacht, aufgeschrieben, vorgetragen, publiziert und schließlich gefeiert wird: Paris.

Ich habe eine andere Geschichte zu erzählen versucht. Eine Geschichte, die die bisher sträflich vernachlässigten kolonialen Wurzeln der französischen Theorie aufsucht, in den Blick nimmt und problematisiert. Ich verbinde damit die Hoffnung, dass sich dadurch vielleicht ein verändertes Bild der französischen Theorieentwicklung und eine andere geographische Karte der Philosophie ergibt. Nicht ohne Ironie hat Robert J. C. Young angesichts der vielen Algerienbezüge poststrukturalistischer Theoretiker dafür plädiert, anstatt von der »French Theory« von einer »franko-maghrebinischen Theorie« zu sprechen.[7] Ich bin mir nicht sicher, ob »Maghreb« die passende Wortwahl darstellt, weil eine dominante geographisch-kulturelle Konstruktion (Frankreich) mit einer anderen (Maghreb) verbunden wird, die nicht weniger homogenisiert und vernebelt. Unreflektiert laufen solche postkolonialen Gesten, wovon es einige gibt, am Ende sogar Gefahr, selbst in die Falle einer identitären Herkunftslogik zu tappen.[8] Nichtsdestotrotz enthält der Gedanke einen interessanten Ansatz, der weniger mit dem »Maghreb« oder einer wie auch immer gearteten Herkunftslogik zu tun hat, sondern vielmehr mit den nationalen, kulturellen und sprachlichen Vereinheitlichungsprozessen, die dazu führen, eine Philosophie oder eine Theorieströmung ausschließlich mit dem Etikett »französisch« zu belegen und von vorgelagerten Herkünften quasi zu reinigen, seien diese aus Algerien, Indochina, dem Südwesten Frankreichs oder der Bretagne. Der Begriff »franko-maghrebinische Theorie« erinnert daran, dass viele der französischen Theoretikerinnen und Theoretiker sich periphere Orte und Themen zu Eigen gemacht hatten, bevor sie alle zu Pariser Intellektuellen (gemacht) wurden. Diese Orte kommen allmählich ans Tageslicht. Es gibt einen Süden der Theorie.

Nach den kolonialen Wurzeln der französischen Theorie zu suchen heißt, auf einer übergeordneten Ebene auch die Frage zu stellen, was das Denken mit seinem Ort und seiner Zeit zu tun hat. Hat die Philosophie eine Herkunft? Welche Verbindung gibt es zwischen der Philosophie und ihrer Epoche? Das sind keineswegs abwegige Fragen. Sie berühren ein klassisches Thema der Philosophie, vielleicht führen sie sogar in ihr Zentrum. Auf der Suche nach den Ursprüngen der Philosophie fragt man sich schließlich seit Jahrhunderten, warum die Philosophie ausgerechnet im antiken Griechenland entstanden ist, zu diesem bestimmten Zeitpunkt und an diesem bestimmten Ort. In *Was ist Philosophie?* haben Gilles Deleuze und Félix Guattari eine, wie ich finde, bedenkenswerte Antwort gefunden, indem sie philosophische Positionen geopolitisch verorten, ohne dass sie einer nationalen Herkunftslogik zum Opfer fallen. Sie behaupten, dass die ersten Philosophen »Fremde auf der Flucht« waren und »vom Rand der griechischen Welt« nach Athen kamen. Als »Emigranten« wurden sie sich dort selbst fremd, ihrer Sprache und ihrer Nation.[9] Im griechischen Milieu fanden sie zu dem, was Philosophie laut Deleuze und Guattari im Kern ausmacht: Begriffe finden und erfinden, um die vorgefundene Welt um sich herum besser zu begreifen. Die Protagonisten der französischen Theorie sind für mich ebenfalls Fremde. Sie sind in die Schule des Südens gegangen, wurden sich selbst dabei fremd, ihrer Sprache und ihrer Nation, und haben dadurch ihre Philosophie und ihren Stil gefunden.

Dank

Dieses Buch wäre ohne die großzügige und vielfältige Unterstützung, die ich erfahren habe, nicht möglich gewesen. Ich hatte das große Glück, mit diesem Projekt bei Freunden, Familienmitgliedern, Bekannten und Kolleg:innen stets auf offene Ohren, Wohlwollen und neugieriges Interesse zu stoßen. Allen, die mir auf meinem Weg geholfen, vertraut und mir Zuversicht gegeben haben, gilt mein inniger Dank.

Ich danke vor allem Philipp Felsch, der mir an der Berliner Humboldt-Universität in vollem Umfang die Möglichkeit und den intellektuellen Freiraum für die Umsetzung dieses Projekts gewährte und mich dabei von Beginn an mit Rat und Tat unterstützte.

Zu Dank verpflichtet bin ich ferner den Kolleg:innen und Studierenden am Institut für Kulturwissenschaft der HU Berlin, mit denen ich erste Ideen teilen und diskutieren durfte.

Für großzügige Einladungen, wertvolle Hinweise und anregende Gespräche in Kolloquien, Workshops, Cafés oder anderswo danke ich Martin Bauer, David Bebnowski, Holger Brohm, Iris Därmann, Jürgen Finger, Fernando Esposito, David Eugster, Katia Genel, Michael Hagner, Anke te Heesen, David Kuchenbuch, Silke Mende, Markus Messling, Moritz Neuffer, Niki Rhyner, Max Stadler und Hannah Wallenfels.

Sarah Evertz, Theresa Hartmann, David Höhn, Marlene Poley und Nick Prahle danke ich für die Beschaffung von Literatur und die Gespräche, die sich daraus ergaben.

Beim Verlag Matthes & Seitz Berlin danke ich vor allem Ron Mieczkowski für das hervorragende Lektorat und die gesamte Begleitung der Publikation.

Ein besonderer Dank geht an Steffen Dörre, Moritz Gansen, Florian Hannig, Otto Kruse, Frieder Spaeth und Judith Spaeth-Goes für die kritische Lektüre des Manuskripts und wichtige Anregungen. Sie sind stets die ersten Anlaufstellen gewesen, wenn einmal ein Kapitel fertig war und am besten sofort gelesen werden musste. In den Treffen und Gesprächen mit ihnen ist dieses Buch über die Jahre entstanden und gewachsen. Für diesen Austausch, ihre Hingabe, ihre Zeit und ihr Mitdenken bin ich ihnen unendlich dankbar.

Mein aufrichtiger Dank gilt außerdem meinem Bruder, meinen Eltern, meinen Freunden sowie Eva und den Kindern.

Anmerkungen

Einleitung: Im Süden der Theorie

1 Zitiert nach Franz Schultheis, »Algerien 1960: Zur Genese der Bourdieuschen Theorie der gesellschaftlichen Welt«, in: Margareta Steinrücke (Hg.), *Pierre Bourdieu: Politisches Forschen, Denken und Eingreifen*, Hamburg 2004, S. 14–33, S. 18.

2 Zitiert nach Olivier Todd, *Albert Camus. Ein Leben*, Reinbek 1999, S. 754.

3 Michel Foucault, *Die Ordnung der Dinge. Eine Archäologie der Humanwissenschaften*, Frankfurt/M. 1974, S. 462. Genauer gesagt am 5. Januar 1965. Vgl. dazu Daniel Defert, »Chronology«, in: Christopher Falzon u. a. (Hg.), *A Companion to Foucault*, Hoboken 2013, S. 9–83, S. 31.

4 Michel Foucault, »Die strukturalistische Philosophie gestattet eine Diagnose dessen, was ›heute‹ ist«, in: ders., *Schriften in vier Bänden. Dits et Ecrits. Band 1: 1954–1969*, Frankfurt/M. 2001, S. 743–749, S. 749.

5 Ein Buch, das diese Schauplätze, Aufenthalte und Schlüsselereignisse historisch und gemeinsam in den Blick nimmt, gibt es in dieser Form noch nicht. Gleichwohl sind in der Vergangenheit bereits Bücher und Artikel erschienen, die den Themenkomplex »Kolonialismus und französische Philosophie« vor allem aus postkolonialer Perspektive problematisiert haben, dabei aber weder historisch noch sonderlich ortsbezogen vorgegangen sind: Robert J. C. Young, *White Mythologies. Writing History and the West*, London 2004; Pal Ahluwalia, *Out Of Africa: Post-Structuralism's Colonial Roots*, London, New York 2010; Muriam Haleh Davis, »Algeria as Postcolony? Rethinking the Colonial Legacy of Post-Structuralism«, in: *Journal of French and Francophone Philosophy* 19 (2011), S. 136–152; Michaela Ott, *Welches Außen des Denkens? Französische Theorien in (post)kolonialer Kritik*, Wien 2018;

Alberto Toscano, »The Name of Algeria: French Philosophy and the Subject of Decolonization«, in: *Viewpoint Magazine*, 1.2.2018, online unter: {https://viewpointmag.com/2018/02/01/name-algeria-french-philosophy-subject-decolonization/}, letzter Zugriff 31.1.2024. Für die Geschichte der französischen Soziologie in kolonialen Kontexten liegt seit kurzem eine detaillierte Studie vor: George Steinmetz, *The Colonial Origins of Modern Social Thought. French Sociology and the Overseas Empire*, Princeton 2023.

6 Hier folge ich Adam Shatz, *Writers and Missionaries. Essays on Radical Imagination*, London, New York 2023, S. 4; Edward Said, *Culture and Imperialism*, New York 1993, S. xxii.

7 Siehe hierzu vor allem Pascal Blanchard u. a., *Décolonisations françaises. La chute d'un empire*, Paris 2020; Grey Anderson, *La guerre civile en France. Du coup d'État gaulliste à la fin de l'OAS*, Paris 2018; Guillaume Blanc, *Décolonisations. Histoires situées d'Afrique et d'Asie*, Paris 2022.

8 Für die Auswirkungen der Dekolonisierung auf das soziale und politische Leben in Frankreich siehe vor allem Todd Shepard, *The Invention of Decolonization. The Algerian War and the Remaking of France*, Ithaca 2006.

9 Elemente dieser postkolonialen Kritik finden sich in Young, *White Mythologies*; Ott, *Welches Außen des Denkens?*; Ann Laura Stoler, »Colonial Aphasia: Race and Disabled Histories in France«, in: *Public Culture* 23 (2011), S. 121–156; Achille Mbembe, »Frankreich provinzialisieren?«, in: Sebastian Conrad u. a. (Hg.), *Jenseits des Eurozentrismus: Postkoloniale Perspektiven in den Geschichts- und Kulturwissenschaften*, Frankfurt/M. 2013, S. 224–263, hier S. 227.

10 Helen Pluckrose, James Lindsay, *Zynische Theorien. Wie aktivistische Wissenschaft Race, Gender und Identität über alles stellt – und warum das niemandem nützt*, München 2022. Für eine Kritik von links vgl. Susan Neiman, *Links ist nicht woke*, München 2023.

11 Zur kolonialen Amnesie und zum Erbe des Kolonialismus in der französischen Gesellschaft vgl. Benjamin Stora, *La gangrène et l'oubli. La mémoire de la guerre d'Algérie*, Paris 1991; Pascal Blanchard u. a. (Hg.), *La fracture coloniale. La société française au prisme de l'héritage colonial*, Paris 2005.

1. Ein algerischer Bildungsroman. Pierre Bourdieu

1 Annie Ernaux, *Erinnerung eines Mädchens*, Berlin 2018, S. 11. Hervorhebung im Original.

2 Ebd., S. 12. *Djebel* ist allgemein eine arabische Bezeichnung für »Berg« oder »Gebirge«. Unter *Douars* sind hier wahrscheinlich »Zeltlager« zu verstehen.

3 Jacques Chirac, »Entretien avec Dominique Ottavioli et Guy Lagorce«, in: *Paris Match*, 24.2.1978. Zitiert und übersetzt nach Andreas Eckert, »Probelauf für einen öffentlichen Intellektuellen«, in: *Frankfurter Allgemeine Zeitung*, 22.9.2010. Die nachfolgende Darstellung des Algerienkriegs orientiert sich teilweise an Eckert.

4 Angaben der Fédération Nationale des Anciens Combattants en Algérie. Siehe dazu Yacine, »Ethnosoziologie«, S. 36. Für die Geschichte des Algerienkriegs siehe vor allem Sylvie Thénault, *Histoire de la guerre d'indépendance algérienne*, Paris 2005.

5 Pierre Bourdieu, »Bilder aus Algerien«, in: ders., *In Algerien. Zeugnisse der Entwurzelung*, herausgegeben von Franz Schultheis und Christine Frisinghelli, Graz 2003, S. 23–51, S. 48.

6 Pierre Bourdieu, *Ein soziologischer Selbstversuch*, Frankfurt/M. 2002.

7 Ebd., S. 46.

8 Ebd., S. 47.

9 Die Ausdrücke, die hier nicht reproduziert werden sollen, finden sich in: Pierre Bourdieu, »The Algerian Landing«, in: *Ethnography* 5 (2004), S. 415–443, S. 416.

10 Siehe dazu Yacine, »Ethnosoziologie«, S. 38; Benjamin Stora, *Appelés en Algérie*, Paris 1997, S. 45.

11 Zitiert nach Franz Schultheis, »Algerien 1960: Zur Genese der Bourdieuschen Theorie der gesellschaftlichen Welt«, in: Margareta Steinrücke (Hg.), *Pierre Bourdieu: Politisches Forschen, Denken und Eingreifen*, Hamburg 2004, S. 14–33, S. 18.

12 Bourdieu, *Soziologischer Selbstversuch*, S. 48. Der Ausdruck »koloniale Situation« geht auf die Überlegungen des französischen Anthropologen Georges Balandier zurück, der damit in den 1950er-Jahren als Erster das Eigentümliche von kolonialen Gesellschaften soziologisch und analytisch zu fassen versuchte. Vgl. Georges Balandier, »La situation coloniale. Approche

théorique«, in: *Cahiers internationaux de sociologie* 1 (1951), S. 44–79. Zur Entstehungsgeschichte dieses theoretischen Konzepts siehe Steinmetz, *The Colonial Origins of Modern Social Thought*.

13 Bourdieu, *Soziologischer Selbstversuch*, S. 48.

14 Pierre Bourdieu, *Sociologie de l'Algérie*, Paris 1958.

15 Ebd., S. 114 f. und S. 123.

16 Bei genauem Blick ist die an sich provokante Komposition der Kapitel höchst kulturalistisch, weil Bourdieu die Sozialstruktur Algeriens auf ethnische Gruppen reduziert und damit die von ihm selbst kritisierte jahrhundertelange wissenschaftliche Tradition der disziplinären Arbeitsteilung reproduziert: Die Ethnologie ist zuständig für die traditionale, der Orientalismus für die arabische und die Soziologie für die moderne, europäische Gesellschaft.

17 Dieses und alle vorherigen Zitate »Brief an André Nouschi«, in: Bourdieu, *Algerische Skizzen*, S. 489–493.

18 Zur Universität Algier als Spiegelbild eines kolonialen Algerien siehe Yacine, »Ethnosoziologie«, S. 27.

19 Siehe ebd., S. 27.

20 Siehe ebd., S. 29.

21 Vgl. Pierre Vidal-Naquet, *L'Affaire Audin*, Paris 1958.

22 Bourdieu, *Soziologischer Selbstversuch*, S. 61 f.

23 Zu den Fotografien und ihrer Entstehung vgl. Bourdieu, *In Algerien. Zeugnisse der Entwurzelung*; Christine Frisinghelli, »Anmerkungen zu den fotografischen Dokumentationen von Pierre Bourdieu«, in: Bourdieu, *In Algerien. Zeugnisse der Entwurzelung*, S. 217–230; Holger Brohm, »Diagramm und Fotografie als Praxis des Visuellen. Pierre Bourdieu«, in: Jörg Probst, Jost Philipp Klenner (Hg.), *Ideengeschichte der Bildwissenschaft. Siebzehn Porträts*, Frankfurt/M. 2008, S. 197–218.

24 Siehe Bourdieu, »Algerian Landing«, S. 429.

25 Dieses und vorheriges Zitat: Bourdieu, *Soziologischer Selbstversuch*, S. 55. Hervorhebung im Original.

26 Pierre Bourdieu, »Tartuffe ou le drame de la foi et de la mauvaise foi«, in: *Revue de la Méditerranée* 92/93 (1959), S. 453–458. Vgl. dazu Terry Rey, *Bourdieu on Religion. Imposing Faith and Legitimacy*, London 2007, S. 59 f.

27 Vgl. dazu George Steinmetz, »Soziologie und Kolonialismus. Über die Geburt der Soziologie aus der kolonialen Erfahrung«, in: *Mittelweg 36* 29 (2020), S. 57–78; Moritz Feichtinger,

Stephan Malinowski, »›Eine Million Algerier lernen im 20. Jahrhundert zu leben‹. Umsiedlungslager und Zwangsmodernisierung im Algerienkrieg 1954–1962«, in: *Journal of Modern European History / Zeitschrift für moderne europäische Geschichte* 8 (2010), S. 107–135.

28 Siehe Bourdieu, *Soziologischer Selbstversuch*, S. 55.

29 Ebd., S. 56 f.

30 Für die Umstände des Aufbruchs siehe Tassadit Yacine, »Pierre Bourdieu in Algeria at war. Notes on the birth of an engaged Ethnosociology«, in: *Ethnography* 5 (2004), S. 487–510, S. 492.

31 Pierre Bourdieu, *The Algerians*, Boston 1962.

32 Raymond Aron, *La tragédie algérienne*, Paris 1957.

33 Raymond Aron, »Preface«, in: Bourdieu, *The Algerians*, S. v–vii, v. Eigene Übersetzung.

34 François Perroux (Hg.), *L'Algérie de demain*, Paris 1962; Pierre Bourdieu, »Vom revolutionären Krieg zur Revolution«, in: ders., *Algerische Skizzen*, S. 145–156.

35 Pierre Bourdieu, »Révolution dans la Révolution«, in: *Esprit*, (Januar 1961), S. 27–40; ders., »Les sous-prolétaires algériens«, in: *Les Temps modernes* 199 (Dezember 1962), S. 1030–1051.

36 Pierre Bourdieu u. a., *Travail et travailleurs en Algérie*, Paris 1963; Pierre Bourdieu, Abdelmalek Sayad, *Le Déracinement. La crise de l'agriculture traditionelle en Algérie*, Paris 1964.

37 Bourdieu, »Vom revolutionären Krieg zur Revolution«, S. 148; James D. Le Sueur, *Uncivil War. Intellectuals and Identity Politics during the Decolonization of Algeria*, Philadelphia 2001, S. 284.

38 Vgl. dazu ebd.; Pierre Bourdieu, »Unter Freunden«, in: ders., *Algerische Skizzen*, S. 451–460, hier S. 454 f.

39 Claude Lévi-Strauss, *Traurige Tropen*, Frankfurt/M. 1978.

40 Bourdieu, *Soziologischer Selbstversuch*, S. 71. Hervorhebung im Original. Vgl. dazu auch Schultheis, »Algerien 1960«, S. 28 f.

41 Zur Freundschaft zwischen Bourdieu und Sayad siehe Bourdieu, »Für Abdelmalek Sayad«, in: ders., *Algerische Skizzen*, S. 461–468; Amín Pérez, *Combattre en sociologues. Pierre Bourdieu & Abdelmalek Sayad dans une guerre de libération (Algérie, 1958–1964)*, Marseille 2022.

42 Ebd., S. 125.

43 Siehe hierzu ebd., S. 174–180.

44 Pierre Bourdieu, *Junggesellenball. Studien zum Niedergang der bäuerlichen Gesellschaft*, Konstanz 2008.

45 Bourdieu, *Soziologischer Selbstversuch*, S. 81.

46 Siehe hierzu Hilmar Schäfer, »Pierre Bourdieus algerische Gründungsszene und das Konzept des gespaltenen Habitus«, in: Sina Farzin, Henning Laux (Hg.), *Gründungsszenen soziologischer Theorie*, Wiesbaden 2014, S. 67–79, S. 71.

47 Pierre Bourdieu, *Entwurf einer Theorie der Praxis auf der ethnologischen Grundlage der kabylischen Gesellschaft*, Frankfurt/M. 1979; ders., *Sozialer Sinn. Kritik der theoretischen Vernunft*, Frankfurt/M. 1987; ders., *Männliche Herrschaft*, Frankfurt/M. 2005.

48 Pierre Bourdieu, Jean-Claude Passeron, *Die Erben: Studenten, Bildung und Kultur*, Konstanz 2007.

49 Siehe Beate Krais, »Habitus und soziale Praxis«, in: Margareta Steinrücke (Hg.), *Pierre Bourdieu: Politisches Forschen*, S. 91–106, hier S. 98.

50 Pierre Bourdieu, »Die Herstellung des ökonomischen Habitus«, in: ders., *Algerische Skizzen*, S. 303–335, S. 305.

51 Pierre Bourdieu, »Der Zusammenstoß der Zivilisationen«, in: ders., *Algerische Skizzen*, S. 73–93. Samuel P. Huntington, *The Clash of Civilizations and the Remaking of World Order*, New York 1996.

52 Bourdieu, »Die Herstellung des ökonomischen Habitus«, S. 304.

53 Max Weber, *Die protestantische Ethik und der Geist des Kapitalismus* (1904/05). Vollständige Ausgabe, herausgegeben und eingeleitet von Dirk Kaesler, München 2010. Siehe zu dem Absatz auch Krais, »Habitus und soziale Praxis«, S. 99.

54 Deborah Reed-Danahay, »The Kabyle and the French: Occidentalism in Bourdieu's Theory of Practice«, in: James G. Carrier (Hg.), *Occidentalism. Images of the West*, Oxford 1995, S. 61–84; Abdellah Hammoudi, »Phenomenology and Ethnography. On Kabyle *Habitus* in the Work of Pierre Bourdieu«, in: Jane E. Goodman, Paul A. Silverstein (Hg.), *Bourdieu in Algeria. Colonial Politics, Ethnographic Practices, Theoretical Developments*, Lincoln 2009, S. 199–254, hier S. 200.

55 Bourdieu, *The Algerians*, S. 144.

56 Bourdieu, Sayad, *Le déracinement*, S. 161.

57 Pierre Bourdieu, Abdelmalek Sayad, »Entwurzelte Bauern: Morphologische Umwälzungen und kultureller Wandel in

Algerien«, in: Bourdieu, *Algerische Skizzen*, S. 193–246, hier S. 236. Hervorhebung im Original.

58 Pierre Bourdieu, *Meditationen. Zur Kritik der scholastischen Vernunft*, Frankfurt/M. 2001, S. 206.

59 Bourdieu, Sayad, *Le déracinement*, S. 90.

60 Pierre Bourdieu, *Sozialer Raum und Klassen. Leçon sur la leçon. Zwei Vorlesungen*, Frankfurt/M. 1985, S. 69.

61 Siehe Boike Rehbein, *Die Soziologie Pierre Bourdieus*, Konstanz 2006, S. 89.

62 Pierre Bourdieu, »Der Habitus als Vermittlung zwischen Struktur und Praxis«, in: ders., *Zur Soziologie der symbolischen Formen*, Frankfurt/M. 1970, S. 125–158, hier S. 132; Pierre Bourdieu u. a. (Hg.), *Soziologie als Beruf*, Berlin, New York 1991. Vgl. dazu auch Beate Krais, Gunter Gebauer, *Habitus*, Bielefeld 2002, S. 26.

63 Bourdieu, *Entwurf einer Theorie der Praxis*, S. 8.

64 Ebd., S. 164 f.

2. Hoffnungslose Widersprüchlichkeit. Jean-François Lyotard

1 Jean-François Lyotard, *Das postmoderne Wissen. Ein Bericht*, Wien 2015.

2 Jean-François Lyotard, *Der Widerstreit*, München 1987.

3 Jean-François Lyotard, *Discours, figure*, Paris 1971.

4 Vgl. Jean-François Lyotard, »La guerre des Algériens, suite«, in: *Lignes* 30 (1997), S. 66–76.

5 Die Beschreibungen von Flaubert, Maupassant und Dumas finden sich in Benjamin Stora, *Les clés retrouvées. Une enfance juive à Constantine*, Paris 2015, S. 17–18. Albert Camus, »Kleiner Führer durch Städte ohne Vergangenheit«, in: ders., *Hochzeit des Lichts. Heimkehr nach Tipasa*, Hamburg, Zürich 2010, S. 113–118, S. 113.

6 Jean-François Lyotard, »Le nom d'Algérie«, in: Jean-François Lyotard, *La guerre des Algériens. Écrits 1956–1963*, Paris 1989, S. 38–39. Eigene Übersetzung.

7 Zum Sétif-Massaker siehe Claus Leggewie, »Der andere 8. Mai 1945«, in: *Frankfurter Allgemeine Zeitung*, 9.5.2015.

8 Kiff Bamford, *Jean-François Lyotard*, London 2017, S. 28.

9 Lyotard, »Le nom d'Algérie«, S. 38. Eigene Übersetzung.

10 Jean-François Lyotard, »La situation en Nord-Afrique (1956)«, in: ders., *La guerre des Algériens,* S. 41–50, S. 45. Eigene Übersetzung.

11 Für Lyotards Tätigkeit und Wirkung als Lehrer in Constantine siehe auch die Erinnerungen seines ehemaligen Schülers Max Véga-Ritter, »Un an d'enseignement de la philosophie entre docte Sorbonne et ravin du Rhumel«, in: *Les bahuts du Rhumel. Les anciens des Lycées de Constantine* 60 (2012), S. 4–5.

12 Lyotard, »Le nom d'Algérie«, S. 39. Eigene Übersetzung.

13 Vgl. Jean-François Lyotard, »La guerre des Algériens, suite«, in: *Lignes* 30 (1997), S. 66–76, hier S. 69. Zu Marcel Emérit siehe Tassadit Yacine, »Die Entstehung einer singulären Ethnosoziologie«, in: Pierre Bourdieu, *Algerische Skizzen*, Berlin 2010, S. 24–68, S. 27.

14 Lyotard, *Das postmoderne Wissen*, S. 24.

15 Lyotard, »Le nom d'Algérie«, S. 39. Eigene Übersetzung.

16 Zur Geschichte der Kofferträger siehe Hervé Hamon, Patrick Rotman, *Les porteurs de valises. La résistance française à la guerre d'Algérie*, Paris 1979; Claus Leggewie, *Kofferträger. Das Algerien-Projekt der Linken im Adenauer-Deutschland*, Berlin 1984.

17 Bamford, *Lyotard,* S. 45.

18 Ebd., S. 44.

19 Frantz Fanon, *Die Verdammten dieser Erde*, Frankfurt/M. 1966.

20 Lyotard, *Streifzüge*, S. 59.

21 Lyotard, »La situation en Nord-Afrique (1956)«, S. 46. Eigene Übersetzung.

22 Ebd., S. 50. Eigene Übersetzung.

23 Siehe Lyotard, *Streifzüge. Gesetz, Form, Ereignis,* Wien 1989, S. 59.

24 Jean-François Lyotard, »Heidnische Unterweisungen«, in: ders., *Apathie in der Theorie*, Berlin 1979, S. 7–71, hier S. 62.

25 Jean-François Lyotard, »Regeln und Paradoxa«, in: ders., *Philosophie und Malerei im Zeitalter ihres Experimentierens*, Berlin 1986, S. 97–107, hier S. 104.

26 Lyotard, »Le nom d'Algérie«, S. 39.

27 Lyotard, *Der Widerstreit*, S. 9.

28 Zitiert nach Jürg Altwegg, Aurel Schmidt, *Französische Denker der Gegenwart. Zwanzig Porträts*, München 1987, S. 148.

29 Siehe Jane Hiddleston, *Poststructuralism and Postcoloniality. The Anxiety of Theory*, Liverpool 2010, S. 87.

30 Siehe Mohammed Ramdani, »L'Algérie, un différend«, in: Lyotard, *La guerre des Algériens*, S. 9–32, S. 12.

31 Jean-François Lyotard, *La phénoménologie*, Paris 1954, S. 34 und 118. Eigene Übersetzung.

32 Siehe Hans-Ulrich Gumbrecht, »Lyotard: Eine Maschine ohne Körper kann nicht denken«, in: *Neue Zürcher Zeitung*, 23.9.2019.

3. Marokkanische Erleuchtung. Roland Barthes

1 Maxime Du Camp, *Souvenirs littéraires*, Paris 1994 (1892), S. 314 f. Übersetzt nach Bernd Oel, *Flaubert: Die Entzauberung des Gefühls*, Berlin 2010, S. 181.

2 Traugott König, »Flauberts Orient-Schock«, in: *Die ZEIT*, 25.9.1981. Siehe dazu auch Ulrich Mölk, »Gustave Flaubert am zweiten Katarakt: ›Je l'appellerai Emma Bovary‹«, in: *Romanische Forschungen* 96 (1984), S. 264–277.

3 Roland Barthes, *Die Vorbereitung des Romans. Vorlesung am Collège de France 1978–1979 und 1979–1980*, Frankfurt/M. 2008, S. 38. Die vorliegende Übersetzung der zitierten Stelle weicht teilweise von der deutschen Fassung ab und orientiert sich an der französischen Originalfassung in: Roland Barthes, *La préparation du roman. Cours au Collège de France 1978–1979 et 1979–1980*, Paris 2015, S. 26.

4 Barthes, *Die Vorbereitung des Romans*, S. 38.

5 Ebd.

6 Ebd.

7 Ebd., S. 31.

8 Ebd., S. 38.

9 Ebd., S. 37.

10 Vgl. etwa Nathalie Léger, »Vorwort«, in: Barthes, *Die Vorbereitung des Romans*, S. 17–26, S. 24; Tiphaine Samoyault, *Roland Barthes. Die Biographie*, Berlin 2015, S. 803–818; Claas Morgenroth, »1978. Roland Barthes. ›Die Vorbereitung des Romans‹«, in: Sandro Zanetti (Hg.), *Improvisation und Invention. Momente, Modelle, Medien*, Zürich, Berlin 2014, S. 149–159; Henning Ritter, »Ins neue Leben schreiben«, in: *Frankfurter Allgemeine Zeitung*, 25.6.2008.

11 Samoyault, *Roland Barthes*, S. 742. Vgl. auch Daniel Defert, »Zeittafel«, in: Michel Foucault, *Schriften in vier Bänden. Dits et Ecrits. Band 1: 1954–1969*, Frankfurt/M. 2001, S. 15–105, hier S. 35.

12 Siehe dazu Samoyault, *Roland Barthes*, S. 563.

13 Roland Barthes, *S/Z*, Frankfurt/M. 1976; *Das Reich der Zeichen*, Frankfurt/M. 1981.

14 Für die Umstände des Aufenthalts in Marokko siehe vor allem Samoyault, *Roland Barthes*, S. 562–580.

15 Roland Barthes, »Digressionen«, in: *Die Körnung der Stimme*, Frankfurt/M. 2002, S. 125–140, S. 134. Siehe auch Samoyault, *Roland Barthes*, S. 573.

16 Siehe dazu Samoyault, *Roland Barthes*, S. 570–580.

17 Roland Barthes, »Das ständige Scheitern des Sprechens über das Geliebte«, in: *Das Rauschen der Sprache*, Frankfurt/M. 2005, S. 326–336, S. 329 f. Hervorhebung im Original.

18 Samoyault, *Roland Barthes*, S. 167.

19 Zitiert nach ebd., S. 567.

20 Ebd.

21 Roland Barthes, »Un cas de critique culturelle«, in: *Communications* 14 (1969), S. 97–99.

22 Roland Barthes, *Begebenheiten. Incidents*, Mainz 2007, S. 31.

23 Ebd.

24 Für alle drei Zitate ebd., S. 24, 38, 48. Hervorhebungen im Original.

25 Zur Rezeption des Buchs vgl. Ridha Boulaâbi u. a. (Hg.), *Roland Barthes au Maroc*, Meknès 2013; Ross Chambers, »Pointless Stories, Storyless Points: Roland Barthes between ›Soirées de Paris‹ and ›Incidents‹«, in: *L'esprit créateur* 34, 1994, S. 12–30.

26 Vgl. vor allem Diana Knight, *Barthes and Utopia: Space, Travel, Writing*, Oxford 1997; Hiddleston, *Poststructuralism and Postcoloniality*, S. 99–124; Ridha Boulaâbi, »Barthes et l'Orient: lecture d'*Incidents*«, in: dies. u. a. (Hg.), *Roland Barthes au Maroc*, S. 35–51.

27 Siehe hier vor allem Boulaâbi, »Barthes et l'Orient: lecture d'*Incidents*«, S. 46.

28 Eine historisch detaillierte und ausgewogene Einordnung des sexuellen Orientalismus in der französischen Gesellschaft in der zweiten Hälfte des 20. Jahrhunderts (inklusive kleineren Barthes-Bezügen) findet sich in Todd Shepard, *Sex, France, and Arab Men, 1962–1979*, Chicago 2018.

29 Siehe dazu vor allem das Vorwort in Boulaâbi u. a. (Hg.), *Roland Barthes au Maroc.*

30 Éric Marty, »Barthes au Maroc«, S. 1–9, hier S. 8, Online-Manuskript, online unter: {www.unige.ch/lettres/framo/application/files/4614/3705/8723/E_Marty.pdf}, letzter Zugriff 31.1.2024.

31 Eine differenzierte Ansicht der Reiseberichte von Barthes findet sich bei Ottmar Ette, »Reiseberichte und Reiselandschaften«, in: ders., *Roland Barthes. Landschaften der Theorie*, Konstanz 2013, S. 95–120.

32 Siehe Philipp Sarasin, *1977. Eine kurze Geschichte der Gegenwart*, Berlin 2021, S. 184.

33 So etwa Barthes, *Das Reich der Zeichen*; »Digressionen«; *Sade. Fourier. Loyola*, Frankfurt/M. 1986; *Mythen des Alltags. Vollständige Ausgabe*, Berlin 2010. Vgl. auch Diana Knight, »Barthes and Orientalism«, in: *New Literary History* 24 (1993), S. 617–633.

34 Barthes, *Mythen des Alltags*, S. 11. Hervorhebung im Original.

35 Siehe zur deutschen Editionsgeschichte Horst Brühmann, »›Als Diskussionsgrundlage für Großstadtbüchereien empfohlen‹. Zu Übersetzung und Rezeption der *Mythen des Alltags* in Deutschland«, in: Mona Körte, Anne-Kathrin Reulecke (Hg.), *Mythen des Alltags – Mythologies. Roland Barthes' Klassiker der Kulturwissenschaften*, Berlin 2014, S. 25–40.

36 Ebd., S. 178–186, hier S. 178.

37 Zur Editionsgeschichte dieses Artikels siehe Dirk Naguschewski, »Politik im Diskurs. Roland Barthes und die ›Afrikanische Grammatik‹, in: Mona Körte, Anne-Kathrin Reulecke (Hg.), *Mythen des Alltags – Mythologies. Roland Barthes' Klassiker der Kulturwissenschaften*, Berlin 2014, S. 132–141.

38 Barthes, *Mythen des Alltags*, S. 178.

39 Dieses und vorherige Zitate ebd., S. 179 f. Hervorhebungen im Original.

40 Dieses und vorheriges Zitat ebd., S. 184. Hervorhebungen im Original.

41 Ebd., S. 99. Siehe dazu auch Jean-Paul Sartre, »Der Kolonialismus ist ein System«, in: ders., *Kolonialismus und Neo-Kolonialismus. Sieben Essays*, Reinbek 1968, S. 5–21, hier S. 11.

42 Dieses und vorheriges Zitat: Barthes, *Mythen des Alltags*, S. 306 f. Für die Funktionsweise des Exotismus siehe auch ebd., S. 214.

43 Ebd., S. 260 f.

44 Samoyault, *Roland Barthes*, S. 398.

45 Dieses und vorherige Zitate: Barthes, *Mythen des Alltags*, S. 315 f.

4. Genießen und schweigen. Michel Foucault

1 Siehe Defert, »Zeittafel«, S. 42.

2 Ebd., S. 43.

3 Maurice Pinguet, »Die Lehrjahre«, in: Wilhem Schmid (Hg.), *Denken und Existenz bei Michel Foucault*, Frankfurt/M. 1991, S. 41–50, S. 45.

4 David Macey, *Michel Foucault*, London 2004, S. 81.

5 Jean Daniel, »La passion de Michel Foucault«, in: *Le Nouvel Observateur*, 24.6.1984. Eigene Übersetzung, die sich teilweise orientiert an Didier Eribon, *Michel Foucault. Eine Biographie*, Frankfurt/M. 1991, S. 267. Beim Text von Daniel handelt es sich um einen Nachruf, der anlässlich von Foucaults AIDS-Tod 1984 erschien.

6 Dieses und vorheriges Zitat: Michel Foucault, »La philosophie structuraliste permet de diagnostiquer ce qu'est ›aujourd'hui‹. Entretien avec G. Fellous«, in: *La Presse de Tunisie*, 12.4.1967, S. 3; »Die strukturalistische Philosophie gestattet eine Diagnose dessen, was ›heute‹ ist«, in: ders., *Schriften I*, S. 743–749, S. 749.

7 Jean-Paul Sartre, »Jean-Paul Sartre répond«, in: *L'Arc* 30 (1966), S. 87–96, hier S. 88.

8 Foucault, »Die strukturalistische Philosophie«, S. 744 f.

9 Zitiert nach David Macey, *The Lives of Michel Foucault*, London, New York 2019, S. 184.

10 Siehe Eribon, *Foucault*, S. 279–281.

11 Ebd., S. 223 und S. 266.

12 Es handelt sich um Gérard Deledalle und Jean Wahl. Vgl. ebd.

13 Macey, *Foucault*, S. 77; Defert, »Zeittafel«, S. 37; Samoyault, *Barthes*, S. 464.

14 Daniel, »La passion de Michel Foucault«.

15 Eribon, *Foucault*, S. 268; Macey, *Lives of Foucault*, S. 188; Jean Daniel, *La blessure*, Paris 1992, S. 183.

16 Eribon, *Foucault*, S. 269.

17 Ebd.; Macey, *Lives of Foucault*, S. 190; Jalila Hafsia, *Visages et rencontres*, Tunis 1981, S. 51.

18 Jalila Hafsia, »Quand la passion de l'intelligence illuminait Sidi Bou Saïd«, in: *La Presse de Tunisie*, 6.7.1984. Zitiert nach Eribon, *Foucault*, S. 266 f.

19 Gustave Flaubert, *Wörterbuch der Gemeinplätze. Dictionnaire des idées reçues*, München 1968, S. 120.

20 Defert, »Zeittafel«, S. 42.

21 Michel Foucault, *Die Archäologie des Wissens*, Frankfurt/M. 1973, S. 30.

22 Michel Foucault, »Die Heterotopien« (7.12.1966), in: ders., *Die Heterotopien. Der utopische Körper. Zwei Radiovorträge*, Frankfurt/M. 2005, S. 9–22; ders., »Von anderen Räumen«, in: *Schriften in vier Bänden. Dits et Ecrits. Band IV: 1980–1984*, Frankfurt/M. 2005, S. 931–942.

23 Ebd., S. 935. In den deutschen Übersetzungen werden »Raum« und »Ort« synonym verwendet. Auch Foucault trifft keine Unterscheidung zwischen »espace« und »lieu«.

24 Foucault, »Heterotopien«, S. 18.

25 Ebd., S. 19 f.

26 Dieses und vorherige Zitate ebd., S. 20. Vgl. auch Macey, *Lives of Foucault*, S. 186 f.

27 Siehe Daniel Defert, »Raum zum Hören«, in: Foucault, *Heterotopien*, S. 69–92, hier S. 73 f.

28 Michel Foucault, »Der utopische Körper« (21.12.1966), in: ders., *Heterotopien*, S. 25–36, hier S. 25.

29 Defert, »Zeittafel«, S. 42.

30 Siehe Defert, »Zeittafel«, S. 43.

31 Fons Elders, »Preface«, in: Michel Foucault, *Freedom and Knowledge*, Amsterdam 2012, S. 7–8, hier S. 7.

32 Simeon Wade, *Foucault in Kalifornien. Wie der große Philosoph im Death Valley LSD nahm – eine wahre Geschichte*, Köln 2022; Mitchell Dean, Daniel Zamora, *The Last Man Takes LSD. Foucault and the End of Revolution*, London, New York 2021.

33 François Cusset, *French Theory. How Foucault, Derrida, Deleuze, & Co. Transformed the Intellectual Life of the United States*, Minnesota 2008.

34 Michel Foucault, »Des espaces autres«, in: *Architecture, Mouvement, Continuité* 5 (1984), S. 16–49; Foucault, »Von anderen Räumen«. Zur verwickelten Editionsgeschichte vgl. Defert, »Raum zum Hören«.

35 Foucault, »Von anderen Räumen«, S. 939.
36 Vgl. hierzu vor allem Foucaults berühmte »Ideenreportagen« zur Iranischen Revolution in: Michel Foucault, »Die Armee, wenn die Erde bebt«, in: ders., *Schriften in vier Bänden. Dits et Ecrits. Band III: 1976–1979*, Frankfurt/M. 2003, S. 829–837.
37 Macey, *Lives of Foucault*, S. 209; Eribon, *Foucault*, S. 272 f.
38 Ebd., S. 275.
39 Ebd., S. 274 f.
40 Ebd.
41 Daniel Defert, *Ein politisches Leben*, Berlin 2015, S. 22.
42 Vgl. ebd., S. 25 f.
43 Pinguet, »Lehrjahre«, S. 46.
44 Macey, *Foucault*, S. 35.
45 Defert, *Ein politisches Leben*, S. 25; Macey, *Lives of Foucault*, S. 83.
46 Vgl. Eribon, *Foucault*, S. 275; Macey, *Foucault*, S. 81 f.
47 Für Ersteres siehe Eribon, *Foucault*, S. 275, für die zweite These Macey, *Lives of Foucault*, S. 205; Macey, *Foucault*, S. 83; Edward Said, »Diary«, in: *London Review of Books* 22, 1.6.2000, S. 42 f. Vgl. auch eine bei dieser Frage zurückhaltende Position bei Defert, *Ein politisches Leben*, S. 34.
48 Dieses und vorherige Zitate: Michel Foucault, *Der Mensch ist ein Erfahrungstier. Gespräch mit Ducio Trombadori*, Frankfurt/M. 1996, S. 90–92.
49 Ebd., S. 94.
50 Michel Foucault, »Das Flüchtlingsproblem ist ein Vorbote der großen Wanderungsbewegung des 21. Jahrhunderts«, in: ders., *Schriften in vier Bänden. Dits et Ecrits. Band III: 1976–1979*, Frankfurt/M. 2003, S. 996–999. Geoffroy de Lagasnerie, *Michel Foucaults letzte Lektion. Über Neoliberalismus, Theorie und Politik*, Wien 2018; Paul B. Preciado, »Vom Virus lernen«, in: ders., *Ein Apartment auf dem Uranus. Chroniken eines Übergangs*, Berlin 2020, S. 351–368; Philipp Sarasin, »Mit Foucault die Pandemie verstehen?«, in: *geschichtedergegenwart.ch*, 25.3.2020, online unter: {https://geschichtedergegenwart.ch/mit-foucault-die-pandemie-verstehen/}, letzter Zugriff 31.1.2024.
51 Robert J. C. Young, »Foucault on Race and Colonialism«, in: *New Formations* 25 (1995), S. 57–65.
52 Ann Laura Stoler, *Race and the Education of Desire: Foucault's History of Sexuality and the Colonial Order of Things*,

Durham 1995; Gayatri Chakravorty Spivak, *Can the Subaltern Speak? Postkolonialität und subalterne Artikulation*, Wien 2020; Achille Mbembe, »Frankreich provinzialisieren?«, in: Sebastian Conrad u. a. (Hg.), *Jenseits des Eurozentrismus: Postkoloniale Perspektiven in den Geschichts- und Kulturwissenschaften*, Frankfurt/M. 2013, S. 224–263, hier S. 227; Ann Laura Stoler, »L'éclat de Foucault dans les études (post) coloniales«, in: Jean-François Braunstein u. a. (Hg.), *Foucault(s). La philosophie à l'œuvre*, Paris 2017, S. 107–123.

53 Edward Said, *Orientalismus*, Frankfurt/M. 2009.

54 Edward Said, »Diary«, S. 42.

55 Dieses und vorherige Zitate ebd.

56 Michel Foucault, »Die Intellektuellen und die Macht (Gespräch mit G. Deleuze)«, in: Michel Foucault, *Schriften in vier Bänden. Dits et Ecrits. Band II: 1970–1975*, Frankfurt/M. 2002, S. 382–393.

57 Für eine postkoloniale Kritik dieses einflussreichen Gesprächs siehe Spivak, *Can the Subaltern Speak?*.

58 Michel Foucault, *Wahnsinn und Gesellschaft. Eine Geschichte des Wahns im Zeitalter der Vernunft*, Frankfurt/M. 1973, S. 10.

59 Georg Lukács, »Vorwort« (1962), in: ders., *Theorie des Romans*, Bielefeld 2009, S. 7–17, S. 16.

5. Unbehagen an der Identität. Jacques Derrida

1 *Derrida, anderswo*, Regie: Safaa Fathy, Frankreich 1999, 68 Minuten.

2 Ebd.

3 Ebd.

4 Jacques Derrida, *Grammatologie*, Frankfurt/M. 1974; *Die Schrift und die Differenz*, Frankfurt/M. 1972; *Die Stimme und das Phänomen*, Frankfurt/M. 1979.

5 Jacques Derrida, *Die Einsprachigkeit des Anderen oder die ursprüngliche Prothese*, München 2003, S. 78.

6 Ders., *Die Einsprachigkeit des Anderen*; ders., »Zirkumfession«, in: *Jacques Derrida. Ein Portrait von Geoffroy Bennington und Jacques Derrida*, Frankfurt/M. 1994, S. 11–323.

7 Siehe hierzu vor allem die Einordnung von Oliver Precht, »Portrait of a Philosopher (Notes on a New Biography of Jacques Derrida)«,

in: *ZfL Blog*, 7.5.2021, online unter: {https://www.zflprojekte.de/zfl-blog/2021/05/07/oliver-precht-portrait-of-a-philosopher-notes-on-a-new-biography-of-jacques-derrida/}, letzter Zugriff 31.1.2024. Zu den Ausnahmen gehören Benoît Peeters, *Jacques Derrida. Eine Biographie*, Berlin 2013; Edward Baring, *The Young Derrida and French Philosophy (1945–1968)*, Cambridge 2011.

8 Zu den detaillierten Umständen der Namensgebung siehe Peter Salmon, *An Event, Perhaps. A Biography of Jacques Derrida*, London, New York 2020, S. 16–19; Diether Thomä u. a., *Der Einfall des Lebens. Theorie als geheime Autobiographie*, München 2015, S. 294–297.

9 Derrida, *Die Einsprachigkeit des Anderen*, S. 11.

10 Zur Geschichte der algerischen Juden vgl. Benjamin Stora, *Les trois exils. Juifs d'Algérie*, Paris 2006.

11 »Störung der Identität« in Derrida, *Die Einsprachigkeit des Anderen*, S. 64; »Erdbeben« in Peeters, *Derrida*, S. 35.

12 Siehe Geoffrey Bennington, »Curriculum Vitae«, in: *Jacques Derrida. Ein Portrait von Geoffrey Bennington und Jacques Derrida*, Frankfurt/M. 1994, S. 331–358, S. 332.

13 Jacques Derrida, Elisabeth Roudinesco, *Woraus wird Morgen gemacht sein? Ein Dialog*, Stuttgart 2006, S. 186 f. Siehe dazu auch Peeters, *Derrida*, S. 37.

14 Derrida, »Zirkumfession«, S. 186. Siehe dazu auch Peeters, *Derrida*, S. 37; Thomä u. a., *Der Einfall des Lebens*, S. 295.

15 *Derrida*, Regie: Kirby Dick, Amy Kofman, USA 2002, 85 Minuten. Siehe für den Absatz auch Derrida, Roudinesco, *Woraus wird Morgen gemacht sein?*, S. 186 f.; Bennington, »Curriculum Vitae«, S. 332.

16 Siehe Thomä u. a., *Einfall des Lebens*, S. 295; Cixous, »Celle qui ne se ferme pas«, in: Mustapha Chérif (Hg.), *Derrida à Alger. Un regard sur le monde*, Arles 2008, S. 45–58, hier S. 47.

17 Bennington, »Curriculum Vitae«, S. 333.

18 Siehe auch Thomä u. a., *Einfall des Lebens*, S. 295.

19 Vgl. ebd., S. 296; Cixous, »Celle qui ne se ferme pas«, S. 47; dies., *Aus Montaignes Koffer. Im Gespräch mit Peter Engelmann*, Wien 2017, S. 45.

20 Derrida, *Die Einsprachigkeit des Anderen*, S. 94, S. 96, S. 107.

21 Ebd., S. 64.

22 Ebd., S. 64.

23 Fanon, *Die Verdammten dieser Erde*, S. 31 f.

24 Derrida, *Die Einsprachigkeit des Anderen*, S. 67 f.
25 Dieses und vorheriges Zitat ebd., S. 76.
26 Ebd., S. 72.
27 Derrida, *Die Einsprachigkeit des Anderen*, S. 73. Siehe für diesen Absatz auch Salmon, *An Event*, S. 25.
28 Jacques Derrida, *Leben ist Überleben*, Wien 2005, S. 46.
29 Ebd., S. 44 f. Hervorhebung im Original.
30 Siehe Salmon, *An Event*, S. 32.
31 Dieses und vorheriges Zitat: Derrida, *Die Einsprachigkeit des Anderen*, S. 75. Vgl. Peeters, *Derrida*, S. 58.
32 Vgl. dazu etwa ebd., S. 113 und S. 120; Salmon, *An Event*, S. 62 f.
33 Zitiert nach Peeters, *Derrida*, S. 119.
34 Catherine Malabou, Jacques Derrida, *La Contre-allée. Voyager avec Jacques Derrida*, Paris 1999, S. 284.
35 Zitiert nach Peeters, *Derrida*, S. 91.
36 Peeters, *Derrida*, S. 98.
37 Zitiert nach Peeters, *Derrida*, S. 109.
38 Siehe Peeters, *Derrida*, S. 140.
39 Zitiert nach Peeters, *Derrida*, S. 145.
40 Pierre Nora, *Les Français d'Algérie. Édition revue et augmentée*, Paris 2012.
41 »Lettre de Jacques Derrida«, in: Nora, *Les Français d'Algérie*, S. 271–299, hier S. 275. Übersetzung nach Peeters, *Derrida*, S. 171.
42 »Lettre de Jacques Derrida«, S. 292.
43 Brief von Derrida an Nora, 30.6.1961. Zitiert nach Peeters, *Derrida*, S. 174. Für die Diskussion zwischen Derrida und Nora vgl. auch Dan Diner, »Algerische Ouvertüren. Pierre Nora und Jacques Derrida im Widerstreit«, in: *Romanisches Jahrbuch* 67 (2016), S. 35–50.
44 Zitiert nach Olivier Todd, *Albert Camus. Ein Leben*, Reinbek 1999, S. 754.
45 Peeters, *Derrida*, S. 174.
46 Ebd., S. 174 f.
47 Jacques Derrida, *Vergeben. Das Nichtvergebbare und das Unverjährbare*, Wien 2017; ders., »Racism's Last Word«, in: *Critical Inquiry* 12 (1985), S. 290–299. Siehe auch Adam Shatz, »Not in the mood«, in: *London Review of Books* 34/22 (2012).
48 Jacques Derrida, »Les voix d'Artaud«, in: *Le magazine littéraire* 434 (2004), S. 34–36, S. 34.

49 Jacques Derrida, »Introduction«, in: Edmund Husserl, *L'Origine de la géométrie*, Paris 1962.

50 Jacques Derrida, *Die Einsprachigkeit des Anderen*, S. 88. Vgl. auch Jean-Luc Nancy, »L'indépendence de l'Algérie, l'indépendence de Derrida«, in: Mustapha Chérif (Hg.), *Derrida à Alger. Un regard sur le monde*, Arles 2008, S. 19–25; Lynne Huffer, »Derrida's Nostalgeria«, in: Patricia M. E. Lorcin (Hg.), *Algeria & France, 1800–2000: Identity, Memory, Nostalgia*, Syracuse 2006, S. 228–246.

6. Höllisches Paradies. Hélène Cixous

1 Hélène Cixous, *Aus Montaignes Koffer*, S. 36.

2 Hélène Cixous, »Das Lachen der Medusa«, in: Esther Hutfless u. a. (Hg.), *Hélène Cixous. Das Lachen der Medusa zusammen mit aktuellen Beiträgen*, Wien 2013, S. 39–61, hier S. 39 f.

3 Siehe dazu Gertrude Postl, »Eine Politik des Schreibens und des Lachens. Versuch einer historischen Kontexualisierung von Hélène Cixous' *Medusa*-Text«, in: Hutfless u. a. (Hg.), *Hélène Cixous*, S. 21–35, hier S. 24 f.; Anna-Lena Scholz, »Hélène Cixous an der FU. Der Schrei der Literatur«, in: *Tagesspiegel*, 13.5.2016.

4 Vgl. Hélène Cixous, *Die unendliche Zirkulation des Begehrens. Weiblichkeit in der Schrift*, Berlin 1977.

5 Hélène Cixous, »How not to speak about Algeria«, in: dies., *Volleys of Humanity. Essays 1972–2009*, Edinburgh 2011, S. 160–176, hier S. 164. Für die Übersetzung danke ich Esther von der Osten.

6 Hélène Cixous, *Reveries of the Wild Woman. Primal Scenes*, Chicago 2006, S. 26.

7 Siehe Claus Leggewie, »Roman nicht nur zur Stunde«, in: *Frankfurter Allgemeine Zeitung*, 28.3.2020.

8 Albert Camus, »Minotaurus«, in: ders., *Hochzeit des Lichts. Heimkehr nach Tipasa*, S. 69–101, hier S. 72.

9 Hélène Cixous, »My Algeriance, in other words: to depart not to arrive from Algeria«, in: dies., *Stigmata. Escaping texts*, New York 1998, S. 153–172, hier S. 164; dies., *Montaignes Koffer*, S. 87.

10 Dies., »Interview«, in: *purple magazine* 24 (2015), online unter: {https://purple.fr/magazine/fw-2015-issue-24/helene-cixous/},

letzter Zugriff 31.1.2024. Eigene Übersetzung.

11 Dies., Mireille Calle-Gruber, *Rootprints. Memory and Life Writing*, New York 1997, S. 182. Eigene Übersetzung.

12 Ebd.

13 Hélène Cixous, Cécile Wajsbrot, *Eine deutsche Autobiographie*, Wien 2019; Hélène Cixous, *Osnabrück*, Wien 2017; dies., *Meine Homère ist tot …*, Wien 2019.

14 Cixous, Wajsbrot, *Eine deutsche Autobiographie*, S. 65 f.

15 Cixous, *Montaignes Koffer*, S. 161.

16 Cixous, Wajsbrot, *Eine deutsche Autobiographie*, S. 17.

17 Cixous, *Montaignes Koffer*, S. 161.

18 Ebd. S. 83.

19 Ebd.

20 Ebd., S. 84.

21 Cixous, *Dedans*, Paris 1969.

22 Cixous, »My Algériance«, S. 159.

23 Ebd.

24 Cixous, *Montaignes Koffer*, S. 99.

25 Ebd., S. 95.

26 Cixous, Wajsbrot, *Eine deutsche Autobiographie*, S. 74.

27 Siehe dazu Bourdieu, *Soziologischer Selbstversuch*, S. 59.

28 Dieses und vorheriges Zitat: Cixous, Wajsbrot, *Eine deutsche Autobiographie*, S. 74 und S. 75.

29 Cixous, »My Algériance«, S. 153. Für die Übersetzung danke ich Esther von der Osten. Vgl. auch Carola Hilfrich, »Unheim(at)liche Zugehörigkeiten: Algerien als Ort von Herkunft und Gedächtnis bei Jacques Derrida und Hélène Cixous«, in: Jahrbuch des Simon-Dubnow-Instituts 10 (2011), S. 389–403, hier S. 402.

30 Siehe Cixous, *Montaignes Koffer*, S. 75.

31 Siehe Cixous, *Reveries*, S. 157; dies., *Si près*, Paris 2007, S. 18.

32 Dies., »My Algériance«, S. 170. Für die Übersetzung danke ich Esther von der Osten.

33 Cixous, Calle-Gruber, *Rootprints*, S. 204.

34 Dieses und vorheriges Zitat ebd.

35 Hélène Cixous, *Portrait de Jacques Derrida en jeune saint juif*, Paris 2001; Jacques Derrida, *H. C. für das Leben, das heißt …*, Wien 2007; Hélène Cixous, Jacques Derrida, *Voiles. Schleier und Segel*, Wien 2007. Zur »Autorisierung« siehe Cixous, *Montaignes Koffer*, S. 66.

36 Cixous, Wajsbrot, *Eine deutsche Autobiographie*, S. 69.

37 Hélène Cixous, »Ein föderales Algerien ist eine Illusion«, in: *qantara.de*, 12.5.2014, online unter: {https://de.qantara.de/inhalt/interview-mit-der-philosophin-helene-cixous-ein-foederales-algerien-ist-eine-illusion}, letzter Zugriff 31.1.2024.

38 Cixous, *Montaignes Koffer*, S. 72.

39 Ebd., S. 92.

40 Derrida, »Zirkumfession«; *Die Einsprachigkeit des Anderen.*

41 Cixous, *Si près*, S. 19.

42 Hélène Cixous, Catherine Clément, *La jeune née*, Paris 1975, S. 127. Eigene Übersetzung.

43 Ebd., S. 127 f.

44 Ebd., S. 128. Eigene Übersetzung. Siehe dazu auch Robert J. C. Young, *Postcolonialism. An Historical Introduction*, Oxford 2001, S. 411–426; ders., *White Mythologies*, S. 32–35; Dennis Schep, *The Autobiographical Effect. Writing the Self in Post-Structuralist Theory*, New York, London 2020, S. 153–155.

45 Zur Geschichte der Universität Vincennes siehe Onur Erdur, *Die epistemologischen Jahre. Philosophie und Biologie in Frankreich, 1960–1980*, Zürich 2018, S. 203–212; Charles Soulié (Hg.), *Un mythe à détruire? Origines et destin du Centre universitaire de Vincennes*, Paris 2012.

46 Vgl. dazu Erdur, *Die epistemologischen Jahre*, S. 206.

47 Cixous, *Montaignes Koffer*, S. 14.

48 Ebd., S. 13–15.

49 *Vincennes – Die revolutionäre Uni*, Regie: Virginie Linhart, Frankreich 2016, 90 Minuten.

50 Cixous, »Lachen der Medusa«, S. 47. Siehe hierzu Alice Schwarzer, »MLF wird 50: Allons les filles!«, in: *EMMA*, 24.7.2020, online unter: {www.emma.de/artikel/50-jahre-mlf-337807}, letzter Zugriff 31.1.2024.

51 Dieses und vorherige Zitate: Cixous, »Das Lachen der Medusa«, S. 39 f.

52 »Simone de Beauvoir: Pourquoi je suis féministe«, in: *Télévision Française 1*, 6.4.1975.

53 Hélène Cixous, »Ich konnte die Frauenfeindlichkeit förmlich riechen«, in: *Die Zeit*, 13.10.2017.

54 Vgl. dazu Delphine Naudier, »L'écriture-femme, une innovation esthétique emblématique«, in: *Sociétés contemporaines* 44 (2001),

S. 57–73.

55 Cixous, »Das Lachen der Medusa«, S. 47. Hervorhebungen im Original.

56 Ebd., S. 45 und S. 51. Hervorhebung im Original.

57 Ebd, S. 44. Siehe auch Cixous, *La jeune née.*

58 *Ever, Rêve, Hélène Cixous*, Regie: Olivier Morel, Frankreich, USA 2018, 118 Minuten.

7. Lektionen in Antirassismus. Étienne Balibar

1 Siehe Nicolas Truong, »Emmanuel Macron, un intellectuel en politique?«, in: *Le Monde*, 1.9.2016; Charlotte Cieslinksi, »Macron philosophe: ces intellectuels qui n'y croient pas«, in: *L'Express*, 6.9.2016.

2 Ebd. Siehe auch Joseph Hanimann, »Wie philosophisch ist Emmanuel Macron«, in: *Süddeutsche Zeitung*, 1.2.2018; Étienne Balibar, »Jetzt regiert Hegel«, in: *der Freitag*, 28.3.2018.

3 Marc Zitzmann, »Ein Überflieger mit Retro-Hauch zieht ins Elysée«, in: *Neue Zürcher Zeitung*, 11.5.2017.

4 Vgl. Assa Traoré, Geoffroy de Lagasnerie, »Der Kampf Adama«, in: Daniel Loick, Vanessa E. Thompson (Hg.), *Abolitionismus. Ein Reader*, Berlin 2022, S. 288–315.

5 Françoise Fressoz, Cédric Pietralunga, »Après le déconfinement, l'Elysée craint un vent de révolte: ›Il ne faut pas perdre la jeunesse‹«, in: *Le Monde*, 10.6.2020.

6 Nadia Pantel, »Macron sollte die Proteste ernst nehmen«, in: *Süddeutsche Zeitung*, 16.10.2020.

7 Fressoz, Pietralunga, »Après le déconfinement«; Jonathan Bouchet-Petersen, »Antiracisme: la voix ambiguë d'Emmanuel Macron«, in: *Libération*, 23.6.2020. Eigene Übersetzung.

8 Étienne Balibar u. a., »Emmanuel Macron engage le combat non pas contre le racisme, mais contre l'antiracisme«, in: *Le Monde*, 22.6.2020. Eigene Übersetzung. Siehe auch Étienne Balibar u. a., »Pour une République française antiraciste et décolonialisé«, in: *Mediapart*, 3.7.2020, online unter: {https://blogs.mediapart.fr/les-invites-de-mediapart/blog/030720/pour-une-republique-francaise-antiraciste-et-decolonialisee},

letzter Zugriff 31.1.2024.

9 Étienne Balibar, Immanuel Wallerstein, *Rasse, Klasse, Nation. Ambivalente Identitäten*, Hamburg 1990; Étienne Balibar, *Die Grenzen der Demokratie*, Hamburg 1993; ders., *Gleichfreiheit. Politische Essays*, Berlin 2012.

10 Mbembe, »Frankreich provinzialisieren?«, S. 227.

11 Étienne Balibar, »Der Widerspruch hat die Grenzen des Erträglichen überschritten! Die KPF zwischen Internationalismus und Chauvinismus«, in: *PROKLA* 11 (1981), S. 147–160, hier S. 148.

12 Ebd.

13 Vgl. dazu Christoph Kalter, »›Le monde va de l'avant. Et vous êtes en marge‹. Dekolonisierung, Dezentrierung des Westens und Entdeckung der ›Dritten Welt‹ in der radikalen Linken in Frankreich in den 1960er-Jahren«, in: *Archiv für Sozialgeschichte* 48 (2008), S. 99–132.

14 Siehe Adèle Cailleteau, »Zwischen Philosophie und Politik«, in: *taz*, 1.12.2017.

15 Siehe ebd.

16 Vgl. dazu Christoph Kalter, *Die Entdeckung der Dritten Welt. Dekolonisierung und neue radikale Linke in Frankreich*, Frankfurt, New York 2011.

17 Vgl. dazu auch Claus Leggewie, »Papa, was hast Du in Algerien gemacht? Der Algerienkrieg in der europäischen Erinnerungskultur«, in: *Merkur* 75 (März 2021), S. 68–75.

18 Vgl. Nathalie Ruz, »La force du ›cartiérisme‹«, in: Jean-Pierre Rioux (Hg.), *La guerre d'Algérie et les Français*, Paris 1990, S. 329–336.

19 Elaine Mokhtefi, *Algiers, Third World Capital. Freedom Fighters, Revolutionaries, Black Panthers*, London, New York 2018.

20 Siehe *Algier – Mekka der Revolutionäre*, Regie: Ben Salama, Frankreich 2014, 55 Minuten.

21 Für die Black Panthers in Algier vgl. vor allem Mokhtefi, *Algiers, Third World Capital*.

22 Zitiert nach *Algier – Mekka der Revolutionäre*.

23 Ebd.

24 N.N., »Un incendie criminal ravage l'université«, in: *Le Monde*, 9.6.1962.

25 Vgl. Catherine Simon, *Algérie, les années pieds-rouges. Des rêves de*

l'indépendence au désenchantement (1962–1969), Paris 2009.

26 Monique Gadant, *Parcours d'une intellectuelle en Algérie. Nationalisme et anticolonialisme dans les sciences sociales*, Paris 1995.

27 Louis Althusser u. a., *Das Kapital lesen*, Münster 1972.

28 Vgl. Defert, »Zeittafel«, S. 43.

29 Vgl. Gadant, *Parcours d'une intellectuelle en Algérie*, S. 58.

30 Étienne Balibar, »De Charonne à Vitry«, in: *Le Nouvel Observateur*, 9.3.1981. Es existieren zwei deutsche Übersetzungen dieses Artikels: »Von Charonne nach Vitry«, in: Balibar, *Die Grenzen der Demokratie*, S. 15–29; »Der Widerspruch hat die Grenzen des Erträglichen überschritten! Die KPF zwischen Internationalismus und Chauvinismus«, in: *PROKLA* 11 (1981), S. 147–160. Es wird hier nach der letztgenannten Übersetzung zitiert.

31 Dieses und das vorherige Zitate ebd., S. 155 f.

32 Ebd., S. 154.

33 Ebd., S. 150. Hervorhebung im Original.

34 Siehe ebd., S. 151.

35 Dieses und vorheriges Zitat ebd., S. 152.

36 Siehe dazu Don Reid, »Étienne Balibar: Algeria, Althusser, and Altereuropéenisation«, in: *South Central Review* 25 (2008), S. 68–85, hier S. 69.

37 Ebd., S. 155.

38 Dieses und vorheriges Zitat ebd., S. 156.

39 Didier Eribon, *Rückkehr nach Reims*, Berlin 2016.

40 Vgl. Abdellali Hajjat, *La marche pour l'égalité et contre le racisme*, Paris 2013.

41 Alain de Benoist, *Aus rechter Sicht. Eine kritische Anthologie zeitgenössischer Ideen*, Tübingen 1983/4.

42 Perry Anderson, *In the Tracks of Historical Materialism*, London, New York 1983, S. 32.

43 Balibar, Wallerstein, *Rasse, Klasse, Nation*. Französisch: dies., *Race, Nation, Classe. Les identités ambiguës*, Paris 1988. Zur Editions- und Rezeptionsgeschichte siehe Manuela Bojadžijev, Katrin Klingan (Hg.), *Balibar/Wallerstein's »Race, Nation, Class«. Rereading a Dialogue for our Times*, Hamburg 2018.

44 Étienne Balibar, »Untertanen oder Staatsbürger? Für die Gleichheit«, in: ders., *Die Grenzen der Demokratie*, S. 36–61, hier S. 49; ders., »Allgemeines Wahlrecht!«, in: ders., *Die Grenzen der*

Demokratie, S. 30–35.

45 Siehe Étienne Balibar, »Emancipation, transformation, civilité« (Radio-Interview), in: *France Culture*, 8.6.2016, online unter: {www.radiofrance.fr/franceculture/podcasts/a-voix-nue/emancipation-transformation-civilite-9269617}, letzter Zugriff 31.1.2024; Étienne Balibar und Immanuel Wallerstein, »Wie Rassismus überwinden?«, in: *100 Jahre Gegenwart – Journal* (Haus der Kulturen der Welt), 15.3.2018, online unter: {https://journal.hkw.de/wie-rassismus-ueberwinden/}, letzter Zugriff 31.1.2024.

46 Immanuel Wallerstein, *The Road to Independence: Ghana and Ivory Coast*, Paris 1964.

47 Siehe Bernd Heiter, »Immanuel Wallerstein: Unthinking Culture?«, in: Stephan Moebius, Dirk Quadflieg (Hg.), *Kultur. Theorien der Gegenwart*, Wiesbaden 2011, S. 708–721, hier S. 709.

48 Immanuel Wallerstein, »Fanon and the Revolutionary Class«, in: ders., *The Essential Wallerstein*, New York 2000, S. 14–32.

49 *Rasse, Klasse, Nation* ist bezeichnenderweise »den gemeinsamen Freunden« Elaine Klein und Mokhtar Mokhtefi gewidmet, zwei Aktivisten des algerischen Befreiungskampfes. Vgl. dazu Elaine Mokhtefi, *Algiers, Third World Capital. Freedom Fighters, Revolutionaries, Black Panthers*, London, New York 2018; Mokhtar Mokhtefi, *I was a French Muslim. Memories of an Algerian Freedom Fighter*, New York 2021.

50 Étienne Balibar, »Vorwort«, in: *Rasse, Klasse, Nation*, S. 5–20, hier S. 14.

51 Ders., »Gibt es einen ›Neo-Rassismus‹?«, in: *Rasse, Klasse, Nation*, S. 23–38, hier S. 23 f.

52 Ebd., S. 27.

53 Ebd., S. 28.

54 Ebd. Vgl. dazu auch Colette Guillaumin, *L'idéologie raciste. Genèse et langage actuel*, Paris, Den Haag 1972; Martin Barker, *The New Racism. Conservatives and the Ideology of the Tribe*, London 1981; Pierre-André Taguieff, *Die Macht des Vorurteils. Der Rassismus und sein Double*, Hamburg 2000; Stuart Hall, *Rassismus und kulturelle Identität. Ausgewählte Schriften 2*, Hamburg 2012; Frantz Fanon, »Rassismus und Kultur«, in: ders., *Für eine afrikanische Revolution. Politische Schriften*, Berlin 2022, S. 47–63.

55 N.N., »Den alten Volksgeist erwecken: Alain de Benoist über die ›Verwurzelungs‹-Ideologie der französischen Neuen Rechten«,

in: *Der Spiegel* 34, 19.8.1979.

56 Siehe Balibar, »Gibt es einen ›Neo-Rassismus‹?«, S. 32.

57 Ebd., S. 34 f. Siehe dazu auch Aladin El-Mafaalani, *Wozu Rassismus? Von der Erfindung der Menschenrassen bis zum rassismuskritischen Widerstand*, Köln 2022, S. 18 f. und S. 124.

58 Balibar, »Gibt es einen ›Neo-Rassismus‹?«, S. 29. Zu diesen Umstülpungseffekten siehe Taguieff, *Die Macht des Vorurteils.*

59 Siehe Balibar, »Gibt es einen ›Neo-Rassismus‹?«, S. 29.

60 Vgl. Hajjat, *La marche pour l'égalité et contre le racisme.*

61 Ebd., S. 31.

62 Zur Rezeptionsgeschichte in Frankreich vgl. vor allem Norman Ajari, »Human Sciences as a Battlefield: The Reception of *Race, Nation, Class* in France«, in: Bojadžijev, Klingan, *Balibar/Wallerstein's »Race, Nation, Class«*, S. 22–33.

63 So hat sich beispielsweise in den letzten Jahren im Zuge der europäischen Osterweiterung und nicht zuletzt anlässlich des Ukrainekriegs das öffentliche Bewusstsein dafür ausgebreitet, dass auch der Antislawismus (und rassistische Reflexe gegenüber »weißen Europäern«) zu großen Teilen auf kulturellem Rassismus beruht. Siehe etwa Robert Heinze, »Die Unterscheidungen sind das Problem«, in: *neues deutschland*, 8.3.2022.

64 Zur Renaissance einer marxistischen Rassismustheorie vgl. Eleonora Roldán Mendívil, Bafta Sarbo (Hg.), *Die Diversität der Ausbeutung. Zur Kritik des herrschenden Antirassismus*, Berlin 2023.

8. Desidentifiziert Euch! Jacques Rancière

1 Bei Althusser finden sich einige autobiographische Erinnerungen an Algerien in: Louis Althusser, *Die Zukunft hat Zeit*, Frankfurt/M. 1993. Alain Badiou, der nicht aus einer Siedlerfamilie stammt, erwähnt die familiären Verhältnisse und Umstände seiner Kindheit kurz in seinen neu erschienenen Memoiren: Alain Badiou, *Mémoires d'outre-politique (1937–1985)*, Paris 2023, S. 12–17.

2 Eine Ausnahme ist das Gespräch mit Laurent Jeanpierre und Dork Zabunyan, in dem Rancière auf den Algerienkrieg angesprochen wird: Jacques Rancière, *Die Methode der Gleichheit*,

Wien 2014, S. 19 f.

3 Jacques Attali, *L'année des dupes. Alger, 1943*, Paris 2021.

4 Althusser u. a., *Das Kapital lesen*.

5 Vgl. Erdur, *Die epistemologischen Jahre*, S. 206–208.

6 Jacques Rancière, *Die Lektion Althussers*, Hamburg 2014.

7 Vgl. Onur Erdur, »Antimarxismus. André Glucksmann: *Les maîtres penseurs* (1977)«, in: Monika Wulz, Max Stadler, Nils Güttler, Fabian Grütter (Hg.), *Deregulation und Restauration. Eine politische Wissensgeschichte*, Berlin 2021, S. 126–145.

8 Jacques Rancière, *Die Nacht der Proletarier. Archive des Arbeitertraums*, Wien 2013.

9 Ders., *Das Unvernehmen. Politik und Philosophie*, Frankfurt/M. 2002, S. 44.

10 Vgl. Laurent Chabrun, »Octobre 1961: le témoignage d'un policier«, in: *L'Express*, 16.10.1997; N.N., »Le 17/10/1961, le massacre des Algériens«, in: *Le Nouvel Observateur*, 21.10.2004; Emmanuel Blanchard, »17 octrobre 1961: La police française tue des Algériens«, in: *Le Média TV*, 16.10.2019, online unter: {www.youtube.com/watch?v=rN9Em-phqhY}, letzter Zugriff 31.1.2024.

11 Vgl. den frühen und sofort verbotenen Bericht von Paulette Péju, *Ratonnades à Paris*, Paris 1961.

12 Die Beiträge der Konferenz sind zusammen mit den Diskussionen und anderem Begleitmaterial unter dem Titel »The Identity in Question« in einem Sonderheft der Kunstzeitschrift *October* (61, 1992) erschienen und von John Rajchman unter Mithilfe von Slavoj Zizek und Homi K. Bhabha herausgegeben. Vgl. dazu auch die spätere erweiterte Folgepublikation John Rajchman (Hg.), *The Identity in Question*, New York 1995.

13 John Rajchman, »Introduction: The Question of Identity«, in: *October* 61 (1992), S. 5–7.

14 Zur Rezeption der französischen Theorie in den USA vgl. vor allem Cusset, *French Theory*.

15 Jacques Rancière, »Vorwort zur deutschen Ausgabe«, in: ders., *An den Rändern des Politischen*, Wien 2019, S. 11–21, hier S. 17.

16 Ders., »Politik, Identifizierung, Subjektivierung«, in: ders., *An den Rändern des Politischen*, S. 85–94, S. 86.

17 Ders., »Politik, Identifizierung, Subjektivierung«.

18 Ders., »Vorwort zur deutschen Ausgabe«, S. 17.

19 Ders., »Politik, Identifizierung, Subjektivierung«, S. 90.

20 Es ist interessant zu sehen, wie Rancière seine Argumentation aufbaute. Seine Ausführung suggeriert, dass die Theorie der politischen Subjektivierung mit ihren drei Unterpunkten der Verweigerung, der Demonstration und der Unmöglichkeit der Identifikation gewissermaßen bereits im Jahr 1961 angelegt war und sich aus einer konkreten historischen Erfahrung speiste, die Rancière bloß auf den Begriff bringen musste, indem er die historischen Erfahrungen in formale Kategorien zu übersetzen wusste. Dabei baute Rancière seine Erfahrung wohlgemerkt nachträglich in seine Theorie ein. Vgl. dazu auch Jean-Philippe Deranty, Katia Genel, »Zur Einführung: Die Kritische Theorie zwischen Anerkennung und Unvernehmen«, in: Axel Honneth, Jacques Rancière, *Anerkennung oder Unvernehmen? Eine Debatte*, Berlin 2021, S. 7–58, hier S. 33.

21 Siehe dazu und für den ganzen Absatz Oliver Davis, *Jacques Rancière*, Cambridge, Malden 2010, S. 88.

22 Vgl. Jean-Luc Einaudi, *La bataille de Paris (17 octobre 1961)*, Paris 1991; Benjamin Stora, *La gangrène et l'oubli. La mémoire de la guerre d'Algérie*, Paris 1991.

23 Siche N.N., »Algérie-France. Regards croisés«, in: *lignes* 30 (1997). Hier finden sich die Konferenzbeiträge.

24 Jacques Rancière, »La cause de l'autre«, in: *Lignes* 30 (1997), S. 36–49; deutsch: ders., »Die Sache des Anderen«, in: ders., *An den Rändern des Politischen*, S. 147–159.

25 Dieses und vorheriges Zitat ebd., S. 147.

26 Siehe Étienne Balibar, »Algérie, France: une ou deux nations?«, in: *Lignes* 30 (1997), S. 5–22, S. 8.

27 Rancière, »Die Sache des Anderen«, S. 147.

28 Dieses und vorheriges Zitat ebd., S. 151.

29 Ebd., S. 152.

30 Ebd.

31 Ebd., S. 153 f.

32 Ebd., S. 147 f. und S. 155–159.

33 Dieses und vorherige Zitate ebd., S. 155.

34 Siehe auch Toscano, »The Name of Algeria«.

35 Dieses und vorherige Zitate: Rancière, »Die Sache des Anderen«, S. 157.

36 Siehe für diesen Vergleich auch Toscano, »The Name of Algeria«.

37 Rancière, *Das Unvernehmen*, S. 148.

38 Jacques Rancière, *Les trente inglorieuses. Scènes politiques (1991–2021)*, Paris 2022; ders., *Moments politiques. Interventionen 1977–2009*, Zürich 2011.

39 Zitiert nach Ayten Gündoğdu, »Disagreeing with Rancière: Speech, Violence, and the Ambiguous Subjects of Politics«, in: *Polity* 49 (2017), S. 188–219, hier S. 208. Vgl. Auch Jacques Rancière, »Our Police Order: What Can Be Said, Seen, and Done«, in: *Le Monde Diplomatique* (Norway), 11.8.2006.

40 Dieses und vorherige Zitate: Sudeep Dasgupta, »Art is Going Elsewhere. And Politics has to Catch it. An Interview with Jacques Rancière«, in: *Krisis. Journal for contemporary philosophy* 1 (2008), S. 70–75, hier S. 74f.

41 Jacques Rancière, »The Cause of the Other«, in: *Parallax* 4 (1998), S. 25–33.

42 Dieses und vorheriges Zitat: Ann Laura Stoler, »Colonial Aphasia: Race and Disabled Histories in France«, in: *Public Culture* 23 (2011), S. 121–156, hier S. 131.

43 Niklas Plätzer, »Universalismen zwischen Politik und Polizei. Jacques Rancière in der Postkolonie«, in: Mareike Gebhardt (Hg.), *Staatskritik und Radikaldemokratie. Das Denken Jacques Rancières*, Baden-Baden 2020, S. 191–208, hier S. 200 und S. 203.

44 Dieses und vorherige Zitate ebd., S. 199, S. 200 und S. 203.

45 Ebd., S. 201f.

46 Siehe ebd. S. 192. Jacques Rancière, »Les vertus de l'inexplicable – à propos des ›gilets jaunes‹, in: *AOC*, 8.1.2019, online unter: {https://aoc.media/opinion/2019/01/08/vertus-de-linexplicable-a-propos-gilets-jaunes/}, letzter Zugriff 31.1.2024; Jonathan Havercroft, David Owen, »Soul-Blindness, Police Orders and Black Lives Matter. Wittgenstein, Cavell, and Rancière«, in: *Political Theory* 44 (2016), S. 739–763.

47 Rancière, *Das Unvernehmen*, S. 41.

48 Siehe auch Deranty, Genel, »Kritische Theorie zwischen Anerkennung und Unvernehmen«, S. 39. Für ein differenzierteres Verständnis von Identität vgl. Rancière, *Die Methode der Gleichheit*, S. 94.

49 Jacques Rancière, »Kritische Fragen an die Anerkennungstheorie«, in: ders., Honneth, *Anerkennung oder Unvernehmen?*, S. 61–72, hier S. 67. Hervorhebung im Original.

9. Wer hat Angst vor der Theorie?

1 Zwei markante Beispiele aus den 1980er-Jahren: Jürgen Habermas, »Die Moderne – ein unvollendetes Projekt«, in: *Die Zeit*, 19.9.1980; Klaus Laermann, »Lacancan und Derridada. Frankolatrie: gegen die neueste Mode, den neuesten Nonsens in den Kulturwissenschaften«, in: *Die Zeit*, 30.5.1986.

2 Diese Behauptung findet sich emblematisch in Helen Pluckrose, James Lindsay, *Zynische Theorien. Wie aktivistische Wissenschaft Race, Gender und Identität über alles stellt – und warum das niemandem nützt*, München 2022; Thomas Thiel, »Die neue Lust am Büßen«, in: *Frankfurter Allgemeine Zeitung*, 23.3.2022.

3 Vgl. dazu Sylvia Sasse, Sandro Zanetti, »#Postmoderne als Pappkamerad«, in: *geschichtedergegenwart.ch*, 11.6.2017, online unter: {https://geschichtedergegenwart.ch/postmoderne-als-pappkamerad/}, letzter Zugriff 31.1.2024; Patrick West, »In Defence of Postmodernism«, in: *spiked*, 15.4.2023, online unter: {https://www.spiked-online.com/2023/04/15/in-defence-of-postmodernism/amp/}, letzter Zugriff 31.1.2024.

4 Siehe N.N., »Appel de l'Observatoire du décolonialisme et des idéologies identitaires«, in: *Le Point*, 13.1.2021, online unter: {www.lepoint.fr/politique/appel-de-l-observatoire-du-decolonialisme-et-des-ideologies-identitaires-13-01-2021-2409523_20.php#11}, letzter Zugriff 31.1.2024. Vgl. auch Stéphane Dufoix, *Décolonial*, Paris 2023, S. 30f.

5 Emmanuelle Hénin u.a. (Hg.), *Après la déconstruction. L'université au défi des idéologies*, Paris 2023.

6 Siehe den Klappentext des Konferenzbands, ebd.

7 Fressoz/Pietralunga, »Après le déconfinement«; vgl. auch Dufoix, *Décolonial*, S. 29.

8 Zur Amerikanisierungsthese siehe Cole Stangler, »France is Becoming More Like America. It's Terrible«, in: *New York Times*, 2.6.2021; Thomas Chatterton Williams, »The French Are in a Panic Over *Le Wokisme*«, in: *The Atlantic*, 4.2.2023; Daniel Zamora, »The Culture Wars Come to France«, in: *Katalyst* 5 (2021), online unter: {https://catalyst-journal.com/2021/12/the-culture-wars-come-to-france}, letzter Zugriff 31.1.2024.

9 Dieses und vorheriges Zitat: Jean-Michel Blanquer, »Construire. Discours d'ouverture du colloque«, in: Hénin u.a. (Hg.), *Après la déconstruction*, S. 26–37, S. 28.

10 Ebd., S. 35.

11 François Dubet, »Le colloque organisé à La Sorbonne contre le ›wokisme‹ relève d'un maccarthysme soft«, in: *Le Monde*, 10.1.2022. Vgl. auch Williams, »The French Are In A Panic«.

12 Siehe N.N., »›Racisme d'Etat‹: La plainte de Jean-Michel Blanquer contre un syndicat classée sans suite«, in: *Libération*, 7.2.2018. Vgl. auch Williams, »The French Are In A Panic«.

13 Vgl. Soazig Le Nevé, »Polémique après les propos de Jean-Michel Blanquer sur ›l'islamo-gauchisme‹ à l'université«, in: *Le Monde*, 23.10.2020; Marianne Enault u. a., »Hommage à Samuel Paty, lutte contre l'islamisme: Blanquer précise au JDD ses mesures pour la rentrée scolaire«, in: *Le Journal du Dimanche*, 25.10.2020; Rudolf Balmer, »Der Feind steht in der Uni«, in: *taz*, 27.2.2021.

14 Siehe Centre national de la recherche scientifique, »L'›islamogauchisme‹ n'est pas une réalité scientifique«, online unter: {www.cnrs.fr/fr/l-islamogauchisme-nest-pas-une-realite-scientifique}, letzter Zugriff 31.1.2024.

15 Vgl. Isabelle Alfandary u. a. (Hg.), *Qui a peur de la déconstruction?*, Paris 2023.

16 Judith Butler, *Who's Afraid of Gender?*, New York 2024.

17 Derrida, *Die Schrift und die Differenz*, S. 133.

18 Ina Kerner, *Postkoloniale Theorien zur Einführung*, Hamburg 2012, S. 34.

19 Spivak, *Can the Subaltern Speak?*; Homi K. Bhabha, *Die Verortung der Kultur*, Tübingen 2000; Stuart Hall, »Alte und neue Identitäten, alte und neue Ethnizitäten«, in: ders., *Rassismus und kulturelle Identität*, S. 66–87.

20 Jacques Derrida, *Of Grammatology*, Baltimore, London 1976; Gayatri Chakravorty Spivak, *Kritik der postkolonialen Vernunft. Hin zu einer Geschichte der verinnernden Gegenwart*, Stuttgart 2014.

21 Spivak, *Can the Subaltern Speak?*.

22 Zum »strategischen Essentialismus« siehe Gayatri Chakravorty Spivak, »Criticism, Feminism and the Institution«, in: *Thesis Eleven* 10/11 (1984/85), S. 175–187.

23 Gesa Mackenthun, »Essentialismus, strategischer«, in: Dirk Göttsche u. a. (Hg.), *Handbuch Postkolonialismus und Literatur*, Stuttgart 2017, S. 142–144.

24 Ein markantes Beispiel hierfür ist das Kapitel zur postkolonialen Theorie bei Pluckrose/Lindsay, *Zynische Theorien*, S. 73–99.

25 Hans-Ulrich Gumbrecht, »Jacques Derrida: Ein Abgesang«, in: *Neue Zürcher Zeitung*, 15.7.2020; Albrecht Koschorke, »Die akademische Linke hat sich selbst dekonstruiert. Es ist Zeit, die Begriffe neu zu justieren«, in: *Neue Zürcher Zeitung*, 18.4.2018.

26 Simon Strauß, »Lebensader in Gefahr«, in: *Frankfurter Allgemeine Zeitung*, 21.7.2020.

27 Stefan Kleie, »Wer haftet für die ›woke‹ Identitätspolitik?«, in: *Frankfurter Allgemeine Zeitung*, 5.3.2021.

28 Vgl. hierzu auch Bernd Graff, »Makellos. Kein Fortschritt, dass gerade alle Relativierungen von Echtheit und Identität aufgegeben werden«, in: *Süddeutsche Zeitung*, 12./13.9.2020; Andreas Bernhard, »Wen kümmert's, wer spricht?«, in: *Die Zeit*, 20.8.2020; Thomas Steinfeld, »Schuld war nur der Poststrukturalismus«, in: *Süddeutsche Zeitung*, 18.8.2020.

29 René Scheu, »Das Spiel der Differenzen. Wie Jacques Derrida 1968 einen Begriff prägte, der rechts Karriere machte«, in: *Neue Zürcher Zeitung*, 18.7.2018.

30 Kimberlé Crenshaw, »Mapping the Margins: Intersectionality, Identity Politics, and Violence against Women of Color«, in: *Stanford Law Review* 43 (1991), S. 1241–1299.

31 Vgl. Intersecting Optics: A Dialogue on »Race, Nation, Class« 30 years on. A filmed Interview with Étienne Balibar and Immanuel Wallerstein by Manuela Bojadžijev, Regie: Charles Heller, Lorenzo Pezzani, Frankreich, Deutschland 2018, 43 Minuten, online unter: {https://archiv.hkw.de/en/app/mediathek/video/62616}, letzter Zugriff 31.1.2024.

32 Étienne Balibar u. a., »Pour une République française antiraciste et décolonialisé«.

Schluss: Die Fremden

1 Sarah Bakewell, *Das Café der Existenzialisten. Freiheit, Sein & Aprikosencocktails*, München 2016.
2 Vgl. Young, *White Mythologies*, S. 32.
3 Hélène Cixous, *Algériance. Dekonstruktion des Kolonialen*, Wien 2024 (im Erscheinen).
4 Benjamin Stora, Alexis Jenni, *Les mémoires dangereuses.*, Paris 2016, S. III.
5 Vgl. Mbembe, »Frankreich provinzialisieren?«.
6 Siehe François Dosse, *La saga des intellectuels français. Tome I: À l'épreuve de l'histoire (1944–1968)*, Paris 2018.
7 Young, *Postcolonialism*, S. 414.
8 Siehe Ahluwalia, *Out of Africa*.
9 Gilles Deleuze, Félix Guattari, *Was ist Philosophie?*, Frankfurt/M. 2000, S. 99 und S. 128.

Literatur- und Filmverzeichnis

Literatur

Norman Ajari, »Human Sciences as a Battlefield: The Reception of *Race, Nation, Class* in France«, in: Manuela Bojadžijev, Katrin Klingan (Hg.), *Balibar/Wallerstein's »Race, Nation, Class«. Rereading a Dialogue for our Times*, Hamburg 2018, S. 22–33.

Pal Ahluwalia, *Out Of Africa: Post-Structuralism's Colonial Roots*, London, New York 2010.

Isabelle Alfandary u. a. (Hg.), *Qui a peur de la déconstruction?*, Paris 2023.

Louis Althusser, *Die Zukunft hat Zeit*, Frankfurt/M. 1993.

Louis Althusser u. a., *Das Kapital lesen*, Münster 1972.

Jürg Altwegg, Aurel Schmidt, *Französische Denker der Gegenwart. Zwanzig Porträts*, München 1987.

Grey Anderson, *La guerre civile en France. Du coup d'État gaulliste à la fin de l'OAS*, Paris 2018.

Perry Anderson, *In the Tracks of Historical Materialism*, London, New York 1983.

Raymond Aron, *La tragédie algérienne*, Paris 1957.

Raymond Aron, »Preface«, in: Pierre Bourdieu, *The Algerians*, Boston 1962, S. v-vii.

Jacques Attali, *L'année des dupes. Alger, 1943*, Paris 2021.

Alain Badiou, *Mémoires d'outre-politique (1937–1985)*, Paris 2023.

Sarah Bakewell, *Das Café der Existenzialisten. Freiheit, Sein & Aprikosen-cocktails*, München 2016.

Georges Balandier, »La situation coloniale. Approche théorique«, in: *Cahiers internationaux de sociologie* 1 (1951), S. 44–79.

Étienne Balibar, »De Charonne à Vitry«, in: *Le Nouvel Observateur*, 9.3.1981.

Étienne Balibar, »Der Widerspruch hat die Grenzen des Erträglichen überschritten! Die KPF zwischen Internationalismus und Chauvinismus«, in: *PROKLA* 11 (1981), S. 147–160.

Étienne Balibar, *Die Grenzen der Demokratie*, Hamburg 1993.
Étienne Balibar, »Algérie, France: une ou deux nations?«, in: *Lignes* 30 (1997), S. 5–22.
Étienne Balibar, *Gleichfreiheit. Politische Essays*, Berlin 2012.
Étienne Balibar, »Emancipation, transformation, civilité« (Radio-Interview), in: *France Culture*, 8.6.2016, online unter: {www.radiofrance.fr/franceculture/podcasts/a-voix-nue/emancipation-transformation-civilite-9269617}, letzter Zugriff 31.1.2024.
Étienne Balibar, »Jetzt regiert Hegel«, in: *der Freitag*, 28.3.2018.
Étienne Balibar, Immanuel Wallerstein, *Race, Nation, Classe. Les identités ambiguës*, Paris 1988.
Étienne Balibar, Immanuel Wallerstein, *Rasse, Klasse, Nation. Ambivalente Identitäten*, Hamburg 1990.
Étienne Balibar, Immanuel Wallerstein, »Wie Rassismus überwinden?«, in: *100 Jahre Gegenwart – Journal* (Haus der Kulturen der Welt), 15.3.2018, online unter: {https://journal.hkw.de/wie-rassismus-ueberwinden/}, letzter Zugriff 31.1.2024.
Étienne Balibar u. a., »Emmanuel Macron engage le combat non pas contre le racisme, mais contre l'antiracisme«, in: *Le Monde*, 22.6.2020.
Étienne Balibar u. a., »Pour une République française antiraciste et décolonialisé«, in: *Mediapart*, 3.7.2020, online unter: {https://blogs.mediapart.fr/les-invites-de-mediapart/blog/030720/pour-une-republique-francaise-antiraciste-et-decolonialisee}, letzter Zugriff 31.1.2024.
Rudolf Balmer, »Der Feind steht in der Uni«, in: *taz*, 27.2.2021.
Kiff Bamford, *Jean-François Lyotard*, London 2017.
Edward Baring, *The Young Derrida and French Philosophy (1945–1968)*, Cambridge 2011.
Martin Barker, *The New Racism. Conservatives and the Ideology of the Tribe*, London 1981.
Roland Barthes, »Un cas de critique culturelle«, in: *Communications* 14 (1969), S. 97–99.
Roland Barthes, *S/Z*, Frankfurt/M. 1976.
Roland Barthes, *Das Reich der Zeichen*, Frankfurt/M. 1981.
Roland Barthes, *Sade. Fourier. Loyola*, Frankfurt/M. 1986.
Roland Barthes, »Digressionen«, in: *Die Körnung der Stimme*, Frankfurt/M. 2002, S. 125–140.
Roland Barthes, »Das ständige Scheitern des Sprechens über das Geliebte«, in: *Das Rauschen der Sprache*, Frankfurt/M. 2005, S. 326–336.

Roland Barthes, *Begebenheiten. Incidents*, Mainz 2007.
Roland Barthes, *Die Vorbereitung des Romans. Vorlesung am Collège de France 1978–1979 und 1979–1980*, Frankfurt/M. 2008.
Roland Barthes, *Mythen des Alltags. Vollständige Ausgabe*, Berlin 2010.
Roland Barthes, *La préparation du roman. Cours au Collège de France 1978–1979 et 1979–1980*, Paris 2015.
Geoffrey Bennington, »Curriculum Vitae«, in: *Jacques Derrida. Ein Portrait von Geoffrey Bennington und Jacques Derrida*, Frankfurt/M. 1994, S. 331–358.
Alain de Benoist, *Aus rechter Sicht. Eine kritische Anthologie zeitgenössischer Ideen*, Tübingen 1983/4.
Andreas Bernhard, »Wen kümmert's, wer spricht?«, in: *Die Zeit*, 20.8.2020.
Homi K. Bhabha, *Die Verortung der Kultur*, Tübingen 2000.
Guillaume Blanc, *Décolonisations. Histoires situées d'Afrique et d'Asie*, Paris 2022.
Emmanuel Blanchard, »17 octrobre 1961: La police française tue des Algériens«, in: *Le Média TV*, 16.10.2019, online unter: {www.youtube.com/watch?v=rN9Em-phqhY}, letzter Zugriff 31.1.2024.
Pascal Blanchard u. a. (Hg.), *La fracture coloniale. La société française au prisme de l'héritage colonial*, Paris 2005.
Pascal Blanchard u. a., *Décolonisations françaises. La chute d'un empire*, Paris 2020.
Jean-Michel Blanquer, »Construire. Discours d'ouverture du colloque«, in: Hénin u. a. (Hg.), *Après la déconstruction*, S. 26–37.
Manuela Bojadžijev, Katrin Klingan (Hg.), *Balibar/Wallerstein's »Race, Nation, Class«. Rereading a Dialogue for our Times*, Hamburg 2018.
Jonathan Bouchet-Petersen, »Antiracisme: la voix ambiguë d'Emmanuel Macron«, in: *Libération*, 23.6.2020.
Ridha Boulaâbi u. a. (Hg.), *Roland Barthes au Maroc*, Meknès 2013.
Ridha Boulaâbi, »Barthes et l'Orient: lecture d'*Incidents*«, in: dies. u. a. (Hg.), *Roland Barthes au Maroc*, Meknès 2013, S. 35–51.
Pierre Bourdieu, *Sociologie de l'Algérie*, Paris 1958.
Pierre Bourdieu, »Révolution dans la Révolution«, in: *Esprit* (Januar 1961), S. 27–40.
Pierre Bourdieu, »Les sous-prolétaires algériens«, in: *Les Temps modernes* 199 (Dezember 1962), S. 1030–1051.
Pierre Bourdieu u. a., *Travail et travailleurs en Algérie*, Paris 1963.
Pierre Bourdieu, Abdelmalek Sayad, *Le Déracinement. La crise de l'agriculture traditionelle en Algérie*, Paris 1964.

Pierre Bourdieu, »Tartuffe ou le drame de la foi et de la mauvaise foi«, in: *Revue de la Méditerranée* 92/93 (1959), S. 453–458.
Pierre Bourdieu, *The Algerians*, Boston 1962.
Pierre Bourdieu, »Der Habitus als Vermittlung zwischen Struktur und Praxis«, in: ders., *Zur Soziologie der symbolischen Formen*, Frankfurt/M. 1970, S. 125–158.
Pierre Bourdieu, *Entwurf einer Theorie der Praxis auf der ethnologischen Grundlage der kabylischen Gesellschaft*, Frankfurt/M. 1979.
Pierre Bourdieu, *Sozialer Raum und Klassen. Leçon sur la leçon. Zwei Vorlesungen*, Frankfurt/M. 1985.
Pierre Bourdieu, *Sozialer Sinn. Kritik der theoretischen Vernunft*, Frankfurt/M. 1987.
Pierre Bourdieu u. a. (Hg.), *Soziologie als Beruf*, Berlin, New York 1991.
Pierre Bourdieu, *Zur Kritik der scholastischen Vernunft*, Frankfurt/M. 2001.
Pierre Bourdieu, *Ein soziologischer Selbstversuch*, Frankfurt/M. 2002.
Pierre Bourdieu, *In Algerien. Zeugnisse der Entwurzelung*, herausgegeben von Franz Schultheis und Christine Frisinghelli, Graz 2003.
Pierre Bourdieu, »The Algerian Landing«, in: *Ethnography* 5 (2004), S. 415–443.
Pierre Bourdieu, *Männliche Herrschaft*, Frankfurt/M. 2005.
Pierre Bourdieu, *Studien zum Niedergang der bäuerlichen Gesellschaft*, Konstanz 2008.
Pierre Bourdieu, *Algerische Skizzen*, Berlin 2010.
Pierre Bourdieu, Jean-Claude Passeron, *Die Erben: Studenten, Bildung und Kultur*, Konstanz 2007.
Holger Brohm, »Diagramm und Fotografie als Praxis des Visuellen. Pierre Bourdieu«, in: Jörg Probst, Jost Philipp Klenner (Hg.), *Ideengeschichte der Bildwissenschaft. Siebzehn Porträts*, Frankfurt/M. 2008, S. 197–218.
Horst Brühmann, »›Als Diskussionsgrundlage für Großstadtbüchereien empfohlen‹. Zu Übersetzung und Rezeption der *Mythen des Alltags* in Deutschland«, in: Mona Körte, Anne-Kathrin Reulecke (Hg.), *Mythen des Alltags – Mythologies. Roland Barthes' Klassiker der Kulturwissenschaften*, Berlin 2014, S. 25–40.
Judith Butler, *Who's Afraid of Gender?*, New York 2024.
Adèle Cailleteau, »Zwischen Philosophie und Politik«, in: *taz*, 1.12.2017.
Albert Camus, «Kleiner Führer durch Städte ohne Vergangenheit», in: ders., *Hochzeit des Lichts. Heimkehr nach Tipasa*, Hamburg, Zürich 2010, S. 113–118.

Albert Camus, »Minotaurus«, in: ders., *Hochzeit des Lichts. Heimkehr nach Tipasa,* Hamburg, Zürich 2010, S. 69–101.
Centre national de la recherche scientifique, »L'›islamogauchisme‹ n'est pas une réalité scientifique«, online unter: {www.cnrs.fr/fr/l-islamogauchisme-nest-pas-une-realite-scientifique}, letzter Zugriff 31.1.2024.
Laurent Chabrun, »Octobre 1961: le témoignage d'un policier«, in: *L'Express*, 16.10.1997.
Charlotte Cieslinksi, »Macron philosophe: ces intellectuels qui n'y croient pas«, in: *L'Express*, 6.9.2016.
Hélène Cixous, *Dedans*, Paris 1969.
Hélène Cixous, *Die unendliche Zirkulation des Begehrens. Weiblichkeit in der Schrift*, Berlin 1977.
Hélène Cixous, »My Algériance, in other words: to depart not to arrive from Algeria«, in: dies., *Escaping texts*, New York 1998, S. 153–172.
Hélène Cixous, *Portrait de Jacques Derrida en jeune saint juif*, Paris 2001.
Hélène Cixous, *Reveries of the Wild Woman. Primal Scenes*, Chicago 2006.
Hélène Cixous, *Si près*, Paris 2007.
Hélène Cixous, »Celle qui ne se ferme pas«, in: Mustapha Chérif (Hg.), *Derrida à Alger. Un regard sur le monde*, Arles 2008, S. 45–58.
Hélène Cixous, »How not to speak about Algeria«, in: dies., *Volleys of Humanity. Essays 1972–2009*, Edinburgh 2011, S. 160–176.
Hélène Cixous, »Das Lachen der Medusa«, in: Esther Hutfless u. a. (Hg.), *Hélène Cixous. Das Lachen der Medusa zusammen mit aktuellen Beiträgen*, Wien 2013, S. 39–61.
Hélène Cixous, »Ein föderales Algerien ist eine Illusion«, in: *qantara.de*, 12.5.2014, online unter: {https://de.qantara.de/inhalt/interview-mit-der-philosophin-helene-cixous-ein-foederales-algerien-ist-eine-illusion}, letzter Zugriff 31.1.2024.
Hélène Cixous, »Interview«, in: *purple magazine* 24 (2015), online unter: {https://purple.fr/magazine/fw-2015-issue-24/helene-cixous/}, letzter Zugriff 31.1.2024.
Hélène Cixous, »Ich konnte die Frauenfeindlichkeit förmlich riechen«, in: *Die Zeit*, 13.10.2017.
Hélène Cixous, *Aus Montaignes Koffer. Im Gespräch mit Peter Engelmann*, Wien 2017.
Hélène Cixous, *Osnabrück*, Wien 2017.
Hélène Cixous, *Meine Homère ist tot ...*, Wien 2019.
Hélène Cixous, *Algériance. Dekonstruktion des Kolonialen*, Wien 2024.

Hélène Cixous, Catherine Clément, *La jeune née*, Paris 1975.
Hélène Cixous, Mireille Calle-Gruber, *Memory and Life Writing*, New York 1997.
Hélène Cixous, Jacques Derrida, *Schleier und Segel*, Wien 2007.
Hélène Cixous, Cécile Wajsbrot, *Eine deutsche Autobiographie*, Wien 2019.
Ross Chambers, »Pointless Stories, Storyless Points: Roland Barthes between ›Soirées de Paris‹ and ›Incidents‹«, in: *L'esprit créateur* 34, 1994, S. 12–30.
Jacques Chirac, »Entretien avec Dominique Ottavioli et Guy Lagorce«, in: *Paris Match*, 24.2.1978.
Kimberlé Crenshaw, »Mapping the Margins: Intersectionality, Identity Politics, and Violence against Women of Color«, in: *Stanford Law Review* 43 (1991), S. 1241–1299.
François Cusset, *French Theory. How Foucault, Derrida, Deleuze, & Co. Transformed the Intellectual Life of the United States*, Minnesota 2008.
Jean Daniel, »La passion de Michel Foucault«, in: *Le Nouvel Observateur*, 24.6.1984.
Jean Daniel, *La blessure*, Paris 1992.
Sudeep Dasgupta, »Art is Going Elsewhere. And Politics has to Catch it. An Interview with Jacques Rancière«, in: *Journal for contemporary philosophy* 1 (2008), S. 70–75.
Muriam Haleh Davis, »Algeria as Postcolony? Rethinking the Colonial Legacy of Post-Structuralism«, in: *Journal of French and Francophone Philosophy* 19 (2011) S. 136–152.
Oliver Davis, *Jacques Rancière*, Cambridge, Malden 2010.
Mitchell Dean, Daniel Zamora, *The Last Man Takes LSD. Foucault and the End of Revolution*, London, New York 2021.
Daniel Defert, »Zeittafel«, in: Michel Foucault, *Schriften in vier Bänden. Dits et Ecrits. Band 1: 1954–1969*, Frankfurt/M. 2001, S. 15–105.
Daniel Defert, »Raum zum Hören«, in: Michel Foucault, *Die Heterotopien. Der utopische Körper. Zwei Radiovorträge*, Frankfurt/M. 2005, S. 69–92.
Daniel Defert, »Chronology«, in: Christopher Falzon u. a. (Hg.), *A Companion to Foucault*, Hoboken 2013, S. 9–83.
Daniel Defert, *Ein politisches Leben*, Berlin 2015.
Gilles Deleuze, Félix Guattari, *Was ist Philosophie?*, Frankfurt/M. 2000.
Jean-Philippe Deranty, Katia Genel, »Zur Einführung: Die Kritische Theorie zwischen Anerkennung und Unvernehmen«, in: Axel Honneth, Jacques Rancière, *Anerkennung oder Unvernehmen? Eine Debatte*, Berlin 2021, S. 7–58.

Jacques Derrida, »Introduction«, in: Edmund Husserl, *L'Origine de la géométrie*, Paris 1962.
Jacques Derrida, *Grammatologie*, Frankfurt/M. 1974.
Jacques Derrida, *Die Schrift und die Differenz*, Frankfurt/M. 1972.
Jacques Derrida, *Of Grammatology*, Baltimore, London 1976.
Jacques Derrida, *Die Stimme und das Phänomen*, Frankfurt/M. 1979.
Jacques Derrida, »Racism's Last Word«, in: *Critical Inquiry* 12 (1985), S. 290–299.
Jacques Derrida, »Zirkumfession«, in: *Jacques Derrida. Ein Portrait von Geoffroy Bennington und Jacques Derrida*, Frankfurt/M. 1994, S. 11–323.
Jacques Derrida, *Die Einsprachigkeit des Anderen oder die ursprüngliche Prothese*, München 2003.
Jacques Derrida, »Les voix d'Artaud«, in: *Le magazine littéraire* 434 (2004), S. 34–36.
Jacques Derrida, *Leben ist Überleben*, Wien 2005.
Jacques Derrida, *C. für das Leben, das heißt ...*, Wien 2007.
Jacques Derrida, *Vergeben. Das Nichtvergebbare und das Unverjährbare*, Wien 2017.
Jacques Derrida, Elisabeth Roudinesco, *Woraus wird Morgen gemacht sein? Ein Dialog*, Stuttgart 2006.
Dan Diner, »Algerische Ouvertüren. Pierre Nora und Jacques Derrida im Widerstreit«, in: *Romanisches Jahrbuch* 67 (2016), S. 35–50.
François Dubet, »Le colloque organisé à La Sorbonne contre le ›wokisme‹ relève d'un maccarthysme soft«, in: *Le Monde*, 10.1.2022.
Maxime Du Camp, *Souvenirs littéraires*, Paris 1994 (1892).
Stéphane Dufoix, *Décolonial*, Paris 2023.
Andreas Eckert, »Probelauf für einen öffentlichen Intellektuellen«, in: *Frankfurter Allgemeine Zeitung*, 22.9.2010.
Jean-Luc Einaudi, *La bataille de Paris (17 octobre 1961)*, Paris 1991.
Fons Elders, »Preface«, in: Michel Foucault, *Freedom and Knowledge*, Amsterdam 2012, S. 7–8.
Aladin El-Mafaalani, *Wozu Rassismus? Von der Erfindung der Menschenrassen bis zum rassismuskritischen Widerstand*, Köln 2022.
Marianne Enault u. a., »Hommage à Samuel Paty, lutte contre l'islamisme: Blanquer précise au JDD ses mesures pour la rentrée scolaire«, in: *Le Journal du Dimanche*, 25.10.2020.
Didier Eribon, *Michel Foucault. Eine Biographie*, Frankfurt/M. 1991.
Didier Eribon, *Rückkehr nach Reims*, Berlin 2016.

Onur Erdur, *Die epistemologischen Jahre. Philosophie und Biologie in Frankreich, 1960–1980*, Zürich 2018.

Onur Erdur, »Antimarxismus. André Glucksmann: *Les maîtres penseurs* (1977)«, in: Monika Wulz u. a. (Hg.), *Deregulation und Restauration. Eine politische Wissensgeschichte*, Berlin 2021, S. 126–145.

Annie Ernaux, *Erinnerung eines Mädchens*, Berlin 2018.

Ottmar Ette, »Reiseberichte und Reiselandschaften«, in: ders., *Roland Barthes. Landschaften der Theorie*, Konstanz 2013, S. 95–120.

Frantz Fanon, *Die Verdammten dieser Erde*, Frankfurt/M. 1966.

Frantz Fanon, »Rassismus und Kultur«, in: ders., *Für eine afrikanische Revolution. Politische Schriften*, Berlin 2022, S. 47–63.

Moritz Feichtinger, Stephan Malinowski, »›Eine Million Algerier lernen im 20. Jahrhundert zu leben‹. Umsiedlungslager und Zwangsmodernisierung im Algerienkrieg 1954–1962«, in: *Journal of Modern European History / Zeitschrift für moderne europäische Geschichte* 8 (2010), S. 107–135.

Gustave Flaubert, *Wörterbuch der Gemeinplätze. Dictionnaire des idées reçues*, München 1968.

Michel Foucault, »La philosophie structuraliste permet de diagnostiquer ce qu'est ›aujourd'hui‹. Entretien avec G. Fellous«, in: *La Presse de Tunisie*, 12.4.1967.

Michel Foucault, *Die Archäologie des Wissens*, Frankfurt/M. 1973.

Michel Foucault, *Wahnsinn und Gesellschaft. Eine Geschichte des Wahns im Zeitalter der Vernunft*, Frankfurt/M. 1973.

Michel Foucault, *Die Ordnung der Dinge. Eine Archäologie der Humanwissenschaften*, Frankfurt/M. 1974.

Michel Foucault, »Des espaces autres«, in: *Architecture, Mouvement, Continuité* 5 (1984), S. 16–49.

Michel Foucault, *Der Mensch ist ein Erfahrungstier. Gespräch mit Ducio Trombadori*, Frankfurt/M. 1996.

Michel Foucault, »Die strukturalistische Philosophie gestattet eine Diagnose dessen, was ›heute‹ ist«, in: ders., *Schriften in vier Bänden. Dits et Ecrits. Band 1: 1954–1969*, Frankfurt/M. 2001, S. 743–749.

Michel Foucault, »Die Intellektuellen und die Macht (Gespräch mit G. Deleuze)«, in: ders., *Schriften in vier Bänden. Dits et Ecrits. Band II: 1970–1975*, Frankfurt/M. 2002, S. 382–393.

Michel Foucault, »Die Armee, wenn die Erde bebt«, in: ders., *Schriften in vier Bänden. Dits et Ecrits. Band III: 1976–1979*, Frankfurt/M. 2003, S. 829–837.

Michel Foucault, »Das Flüchtlingsproblem ist ein Vorbote der großen Wanderungsbewegung des 21. Jahrhunderts«, in: ders., *Schriften in vier Bänden. Dits et Ecrits. Band III: 1976–1979*, Frankfurt/M. 2003, S. 996–999.

Michel Foucault, »Von anderen Räumen«, in: ders., *Schriften in vier Bänden. Dits et Ecrits. Band IV: 1980–1984*, Frankfurt/M. 2005, S. 931–942.

Michel Foucault, »Die Heterotopien« (7.12.1966), in: ders., *Die Heterotopien. Der utopische Körper. Zwei Radiovorträge*, Frankfurt/M. 2005, S. 9–22.

Michel Foucault, »Der utopische Körper« (21.12.1966), in: ders., *Die Heterotopien. Der utopische Körper. Zwei Radiovorträge*, Frankfurt/M. 2005, S. 25–36.

Françoise Fressoz, Cédric Pietralunga, »Après le déconfinement, l'Elysée craint un vent de révolte: ›Il ne faut pas perdre la jeunesse‹«, in: *Le Monde*, 10.6.2020.

Christine Frisinghelli, »Anmerkungen zu den fotografischen Dokumentationen von Pierre Bourdieu«, in: Pierre Bourdieu, *In Algerien. Zeugnisse der Entwurzelung*, herausgegeben von Franz Schultheis und Christine Frisinghelli, Graz 2003, S. 217–230.

Monique Gadant, *Parcours d'une intellectuelle en Algérie. Nationalisme et anticolonialisme dans les sciences sociales*, Paris 1995.

Bernd Graff, »Makellos. Kein Fortschritt, dass gerade alle Relativierungen von Echtheit und Identität aufgegeben werden«, in: *Süddeutsche Zeitung*, 12./13.9.2020.

Colette Guillaumin, *L'idéologie raciste. Genèse et langage actuel*, Paris, Den Haag 1972.

Hans-Ulrich Gumbrecht, »Lyotard: Eine Maschine ohne Körper kann nicht denken»", in: *Neue Zürcher Zeitung*, 23.9.2019.

Hans-Ulrich Gumbrecht, »Jacques Derrida: Ein Abgesang«, in: *Neue Zürcher Zeitung*, 15.7.2020.

Ayten Gündoğdu, »Disagreeing with Rancière: Speech, Violence, and the Ambiguous Subjects of Politics«, in: *Polity* 49 (2017), S. 188–219.

Jürgen Habermas, »Die Moderne – ein unvollendetes Projekt«, in: *Die Zeit*, 19.9.1980.

Jalila Hafsia, *Visages et rencontres*, Tunis 1981.

Jalila Hafsia, »Quand la passion de l'intelligence illuminait Sidi Bou Saïd«, in: *La Presse de Tunisie*, 6.7.1984.

Abdellali Hajjat, *La marche pour l'égalité et contre le racisme*, Paris 2013.

Stuart Hall, *Rassismus und kulturelle Identität. Ausgewählte Schriften 2*, Hamburg 2012.

Abdellah Hammoudi, »Phenomenology and Ethnography. On Kabyle *Habitus* in the Work of Pierre Bourdieu«, in: Jane E. Goodman, Paul A. Silverstein (Hg.), *Bourdieu in Algeria. Colonial Politics, Ethnographic Practices, Theoretical Developments*, Lincoln 2009, S. 199–254.

Hervé Hamon, Patrick Rotman, *Les porteurs de valises. La résistance française à la guerre d'Algérie*, Paris 1979.

Joseph Hanimann, »Wie philosophisch ist Emmanuel Macron«, in: *Süddeutsche Zeitung*, 1.2.2018.

Jonathan Havercroft, David Owen, »Soul-Blindness, Police Orders and Black Lives Matter. Wittgenstein, Cavell, and Rancière«, in: *Political Theory* 44 (2016), S. 739–763.

Robert Heinze, »Die Unterscheidungen sind das Problem«, in: *neues deutschland*, 8.3.2022.

Bernd Heiter, »Immanuel Wallerstein: Unthinking Culture?«, in: Stephan Moebius, Dirk Quadflieg (Hg.), *Kultur. Theorien der Gegenwart*, Wiesbaden 2011, S. 708–721.

Emmanuelle Hénin u. a. (Hg.), *Après la déconstruction. L'université au défi des idéologies*, Paris 2023.

Jane Hiddleston, *Poststructuralism and Postcoloniality. The Anxiety of Theory*, Liverpool 2010.

Carola Hilfrich, »Unheim(at)liche Zugehörigkeiten: Algerien als Ort von Herkunft und Gedächtnis bei Jacques Derrida und Hélène Cixous«, in: *Jahrbuch des Simon-Dubnow-Instituts* 10 (2011), S. 389–403.

Lynne Huffer, »Derrida's Nostalgeria«, in: Patricia M. E. Lorcin (Hg.), *Algeria & France, 1800–2000: Identity, Memory, Nostalgia*, Syracuse 2006, S. 228–246.

Christoph Kalter, »›Le monde va de l'avant. Et vous êtes en marge‹. Dekolonisierung, Dezentrierung des Westens und Entdeckung der ›Dritten Welt‹ in der radikalen Linken in Frankreich in den 1960er-Jahren«, in: *Archiv für Sozialgeschichte* 48 (2008), S. 99–132.

Christoph Kalter, *Die Entdeckung der Dritten Welt. Dekolonisierung und neue radikale Linke in Frankreich*, Frankfurt, New York 2011.

Ina Kerner, *Postkoloniale Theorien zur Einführung*, Hamburg 2012.

Stefan Kleie, »Wer haftet für die ›woke‹ Identitätspolitik?«, in: *Frankfurter Allgemeine Zeitung*, 5.3.2021.

Diana Knight, »Barthes and Orientalism«, in: *New Literary History* 24 (1993), S. 617–633.

Diana Knight, *Barthes and Utopia: Space, Travel, Writing*, Oxford 1997.
Traugott König, »Flauberts Orient-Schock«, in: *Die ZEIT*, 25.9.1981.
Albrecht Koschorke, »Die akademische Linke hat sich selbst dekonstruiert. Es ist Zeit, die Begriffe neu zu justieren«, in: *Neue Zürcher Zeitung*, 18.4.2018.
Beate Krais, Gunter Gebauer, *Habitus*, Bielefeld 2002.
Beate Krais, »Habitus und soziale Praxis«, in: Margareta Steinrücke (Hg.), *Pierre Bourdieu: Politisches Forschen, Denken und Eingreifen*, Hamburg 2004, S. 91–106.
Klaus Laermann, »Lacancan und Derridada. Frankolatrie: gegen die neueste Mode, den neuesten Nonsens in den Kulturwissenschaften«, in: *Die Zeit*, 30.5.1986.
Geoffroy de Lagasnerie, *Michel Foucaults letzte Lektion. Über Neoliberalismus, Theorie und Politik*, Wien 2018.
Nathalie Léger, »Vorwort«, in: Roland Barthes, *Die Vorbereitung des Romans. Vorlesung am Collège de France 1978–1979 und 1979–1980*, Frankfurt/M. 2008, S. 17–26.
Claus Leggewie, *Kofferträger. Das Algerien-Projekt der Linken im Adenauer-Deutschland*, Berlin 1984.
Claus Leggewie, »Der andere 8. Mai 1945«, in: *Frankfurter Allgemeine Zeitung*, 9.5.2015.
Claus Leggewie, »Roman nicht nur zur Stunde«, in: *Frankfurter Allgemeine Zeitung*, 28.3.2020.
Claus Leggewie, »Papa, was hast Du in Algerien gemacht? Der Algerienkrieg in der europäischen Erinnerungskultur«, in: *Merkur* 75 (März 2021), S. 68–75.
Soazig Le Nevé, »Polémique après les propos de Jean-Michel Blanquer sur ›l'islamo-gauchisme‹ à l'université«, in: *Le Monde*, 23.10.2020.
James D. Le Sueur, *Uncivil War. Intellectuals and Identity Politics during the Decolonization of Algeria*, Philadelphia 2001.
Claude Lévi-Strauss, *Traurige Tropen*, Frankfurt/M. 1978.
Georg Lukács, »Vorwort« (1962), in: ders., *Theorie des Romans*, Bielefeld 2009, S. 7–17.
Jean-François Lyotard, *La phénoménologie*, Paris 1954.
Jean-François Lyotard, *Discours, figure*, Paris 1971.
Jean-François Lyotard, »Heidnische Unterweisungen«, in: ders., *Apathie in der Theorie*, Berlin 1979, S. 7–71.
Jean-François Lyotard, »Regeln und Paradoxa«, in: ders., *Philosophie und Malerei im Zeitalter ihres Experimentierens*, Berlin 1986, S. 97–107.

Jean-François Lyotard, *Der Widerstreit*, München 1987.
Jean-François Lyotard, *La guerre des Algériens. Écrits 1956–1963*, Paris 1989.
Jean-François Lyotard, *Streifzüge. Gesetz, Form, Ereignis*, Wien 1989.
Jean-François Lyotard, »La guerre des Algériens, suite«, in: *Lignes* 30 (1997), S. 66–76.
Jean-François Lyotard, *Das postmoderne Wissen. Ein Bericht*, Wien 2015.
David Macey, *Michel Foucault*, London 2004.
David Macey, *The Lives of Michel Foucault*, London, New York 2019.
Gesa Mackenthun, »Essentialismus, strategischer«, in: Dirk Göttsche u. a. (Hg.), *Handbuch Postkolonialismus und Literatur*, Stuttgart 2017, S. 142–144.
Catherine Malabou, Jacques Derrida, *La Contre-allée. Voyager avec Jacques Derrida*, Paris 1999.
Éric Marty, »Barthes au Maroc«, S. 1–9, Online-Manuskript, online unter: {www.unige.ch/lettres/framo/application/files/4614/3705/8723/E_Marty.pdf}, letzter Zugriff 31.1.2024.
Achille Mbembe, »Frankreich provinzialisieren?«, in: Sebastian Conrad u. a. (Hg.), *Jenseits des Eurozentrismus: Postkoloniale Perspektiven in den Geschichts- und Kulturwissenschaften*, Frankfurt/M. 2013, S. 224–263.
Elaine Mokhtefi, *Algiers, Third World Capital. Freedom Fighters, Revolutionaries, Black Panthers*, London, New York 2018.
Mokhtar Mokhtefi, *I was a French Muslim. Memories of an Algerian Freedom Fighter*, New York 2021.
Ulrich Mölk, »Gustave Flaubert am zweiten Katarakt: ›Je l'appellerai Emma Bovary‹«, in: *Romanische Forschungen* 96 (1984), S. 264–277.
Claas Morgenroth, »1978. Roland Barthes. ›Die Vorbereitung des Romans‹«, in: Sandro Zanetti (Hg.), *Improvisation und Invention. Momente, Modelle, Medien*, Zürich, Berlin 2014, S. 149–159.
Dirk Naguschewski, »Politik im Diskurs. Roland Barthes und die ›Afrikanische Grammatik‹«, in: Mona Körte, Anne-Kathrin Reulecke (Hg.), *Mythen des Alltags – Mythologies. Roland Barthes' Klassiker der Kulturwissenschaften*, Berlin 2014, S. 132–141.
Jean-Luc Nancy, »L'indépendence de l'Algérie, l'indépendence de Derrida«, in: Mustapha Chérif (Hg.), *Derrida à Alger. Un regard sur le monde*, Arles 2008, S. 19–25.
Delphine Naudier, »L'écriture-femme, une innovation esthétique emblématique«, in: *Sociétés contemporaines* 44 (2001), S. 57–73.

Susan Neiman, *Links ist nicht woke*, München 2023.
N.N., »Un incendie criminal ravage l'université«, in: *Le Monde*, 9.6.1962.
N.N., »Den alten Volksgeist erwecken: Alain de Benoist über die ›Verwurzelungs‹-Ideologie der französischen Neuen Rechten«, in: *Der Spiegel* 34, 19.8.1979.
N.N., »Algérie-France. Regards croisés«, in: *lignes* 30 (1997).
N.N., »Le 17/10/1961, le massacre des Algériens«, in: *Le Nouvel Observateur*, 21.10.2004.
N.N., »›Racisme d'Etat‹: La plainte de Jean-Michel Blanquer contre un syndicat classée sans suite«, in: *Libération*, 7.2.2018.
N.N., »Appel de l'Observatoire du décolonialisme et des idéologies identitaires«, in: *Le Point*, 13.1.2021, online unter: {www.lepoint.fr/politique/appel-de-l-observatoire-du-decolonialisme-et-des-ideologies-identitaires-13-01-2021-2409523_20.php#11}, letzter Zugriff 31.1.2024.
Pierre Nora, *Les Français d'Algérie. Édition revue et augmentée*, Paris 2012.
Bernd Oel, *Flaubert: Die Entzauberung des Gefühls*, Berlin 2010.
Michaela Ott, *Welches Außen des Denkens? Französische Theorien in (post)kolonialer Kritik*, Wien 2018.
Nadia Pantel, »Macron sollte die Proteste ernst nehmen«, in: *Süddeutsche Zeitung*, 16.10.2020.
Benoît Peeters, *Jacques Derrida. Eine Biographie*, Berlin 2013.
Paulette Péju, *Ratonnades à Paris*, Paris 1961.
Amín Pérez, *Combattre en sociologues. Pierre Bourdieu & Abdelmalek Sayad dans une guerre de libération (Algérie, 1958–1964)*, Marseille 2022.
François Perroux (Hg.), *L'Algérie de demain*, Paris 1962.
Maurice Pinguet, »Die Lehrjahre«, in: Wilhem Schmid (Hg.), *Denken und Existenz bei Michel Foucault*, Frankfurt/M. 1991, S. 41–50.
Niklas Plätzer, »Universalismen zwischen Politik und Polizei. Jacques Rancière in der Postkolonie«, in: Mareike Gebhardt (Hg.), *Staatskritik und Radikaldemokratie. Das Denken Jacques Rancières*, Baden-Baden 2020, S. 191–208.
Helen Pluckrose, James Lindsay, *Zynische Theorien. Wie aktivistische Wissenschaft Race, Gender und Identität über alles stellt – und warum das niemandem nützt*, München 2022.
Oliver Precht, »Portrait of a Philosopher (Notes on a New Biography of Jacques Derrida)«, in: *ZfL Blog*, 7.5.2021, online unter: {www.zflprojekte.de/zfl-blog/2021/05/07/oliver-precht-portrait-of-a-philosopher-notes-on-a-new-biography-of-jacques-derrida}, letzter Zugriff 31.1.2024.

Paul B. Preciado, »Vom Virus lernen«, in: ders., *Ein Apartment auf dem Uranus. Chroniken eines Übergangs*, Berlin 2020, S. 351–368.

Gertrude Postl, »Eine Politik des Schreibens und des Lachens. Versuch einer historischen Kontexualisierung von Hélène Cixous' *Medusa*-Text«, in: Esther Hutfless u. a. (Hg.), *Hélène Cixous. Das Lachen der Medusa zusammen mit aktuellen Beiträgen*, Wien 2013, S. 21–35.

John Rajchman, »Introduction: The Question of Identity«, in: *October* 61 (1992), S. 5–7.

John Rajchman (Hg.), *The Identity in Question*, New York 1995.

Mohammed Ramdani, «L'Algérie, un différend», in: Jean-François Lyotard, *La guerre des Algériens. Écrits 1956–1963*, Paris 1989, S. 9–32.

Jacques Rancière, »La cause de l'autre«, in: *Lignes* 30 (1997), S. 36–49.

Jacques Rancière, »The Cause of the Other«, in: *Parallax* 4 (1998), S. 25–33.

Jacques Rancière, *Das Unvernehmen. Politik und Philosophie*, Frankfurt/M. 2002.

Jacques Rancière, »Our Police Order: What Can Be Said, Seen, and Done«, in: *Le Monde Diplomatique* (Norway), 11.8.2006.

Jacques Rancière, *Moments politiques. Interventionen 1977–2009*, Zürich 2011.

Jacques Rancière, *Die Nacht der Proletarier. Archive des Arbeitertraums*, Wien 2013.

Jacques Rancière, *Die Lektion Althussers*, Hamburg 2014.

Jacques Rancière, *Die Methode der Gleichheit*, Wien 2014.

Jacques Rancière, »Les vertus de l'inexplicable – à propos des ›gilets jaunes‹, in: *AOC*, 8.1.2019, online unter: {https://aoc.media/opinion/2019/01/08/vertus-de-linexplicable-a-propos-gilets-jaunes/}, letzter Zugriff 31.1.2024.

Jacques Rancière, *An den Rändern des Politischen*, Wien 2019.

Jacques Rancière, »Kritische Fragen an die Anerkennungstheorie«, in: Axel Honneth, Jacques Rancière, *Anerkennung oder Unvernehmen? Eine Debatte*, Berlin 2021, S. 61–72.

Jacques Rancière, *Les trente inglorieuses. Scènes politiques (1991–2021)*, Paris 2022.

Deborah Reed-Danahay, »The Kabyle and the French: Occidentalism in Bourdieu's Theory of Practice«, in: James G. Carrier (Hg.), *Images of the West*, Oxford 1995, S. 61–84.

Boike Rehbein, *Die Soziologie Pierre Bourdieus*, Konstanz 2006.

Don Reid, »Étienne Balibar: Algeria, Althusser, and Altereuropéenisation«, in: *South Central Review* 25 (2008), S. 68–85.

Terry Rey, *Bourdieu on Religion. Imposing Faith and Legitimacy*, London 2007.
Henning Ritter, »Ins neue Leben schreiben«, in: *Frankfurter Allgemeine Zeitung*, 25.6.2008.
Eleonora Roldán Mendívil, Bafta Sarbo (Hg.), *Die Diversität der Ausbeutung. Zur Kritik des herrschenden Antirassismus*, Berlin 2023.
Nathalie Ruz, »La force du ›cartiérisme‹«, in: Jean-Pierre Rioux (Hg.), *La guerre d'Algérie et les Français*, Paris 1990, S. 329–336.
Edward Said, *Culture and Imperialism*, New York 1993.
Edward Said, »Diary«, in: *London Review of Books* 22, 1.6.2000.
Edward Said, *Orientalismus*, Frankfurt/M. 2009.
Peter Salmon, *An Event, Perhaps. A Biography of Jacques Derrida*, London, New York 2020.
Tiphaine Samoyault, *Roland Barthes. Die Biographie*, Berlin 2015.
Philipp Sarasin, »Mit Foucault die Pandemie verstehen?«, in: *geschichtedergegenwart.ch*, 25.3.2020, online unter: {https://geschichtedergegenwart.ch/mit-foucault-die-pandemie-verstehen/}, letzter Zugriff 31.1.2024.
Philipp Sarasin, *1977. Eine kurze Geschichte der Gegenwart*, Berlin 2021.
Jean-Paul Sartre, »Jean-Paul Sartre répond«, in: *L'Arc* 30 (1966), S. 87–96.
Jean-Paul Sartre, »Der Kolonialismus ist ein System«, in: ders., *Kolonialismus und Neo-Kolonialismus. Sieben Essays*, Reinbek 1968, S. 5–21.
Sylvia Sasse, Sandro Zanetti, »#Postmoderne als Pappkamerad«, in: *geschichtedergegenwart.ch*, 11.6.2017, online unter: {https://geschichtedergegenwart.ch/postmoderne-als-pappkamerad/}, letzter Zugriff 31.1.2024.
Hilmar Schäfer, »Pierre Bourdieus algerische Gründungsszene und das Konzept des gespaltenen Habitus«, in: Sina Farzin, Henning Laux (Hg.), *Gründungsszenen soziologischer Theorie*, Wiesbaden 2014, S. 67–79.
Dennis Schep, *The Autobiographical Effect. Writing the Self in Post-Structuralist Theory*, New York, London 2020.
Adam Shatz, *Writers and Missionaries. Essays on Radical Imagination*, London, New York 2023.
René Scheu, »Das Spiel der Differenzen. Wie Jacques Derrida 1968 einen Begriff prägte, der rechts Karriere machte«, in: *Neue Zürcher Zeitung*, 18.7.2018.
Anna-Lena Scholz, »Hélène Cixous an der FU. Der Schrei der Literatur«, in: *Tagesspiegel*, 13.5.2016.

Franz Schultheis, »Algerien 1960: Zur Genese der Bourdieuschen Theorie der gesellschaftlichen Welt«, in: Margareta Steinrücke (Hg.), *Pierre Bourdieu: Politisches Forschen*, S. 14–33.

Alice Schwarzer, »MLF wird 50: Allons les filles!«, in: *EMMA*, 24.7.2020, online unter: {www.emma.de/artikel/50-jahre-mlf-337807}, letzter Zugriff 31.1.2024.

Todd Shepard, *The Invention of Decolonization. The Algerian War and the Remaking of France*, Ithaca 2006.

Todd Shepard, *Sex, France, and Arab Men, 1962–1979*, Chicago 2018.

Catherine Simon, *Algérie, les années pieds-rouges. Des rêves de l'indépendence au désenchantement (1962–1969)*, Paris 2009.

Gayatri Chakravorty Spivak, »Criticism, Feminism and the Institution«, in: *Thesis Eleven* 10/11 (1984/85), S. 175–187.

Gayatri Chakravorty Spivak, *Kritik der postkolonialen Vernunft. Hin zu einer Geschichte der verinnernden Gegenwart*, Stuttgart 2014.

Gayatri Chakravorty Spivak, *Can the Subaltern Speak? Postkolonialität und subalterne Artikulation*, Wien 2020.

Charles Soulié (Hg.), *Un mythe à détruire? Origines et destin du Centre universitaire de Vincennes*, Paris 2012.

Cole Stangler, »France is Becoming More Like America. It's Terrible«, in: *New York Times*, 2.6.2021.

Thomas Steinfeld, »Schuld war nur der Poststrukturalismus«, in: *Süddeutsche Zeitung*, 18.8.2020.

George Steinmetz, »Soziologie und Kolonialismus. Über die Geburt der Soziologie aus der kolonialen Erfahrung«, in: *Mittelweg 36* 29 (2020), S. 57–78.

George Steinmetz, *The Colonial Origins of Modern Social Thought. French Sociology and the Overseas Empire*, Princeton 2023.

Ann Laura Stoler, *Race and the Education of Desire: Foucault's History of Sexuality and the Colonial Order of Things*, Durham 1995.

Ann Laura Stoler, »Colonial Aphasia: Race and Disabled Histories in France«, in: *Public Culture* 23 (2011), S. 121–156.

Ann Laura Stoler, »L'éclat de Foucault dans les études (post)coloniales«, in: Jean-François Braunstein u. a. (Hg.), *Foucault(s). La philosophie à l'œuvre*, Paris 2017, S. 107–123.

Benjamin Stora, *La gangrène et l'oubli. La mémoire de la guerre d'Algérie*, Paris 1991.

Benjamin Stora, *Appelés en Algérie*, Paris 1997.

Benjamin Stora, *Les trois exils. Juifs d'Algérie*, Paris 2006.

Benjamin Stora, *Les clés retrouvées. Une enfance juive à Constantine*, Paris 2015.
Benjamin Stora, Alexis Jenni, *Les mémoires dangereuses*, Paris 2016.
Simon Strauß, »Lebensader in Gefahr«, in: *Frankfurter Allgemeine Zeitung*, 21.7.2020.
Pierre-André Taguieff, *Die Macht des Vorurteils. Der Rassismus und sein Double*, Hamburg 2000.
Sylvie Thénault, *Histoire de la guerre d'indépendance algérienne*, Paris 2005.
Thomas Thiel, »Die neue Lust am Büßen«, in: *Frankfurter Allgemeine Zeitung*, 23.3.2022.
Diether Thomä u. a., *Der Einfall des Lebens. Theorie als geheime Autobiographie*, München 2015.
Olivier Todd, *Albert Camus. Ein Leben*, Reinbek 1999.
Alberto Toscano, »The Name of Algeria: French Philosophy and the Subject of Decolonization«, in: *Viewpoint Magazine*, 1.2.2018, online unter: {https://viewpointmag.com/2018/02/01/name-algeria-french-philosophy-subject-decolonization/}, letzter Zugriff 31.1.2024.
Assa Traoré, Geoffroy de Lagasnerie, »Der Kampf Adama«, in: Daniel Loick, Vanessa E. Thompson (Hg.), *Abolitionismus. Ein Reader*, Berlin 2022, S. 288–315.
Nicolas Truong, »Emmanuel Macron, un intellectuel en politique?«, in: *Le Monde*, 1.9.2016.
Max Véga-Ritter, »Un an d'enseignement de la philosophie entre docte Sorbonne et ravin du Rhumel«, in: *Les bahuts du Rhumel. Les anciens des Lycées de Constantine* 60 (2012), S. 4–5.
Pierre Vidal-Naquet, *L'Affaire Audin*, Paris 1958.
Simeon Wade, *Foucault in Kalifornien. Wie der große Philosoph im Death Valley LSD nahm – eine wahre Geschichte*, Köln 2022.
Immanuel Wallerstein, *The Road to Independence: Ghana and Ivory Coast*, Paris 1964.
Immanuel Wallerstein, »Fanon and the Revolutionary Class«, in: ders., *The Essential Wallerstein*, New York 2000, S. 14–32.
Max Weber, *Die protestantische Ethik und der Geist des Kapitalismus (1904/5)*. Vollständige Ausgabe, herausgegeben und eingeleitet von Dirk Kaesler, München 2010.
Patrick West, »In Defence of Postmodernism«, in: *spiked*, 15.4.2023, online unter: {https://www.spiked-online.com/2023/04/15/in-defence-of-postmodernism/amp/}, letzter Zugriff 31.1.2024.

Thomas Chatterton Williams, »The French Are in a Panic Over *Le Wokisme*«, in: *The Atlantic*, 4.2.2023.

Tassadit Yacine, »Die Entstehung einer singulären Ethnosoziologie«, in: Pierre Bourdieu, *Algerische Skizzen*, Berlin 2010, S. 24–68.

Tassadit Yacine, »Pierre Bourdieu in Algeria at war. Notes on the birth of an engaged Ethnosociology«, in: *Ethnography* 5 (2004), S. 487–510.

Robert J. C. Young, »Foucault on Race and Colonialism«, in: *New Formations* 25 (1995), S. 57–65.

Robert J. C. Young, *Postcolonialism. An Historical Introduction*, Oxford 2001.

Robert J. C. Young, *White Mythologies. Writing History and the West*, London 2004.

Daniel Zamora, »The Culture Wars Come to France«, in: *Katalyst* 5 (2021), online unter: {https://catalyst-journal.com/2021/12/the-culture-wars-come-to-france}, letzter Zugriff 31.1.2024.

Marc Zitzmann, »Ein Überflieger mit Retro-Hauch zieht ins Elysée«, in: *Neue Zürcher Zeitung*, 11.5.2017.

Filme

Algier – Mekka der Revolutionäre, Regie: Ben Salama, Frankreich 2014, 55 Minuten.

Derrida, Regie: Kirby Dick, Amy Kofman, USA 2002, 85 Minuten.

Derrida, anderswo, Regie: Safaa Fathy, Frankreich 1999, 68 Minuten.

Ever, Rêve, Hélène Cixous, Regie: Olivier Morel, Frankreich, USA 2018, 118 Minuten.

Intersecting Optics: A Dialogue on »Race, Nation, Class« 30 years on. A filmed Interview with Étienne Balibar and Immanuel Wallerstein by Manuela Bojadžijev, Regie: Charles Heller, Lorenzo Pezzani, Frankreich, Deutschland 2018, 43 Minuten, online unter: {https://archiv.hkw.de/en/app/mediathek/video/62616}, letzter Zugriff 31.1.2024.

Simone de Beauvoir: Pourquoi je suis féministe, in: Télévision Française 1, 6.4.1975.

Vincennes – Die revolutionäre Uni, Regie: Virginie Linhart, Frankreich 2016, 90 Minuten.

Abbildungsnachweis

31:	Fotoarchiv Pierre Bourdieu, Images d'Algérie, 1957–1961 (N 088 / 787) (oben), (N 088 / 786) (unten) © Pierre Bourdieu / Fondation Bourdieu. Courtesy: Camera Austria, Graz.
32:	Fotoarchiv Pierre Bourdieu, Images d'Algérie, 1957–1961 (N 034 / 147) © Pierre Bourdieu / Fondation Bourdieu. Courtesy: Camera Austria, Graz.
58/59:	picture alliance / arkivi
61:	© Anciens des Lycées de Constantine (alyc.fr)
103:	CAP / Roger-Viollet / Roger-Viollet via AFP
108:	action press / Sipa Press
113:	Philippe Legrand / Collierbar.fr
119:	Editions du Seuil / Merve Verlag, Foto: D.R.
147:	Archives Jacques Derrida / IMEC
149:	Fotoarchiv Pierre Bourdieu, Images d'Algérie, 1957–1961 (N 129 / 7). © Pierre Bourdieu / Fondation Bourdieu. Courtesy: Camera Austria, Graz.
164:	Hélène Cixous, Mireille Calle-Gruber, *Rootprints. Memory and Life Writing*, New York 1997, S. 181.
168/169:	picture alliance / arkivi
183:	gettyimages, Foto: Hervé Gloaguen
196:	picture-alliance / akg-images / Paul Almasy, Foto: Paul Almasy
226:	gettyimages/Gamma-Keystone, Foto: Jean Texier

Umschlagfotografie: Aus: Roland Barthes, *Über mich selbst*, Matthes & Seitz Berlin 2019 (2008), S. 32. Aufgenommen in Biscarosse, Landes, um 1932.

Dritte Auflage Berlin 2024

Großbeerenstraße 57A, 10965 Berlin
info@matthes-seitz-berlin.de

Layout und Satz: Christin Albert, Berlin
Umschlaggestaltung: Jennifer Kroftova, Berlin
Druck und Bindung: GGP Media GmbH, Pößneck
ISBN 978-3-7518-2020-2
www.matthes-seitz-berlin.de